2004中国

百强县(市)发展年鉴

国家统计局农村社会经济调查总队
中　国　信　息　报　社　编

中国统计出版社
China Statistics Press

(京)新登字 041 号

图书在版编目(CIP)数据

中国百强县(市)发展年鉴 .2004/国家统计局农村社会经济调查总队,中国信息报社编 .
—北京:中国统计出版社,2004.9
ISBN 7- 5037- 4513- 4

Ⅰ. 中…
Ⅱ. ①国…　②中…
Ⅲ. ①社会发展—中国—2004—年鉴②经济发展—中国—2004—年鉴
Ⅳ. F127

中国版本图书馆 CIP 数据核字(2004)第 091701 号

中国百强县(市)发展年鉴—2004

作　　者/国家统计局农村社会经济调查总队　中国信息报社编
责任编辑/徐　辉
封面设计/艺编公司·贺双毅
出版发行/中国统计出版社
通信地址/北京市西城区月坛南街 75 号
邮政编码/100826
办公地址/北京市丰台区西三环南路甲 6 号
电　　话/(010)63459084　63266600 - 22500(发行部)
印　　刷/科伦克三莱印务(北京)有限公司
经　　销/新华书店
开　　本/880×1230mm　1/16
字　　数/300 千字
印　　张/27
版　　别/2004 年 9 月第 1 版
版　　次/2004 年 9 月北京第 1 次印刷
书　　号/ISBN 7- 5037- 4513- 4/F·1958
定　　价/153.00 元

《2004 中国百强县(市)发展年鉴》编辑委员会

前　言

县(市)是我国功能相对齐备的最基本的经济社会单元,县域经济是承上启下、沟通条块的枢纽,是宏观与微观、城市与农村的结合部,因而也是统筹城乡发展的平台和切入点。党的十六大提出"统筹城乡经济社会发展,壮大县域经济,全面建设小康社会"的战略决策,表明县域经济在我国今后十几年的社会、经济发展格局中必将发挥更大的作用。

发展壮大县域经济,重在突出发展个性,形成特色产业,发挥县城和中心镇的集聚辐射带动功能。同时,还要顺应国内国外经济发展的新趋势,不断地进行自我调整与提高,充分利用好国内和国际两个市场,在经济全球化和区域中心城市经济圈的发展过程中寻找新的发展机会。

作为县域经济发展优秀代表的全国百强县(市),在具体实践改革开放政策的进程中都已取得了优异发展成就,有一些县(市)已达到或接近辖区内的全面小康水平,为全国各地的县域经济发展提供了生动的范例。

国家统计局组织编写的全国百强县(市)发展年鉴,是对延伸统计服务职能的一次有益探索,希望它能使发达县域之间在横向比较中获得借鉴与启迪,也能为全国各地的其他县域经济发展决策者们提供有益的参考与帮助,并能进一步推动这些强县(市)探索和总结在落实科学发展观、解决"三农"问题、促进全面小康建设等方面的新做法和新经验。

目录

1

第一部分 县域经济发展综述

更快 更强 更协调
——2003年全国强县发展综述

改革开放以来,我国涌现出一大批经济总量可观、综合发展水平高、发展速度快、可持续发展能力强的发达县域。它们综合实力强劲,国富与民富兼顾,充满活力,既各具特色,又均衡发展,在国民经济中占有十分重要的地位,为县域经济发展树立了优秀的榜样。他们的经验与教训对于探索十六大提出的"壮大县域经济"途经、加快县域全面小康建设有十分重要的启示。

从2000年开始,国家统计局农调总队每年根据对全国2000多个县的社会经济统计资料,从发展水平、发展活力、发展潜力等三个方面对县域的社会经济综合发展指数进行测算,以便客观衡量县域综合发展、协调发展、可持续发展状况,更为科学地描述县域的发展轨迹。根据测算结果,国家统计局每年公布县域社会经济综合发展指数前100位县(简称百强县)的有关资料,并对其发展情况进行分析。

2003年最新测定结果表明,综合发展指数列前十位的县域(简称前十强)分别是广东顺德、江苏昆山、江苏江阴、江苏张家港、江苏常熟、广东南海、浙江萧山、江苏武进、江苏吴江、浙江绍兴。

2003年的测定方法与上年相同。县域范围也与上年相同,共包括1643个县,377个县级市和50个财政收支和市政建设相对独立、并且能提供完整社会经济统计资料的区。

强县发展的有关情况如下:

一、强县分布及变化。从2000年-2003年四年中,县域社会经济综合发展指数位列前百强县域主要分布江苏、浙江、福建、山东、广东等东部沿海地区,也包括部分有特色的中西部县域。其中广东的顺德连续四年稳居榜首,江苏凭借强劲的苏南板块在前十强中占据6个席位,而浙江以遍地开花、蓬勃发展的民营经济为后盾在百强中占据了最多席位(详见表一)。

表一 2000-2003年县域社会经济综合发展指数前100名县分布 单位:个

省份	2000	2001	2002	2003
浙江	22	26	26	30
江苏	14	15	15	16
山东	13	14	15	16
广东	10	10	11	10
福建	8	7	6	5
河北	8	6	4	3
北京	4	4	4	4
内蒙古	4	3	3	3
上海	3	3	3	3
四川	3	3	3	2
辽宁	2	2	2	2
新疆	2	1	2	2
天津	1	1	2	1
黑龙江	1	1	1	1
河南	2	1	1	1
山西				1
吉林	1	1	1	
甘肃	1	1	1	
云南	1	1		

分经济区看，2003年百强中有84个县分布于长三角、珠三角、环渤海等三大经济圈中，其中47县属于长三角地区，15县属于珠三角地区，22个县属于环勃海地区。不属于上述三个地区的县也主要分布于大城市周边、交通要道和口岸地区。86个县分布于平原和浅山丘陵地区。农业生产大县也占据了相当的比重，特别是蔬菜、水果生产大县约占一半左右，肉类生产大县占三分之一（详见表二）。

表二　2003年各种类型地区的百强县域数量

类　型	县　数	类　型	县　数
长三角	47	边区	2
环渤海	22	粮食生产大县	23
珠三角	15	棉花生产大县	22
丘陵	32	蔬菜生产大县	51
山区	15	油料生产大县	29
平原	53	糖料生产大县	29
老区	1	水果生产大县	49
民族地区	5	肉类生产大县	34

注：生产大县是指当年县域生产总量排名在全国500位内的县

四年来，发达县域的分布越来越向东部沿海地区集中。按省看，浙江、江苏、山东在100个发达县域中的个数增加，北京、上海、广东、辽宁、内蒙古、黑龙江的个数不变，其他省份的个数或有减少，或有波动。按经济区看，长三角列入100个发达县域的县数呈快速增长状态，环勃海地区由于有关省各有增减，发达县域数基本保持稳定，其他区域有所减少。

从四年的测评结果看，各地区在指数前100位中席次的增减以及县域在指数中序列的进退，主要反映了各地社会经济发展的快慢，但与县域区划改变也有一定的关系。例如，2003年，广东南海、浙江绍兴在前十强中的位次的改变主要由于发展水平较高的乡镇划归周边城市造成了经济总量和平均水平下降。

二、2003年全国强县发展水平及特点。根据分县统计结果，2003年百强县国土面积仅占全国全部县域面积的1.3%，人口占全部县域的7%，但国内生产总值占到全部县域的23.5%，财政总收入占到33.5%，城乡居民储蓄存款余额占到24.5%。

与上年相比，2003年主要指标增长速度明显加快，社会发展也取得很大进展。

（一）经济发展势头迅猛，人民生活水平进一步提高

2003年全国百强县的县域平均GDP总值达到163亿元，平均财政收入为17.6亿元，其中地方财政收入为8.6亿元。人均GDP为2.1万元，人均财政收入2600元，人均农民纯收入5400元，人均在岗职工工资收入1.6万元。与上年相比，百强县的GDP总量增长了19%（不扣除物价因素），财政总收入增长了26%，其中地方财政收入增长35%。农民人均纯收入增长8.3%，城镇职工工资增长了14%。

与百强县相比，前十强的发展势头更为迅猛。前十强的县均GDP总量首次超过400亿元，县均财政收入为57.7亿元，其中地方财政收入为28.8亿元。人均GDP达到为4.5万元，人均财政收入6100元，人均农民纯收入首次超过7000元，人均在岗职工工资总额达到1.8万。与上年相比，前十强GDP总量增加了25%，财政收入增长了26%，其中地方财政收入增长47%。农民人均纯收入增长7.2%，城镇职工工资增加了20%。

（二）工业化进程加快，出口大幅度增长

2003年百强县非农产业增加值比重达到91.6%，比上年增加1。6个百分点。农林牧渔劳动力在所有劳动力中的比重为38.4%，比上年下降3.4个百分点。规模以上企业个数达到37344家，比上年增加18%，销售收入达到2万2千亿元，比上年增加11%。县均出口总额达到6.5亿美元，比上年增加了41%。在规模以上工业企业中，外资企业产值比重为25.3%，比上年下降1个百分点。

2003年前十强非农产业增加值比重达到96.4%，比上年增加2.4个百分点。农林牧渔劳动力在所有乡村劳动力中的比重24.2%，比上年下降3.1个百分点。规模以上企业个数达到8515家，比上年增加20%，销售收入达到770亿元，比上年增加12%。县均出口总额达到28亿美元，比上年增加了49%。在规模以上工业企业中，外资企业产值比重为31%，比上年下降近4个百分点。

（三）投资规模增加，利用外资快速增长

2003年，百强县县均完成基本建设投资17.9亿元，县均贷款余额112亿元，实际利用外资总额达到1.5亿美元，分别比上年增长73%、37%、46%。

前十强县均完成基本建设投资26.4亿元，县均贷款余额355亿元，县均实际利用外资总额达到5.1亿元。分别比上年增长102%、42%、33%。

(四)基础设施、城区建设取得新成果

2003年百强县县域公路密度达到0.82公里/平均公里,比上年增加3.4%,每百户拥有电话109门,每百户拥有民用汽车9.8辆,分别比上年增长16.8%和23%。在前十强,公路密度达到1.17公里/平均公里,比上年增加1.6%,每百户拥有电话141门,每百户拥有民用汽车16.8辆,分别比上年增长20%和26.6%。同时,据对苏南六市(江阴、常熟、张家港市、昆山市、吴江市、太仓市)的统计,2003年,城镇建成区面积比上年扩大6%左右,建成区基础设施、绿化美化水平明显提高,绿地覆盖面积比上年增加87%。

(五)农村社会发展取得明显进展

2003年,在许多强县特别是在前十强,农村社会保障体系建设大大加快,各地根据自己的实际情况,在农村养老基金建设、农村低保体系建设、农村医疗保险基金建设以及失地农民的生活保障制度建设方面进行了多方面的探索,农村社会保障体系的覆盖率快速增长。据对苏南六市的统计,2003年县级财政中社会保障支出增加了192%。

2003年,强县教育、科技力量也在加强。百强县县级财政中教育支出增加了11%,前十强增加了17%。据对苏南6市的统计,2003年高等学校的老师数量比上年增加了17%,学生增加30%,有中等技术职称的人员增加了9%。

三、强县在发展过程中面临的问题与对策思考。作为县域经济的排头兵,强县的经济发展水平确实达到了相当高的水平:

若单纯以人均GDP衡量,前十强及部分百强县的经济发展水平接近甚至超过京、津、沪以及江、浙、粤等地级以上城市的平均水平。

若按汇率计算,前十强及部分百强县的人均GDP达到5000美元左右,接近中等收入国家,若以购买力平价计算,人均GDP接近甚至超过中上收入国家。

从人均GDP、居民人均收入水平、通讯设备拥有率、高中入学率等许多方面看,前十强及部分百强县已达到小康水平。

从经济结构上看,前十强和部分百强县基本完成了工业化的过程,也就是基本实现了第一次现代化,部分强县开始大规模进军IT产业和其他高新技术产业,开始向第二次现代化进军。

但是,与大、中型发达城市相比,与发达国家相比,与全面小康的要求相比,强县仍存在不少差距:

(一)要进一步缩小城乡差距,致力城乡统筹发展

全面小康是惠及绝大多数人的、更高水平的小康。作为全国县域发展的榜样,强县在经济总量基本达到小康标准的情况下,要更加注重农村的发展、农民的福祉和农业的基本地位。城乡统筹考量,彻底解决三农问题,才能真正实现全面小康。但是,2003年统计资料表明,强县的城乡差距仍十分巨大。表现在:

强县城乡居民收入差距继续扩大。城乡的差距首先体现在居民的收入水平上。在强县中,城镇居民的人均收入水平大致为农村居民的2倍左右。2003年,农村居民收入增长率只有城镇居民收入增长率的三分之一左右。

农村居民社会保障制度尚在起步阶段。城乡居民一个最主要的差别仍在是否享受社会保障方面。与城市社会保障体系相比,农村社会保障制度尚不规范,表现在保障标准较低,而且各地差别很大,保障范围较为狭窄。特别以对于未在各类企业中就业的农村居民来说,加入医保、养老保险、最低生活保障更为困难,失业救济更无从谈起。失地农民的生活保障问题也远没有解决。

农村居民就业仍受到一些限制。虽然,由于民营经济的发展,就业的大多数的限制已经打破,但在政府部门等一些单位就业竞争中,农村居民还是处于明显的劣势中。

农村建设规划的问题仍没有得到彻底的改观。虽然城镇建成区基础设施、绿化美化水平明显提高,但是农村地区建设规划和环境改善仍较为滞后。

外来人口很难享受当地政府提供的社会服务。随着经济开放度的提高,强县对人口的吸引力越来越大,人口的大规模迁移已成为必然趋势。目前,强县的社会保障措施的实施对象主要是户藉人口,许多的服务措施则主要面向企业家和投资家。约占总人口四分之一甚至更高比例外来打工者在为本地创造财富的同时,却得不到保障,影响到社会的稳定。强县应以更开放的心态接纳这些外来人口,并尽量为其安居创造条件。

要缩小城乡差距、彻底解决三农问题,必须真正树立城乡统筹思想,以开放的心态对待农村居民,对待外来人口,在区域规划和建设上以区域功能而不是以农村和城市作为划分标准,取消传统户藉划分,建立覆盖全体居民的社会保障制度,真正

把农民当作一种职业，把农业当作一种产业来对待。

（二）要进一步深化经济结构调整，着力打造一批有国际竞争力的一流企业、一流品牌

目前，强县已形成了二三产业为主、发展势头强劲的外向型经济，但其经济竞争力仍值得担忧，经济结构也需要进一步的调整，主要表现在：

各类出口产品仍普遍缺乏著名品牌，特别是缺乏国际一流品牌。虽然出现了一些国内领先的企业，但无论是从规模上看，还是从经营理念、企业组织管理水平看，强县仍缺乏国际一流的现代化大企业。2003 年，百强县中共有 37344 多家规模以上企业，年销售收入约 2700 亿美元，只比世界排名第一的美国零售企业沃尔玛的规模略大一些。前十强共有 8000 多家规模以上企业，年销售收入总额为 900 多亿美元，相当于全球排名 14 的美国得克萨斯石油公司。

第三产业在经济中比重明显低于第二产业。至 2003 年，强县的地方生产总值中第三产业的增加值的比重只有 30%左右，与我国大中型发达城市以及世界中等收入国家相比，该比重约低 20－30%。与世界高收入国家相比，则低 30－40%。第三产业的发展可以为强县在最大限度节约能源和土地的情况下，扩大劳动力就业并进而扩大经济总量。

产业需要进一步升级换代。目前县域企业仍以劳动力密集型产业为主，大多数产品技术含量较低。。在 2003 年，强县虽然在经济方面取得了迅速的发展，但同期耕地面积明显减少，与 2002 年相比，百强县人均耕地面积下降了 1.4%，前十强人均耕地面积下降了 3%。电力紧张也成为制约快速发展的一个重要因素。如果能利用本次宏观调控的机会，对本地区的产业发展方面进行进一步的选择，有利于强县产业的升级换代。

知识创新型经济体系尚未形成，高新技术产业仅初具规模。形成知识创新型经济体系是完成第二次现代化的标志，也是赶上和超过最发达国家的必由之路。近两年来，一些强县陆续引入了一些大学，开始为当地培养技术型人才，但总体上看，一些强县研发力量严重不足，知识创新型经济体系尚未形成。

因此，强县一要制定产业导向政策，加快产业结构调整和产品升级换代，二要鼓励企业增加对科技研发的投入力度，提高产品品质和科技含量；三是要加强国际和国内的交流与合作，一方面广泛引进人才、资金、技术与管理理念，另一方面积极对外展示并树立本地区和本地企业的良好形象。

（三）要进一步注重环境保护和社会事业发展，着力建设最适合人类居住和投资的自然、社会和人文环境，走可持续发展的道路

根据县域社会经济综合发展指数测算结果，百强县域在发展水平指数和发展活力指数上大大领先于其他县域，但是发展潜力指数据却与县域平均水平基本接近，某些最发达县域的发展潜力指数甚至居于靠后的位置。统计数据也表明，当前百强县域的发展已受耕地减少、环境污染、人才资源不足等种种因素的制约。

教育和卫生发展滞后于经济发展的现象十分突出。从投入看，2003 年在百强县中和前十强中，县公共教育开支仅占 GDP 的 1.2%，前 10 名县不到 1%，这远远没有达到中、高收入国家平均 4－5%的水平；与上年相比，百强县的科技文卫支出增加了 11%，前十强的增加了 17%，但比财政总支出增长速度低，财政支出中科教文卫支出的比重比上年下降。从结果看，九年制义务教育已基本得到普及，但离“十六大”报告中提出的全面小康目标之一——基本普及高中教育的目标尚有一定的距离，每千人医院医生和床位数只达到全国平均水平，2003 年没有明显改善，甚至略有下降，社会保障系统刚刚起步、还面临着许多体制方面的问题。

人口素质和知识水平与发达国家尚有很大的差距。在百强县中和前 10 名县中，6 岁以上人口平均受教育年限分别为 7.8 年和 8 年，低于全国城市平均水平，文盲率分别高达 6.8%和 5%，小学文化程度均高达 37%，具有高等教学学历的人口比重则为分别只有 2.6%和 3%，明显低于发达国家。在人才方面，2000 年，世界发达国家每万人中科学家和工程师 31.7 名，按此标准一个 100 万人的县域应该有 3000 多名从事研发活动的科学家和工程师，而目前，即使在苏南 6 市，每万人中中级职称以上的人员数仅为 6 人。县域单位从事研发活动的每万人科学家和工程师比重普遍偏低，特别缺乏高新技术、国际贸易、法律等方面的高层次人才。

资源减少、环境污染成为制约因素。到 2003 年底，百强县的人均耕地资源只有 0.05 公顷，只有世界中等收入国家人均耕地的四分之一，高收入国家的八分之一。耕地的持续减少已对发达县域经济发展造成不利影响。在环境方面，强县虽然近年

来下了很大的功夫，总体上看，森林和大气环境得到一定的改善，但水污染和水资源缺乏问题十分突出，甚至一些沿海城市也出现了水荒。

因此，强县一是要增加对社会公共物品的投入比例，改善社会服务，克服社会发展落后于经济发展的现象，保证社会经济和谐发展。

二要进一步改善环境、加强耕地等自然资源保护，增加可持续发展能力。要加强区域协调，合理调配水资源；要从政策上引导产业升级换代，坚决淘汰污染产品；要城乡统筹安排，合理规划工业布局，尽量吸引人口向小城镇流动，以便集中解决生活污水和工业污水问题。

三是要进一步加强法制建设和党政廉政建设，依法行政，公平执法，树立公开、透明、廉政、高效的政府形象。同时，要更加重视地方文化事业建设，通过媒体和其他形式积极倡导健康、乐观、向上的思想，在吸收现代文明的过程中保持地方文化特色，提升县域社会的文化和精神品位。

2

第二部分 骄人业绩

江苏省昆山市主要社会经济指标

指　　标	单　　位	2002年	2003年	2003年为2002年%
一、基本情况				
年末总人口	万人	60.7	62	102.1
其中:乡村人口	万人	36.7	37.5	102.1
年末单位从业人员数	人	136123	145003	106.5
乡村从业人员数	人	212900	213300	100.2
行政区域土地面积	平方公里	864.9	864.9	100
境内公路里程	公里	1066	1082.8	101.6
民用汽车拥有量	辆	25323	35178	138.9
本地电话用户	户	271519	366271	134.9
二、综合经济				
地区生产总值	万元	3143412	4303674	136.9
第二产业增加值	万元	2056611	2909742	141.5
第三产业增加值	万元	968412	1293674	133.6
财政总收入	万元	415188	662489	159.6
其中:地方财政预算内收入	万元	190438	369078	193.8
财政总支出	万元	196736	342366	174
各项税收	万元	158569	231867	146.2
年末金融机构各项存款余额	万元	2588164	3939978	152.2
其中:城乡居民储蓄存款余额	万元	1138562	1488977	130.8
年末金融机构各项贷款余额	万元	1553664	2515802	161.9
规模以上工业总产值(现价)	万元	6173314	9389353	152.1
限额以上批发零售贸易业商品销售总额	万元	372578	448001	120.2
基本建设投资完成额	万元	48677	219874	451.7
其中:地方项目	万元	48677	219874	451.7
当年实际使用外资金额	万美元	101800	120076	118
城镇职工平均工资	元	14383.4	17601.9	122.4
农村居民人均纯收入	元	6262	6819	108.9
非农产业比重	%	96.2	97.7	101.5
农业劳动生产率	元/人	22128.8	21938.3	99.1
工业劳动生产率	元/人	338399.1	394952	116.7
耕地产出率	元/公顷	11976.9	10480.7	87.5
三、社会发展				
小学在校学生数	人	45467	43565	95.8
普通中学在校学生数	人	37520	38746	103.3
每万人拥有医院、卫生院床位数	床	28.2	25.8	91.5
每万人拥有医院、卫生院技术人员数	人	37.5	33.4	89
每万人拥有社会福利院床位数	床	18.1	14.2	78.4
参加基本养老保险的职工数	人	204738	285557	139.5
参加基本医疗保险的职工数	人	244775	357028	145.9

江苏省江阴市主要社会经济指标

指　　标	单　　位	2002 年	2003 年	2003 年为 2002 年%
一、基本情况				
年末总人口	万人	115.7	116	100.3
其中:乡村人口	万人	92.9	89	95.8
年末单位从业人员数	人	88971	88518	99.5
乡村从业人员数	人	509000	516000	101.4
行政区域土地面积	平方公里	987.5	930.8	94.3
境内公路里程	公里	1409	1444	102.5
民用汽车拥有量	辆	36985	43098	116.5
本地电话用户	户	477949	516835	108.1
二、综合经济				
地区生产总值	万元	4100295	5080200	123.9
第二产业增加值	万元	2440149	3096000	126.9
第三产业增加值	万元	1501244	1815000	120.9
财政总收入	万元	450919	686118	152.2
其中:地方财政预算内收入	万元	205374	380546	185.3
财政总支出	万元	223334	386882	173.2
各项税收	万元	163957	241455	147.3
年末金融机构各项存款余额	万元	3552755	5117245	144
其中:城乡居民储蓄存款余额	万元	1626726	2079800	127.9
年末金融机构各项贷款余额	万元	3199700	3951762	123.5
规模以上工业总产值(现价)	万元	7846936	10661117	135.9
限额以上批发零售贸易业商品销售总额	万元	1392140	1855667	133.3
基本建设投资完成额	万元	224920	432818	192.4
其中:地方项目	万元	224920	432818	192.4
当年实际使用外资金额	万美元	47966	57257	119.4
城镇职工平均工资	元	13438.8	18527	137.9
农村居民人均纯收入	元	6266.3	6823	108.9
非农产业比重	%	96.1	96.7	100.6
农业劳动生产率	元/人	14948.4	18593.4	124.4
工业劳动生产率	元/人	382939.9	441992.2	115.4
耕地产出率	元/公顷	17910.9	23161.6	129.3
三、社会发展				
小学在校学生数	人	103035	95345	92.5
普通中学在校学生数	人	89599	95568	106.7
每万人拥有医院、卫生院床位数	床	36.4	36.4	100.1
每万人拥有医院、卫生院技术人员数	人	41.3	39.2	94.9
每万人拥有社会福利院床位数	床	23.2	23.2	100
参加基本养老保险的职工数	人	101000	122800	121.6
参加基本医疗保险的职工数	人	131200	154600	117.8

江苏省张家港市主要社会经济指标

指　　标	单　　位	2002 年	2003 年	2003 年为 2002 年%
一、基本情况				
年末总人口	万人	85.3	86	100.9
其中:乡村人口	万人	58.5	58.1	99.3
年末单位从业人员数	人	82616	85246	103.2
乡村从业人员数	人	302000	303500	100.5
行政区域土地面积	平方公里	772.4	772.4	100
境内公路里程	公里	895	929.9	103.9
民用汽车拥有量	辆	29434	38919	132.2
本地电话用户	户	284680	366004	128.6
二、综合经济				
地区生产总值	万元	3650218	4750600	130.1
第二产业增加值	万元	2194402	2999100	136.7
第三产业增加值	万元	1350236	1640500	121.5
财政总收入	万元	430845	669800	155.5
其中:地方财政预算内收入	万元	209954	369215	175.9
财政总支出	万元	224959	342600	152.3
各项税收	万元	168009	224667	133.7
年末金融机构各项存款余额	万元	3146062	4139625	131.6
其中:城乡居民储蓄存款余额	万元	1719504	1989168	115.7
年末金融机构各项贷款余额	万元	2341093	3437325	146.8
规模以上工业总产值(现价)	万元	6219393	8610559	138.4
限额以上批发零售贸易业商品销售总额	万元	1078149	1206660	111.9
基本建设投资完成额	万元	149246	162170	108.7
其中:地方项目	万元	144114	162020	112.4
当年实际使用外资金额	万美元	48209	60218	124.9
城镇职工平均工资	元	13647.1	17081.5	125.2
农村居民人均纯收入	元	6147	6646	108.1
非农产业比重	%	97.1	97.7	100.6
农业劳动生产率	元/人	14807.9	16716.9	112.9
工业劳动生产率	元/人	374964.9	420410.8	112.1
耕地产出率	元/公顷	15944	18428.4	115.6
三、社会发展				
小学在校学生数	人	57247	53411	93.3
普通中学在校学生数	人	61922	61744	99.7
每万人拥有医院、卫生院床位数	床	30.3	29	95.9
每万人拥有医院、卫生院技术人员数	人	37.8	32.2	85.3
每万人拥有社会福利院床位数	床	17.8	16	89.7
参加基本养老保险的职工数	人	107315	159041	148.2
参加基本医疗保险的职工数	人	140820	156783	111.3

江苏省常熟市主要社会经济指标

指　　标	单　　位	2002 年	2003 年	2003 年为 2002 年%
一、基本情况				
年末总人口	万人	103.6	103.8	100.2
其中：乡村人口	万人	83.4	83.2	99.8
年末单位从业人员数	人	98930	98594	99.7
乡村从业人员数	人	493700	499600	101.2
行政区域土地面积	平方公里	1094	1094	100
境内公路里程	公里	1186	1241.3	104.7
民用汽车拥有量	辆	33911	42806	126.2
本地电话用户	户	381649	467543	122.5
二、综合经济				
地区生产总值	万元	3650132	4749964	130.1
第二产业增加值	万元	2067392	2857169	138.2
第三产业增加值	万元	1424014	1754455	123.2
财政总收入	万元	410202	656585	160.1
其中：地方财政预算内收入	万元	219861	409749	186.4
财政总支出	万元	222005	284839	128.3
各项税收	万元	152083	210452	138.4
年末金融机构各项存款余额	万元	3957952	5082079	128.4
其中：城乡居民储蓄存款余额	万元	2342284	2791462	119.2
年末金融机构各项贷款余额	万元	2030675	3097589	152.5
规模以上工业总产值(现价)	万元	4352007	5571061	128
限额以上批发零售贸易业商品销售总额	万元	918791	1063898	115.8
基本建设投资完成额	万元	140204	286025	204
其中：地方项目	万元	140204	286025	204
当年实际使用外资金额	万美元	48528	95119	196
城镇职工平均工资	元	13590.4	18063.3	132.9
农村居民人均纯收入	元	6214	6762	108.8
非农产业比重	%	95.7	97.1	101.5
农业劳动生产率	元/人	10969.3	10600.8	96.6
工业劳动生产率	元/人	247086.4	260684.4	105.5
耕地产出率	元/公顷	16463	13238.5	80.4
三、社会发展				
小学在校学生数	人	71077	68845	96.9
普通中学在校学生数	人	57505	57072	99.2
每万人拥有医院、卫生院床位数	床	31.4	30.6	97.3
每万人拥有医院、卫生院技术人员数	人	37.3	34.4	92.3
每万人拥有社会福利院床位数	床	19	14.3	75.3
参加基本养老保险的职工数	人	180219	178764	99.2
参加基本医疗保险的职工数	人	207448	222978	107.5

浙江省萧山区主要社会经济指标

指　　标	单　　位	2002年	2003年	2003年为2002年%
一、基本情况				
年末总人口	万人	115	115.7	100.6
其中:乡村人口	万人	101.8	107.5	105.6
年末单位从业人员数	人	70900	73100	103.1
乡村从业人员数	人	578800	584600	101
行政区域土地面积	平方公里	1163	1163	100
境内公路里程	公里	726.3	737	101.5
民用汽车拥有量	辆	56097	70457	125.6
本地电话用户	户	409600	500200	122.1
二、综合经济				
地区生产总值	万元	3360028	4110867	122.3
第二产业增加值	万元	1999809	2506671	125.3
第三产业增加值	万元	1090008	1313096	120.5
财政总收入	万元	331973	436765	131.6
其中:地方财政预算内收入	万元	152826	208290	136.3
财政总支出	万元	170969	215666	126.1
各项税收	万元	157651	209502	132.9
年末金融机构各项存款余额	万元	3612300	5160500	142.9
其中:城乡居民储蓄存款余额	万元	1741600	2091100	120.1
年末金融机构各项贷款余额	万元	2405300	3841000	159.7
规模以上工业总产值(现价)	万元	7481796	10398692	139
限额以上批发零售贸易业商品销售总额	万元	803001	896458	111.6
基本建设投资完成额	万元	334599	373400	111.6
其中:地方项目	万元	292012	318983	109.2
当年实际使用外资金额	万美元	11986	19868	165.8
城镇职工平均工资	元	20019.8	20989.2	104.8
农村居民人均纯收入	元	7336	7950	108.4
非农产业比重	%	92	92.9	101
农业劳动生产率	元/人	16026.7	18285.2	114.1
工业劳动生产率	元/人	361090.5	450159.8	124.7
耕地产出率	元/公顷	35191.8	37855.6	107.6
三、社会发展				
小学在校学生数	人	88800	89700	101
普通中学在校学生数	人	71100	74100	104.2
每万人拥有医院、卫生院床位数	床	25	26.9	107.4
每万人拥有医院、卫生院技术人员数	人	35.5	34.2	96.3
每万人拥有社会福利院床位数	床	7.4	11.8	159.7
参加基本养老保险的职工数	人	233066	248700	106.7
参加基本医疗保险的职工数	人	156867	167585	106.8

江苏省武进区主要社会经济指标

指　　标	单　　位	2002 年	2003 年	2003 年为 2002 年%
一、基本情况				
年末总人口	万人	92.8	93.8	101.1
其中:乡村人口	万人	82.5	83.6	101.3
年末单位从业人员数	人	57374	56888	99.2
乡村从业人员数	人	429100	433900	101.1
行政区域土地面积	平方公里	1261	1242.3	98.5
境内公路里程	公里		897	
民用汽车拥有量	辆		33600	
本地电话用户	户		300102	
二、综合经济				
地区生产总值	万元	2655982	3161715	119
第二产业增加值	万元	1625485	2033085	125.1
第三产业增加值	万元	870377	972035	111.7
财政总收入	万元	302615	403012	133.2
其中:地方财政预算内收入	万元	153365	211145	137.7
财政总支出	万元	165907	238992	144.1
各项税收	万元	113736	141510	124.4
年末金融机构各项存款余额	万元		3251367	
其中:城乡居民储蓄存款余额	万元		1624134	
年末金融机构各项贷款余额	万元		2297202	
规模以上工业总产值(现价)	万元	4025683	5560192	138.1
限额以上批发零售贸易业商品销售总额	万元	600684	677532	112.8
基本建设投资完成额	万元	92118	257540	279.6
其中:地方项目	万元	92118	257540	279.6
当年实际使用外资金额	万美元	10569	20025	189.5
城镇职工平均工资	元	14056.6	16642	118.4
农村居民人均纯收入	元	5872	6301	107.3
非农产业比重	%	94	95	101.1
农业劳动生产率	元/人	12667.7	13192.5	104.1
工业劳动生产率	元/人	754862.7	279827.1	37.1
耕地产出率	元/公顷	13714.5	17898.3	130.5
三、社会发展				
小学在校学生数	人	80959	80250	99.1
普通中学在校学生数	人	64105	68498	106.9
每万人拥有医院、卫生院床位数	床	29.5	28.8	97.6
每万人拥有医院、卫生院技术人员数	人	36.6	33.7	91.9
每万人拥有社会福利院床位数	床	12.9	12.7	98.9
参加基本养老保险的职工数	人	190625	144300	75.7
参加基本医疗保险的职工数	人		359467	

江苏省吴江市主要社会经济指标

指　　标	单　　位	2002 年	2003 年	2003 年为 2002 年 %
一、基本情况				
年末总人口	万人	76.9	77.2	100.4
其中：乡村人口	万人	54.8	53.9	98.2
年末单位从业人员数	人	68844	76862	111.6
乡村从业人员数	人	318500	308800	97
行政区域土地面积	平方公里	1092.9	1092.9	100
境内公路里程	公里	875	901.5	103
民用汽车拥有量	辆	19518	25402	130.1
本地电话用户	户	269989	350236	129.7
二、综合经济				
地区生产总值	万元	2345583	2810516	119.8
第二产业增加值	万元	1327333	1711561	128.9
第三产业增加值	万元	869053	963412	110.9
财政总收入	万元	223888	328818	146.9
其中：地方财政预算内收入	万元	111811	165578	148.1
财政总支出	万元	119282	170532	143
各项税收	万元	90008	136852	152
年末金融机构各项存款余额	万元	2087560	3001079	143.8
其中：城乡居民储蓄存款余额	万元	1131190	1497336	132.4
年末金融机构各项贷款余额	万元	1318098	2235026	169.6
规模以上工业总产值(现价)	万元	3290450	4502386	136.8
限额以上批发零售贸易业商品销售总额	万元	219753	287256	130.7
基本建设投资完成额	万元	49038	166608	339.8
其中：地方项目	万元	49038	166608	339.8
当年实际使用外资金额	万美元	35664	50490	141.6
城镇职工平均工资	元	13604.6	16918.8	124.4
农村居民人均纯收入	元	5904	6502	110.1
非农产业比重	%	93.6	95.2	101.6
农业劳动生产率	元/人	14373.5	15043.6	104.7
工业劳动生产率	元/人	312869.6	339720.7	108.6
耕地产出率	元/公顷	12097.6	9359.1	77.4
三、社会发展				
小学在校学生数	人	56107	53188	94.8
普通中学在校学生数	人	45967	48230	104.9
每万人拥有医院、卫生院床位数	床	23.3	23.6	101.5
每万人拥有医院、卫生院技术人员数	人	28.8	27.2	94.3
每万人拥有社会福利院床位数	床	16.2	13	79.7
参加基本养老保险的职工数	人	118708	139667	117.7
参加基本医疗保险的职工数	人	118022	158000	133.9

浙江省绍兴县主要社会经济指标

指　　标	单　　位	2002 年	2003 年	2003 年为 2002 年%
一、基本情况				
年末总人口	万人	72	70.2	97.5
其中:乡村人口	万人	68.4	66.9	97.8
年末单位从业人员数	人	31541	33900	107.5
乡村从业人员数	人	354200	391600	110.6
行政区域土地面积	平方公里	1195	1177	98.5
境内公路里程	公里	694	718	103.5
民用汽车拥有量	辆	19645	22897	116.6
本地电话用户	户	239100	267400	111.8
二、综合经济				
地区生产总值	万元	2350856	2722390	115.8
第二产业增加值	万元	1515127	1792082	118.3
第三产业增加值	万元	698229	788621	112.9
财政总收入	万元	240801	308276	128.0
其中:地方财政预算内收入	万元	105022	135362	128.9
财政总支出	万元	111083	150216	135.2
各项税收	万元	252145	298143	118.2
年末金融机构各项存款余额	万元	2251125	2929131	130.1
其中:城乡居民储蓄存款余额	万元	1336128	1669822	125.0
年末金融机构各项贷款余额	万元	1495088	2028090	135.7
规模以上工业总产值(现价)	万元	5765052	7167382.2	124.3
限额以上批发零售贸易业商品销售总额	万元	345301	437653.9	126.7
基本建设投资完成额	万元	213992	488468	228.3
其中:地方项目	万元	213992	488468	228.3
当年实际使用外资金额	万美元	10453	23016	220.2
城镇职工平均工资	元	30000	32600	108.7
农村居民人均纯收入	元	6257	6887	110.1
非农产业比重	%	94.2	94.8	100.7
农业劳动生产率	元/人	13750	14774.5	107.5
工业劳动生产率	元/人	375458.5	410033.3	109.2
耕地产出率	元/公顷	28029.8	30288.3	108.1
三、社会发展				
小学在校学生数	人	68864	67900	98.6
普通中学在校学生数	人	47307	47900	101.3
每万人拥有医院、卫生院床位数	床	1820	2169	119.2
每万人拥有医院、卫生院技术人员数	人	2129	2358	110.8
每万人拥有社会福利院床位数	床	788	1356	172.1
参加基本养老保险的职工数	人	142008	162400	114.4
参加基本医疗保险的职工数	人	28120	42825	152.3

江苏省宜兴市主要社会经济指标

指 标	单 位	2002年	2003年	2003年为2002年%
一、基本情况				
年末总人口	万人	106.9	106.2	99.4
其中:乡村人口	万人	82.2	80.8	98.3
年末单位从业人员数	人	53684	53807	100.2
乡村从业人员数	人	427200	425800	99.7
行政区域土地面积	平方公里	2177.4	2177.4	100
境内公路里程	公里	1149	1202	104.6
民用汽车拥有量	辆	23086	27621	119.6
本地电话用户	户	342673	410894	119.9
二、综合经济				
地区生产总值	万元	2240149	2620300	117
第二产业增加值	万元	1300209	1574800	121.1
第三产业增加值	万元	763828	901200	118
财政总收入	万元	210058	300600	143.1
其中:地方财政预算内收入	万元	115722	184102	159.1
财政总支出	万元	125313	188826	150.7
各项税收	万元	71888	93939	130.7
年末金融机构各项存款余额	万元	1994351	2601300	130.4
其中:城乡居民储蓄存款余额	万元	1370226	1668900	121.8
年末金融机构各项贷款余额	万元	1193379	1621500	135.9
规模以上工业总产值(现价)	万元	2616088	3624289	138.5
限额以上批发零售贸易业商品销售总额	万元	454668	641034	141
基本建设投资完成额	万元	113759	293800	258.3
其中:地方项目	万元	113759	293800	258.3
当年实际使用外资金额	万美元	13474	23683	175.8
城镇职工平均工资	元	13265.6	15730.8	118.6
农村居民人均纯收入	元	5039.9	5416	107.5
非农产业比重	%	92.1	94.5	102.6
农业劳动生产率	元/人	8921.6	7795.8	87.4
工业劳动生产率	元/人	291045.1	339108.4	116.5
耕地产出率	元/公顷	18219.3	13053.2	71.6
三、社会发展				
小学在校学生数	人	84020	77011	91.7
普通中学在校学生数	人	72441	74852	103.3
每万人拥有医院、卫生院床位数	床	27.5	25.2	91.5
每万人拥有医院、卫生院技术人员数	人	32.1	28.9	89.9
每万人拥有社会福利院床位数	床	21.3	19.3	90.5
参加基本养老保险的职工数	人	161100	193700	120.2
参加基本医疗保险的职工数	人	44500	222800	500.7

浙江省余杭区主要社会经济指标

指　　标	单　　位	2002 年	2003 年	2003 年为 2002 年%
一、基本情况				
年末总人口	万人	79.7	80.1	100.5
其中:乡村人口	万人	62.7	63.3	101
年末单位从业人员数	人	52100	50100	96.2
乡村从业人员数	人	403100	404600	100.4
行政区域土地面积	平方公里	1222	1222	100
境内公路里程	公里	878	927	105.6
民用汽车拥有量	辆	27647	34334	124.2
本地电话用户	户	241600	324700	134.4
二、综合经济				
地区生产总值	万元	1753917	2044798	116.6
第二产业增加值	万元	936311	1104186	117.9
第三产业增加值	万元	614899	715814	116.4
财政总收入	万元	172018	232078	134.9
其中:地方财政预算内收入	万元	85992	124105	144.3
财政总支出	万元	98899	136190	137.7
各项税收	万元	87632	119207	136
年末金融机构各项存款余额	万元	2241900	3015500	134.5
其中:城乡居民储蓄存款余额	万元	1016600	1285400	126.4
年末金融机构各项贷款余额	万元	1373400	1957300	142.5
规模以上工业总产值(现价)	万元	1889907	2847369	150.7
限额以上批发零售贸易业商品销售总额	万元	373264	448591	120.2
基本建设投资完成额	万元	110223	199908	181.4
其中:地方项目	万元	110223	199908	181.4
当年实际使用外资金额	万美元	4948	7088	143.2
城镇职工平均工资	元	15895.7	18246.7	114.8
农村居民人均纯收入	元	6386	7076	110.8
非农产业比重	%	88.4	89	100.6
农业劳动生产率	元/人	12292.7	14138.2	115
工业劳动生产率	元/人	213067.3	274313	128.7
耕地产出率	元/公顷	34175.5	33083.5	96.8
三、社会发展				
小学在校学生数	人	52400	52400	100
普通中学在校学生数	人	43000	42600	99.1
每万人拥有医院、卫生院床位数	床	27.3	26.3	96.3
每万人拥有医院、卫生院技术人员数	人	34.7	36.5	105.1
每万人拥有社会福利院床位数	床	9.3	8.1	86.7
参加基本养老保险的职工数	人	116239	136800	117.7
参加基本医疗保险的职工数	人	118727	125390	105.6

山东省文登市主要社会经济指标

指　　标	单　　位	2002 年	2003 年	2003 年为 2002 年%
一、基本情况				
年末总人口	万人	65.6	65	99.1
其中:乡村人口	万人	50.3	49.2	97.8
年末单位从业人员数	人	65829	61911	94
乡村从业人员数	人	288287	283831	98.5
行政区域土地面积	平方公里	1645	1645	100
境内公路里程	公里	728	738.3	101.4
民用汽车拥有量	辆	13240	15707	118.6
本地电话用户	户	182584	214200	117.3
二、综合经济				
地区生产总值	万元	1880399	2268021	120.6
第二产业增加值	万元	1120925	1379014	123
第三产业增加值	万元	543999	668609	122.9
财政总收入	万元	106268	130220	122.5
其中:地方财政预算内收入	万元	66819	85542	128
财政总支出	万元	79657	99769	125.2
各项税收	万元	45333	51548	113.7
年末金融机构各项存款余额	万元	850584	935172	109.9
其中:城乡居民储蓄存款余额	万元	711608	790114	111
年末金融机构各项贷款余额	万元	565066	618031	109.4
规模以上工业总产值(现价)	万元	3794323	5071107	133.6
限额以上批发零售贸易业商品销售总额	万元	65011	80784	124.3
基本建设投资完成额	万元	85360	174802	204.8
其中:地方项目	万元	85360	174802	204.8
当年实际使用外资金额	万美元	15006	25149	167.6
城镇职工平均工资	元	9858.7	10815.5	109.7
农村居民人均纯收入	元	4380	4719	107.7
非农产业比重	%	88.5	90.3	102
农业劳动生产率	元/人	12589.5	13860.8	110.1
工业劳动生产率	元/人	583975.6	519564.7	89
耕地产出率	元/公顷	11878.3	10798	90.9
三、社会发展				
小学在校学生数	人	36755	35102	95.5
普通中学在校学生数	人	54878	51585	94
每万人拥有医院、卫生院床位数	床	30.5	30.3	99.4
每万人拥有医院、卫生院技术人员数	人	31.9	32.2	100.8
每万人拥有社会福利院床位数	床	13.7	13.8	100.9
参加基本养老保险的职工数	人	70366	74622	106
参加基本医疗保险的职工数	人	51858	68673	132.4

浙江省海宁市主要社会经济指标

指　　标	单　　位	2002年	2003年	2003年为2002年%
一、基本情况				
年末总人口	万人	64	64.1	100.2
其中:乡村人口	万人	51.8	51.7	99.8
年末单位从业人员数	人	39000	40900	104.9
乡村从业人员数	人	304500	306300	100.6
行政区域土地面积	平方公里	668	668	100
境内公路里程	公里	421	446	105.9
民用汽车拥有量	辆	10792	12783	118.4
本地电话用户	户	201700	232900	115.5
二、综合经济				
地区生产总值	万元	1552774	1883437	121.3
第二产业增加值	万元	942884	1178600	125
第三产业增加值	万元	500223	582864	116.5
财政总收入	万元	146703	180803	123.2
其中:地方财政预算内收入	万元	62918	76506	121.6
财政总支出	万元	72457	86531	119.4
各项税收	万元	152612	181853	119.2
年末金融机构各项存款余额	万元	1395736	1865467	133.7
其中:城乡居民储蓄存款余额	万元	868747	1092078	125.7
年末金融机构各项贷款余额	万元	841840	1277501	151.8
规模以上工业总产值(现价)	万元	1404702.8	2247111	160
限额以上批发零售贸易业商品销售总额	万元	348078	489036	140.5
基本建设投资完成额	万元	121977	177910	145.9
其中:地方项目	万元	121977	177233	145.3
当年实际使用外资金额	万美元	5090	10109	198.6
城镇职工平均工资	元	18679.8	20589.8	110.2
农村居民人均纯收入	元	6000	6519	108.7
非农产业比重	%	92.9	93.5	100.6
农业劳动生产率	元/人	9987.9	13172	131.9
工业劳动生产率	元/人	213130.8	241624.8	113.4
耕地产出率	元/公顷	17838.7	18960.9	106.3
三、社会发展				
小学在校学生数	人	49500	47020	95
普通中学在校学生数	人	36600	38395	104.9
每万人拥有医院、卫生院床位数	床	23.6	23.9	101.4
每万人拥有医院、卫生院技术人员数	人	28.3	24.8	87.6
每万人拥有社会福利院床位数	床	15.1	14.5	96.1
参加基本养老保险的职工数	人	68419	96461	141
参加基本医疗保险的职工数	人	2511	42161	1679.1

山东省龙口市主要社会经济指标

指　　标	单　　位	2002年	2003年	2003年为2002年%
一、基本情况				
年末总人口	万人	62.6	62.6	100
其中：乡村人口	万人	49.1	48.6	99
年末单位从业人员数	人	66623	65425	98.2
乡村从业人员数	人	247800	247400	99.8
行政区域土地面积	平方公里	893.8	893.8	100
境内公路里程	公里	445.5	605	135.8
民用汽车拥有量	辆	20681	26864	129.9
本地电话用户	户	183760	217350	118.3
二、综合经济				
地区生产总值	万元	1620027	1921069	118.6
第二产业增加值	万元	901790	1039345	115.3
第三产业增加值	万元	566190	719449	127.1
财政总收入	万元	137626	184980	134.4
其中：地方财政预算内收入	万元	50028	62028	124
财政总支出	万元	65770	77791	118.3
各项税收	万元	125323	160005	127.7
年末金融机构各项存款余额	万元	1332589	1516500	113.8
其中：城乡居民储蓄存款余额	万元	1016910	1115633	109.7
年末金融机构各项贷款余额	万元	902944	1077000	119.3
规模以上工业总产值(现价)	万元	3647938	4512005	123.7
限额以上批发零售贸易业商品销售总额	万元	189197	278978	147.5
基本建设投资完成额	万元	56924	180650	317.4
其中：地方项目	万元	56924	180650	317.4
当年实际使用外资金额	万美元	15327	24700	161.2
城镇职工平均工资	元	11993	14153.7	118
农村居民人均纯收入	元	4420	4751	107.5
非农产业比重	%	90.6	91.6	101
农业劳动生产率	元/人	10899.4	12815.4	117.6
工业劳动生产率	元/人	338813.6	403957.7	119.2
耕地产出率	元/公顷	23564	26954.2	114.4
三、社会发展				
小学在校学生数	人	35901	36735	102.3
普通中学在校学生数	人	51645	51800	100.3
每万人拥有医院、卫生院床位数	床	33.3	35.2	105.7
每万人拥有医院、卫生院技术人员数	人	37	41.5	112.2
每万人拥有社会福利院床位数	床	17.6	17.8	101.2
参加基本养老保险的职工数	人	62809	67141	106.9
参加基本医疗保险的职工数	人	56670	82321	145.3

浙江省富阳市主要社会经济指标

指　　标	单　　位	2002年	2003年	2003年为2002年%
一、基本情况				
年末总人口	万人	62.1	62.4	100.5
其中：乡村人口	万人	53.8	54.2	100.7
年末单位从业人员数	人	40300	39400	97.8
乡村从业人员数	人	335600	335000	99.8
行政区域土地面积	平方公里	1808	1808	100
境内公路里程	公里	831.3	845	101.6
民用汽车拥有量	辆	17752	21862	123.2
本地电话用户	户	169000	217700	128.8
二、综合经济				
地区生产总值	万元	1270619	1516660	119.4
第二产业增加值	万元	794919	930413	117
第三产业增加值	万元	352843	448221	127
财政总收入	万元	137656	177242	128.8
其中：地方财政预算内收入	万元	64359	82801	128.7
财政总支出	万元	84136	98874	117.5
各项税收	万元	66084	82675	125.1
年末金融机构各项存款余额	万元	1029000	1344200	130.6
其中：城乡居民储蓄存款余额	万元	527300	615600	116.7
年末金融机构各项贷款余额	万元	741000	1080200	145.8
规模以上工业总产值(现价)	万元	1724307	2348448	136.2
限额以上批发零售贸易业商品销售总额	万元	170134	399613	234.9
基本建设投资完成额	万元	52290	128101	245
其中：地方项目	万元	52093	128101	245.9
当年实际使用外资金额	万美元	1041	4606	442.5
城镇职工平均工资	元	19857	23537.7	118.5
农村居民人均纯收入	元	5587	6173	110.5
非农产业比重	%	90.3	90.9	100.6
农业劳动生产率	元/人	9230.4	11122.2	120.5
工业劳动生产率	元/人	233329.8	290290.2	124.4
耕地产出率	元/公顷	36170.2	38709.7	107
三、社会发展				
小学在校学生数	人	51000	49600	97.3
普通中学在校学生数	人	38600	38800	100.5
每万人拥有医院、卫生院床位数	床	31.2	20.8	66.8
每万人拥有医院、卫生院技术人员数	人	34.7	38	109.3
每万人拥有社会福利院床位数	床	13	14.1	109
参加基本养老保险的职工数	人	81271	119500	147
参加基本医疗保险的职工数	人	49477	34928	70.6

浙江省平湖市主要社会经济指标

指　　标	单　　位	2002 年	2003 年	2003 年为 2002 年%
一、基本情况				
年末总人口	万人	48.3	48.4	100.2
其中:乡村人口	万人	38.4	38.2	99.5
年末单位从业人员数	人	29800	33600	112.8
乡村从业人员数	人	229100	220600	96.3
行政区域土地面积	平方公里	537	537	100
境内公路里程	公里	278	280	100.7
民用汽车拥有量	辆	8745	10901	124.7
本地电话用户	户	154200	176200	114.3
二、综合经济				
地区生产总值	万元	1035285	1237280	119.5
第二产业增加值	万元	635487	772973	121.6
第三产业增加值	万元	312042	371482	119
财政总收入	万元	105522	138760	131.5
其中:地方财政预算内收入	万元	41002	59382	144.8
财政总支出	万元	48287	65605	135.9
各项税收	万元	120913	147695	122.1
年末金融机构各项存款余额	万元	949288	1359285	143.2
其中:城乡居民储蓄存款余额	万元	580252	726409	125.2
年末金融机构各项贷款余额	万元	556357	974374	175.1
规模以上工业总产值(现价)	万元	1712939.1	2110848	123.2
限额以上批发零售贸易业商品销售总额	万元	144344	192474	133.3
基本建设投资完成额	万元	231221	410446	177.5
其中:地方项目	万元	63819	148655	232.9
当年实际使用外资金额	万美元	7335	10668	145.4
城镇职工平均工资	元	18967.9	19251.1	101.5
农村居民人均纯收入	元	5556	6086	109.5
非农产业比重	%	91.5	92.5	101.1
农业劳动生产率	元/人	15001	18602.2	124
工业劳动生产率	元/人	138960.6	161503.3	116.2
耕地产出率	元/公顷	18469.3	17520.5	94.9
三、社会发展				
小学在校学生数	人	40400	40129	99.3
普通中学在校学生数	人	27800	27924	100.4
每万人拥有医院、卫生院床位数	床	21.6	21.5	99.4
每万人拥有医院、卫生院技术人员数	人	29.9	26.6	89.1
每万人拥有社会福利院床位数	床	11.9	12.7	106.5
参加基本养老保险的职工数	人	58666	90474	154.2
参加基本医疗保险的职工数	人	37562	59634	158.8

浙江省诸暨市主要社会经济指标

指　　标	单　　位	2002 年	2003 年	2003 年为 2002 年%
一、基本情况				
年末总人口	万人	105.9	105.5	99.6
其中:乡村人口	万人	93	92.3	99.2
年末单位从业人员数	人	111364	121600	109.2
乡村从业人员数	人	577200	578500	100.2
行政区域土地面积	平方公里	2311	2311	100
境内公路里程	公里	963	989	102.7
民用汽车拥有量	辆	19893	27843	140
本地电话用户	户	295800	348800	117.9
二、综合经济				
地区生产总值	万元	2002966	2327820	116.2
第二产业增加值	万元	1164204	1363633	117.1
第三产业增加值	万元	630407	744997	118.2
财政总收入	万元	141123	181613	128.7
其中:地方财政预算内收入	万元	68412	89711	131.1
财政总支出	万元	79457	99051	124.7
各项税收	万元	138830	175445	126.4
年末金融机构各项存款余额	万元	1423109	1863562	131
其中:城乡居民储蓄存款余额	万元	811057	1023285	126.2
年末金融机构各项贷款余额	万元	983636	1323773	134.6
规模以上工业总产值(现价)	万元	2564026	3497515	136.4
限额以上批发零售贸易业商品销售总额	万元	384626	398709.5	103.7
基本建设投资完成额	万元	74027	124018	167.5
其中:地方项目	万元	74027	121408	164
当年实际使用外资金额	万美元	4031	11081	274.9
城镇职工平均工资	元	15620.6	18299.5	117.1
农村居民人均纯收入	元	5994	6462	107.8
非农产业比重	%	89.6	90.6	101.1
农业劳动生产率	元/人	11614	12190.8	105
工业劳动生产率	元/人	273161	335332.2	122.8
耕地产出率	元/公顷	22599.6	25021.7	110.7
三、社会发展				
小学在校学生数	人	81847	81200	99.2
普通中学在校学生数	人	72971	76200	104.4
每万人拥有医院、卫生院床位数	床	20.5	21.5	104.8
每万人拥有医院、卫生院技术人员数	人	27.7	27.2	98.3
每万人拥有社会福利院床位数	床	5.6	7.2	128.5
参加基本养老保险的职工数	人	80497	129800	161.2
参加基本医疗保险的职工数	人	22941	71588	312.1

浙江省海盐县主要社会经济指标

指　　标	单　　位	2002 年	2003 年	2003 年为 2002 年%
一、基本情况				
年末总人口	万人	36.5	36.5	100
其中:乡村人口	万人	28.8	28.6	99.3
年末单位从业人员数	人	36900	36200	98.1
乡村从业人员数	人	174700	172500	98.7
行政区域土地面积	平方公里	508	508	100
境内公路里程	公里	234	258	110.3
民用汽车拥有量	辆	5687	7245	127.4
本地电话用户	户	118500	133400	112.6
二、综合经济				
地区生产总值	万元	803357.2	1108011	137.9
第二产业增加值	万元	498741.6	752860	151
第三产业增加值	万元	224195.7	258166	115.2
财政总收入	万元	64927	80059	123.3
其中:地方财政预算内收入	万元	30595	34687	113.4
财政总支出	万元	35801	43128	120.5
各项税收	万元	96091	174899	182
年末金融机构各项存款余额	万元	812751	1022394	125.8
其中:城乡居民储蓄存款余额	万元	473326	567918	120
年末金融机构各项贷款余额	万元	635438	870820	137
规模以上工业总产值(现价)	万元	953977.7	1703809	178.6
限额以上批发零售贸易业商品销售总额	万元	121341	160879	132.6
基本建设投资完成额	万元	46256	255180	551.7
其中:地方项目	万元	46256	48003	103.8
当年实际使用外资金额	万美元	2230	5120	229.6
城镇职工平均工资	元	17646.8	28731.9	162.8
农村居民人均纯收入	元	5906	6632	112.3
非农产业比重	%	90	91.2	101.4
农业劳动生产率	元/人	12765.1	17165.5	134.5
工业劳动生产率	元/人	185667.4	271307.2	146.1
耕地产出率	元/公顷	21094.1	24475.5	116
三、社会发展				
小学在校学生数	人	31100	31700	101.9
普通中学在校学生数	人	20000	19900	99.5
每万人拥有医院、卫生院床位数	床	28	29.2	104.4
每万人拥有医院、卫生院技术人员数	人	29.2	29.9	102.4
每万人拥有社会福利院床位数	床	16.6	16.6	100
参加基本养老保险的职工数	人	38441	51780	134.7
参加基本医疗保险的职工数	人	19289	39560	205.1

浙江省德清县主要社会经济指标

指　　标	单　　位	2002 年	2003 年	2003 年为 2002 年%
一、基本情况				
年末总人口	万人	42.4	42.3	99.8
其中：乡村人口	万人	33.1	33.5	101.2
年末单位从业人员数	人	27500	27400	99.6
乡村从业人员数	人	202100	202600	100.2
行政区域土地面积	平方公里	936	936	100
境内公路里程	公里	481.8	495	102.7
民用汽车拥有量	辆	6272	9275	147.9
本地电话用户	户	127500	141000	110.6
二、综合经济				
地区生产总值	万元	751993	860210	114.4
第二产业增加值	万元	423120	488269	115.4
第三产业增加值	万元	243070	281419	115.8
财政总收入	万元	78018	101518	130.1
其中：地方财政预算内收入	万元	36118	51131	141.6
财政总支出	万元	43734	57808	132.2
各项税收	万元	79950	90961	113.8
年末金融机构各项存款余额	万元	662739	825018	124.5
其中：城乡居民储蓄存款余额	万元	394969	466200	118
年末金融机构各项贷款余额	万元	415539	573597	138
规模以上工业总产值(现价)	万元	974228	1189264	122.1
限额以上批发零售贸易业商品销售总额	万元	172531	217360	126
基本建设投资完成额	万元	70568	82071	116.3
其中：地方项目	万元	69815	81691	117
当年实际使用外资金额	万美元	6171.9	10983	178
城镇职工平均工资	元	15327.2	19809.1	129.2
农村居民人均纯收入	元	5178	5716	110.4
非农产业比重	%	88.6	89.5	101
农业劳动生产率	元/人	9851.1	11879.5	120.6
工业劳动生产率	元/人	219420.7	244202.1	111.3
耕地产出率	元/公顷	11172.6	11106.4	99.4
三、社会发展				
小学在校学生数	人	32500	30900	95.1
普通中学在校学生数	人	26100	26200	100.4
每万人拥有医院、卫生院床位数	床	26.2	26.5	101.4
每万人拥有医院、卫生院技术人员数	人	34.3	33.5	97.5
每万人拥有社会福利院床位数	床	17.7	18.8	106.3
参加基本养老保险的职工数	人	57629	77968	135.3
参加基本医疗保险的职工数	人	28712	45500	158.5

江苏省金坛市主要社会经济指标

指　　标	单　　位	2002年	2003年	2003年为2002年%
一、基本情况				
年末总人口	万人	54.2	54.1	99.7
其中:乡村人口	万人	39.4	38.4	97.3
年末单位从业人员数	人	41577	40890	98.3
乡村从业人员数	人	217700	213200	97.9
行政区域土地面积	平方公里	976	976	100
境内公路里程	公里	505	563	111.5
民用汽车拥有量	辆	6318	8116	128.5
本地电话用户	户	156850	184500	117.6
二、综合经济				
地区生产总值	万元	850600	1010000	118.7
第二产业增加值	万元	442038	540200	122.2
第三产业增加值	万元	295109	355000	120.3
财政总收入	万元	74891	101438	135.4
其中:地方财政预算内收入	万元	42072	60001	142.6
财政总支出	万元	51203	69093	134.9
各项税收	万元	29895	35341	118.2
年末金融机构各项存款余额	万元	706600	883100	125
其中:城乡居民储蓄存款余额	万元	503600	613200	121.8
年末金融机构各项贷款余额	万元	366900	493100	134.4
规模以上工业总产值(现价)	万元	762601	1062424	139.3
限额以上批发零售贸易业商品销售总额	万元	132917	153184	115.2
基本建设投资完成额	万元	66232	72851	110
其中:地方项目	万元	66232	72851	110
当年实际使用外资金额	万美元	5617	10638	189.4
城镇职工平均工资	元	12544.4	14341.5	114.3
农村居民人均纯收入	元	4758	5110	107.4
非农产业比重	%	86.7	88.6	102.3
农业劳动生产率	元/人	12690.5	14068.6	110.9
工业劳动生产率	元/人	138340.3	165502.1	119.6
耕地产出率	元/公顷	11286.7	11892.1	105.4
三、社会发展				
小学在校学生数	人	41452	37710	91
普通中学在校学生数	人	39544	40766	103.1
每万人拥有医院、卫生院床位数	床	21.8	22	101
每万人拥有医院、卫生院技术人员数	人	32.9	30.7	93.4
每万人拥有社会福利院床位数	床	18.3	18.9	103.3
参加基本养老保险的职工数	人	34155	39452	115.5
参加基本医疗保险的职工数	人	52991	57540	108.6

山东省邹城市主要社会经济指标

指　　标	单　　位	2002 年	2003 年	2003 年为 2002 年%
一、基本情况				
年末总人口	万人	111.7	112	100.3
其中:乡村人口	万人	84.9	84.8	99.9
年末单位从业人员数	人	163762	165399	101
乡村从业人员数	人	451799	417923	92.5
行政区域土地面积	平方公里	1618.7	1618.7	100
境内公路里程	公里	793	1016	128.1
民用汽车拥有量	辆	12571	15380	122.3
本地电话用户	户	129000	138077	107
二、综合经济				
地区生产总值	万元	1600000	1908760	119.3
第二产业增加值	万元	910000	1109500	121.9
第三产业增加值	万元	548027	645500	117.8
财政总收入	万元	125000	142869	114.3
其中:地方财政预算内收入	万元	71200	87659	123.1
财政总支出	万元	80911	94486	116.8
各项税收	万元	52005	57659	110.9
年末金融机构各项存款余额	万元	924939	1193294	129
其中:城乡居民储蓄存款余额	万元	648929	790196	121.8
年末金融机构各项贷款余额	万元	710500	809325	113.9
规模以上工业总产值(现价)	万元	1864190	2031828.8	109
限额以上批发零售贸易业商品销售总额	万元	99380	86404	86.9
基本建设投资完成额	万元	225155	398302	176.9
其中:地方项目	万元	222911	398302	178.7
当年实际使用外资金额	万美元	604	4669	773
城镇职工平均工资	元	14433.4	15806.7	109.5
农村居民人均纯收入	元	3313	3552	107.2
非农产业比重	%	91.1	91.9	100.9
农业劳动生产率	元/人	5380.7	6475.8	120.4
工业劳动生产率	元/人	135894.7	144420.9	106.3
耕地产出率	元/公顷	12955	12469.6	96.3
三、社会发展				
小学在校学生数	人	88064	84247	95.7
普通中学在校学生数	人	107023	92594	86.5
每万人拥有医院、卫生院床位数	床	32.6	33.8	103.7
每万人拥有医院、卫生院技术人员数	人	53.7	54.7	101.7
每万人拥有社会福利院床位数	床	12	12.5	104.2
参加基本养老保险的职工数	人	128791	161440	125.4
参加基本医疗保险的职工数	人	127679	144866	113.5

山东省招远市主要社会经济指标

指　　标	单　　位	2002 年	2003 年	2003 年为 2002 年%
一、基本情况				
年末总人口	万人	57.2	56.9	99.5
其中：乡村人口	万人	47.2	47.2	100
年末单位从业人员数	人	61895	62074	100.3
乡村从业人员数	人	207400	208100	100.3
行政区域土地面积	平方公里	1433.2	1433.2	100
境内公路里程	公里	898.1	898	100
民用汽车拥有量	辆	15064	17236	114.4
本地电话用户	户	154504	173391	112.2
二、综合经济				
地区生产总值	万元	1100000	1326000	120.5
第二产业增加值	万元	667000	827000	124
第三产业增加值	万元	365000	413000	113.2
财政总收入	万元	60258	77010	127.8
其中：地方财政预算内收入	万元	33008	42880	129.9
财政总支出	万元	51027	58833	115.3
各项税收	万元	60146	69315	115.2
年末金融机构各项存款余额	万元	863704	977834	113.2
其中：城乡居民储蓄存款余额	万元	640025	689240	107.7
年末金融机构各项贷款余额	万元	533761	604916	113.3
规模以上工业总产值(现价)	万元	2080153	3064439	147.3
限额以上批发零售贸易业商品销售总额	万元	68242	76737	112.4
基本建设投资完成额	万元	34031	118335	347.7
其中：地方项目	万元	30031	117935	392.7
当年实际使用外资金额	万美元	9720	18740	192.8
城镇职工平均工资	元	11770.3	13568.8	115.3
农村居民人均纯收入	元	4368	4630	106
非农产业比重	%	93.8	93.5	99.7
农业劳动生产率	元/人	6364.4	7998	125.7
工业劳动生产率	元/人	317135.2	404819	127.6
耕地产出率	元/公顷	13115.4	15158.9	115.6
三、社会发展				
小学在校学生数	人	32373	31510	97.3
普通中学在校学生数	人	46795	44952	96.1
每万人拥有医院、卫生院床位数	床	20	21.2	106.2
每万人拥有医院、卫生院技术人员数	人	26.7	30.3	113.3
每万人拥有社会福利院床位数	床	11.2	11.2	100.5
参加基本养老保险的职工数	人	70455	74066	105.1
参加基本医疗保险的职工数	人	60956	63220	103.7

山东省蓬莱市主要社会经济指标

指　　标	单　　位	2002 年	2003 年	2003 年为 2002 年%
一、基本情况				
年末总人口	万人	45	44.7	99.3
其中:乡村人口	万人	41.1	38.6	93.9
年末单位从业人员数	人	35019	30712	87.7
乡村从业人员数	人	205789	192300	93.4
行政区域土地面积	平方公里	1207.3	1128.6	93.5
境内公路里程	公里	494.8	485.8	98.2
民用汽车拥有量	辆	8720	10074	115.5
本地电话用户	户	131953	136972	103.8
二、综合经济				
地区生产总值	万元	960000	1066138	111.1
第二产业增加值	万元	454670	577971	127.1
第三产业增加值	万元	339530	376478	110.9
财政总收入	万元	66203	76093	114.9
其中:地方财政预算内收入	万元	30003	40006	133.3
财政总支出	万元	43835	56007	127.8
各项税收	万元	60270	67812	112.5
年末金融机构各项存款余额	万元	730815	835955	114.4
其中:城乡居民储蓄存款余额	万元	552352	646434	117
年末金融机构各项贷款余额	万元	469827	578283	123.1
规模以上工业总产值(现价)	万元	1378985	1996646	144.8
限额以上批发零售贸易业商品销售总额	万元	30768	20341	66.1
基本建设投资完成额	万元	46204	243670	527.4
其中:地方项目	万元	46204	243670	527.4
当年实际使用外资金额	万美元	12000	20066	167.2
城镇职工平均工资	元	11887.3	13213.7	111.2
农村居民人均纯收入	元	4110	4417	107.5
非农产业比重	%	82.7	89.5	108.2
农业劳动生产率	元/人	12219	10030.8	82.1
工业劳动生产率	元/人	306822.9	428455.6	139.6
耕地产出率	元/公顷	11692.4	11933.8	102.1
三、社会发展				
小学在校学生数	人	23348	24258	103.9
普通中学在校学生数	人	33987	31753	93.4
每万人拥有医院、卫生院床位数	床	26.1	26.8	102.8
每万人拥有医院、卫生院技术人员数	人	20.4	29.6	145.2
每万人拥有社会福利院床位数	床	16.7	15.6	93.3
参加基本养老保险的职工数	人	39917	43640	109.3
参加基本医疗保险的职工数	人	32980	43848	133

河南省巩义市主要社会经济指标

指　　标	单　　位	2002 年	2003 年	2003 年为 2002 年%
一、基本情况				
年末总人口	万人	78.6	78.9	100.4
其中:乡村人口	万人	66.6	66.5	99.8
年末单位从业人员数	人	55111	55117	100
乡村从业人员数	人	314921	313696	99.6
行政区域土地面积	平方公里	1041	1041	100
境内公路里程	公里	1341	1361	101.5
民用汽车拥有量	辆	21996	23157	105.3
本地电话用户	户	185665	182780	98.4
二、综合经济				
地区生产总值	万元	1226282	1501628	122.5
第二产业增加值	万元	880607	1109330	126
第三产业增加值	万元	313031	357234	114.1
财政总收入	万元	73700	101792	138.1
其中:地方财政预算内收入	万元	37743	52375	138.8
财政总支出	万元	53751	72125	134.2
各项税收	万元	59836	75535	126.2
年末金融机构各项存款余额	万元	615775	733828	119.2
其中:城乡居民储蓄存款余额	万元	504807	586384	116.2
年末金融机构各项贷款余额	万元	519512	623923	120.1
规模以上工业总产值(现价)	万元	1522566	2064491	135.6
限额以上批发零售贸易业商品销售总额	万元	91756	70436	76.8
基本建设投资完成额	万元	88425	278633	315.1
其中:地方项目	万元	85531	276894	323.7
当年实际使用外资金额	万美元	1498	2012	134.3
城镇职工平均工资	元	9909.8	10910	110.1
农村居民人均纯收入	元	3725	4143	111.2
非农产业比重	%	97.3	97.7	100.3
农业劳动生产率	元/人	2612.1	3116.5	119.3
工业劳动生产率	元/人	273199.1	350002.7	128.1
耕地产出率	元/公顷	6153.1	6225.1	101.2
三、社会发展				
小学在校学生数	人	89812	78679	87.6
普通中学在校学生数	人	75760	79592	105.1
每万人拥有医院、卫生院床位数	床	26.2	27	103.1
每万人拥有医院、卫生院技术人员数	人	30	32.1	107.1
每万人拥有社会福利院床位数	床	10.7	10.8	101.4
参加基本养老保险的职工数	人	46283	47035	101.6
参加基本医疗保险的职工数	人	18400	30680	166.7

浙江省长兴县主要社会经济指标

指　　标	单　　位	2002年	2003年	2003年为2002年%
一、基本情况				
年末总人口	万人	62.1	62	99.8
其中：乡村人口	万人	50.1	50.5	100.8
年末单位从业人员数	人	37500	36400	97.1
乡村从业人员数	人	314300	314500	100.1
行政区域土地面积	平方公里	1428	1430	100.1
境内公路里程	公里	652.2	793	121.6
民用汽车拥有量	辆	6091	10895	178.9
本地电话用户	户	160700	179900	111.9
二、综合经济				
地区生产总值	万元	925112	1080740	116.8
第二产业增加值	万元	486474	580040	119.2
第三产业增加值	万元	310366	362651	116.8
财政总收入	万元	68333	103166	151
其中：地方财政预算内收入	万元	34180	45751	133.9
财政总支出	万元	42766	58974	137.9
各项税收	万元	69658	100863	144.8
年末金融机构各项存款余额	万元	648997	845416	130.3
其中：城乡居民储蓄存款余额	万元	360767	426701	118.3
年末金融机构各项贷款余额	万元	451038	603346	133.8
规模以上工业总产值(现价)	万元	644967	984153	152.6
限额以上批发零售贸易业商品销售总额	万元	92250	94585	102.5
基本建设投资完成额	万元	81183	127246	156.7
其中：地方项目	万元	78583	125868	160.2
当年实际使用外资金额	万美元	7655.1	10009	130.7
城镇职工平均工资	元	16077.7	19904.3	123.8
农村居民人均纯收入	元	5120	5622	109.8
非农产业比重	%	86.1	87.2	101.3
农业劳动生产率	元/人	7992	9271.3	116
工业劳动生产率	元/人	178661.2	241214	135
耕地产出率	元/公顷	19792.5	20389.9	103
三、社会发展				
小学在校学生数	人	51500	50700	98.4
普通中学在校学生数	人	33300	35100	105.4
每万人拥有医院、卫生院床位数	床	26	29.3	113
每万人拥有医院、卫生院技术人员数	人	26.3	34.3	130.7
每万人拥有社会福利院床位数	床	4.3	19.3	443.3
参加基本养老保险的职工数	人	65007	67334	103.6
参加基本医疗保险的职工数	人	20806	32208	154.8

江苏省溧阳市主要社会经济指标

指　　标	单　　位	2002年	2003年	2003年为2002年%
一、基本情况				
年末总人口	万人	78.4	78.7	100.4
其中:乡村人口	万人	63.1	61.3	97.1
年末单位从业人员数	人	51538	49121	95.3
乡村从业人员数	人	340800	325300	95.5
行政区域土地面积	平方公里	1535	1535	100
境内公路里程	公里	606	986	162.7
民用汽车拥有量	辆	7863	10099	128.4
本地电话用户	户	186658	230200	123.3
二、综合经济				
地区生产总值	万元	1021183	1211500	118.6
第二产业增加值	万元	533977	670200	125.5
第三产业增加值	万元	354215	401000	113.2
财政总收入	万元	88021	122688	139.4
其中:地方财政预算内收入	万元	50692	74808	147.6
财政总支出	万元	63313	88136	139.2
各项税收	万元	34454	44952	130.5
年末金融机构各项存款余额	万元	957500	1178800	123.1
其中:城乡居民储蓄存款余额	万元	697100	832900	119.5
年末金融机构各项贷款余额	万元	469700	667200	142
规模以上工业总产值(现价)	万元	1170019	1504701	128.6
限额以上批发零售贸易业商品销售总额	万元	94901	134915	142.2
基本建设投资完成额	万元	96400	140000	145.2
其中:地方项目	万元	69828	140000	200.5
当年实际使用外资金额	万美元	6364	10638	167.2
城镇职工平均工资	元	12150	13953.5	114.8
农村居民人均纯收入	元	4375	4723	108
非农产业比重	%	87	88.4	101.7
农业劳动生产率	元/人	7750.1	11406.5	147.2
工业劳动生产率	元/人	221556.7	277907.2	125.4
耕地产出率	元/公顷	12035.7	12572.5	104.5
三、社会发展				
小学在校学生数	人	66547	61962	93.1
普通中学在校学生数	人	48546	49916	102.8
每万人拥有医院、卫生院床位数	床	22.4	23.6	105.2
每万人拥有医院、卫生院技术人员数	人	29.4	25.9	87.9
每万人拥有社会福利院床位数	床	14.7	14.6	99.6
参加基本养老保险的职工数	人	38820	44219	113.9
参加基本医疗保险的职工数	人	33185	44002	132.6

浙江省象山县主要社会经济指标

指　　标	单　　位	2002 年	2003 年	2003 年为 2002 年%
一、基本情况				
年末总人口	万人	52.9	52.6	99.4
其中:乡村人口	万人	42.1	41.9	99.5
年末单位从业人员数	人	72800	111900	153.7
乡村从业人员数	人	279900	280200	100.1
行政区域土地面积	平方公里	1172	1172	100
境内公路里程	公里	586.1	586	100
民用汽车拥有量	辆	7073	9971	141
本地电话用户	户	147800	166000	112.3
二、综合经济				
地区生产总值	万元	920305	1075447	116.9
第二产业增加值	万元	460542	560301	121.7
第三产业增加值	万元	252440	297817	118
财政总收入	万元	82092	107128	130.5
其中:地方财政预算内收入	万元	38216	46678	122.1
财政总支出	万元	58505	76440	130.7
各项税收	万元	87034	110912	127.4
年末金融机构各项存款余额	万元	514985	665833	129.3
其中:城乡居民储蓄存款余额	万元	299406	366996	122.6
年末金融机构各项贷款余额	万元	445312	605727	136
规模以上工业总产值(现价)	万元	884308	1293618	146.3
限额以上批发零售贸易业商品销售总额	万元	121460.1	126646	104.3
基本建设投资完成额	万元	82726	107057	129.4
其中:地方项目	万元	82726	106517	128.8
当年实际使用外资金额	万美元	1805	2217	122.8
城镇职工平均工资	元	17633.2	18835.7	106.8
农村居民人均纯收入	元	5065	5382	106.3
非农产业比重	%	77.5	79.8	103
农业劳动生产率	元/人	13942.4	14998.6	107.6
工业劳动生产率	元/人	213601	247345.7	115.8
耕地产出率	元/公顷	25744.2	25395.6	98.6
三、社会发展				
小学在校学生数	人	34600	34300	99.1
普通中学在校学生数	人	25600	25500	99.6
每万人拥有医院、卫生院床位数	床	17.6	18.6	106
每万人拥有医院、卫生院技术人员数	人	23.2	23.9	102.8
每万人拥有社会福利院床位数	床	11.2	11.2	100.6
参加基本养老保险的职工数	人	31868	40504	127.1
参加基本医疗保险的职工数	人	18148	31034	171

河北省三河市主要社会经济指标

指　　标	单　　位	2002 年	2003 年	2003 年为 2002 年 %
一、基本情况				
年末总人口	万人	46.4	47	101.3
其中:乡村人口	万人	34.2	34	99.4
年末单位从业人员数	人	31877	30948	97.1
乡村从业人员数	人	132222	132137	99.9
行政区域土地面积	平方公里	643	643	100
境内公路里程	公里	697	697	100
民用汽车拥有量	辆	13680	15651	114.4
本地电话用户	户	100625	127834	127
二、综合经济				
地区生产总值	万元	873585	1001257	114.6
第二产业增加值	万元	510421	596173	116.8
第三产业增加值	万元	245879	273910	111.4
财政总收入	万元	52600	83500	158.7
其中:地方财政预算内收入	万元	24100	29101	120.8
财政总支出	万元	47612	57022	119.8
各项税收	万元	44177	72688	164.5
年末金融机构各项存款余额	万元	592712	698775	117.9
其中:城乡居民储蓄存款余额	万元	429475	507311	118.1
年末金融机构各项贷款余额	万元	386986	561204	145
规模以上工业总产值(现价)	万元	557308.3	732879	131.5
限额以上批发零售贸易业商品销售总额	万元	27580.1	40586.7	147.2
基本建设投资完成额	万元	90780	110306	121.5
其中:地方项目	万元	74849	98324	131.4
当年实际使用外资金额	万美元	3622	2335	64.5
城镇职工平均工资	元	11204.5	12505.5	111.6
农村居民人均纯收入	元	4408	4673	106
非农产业比重	%	86.6	86.9	100.4
农业劳动生产率	元/人	21216.2	24617.4	116
工业劳动生产率	元/人	310911.2	399977.6	128.6
耕地产出率	元/公顷	19579.5	15638.1	79.9
三、社会发展				
小学在校学生数	人	42361	37687	89
普通中学在校学生数	人	41918	42875	102.3
每万人拥有医院、卫生院床位数	床	36.6	33.1	90.6
每万人拥有医院、卫生院技术人员数	人	35.2	36.2	102.8
每万人拥有社会福利院床位数	床	3	3	98.7
参加基本养老保险的职工数	人	25599	27489	107.4
参加基本医疗保险的职工数	人	11202	19546	174.5

江苏省通州市主要社会经济指标

指　　标	单　　位	2002 年	2003 年	2003 年为 2002 年%
一、基本情况				
年末总人口	万人	129.2	128.1	99.2
其中：乡村人口	万人	111.3	110	98.8
年末单位从业人员数	人	54581	53575	98.2
乡村从业人员数	人	607600	595800	98.1
行政区域土地面积	平方公里	1166	1166	100
境内公路里程	公里	957	1343	140.3
民用汽车拥有量	辆	11223	15538	138.4
本地电话用户	户	249000	375000	150.6
二、综合经济				
地区生产总值	万元	1440062	1653900	114.8
第二产业增加值	万元	690158	844400	122.3
第三产业增加值	万元	537829	601600	111.9
财政总收入	万元	100031	131376	131.3
其中：地方财政预算内收入	万元	53701	76268	142
财政总支出	万元	73507	93527	127.2
各项税收	万元	35735	47817	133.8
年末金融机构各项存款余额	万元	1329668	1593948	119.9
其中：城乡居民储蓄存款余额	万元	1032931	1208412	117
年末金融机构各项贷款余额	万元	558089	875415	156.9
规模以上工业总产值(现价)	万元	1358115	1880636	138.5
限额以上批发零售贸易业商品销售总额	万元	126230	175835	139.3
基本建设投资完成额	万元	67669	170085	251.3
其中：地方项目	万元	67669	170085	251.3
当年实际使用外资金额	万美元	2651	10529	397.2
城镇职工平均工资	元	11677.2	16069.6	137.6
农村居民人均纯收入	元	4547	4835	106.3
非农产业比重	%	85.3	87.4	102.5
农业劳动生产率	元/人	6923.8	8194.7	118.4
工业劳动生产率	元/人	261830.5	292984.2	111.9
耕地产出率	元/公顷	17731.9	17786	100.3
三、社会发展				
小学在校学生数	人	94085	84880	90.2
普通中学在校学生数	人	74102	77461	104.5
每万人拥有医院、卫生院床位数	床	18.7	22.6	120.8
每万人拥有医院、卫生院技术人员数	人	23	29.5	128.6
每万人拥有社会福利院床位数	床	8.5	11.8	139.2
参加基本养老保险的职工数	人	63343	65376	103.2
参加基本医疗保险的职工数	人	49971	60899	121.9

江苏省海门市主要社会经济指标

指　　标	单　　位	2002 年	2003 年	2003 年为 2002 年%
一、基本情况				
年末总人口	万人	102.8	102.3	99.6
其中:乡村人口	万人	85.5	85	99.4
年末单位从业人员数	人	55628	55711	100.1
乡村从业人员数	人	540800	541100	100.1
行政区域土地面积	平方公里	939	939	100
境内公路里程	公里	1004	1041	103.7
民用汽车拥有量	辆	8873	10184	114.8
本地电话用户	户	235000	276200	117.5
二、综合经济				
地区生产总值	万元	1467587	1651800	112.6
第二产业增加值	万元	715100	849300	118.8
第三产业增加值	万元	556496	611400	109.9
财政总收入	万元	87912	115419	131.3
其中:地方财政预算内收入	万元	52114	73029	140.1
财政总支出	万元	62624	81055	129.4
各项税收	万元	35274	46951	133.1
年末金融机构各项存款余额	万元	1312697	1606306	122.4
其中:城乡居民储蓄存款余额	万元	1048284	1233623	117.7
年末金融机构各项贷款余额	万元	547987	746568	136.2
规模以上工业总产值(现价)	万元	1333681	1632960	122.4
限额以上批发零售贸易业商品销售总额	万元	102815	117962	114.7
基本建设投资完成额	万元	59809	140834	235.5
其中:地方项目	万元	59649	140834	236.1
当年实际使用外资金额	万美元	2650	10996	414.9
城镇职工平均工资	元	11016.3	12369.6	112.3
农村居民人均纯收入	元	4945	5246	106.1
非农产业比重	%	86.6	88.4	102.1
农业劳动生产率	元/人	7820.9	7854.5	100.4
工业劳动生产率	元/人	286455.8	324006.4	113.1
耕地产出率	元/公顷	20331.7	20198.7	99.3
三、社会发展				
小学在校学生数	人	76560	71399	93.3
普通中学在校学生数	人	54636	58138	106.4
每万人拥有医院、卫生院床位数	床	22.1	22.1	100
每万人拥有医院、卫生院技术人员数	人	27.4	23.9	87.3
每万人拥有社会福利院床位数	床	11.9	12.9	108.4
参加基本养老保险的职工数	人	53248	55789	104.8
参加基本医疗保险的职工数	人	35230	49026	139.2

辽宁省海城市主要社会经济指标

指　　标	单　　位	2002年	2003年	2003年为2002年%
一、基本情况				
年末总人口	万人	111.8	112.2	100.4
其中:乡村人口	万人	88.5	89.7	101.4
年末单位从业人员数	人	39186	37946	96.8
乡村从业人员数	人	292227	314689	107.7
行政区域土地面积	平方公里	2732	2732.1	100
境内公路里程	公里	1154.8	1164.8	100.9
民用汽车拥有量	辆	13702	16502	120.4
本地电话用户	户	223589	294946	131.9
二、综合经济				
地区生产总值	万元	2049952	2135182	104.2
第二产业增加值	万元	1069635	1128802	105.5
第三产业增加值	万元	750298	805603	107.4
财政总收入	万元	86770	104097	120
其中:地方财政预算内收入	万元	55798	73868	132.4
财政总支出	万元	77324	88491	114.4
各项税收	万元	78297	89453	114.2
年末金融机构各项存款余额	万元	1096083	1249000	114
其中:城乡居民储蓄存款余额	万元	994496	1126000	113.2
年末金融机构各项贷款余额	万元	711077	777000	109.3
规模以上工业总产值(现价)	万元	1521560	1659491	109.1
限额以上批发零售贸易业商品销售总额	万元	71955	71729	99.7
基本建设投资完成额	万元	28546	33849	118.6
其中:地方项目	万元	28546	33849	118.6
当年实际使用外资金额	万美元	5570	7776.7	139.6
城镇职工平均工资	元	10096	11041.5	109.4
农村居民人均纯收入	元	4365	4535	103.9
非农产业比重	%	88.8	90.6	102
农业劳动生产率	元/人	14218.1	12264.6	86.3
工业劳动生产率	元/人	283497.6	296110.3	104.4
耕地产出率	元/公顷	13270.4	7149.4	53.9
三、社会发展				
小学在校学生数	人	93083	91293	98.1
普通中学在校学生数	人	57227	58853	102.8
每万人拥有医院、卫生院床位数	床	28	28.3	101
每万人拥有医院、卫生院技术人员数	人	26.8	27.8	103.6
每万人拥有社会福利院床位数	床	14.3	14.3	99.6
参加基本养老保险的职工数	人	75620	79000	104.5
参加基本医疗保险的职工数	人	30018	39591	131.9

山东省莱州市主要社会经济指标

指　　标	单　　位	2002 年	2003 年	2003 年为 2002 年%
一、基本情况				
年末总人口	万人	86.5	85.9	99.3
其中:乡村人口	万人	72.8	72.2	99.2
年末单位从业人员数	人	66545	63226	95
乡村从业人员数	人	374525	375978	100.4
行政区域土地面积	平方公里	1878.1	1878.1	100
境内公路里程	公里	907.7	920.7	101.4
民用汽车拥有量	辆	17377	20258	116.6
本地电话用户	户	268869	263342	97.9
二、综合经济				
地区生产总值	万元	1402863	1626900	116
第二产业增加值	万元	660000	796000	120.6
第三产业增加值	万元	513734	597408	116.3
财政总收入	万元	72379	86549	119.6
其中:地方财政预算内收入	万元	37701	48650	129
财政总支出	万元	53721	62195	115.8
各项税收	万元	66543	81214	122
年末金融机构各项存款余额	万元	1174346	1277230	108.8
其中:城乡居民储蓄存款余额	万元	897551	976632	108.8
年末金融机构各项贷款余额	万元	504435	564984	112
规模以上工业总产值(现价)	万元	948062.3	1458778	153.9
限额以上批发零售贸易业商品销售总额	万元	152607.2	199441.4	130.7
基本建设投资完成额	万元	94984.9	212420	223.6
其中:地方项目	万元	94835.1	212420	224
当年实际使用外资金额	万美元	5036	11376	225.9
城镇职工平均工资	元	12488.2	13430.3	107.5
农村居民人均纯收入	元	3947	4240	107.4
非农产业比重	%	83.7	85.6	102.4
农业劳动生产率	元/人	10194.7	11574	113.5
工业劳动生产率	元/人	142604.4	205589.1	144.2
耕地产出率	元/公顷	11184.5	12496.4	111.7
三、社会发展				
小学在校学生数	人	50224	48443	96.5
普通中学在校学生数	人	70990	51935	73.2
每万人拥有医院、卫生院床位数	床	22.6	24.2	106.8
每万人拥有医院、卫生院技术人员数	人	23.8	27.7	116.3
每万人拥有社会福利院床位数	床	11.6	11.4	98
参加基本养老保险的职工数	人	83990	86339	102.8
参加基本医疗保险的职工数	人	77370	106607	137.8

浙江省新昌县主要社会经济指标

指　　标	单　　位	2002年	2003年	2003年为2002年%
一、基本情况				
年末总人口	万人	43.5	43.4	99.8
其中:乡村人口	万人	38.4	36.1	94
年末单位从业人员数	人	36177	36400	100.6
乡村从业人员数	人	243300	234800	96.5
行政区域土地面积	平方公里	1213	1213	100
境内公路里程	公里	823	834	101.3
民用汽车拥有量	辆	5792	7888	136.2
本地电话用户	户	128900	148800	115.4
二、综合经济				
地区生产总值	万元	772622	905779	117.2
第二产业增加值	万元	468241	552100	117.9
第三产业增加值	万元	225288	269339	119.6
财政总收入	万元	72037	88030	122.2
其中:地方财政预算内收入	万元	28703	34769	121.1
财政总支出	万元	40051	47858	119.5
各项税收	万元	76065	89781	118
年末金融机构各项存款余额	万元	613140	719220	117.3
其中:城乡居民储蓄存款余额	万元	342732	395737	115.5
年末金融机构各项贷款余额	万元	406251	554096	136.4
规模以上工业总产值(现价)	万元	958012	1248038.8	130.3
限额以上批发零售贸易业商品销售总额	万元	64066	68610.3	107.1
基本建设投资完成额	万元	50674	60300	119
其中:地方项目	万元	50674	59074	116.6
当年实际使用外资金额	万美元	2616	3566	136.3
城镇职工平均工资	元	15158.8	19106.6	126
农村居民人均纯收入	元	4930	5287	107.2
非农产业比重	%	89.8	90.7	101
农业劳动生产率	元/人	6472.4	8063.1	124.6
工业劳动生产率	元/人	250349.4	286905.5	114.6
耕地产出率	元/公顷	38872.6	40779.2	104.9
三、社会发展				
小学在校学生数	人	28158	27000	95.9
普通中学在校学生数	人	25813	24900	96.5
每万人拥有医院、卫生院床位数	床	23.7	24.4	102.9
每万人拥有医院、卫生院技术人员数	人	26.3	27.7	105.2
每万人拥有社会福利院床位数	床	10.3	17.6	170.3
参加基本养老保险的职工数	人	49256	72500	147.2
参加基本医疗保险的职工数	人	45125	63629	141

浙江省临安市主要社会经济指标

指　　标	单　　位	2002年	2003年	2003年为2002年%
一、基本情况				
年末总人口	万人	51.7	51.5	99.6
其中:乡村人口	万人	44.8	46.4	103.6
年末单位从业人员数	人	21400	31200	145.8
乡村从业人员数	人	277500	289000	104.1
行政区域土地面积	平方公里	3124	3126.8	100.1
境内公路里程	公里	1544.6	1553	100.5
民用汽车拥有量	辆	11749	14753	125.6
本地电话用户	户	163400	212800	130.2
二、综合经济				
地区生产总值	万元	965633	1127314	116.7
第二产业增加值	万元	539054	627784	116.5
第三产业增加值	万元	305517	365537	119.6
财政总收入	万元	62568	81541	130.3
其中:地方财政预算内收入	万元	29176	40013	137.1
财政总支出	万元	42623	52399	122.9
各项税收	万元	34046	39965	117.4
年末金融机构各项存款余额	万元	658100	856100	130.1
其中:城乡居民储蓄存款余额	万元	348900	425200	121.9
年末金融机构各项贷款余额	万元	510600	761600	149.2
规模以上工业总产值(现价)	万元	845363	1159289	137.1
限额以上批发零售贸易业商品销售总额	万元	90311	96770	107.2
基本建设投资完成额	万元	95900	107120	111.7
其中:地方项目	万元	95900	97889	102.1
当年实际使用外资金额	万美元	1346	4606	342.2
城镇职工平均工资	元	17814	18623.2	104.5
农村居民人均纯收入	元	5362	5952	111
非农产业比重	%	87.5	88.1	100.7
农业劳动生产率	元/人	8157.8	10501	128.7
工业劳动生产率	元/人	182583.8	208130.9	114
耕地产出率	元/公顷	22558.8	23605.4	104.6
三、社会发展				
小学在校学生数	人	40600	38000	93.6
普通中学在校学生数	人	32900	32000	97.3
每万人拥有医院、卫生院床位数	床	23.2	25.1	108.4
每万人拥有医院、卫生院技术人员数	人	33.6	35.1	104.5
每万人拥有社会福利院床位数	床	10	30.3	302.9
参加基本养老保险的职工数	人	43291	51500	119
参加基本医疗保险的职工数	人	43851	38196	87.1

浙江省桐庐县主要社会经济指标

指　　标	单　　位	2002年	2003年	2003年为2002年%
一、基本情况				
年末总人口	万人	39.5	39.4	99.7
其中:乡村人口	万人	32.6	32.9	100.9
年末单位从业人员数	人	16400	14700	89.6
乡村从业人员数	人	206600	206900	100.1
行政区域土地面积	平方公里	1780	1780	100
境内公路里程	公里	830.7	851	102.4
民用汽车拥有量	辆	7215	8152	113
本地电话用户	户	104000	145500	139.9
二、综合经济				
地区生产总值	万元	678898	788812	116.2
第二产业增加值	万元	408555	491508	120.3
第三产业增加值	万元	186907	207143	110.8
财政总收入	万元	55018	73796	134.1
其中:地方财政预算内收入	万元	26330	36131	137.2
财政总支出	万元	38675	46925	121.3
各项税收	万元	25195	34056	135.2
年末金融机构各项存款余额	万元	520900	667400	128.1
其中:城乡居民储蓄存款余额	万元	297700	366000	122.9
年末金融机构各项贷款余额	万元	302400	407000	134.6
规模以上工业总产值(现价)	万元	532716	709385	133.2
限额以上批发零售贸易业商品销售总额	万元	67909	77772	114.5
基本建设投资完成额	万元	39074	92917	237.8
其中:地方项目	万元	37719	92733	245.9
当年实际使用外资金额	万美元	1801	3131	173.8
城镇职工平均工资	元	17571.2	19650.7	111.8
农村居民人均纯收入	元	4864	5480	112.7
非农产业比重	%	87.7	88.6	101
农业劳动生产率	元/人	9020.1	10363.3	114.9
工业劳动生产率	元/人	142819.3	163077	114.2
耕地产出率	元/公顷	35107.3	36172.1	103
三、社会发展				
小学在校学生数	人	30700	29100	94.8
普通中学在校学生数	人	25900	25900	100
每万人拥有医院、卫生院床位数	床	23.5	22.5	95.7
每万人拥有医院、卫生院技术人员数	人	34.8	36.3	104.3
每万人拥有社会福利院床位数	床	16.6	13.8	83.2
参加基本养老保险的职工数	人	39872	42800	107.3
参加基本医疗保险的职工数	人	34879	52716	151.1

浙江省宁海县主要社会经济指标

指　　标	单　　位	2002年	2003年	2003年为2002年%
一、基本情况				
年末总人口	万人	58.3	58.2	99.8
其中:乡村人口	万人	49.5	50.6	102.2
年末单位从业人员数	人	22100	22400	101.4
乡村从业人员数	人	311800	322800	103.5
行政区域土地面积	平方公里	1880	1880	100
境内公路里程	公里	1186.1	1195	100.8
民用汽车拥有量	辆	8600	10738	124.9
本地电话用户	户	187300	237000	126.5
二、综合经济				
地区生产总值	万元	830765	1001975	120.6
第二产业增加值	万元	478450	584168	122.1
第三产业增加值	万元	221390	275975	124.7
财政总收入	万元	100631	130080	129.3
其中:地方财政预算内收入	万元	41620	55649	133.7
财政总支出	万元	67406	83310	123.6
各项税收	万元	102687	130868	127.4
年末金融机构各项存款余额	万元	538525	667686	124
其中:城乡居民储蓄存款余额	万元	278005	340562	122.5
年末金融机构各项贷款余额	万元	542713	724058	133.4
规模以上工业总产值(现价)	万元	960102	1257356	131
限额以上批发零售贸易业商品销售总额	万元	99193.6	90159	90.9
基本建设投资完成额	万元	97047	144121	148.5
其中:地方项目	万元	97047	144121	148.5
当年实际使用外资金额	万美元	2558	3678	143.8
城镇职工平均工资	元	20644	24093.1	116.7
农村居民人均纯收入	元	4951	5446	110
非农产业比重	%	84.2	85.8	101.9
农业劳动生产率	元/人	10516.1	11673.4	111
工业劳动生产率	元/人	152397.1	160993.1	105.6
耕地产出率	元/公顷	16032.5	19106.8	119.2
三、社会发展				
小学在校学生数	人	40000	39200	98
普通中学在校学生数	人	31900	30200	94.7
每万人拥有医院、卫生院床位数	床	15.3	15.9	103.8
每万人拥有医院、卫生院技术人员数	人	23.2	24.5	105.8
每万人拥有社会福利院床位数	床	14.8	19.2	129.9
参加基本养老保险的职工数	人	35152	49280	140.2
参加基本医疗保险的职工数	人	25743	36699	142.6

山东省乳山市主要社会经济指标

指　　标	单　　位	2002年	2003年	2003年为2002年%
一、基本情况				
年末总人口	万人	59.4	58.7	98.8
其中：乡村人口	万人	51.1	50.4	98.6
年末单位从业人员数	人	55766	53177	95.4
乡村从业人员数	人	281400	276400	98.2
行政区域土地面积	平方公里	1668	1668	100
境内公路里程	公里	602.2	632.7	105.1
民用汽车拥有量	辆	17439	8597	49.3
本地电话用户	户	131527	163700	124.5
二、综合经济				
地区生产总值	万元	1068262	1267184	118.6
第二产业增加值	万元	505658	673987	133.3
第三产业增加值	万元	376632	404615	107.4
财政总收入	万元	53792	65873	122.5
其中：地方财政预算内收入	万元	37339	47236	126.5
财政总支出	万元	47086	57354	121.8
各项税收	万元	20478	27367	133.6
年末金融机构各项存款余额	万元	494776	583161	117.9
其中：城乡居民储蓄存款余额	万元	436752	497418	113.9
年末金融机构各项贷款余额	万元	324181	379413	117
规模以上工业总产值(现价)	万元	1660820	2263763	136.3
限额以上批发零售贸易业商品销售总额	万元	29711	41462	139.6
基本建设投资完成额	万元	65476	151682	231.7
其中：地方项目	万元	64296	151682	235.9
当年实际使用外资金额	万美元	7080	15105	213.3
城镇职工平均工资	元	8079.1	9048.7	112
农村居民人均纯收入	元	3835	4178	108.9
非农产业比重	%	82.6	85.1	103.1
农业劳动生产率	元/人	12044.8	13422.2	111.4
工业劳动生产率	元/人	359189.4	499341.1	139
耕地产出率	元/公顷	16691.7	17134.6	102.7
三、社会发展				
小学在校学生数	人	31450	29525	93.9
普通中学在校学生数	人	46903	43920	93.6
每万人拥有医院、卫生院床位数	床	16.3	16.8	103.2
每万人拥有医院、卫生院技术人员数	人	24	24.3	101.3
每万人拥有社会福利院床位数	床	10.1	9.8	97.1
参加基本养老保险的职工数	人	56867	60449	106.3
参加基本医疗保险的职工数	人	43907	82731	188.4

河北省迁安市主要社会经济指标

指　　标	单　　位	2002 年	2003 年	2003 年为 2002 年%
一、基本情况				
年末总人口	万人	66.8	67.3	100.7
其中:乡村人口	万人	58.2	58.2	100
年末单位从业人员数	人	45325	41581	91.7
乡村从业人员数	人	298874	300287	100.5
行政区域土地面积	平方公里	1208	1208	100
境内公路里程	公里	1486	1490	100.3
民用汽车拥有量	辆	8450	12550	148.5
本地电话用户	户	229633	231880	101
二、综合经济				
地区生产总值	万元	1162809	1423869	122.5
第二产业增加值	万元	622012	802622	129
第三产业增加值	万元	397738	482058	121.2
财政总收入	万元	64845	125048	192.8
其中:地方财政预算内收入	万元	29027	42761	147.3
财政总支出	万元	44889	65716	146.4
各项税收	万元	57763	100130	173.3
年末金融机构各项存款余额	万元	762976	867487	113.7
其中:城乡居民储蓄存款余额	万元	646726	754172	116.6
年末金融机构各项贷款余额	万元	409785	501034	122.3
规模以上工业总产值(现价)	万元	614781	1038696	169
限额以上批发零售贸易业商品销售总额	万元	21820.2	11808.9	54.1
基本建设投资完成额	万元	12680	55949	441.2
其中:地方项目	万元	12680	55949	441.2
当年实际使用外资金额	万美元	1015	847	83.4
城镇职工平均工资	元	8696.6	10153.4	116.8
农村居民人均纯收入	元	3496	3740	107
非农产业比重	%	87.7	90.2	102.9
农业劳动生产率	元/人	11778.8	13031.1	110.6
工业劳动生产率	元/人	142386.2	245380.6	172.3
耕地产出率	元/公顷	21155.9	18200.3	86
三、社会发展				
小学在校学生数	人	63718	61887	97.1
普通中学在校学生数	人	73702	74665	101.3
每万人拥有医院、卫生院床位数	床	19.4	17.1	88
每万人拥有医院、卫生院技术人员数	人	21.6	19.6	90.9
每万人拥有社会福利院床位数	床	10.9	10.8	99.3
参加基本养老保险的职工数	人	38004	37084	97.6
参加基本医疗保险的职工数	人	19727	29100	147.5

江苏省仪征市主要社会经济指标

指　　标	单　　位	2002年	2003年	2003年为2002年%
一、基本情况				
年末总人口	万人	59.4	59.4	100
其中:乡村人口	万人	43.5	43	98.7
年末单位从业人员数	人	66397	62392	94
乡村从业人员数	人	202600	229400	113.2
行政区域土地面积	平方公里	901	901	100
境内公路里程	公里	2056	617	30
民用汽车拥有量	辆	6774	7579	111.9
本地电话用户	户	161563	188269	116.5
二、综合经济				
地区生产总值	万元	610314	724100	118.6
第二产业增加值	万元	357911	445700	124.5
第三产业增加值	万元	187284	214300	114.4
财政总收入	万元	93470	112528	120.4
其中:地方财政预算内收入	万元	45881	60565	132
财政总支出	万元	50453	65361	129.5
各项税收	万元	31705	36409	114.8
年末金融机构各项存款余额	万元	692157	844215	122
其中:城乡居民储蓄存款余额	万元	434916	523535	120.4
年末金融机构各项贷款余额	万元	620706	693031	111.7
规模以上工业总产值(现价)	万元	1161059	1460712	125.8
限额以上批发零售贸易业商品销售总额	万元	96102	101231	105.3
基本建设投资完成额	万元	168334	106455	63.2
其中:地方项目	万元	32985	64118	194.4
当年实际使用外资金额	万美元	3212	8045	250.5
城镇职工平均工资	元	13263.4	14557.8	109.8
农村居民人均纯收入	元	3649	3919	107.4
非农产业比重	%	89.3	91.1	102
农业劳动生产率	元/人	8799.9	9223	104.8
工业劳动生产率	元/人	239063.4	278124.9	116.3
耕地产出率	元/公顷	9099.9	8613.5	94.7
三、社会发展				
小学在校学生数	人	49567	43884	88.5
普通中学在校学生数	人	33460	38092	113.8
每万人拥有医院、卫生院床位数	床	23.8	23.2	97.4
每万人拥有医院、卫生院技术人员数	人	40.1	28.5	71.1
每万人拥有社会福利院床位数	床	7.2	7	97.4
参加基本养老保险的职工数	人	88603	85039	96
参加基本医疗保险的职工数	人	79432	94652	119.2

黑龙江省双城市主要社会经济指标

指　　标	单　　位	2002 年	2003 年	2003 年为 2002 年%
一、基本情况				
年末总人口	万人	80.5	80.6	100.1
其中:乡村人口	万人	64.7	64.8	100.2
年末单位从业人员数	人	29757	27254	91.6
乡村从业人员数	人	287516	287750	100.1
行政区域土地面积	平方公里	3112	3112	100
境内公路里程	公里	595	498	83.7
民用汽车拥有量	辆	1048	6270	598.3
本地电话用户	户	219924	111992	50.9
二、综合经济				
地区生产总值	万元	909879	1064581	117
第二产业增加值	万元	255238	311854	122.2
第三产业增加值	万元	349375	414819	118.7
财政总收入	万元	38624	54168	140.2
其中:地方财政预算内收入	万元	20612	26257	127.4
财政总支出	万元	38760	19984	51.6
各项税收	万元	30506	47412	155.4
年末金融机构各项存款余额	万元	239285	268087	112
其中:城乡居民储蓄存款余额	万元	195581	223404	114.2
年末金融机构各项贷款余额	万元	238680	234436	98.2
规模以上工业总产值(现价)	万元	259164	378293	146
限额以上批发零售贸易业商品销售总额	万元	256623	279691	109
基本建设投资完成额	万元	10476	85820	819.2
其中:地方项目	万元	9887	65820	665.7
当年实际使用外资金额	万美元	1305	375	28.7
城镇职工平均工资	元	11007.3	10906.4	99.1
农村居民人均纯收入	元	2807	3276	116.7
非农产业比重	%	66.4	68.3	102.7
农业劳动生产率	元/人	14343.9	16545.3	115.3
工业劳动生产率	元/人	617057.1	876692.9	142.1
耕地产出率	元/公顷	8512.7	8637.8	101.5
三、社会发展				
小学在校学生数	人	57630	56312	97.7
普通中学在校学生数	人	58815	48705	82.8
每万人拥有医院、卫生院床位数	床	10.6	9.5	89.6
每万人拥有医院、卫生院技术人员数	人	16.5	15.6	94.6
每万人拥有社会福利院床位数	床	3.2	12.7	398.7
参加基本养老保险的职工数	人	597	24349	4078.6
参加基本医疗保险的职工数	人	2650	7204	271.8

广东省新兴县主要社会经济指标

指　　标	单　　位	2002年	2003年	2003年为2002年%
一、基本情况				
年末总人口	万人	44.8	44.9	100.2
其中：乡村人口	万人	37.5	40.9	109.1
年末单位从业人员数	人	28481	29341	103
乡村从业人员数	人	211470	210932	99.7
行政区域土地面积	平方公里	1520	1520.7	100
境内公路里程	公里	653	663	101.5
民用汽车拥有量	辆	4230	4618	109.2
本地电话用户	户	84447	85236	100.9
二、综合经济				
地区生产总值	万元	363305	412764	113.6
第二产业增加值	万元	140912	165205	117.2
第三产业增加值	万元	96903	110133	113.7
财政总收入	万元	28120	32711	116.3
其中：地方财政预算内收入	万元	11123	12899	116
财政总支出	万元	28028	32613	116.4
各项税收	万元	8314	9037	108.7
年末金融机构各项存款余额	万元	341812.3	372315	108.9
其中：城乡居民储蓄存款余额	万元	234003.4	269411	115.1
年末金融机构各项贷款余额	万元	149355.5	206788	138.5
规模以上工业总产值(现价)	万元	523207.5	581220	111.1
限额以上批发零售贸易业商品销售总额	万元	28463.8	53635	188.4
基本建设投资完成额	万元	15057	23504	156.1
其中：地方项目	万元	15057	23504	156.1
当年实际使用外资金额	万美元	584	784	134.2
城镇职工平均工资	元	10102.8	11048.1	109.4
农村居民人均纯收入	元	3896	4028	103.4
非农产业比重	%	65.5	66.7	101.9
农业劳动生产率	元/人	9470.9	10760	113.6
工业劳动生产率	元/人	159320.2	195249.9	122.6
耕地产出率	元/公顷	24935.9	24636.7	98.8
三、社会发展				
小学在校学生数	人	53589	55139	102.9
普通中学在校学生数	人	26341	28216	107.1
每万人拥有医院、卫生院床位数	床	13.1	12.2	93.3
每万人拥有医院、卫生院技术人员数	人	25.3	25.4	100.2
每万人拥有社会福利院床位数	床	12.5	12.9	103.3
参加基本养老保险的职工数	人	32786	33342	101.7
参加基本医疗保险的职工数	人	15186	15947	105

河南省郾城县主要社会经济指标

指　　标	单　　位	2002年	2003年	2003年为2002年%
一、基本情况				
年末总人口	万人	91.3	91.9	100.7
其中：乡村人口	万人	82.4	82.6	100.2
年末单位从业人员数	人	34046	32155	94.4
乡村从业人员数	人	512200	513100	100.2
行政区域土地面积	平方公里	943	943	100
境内公路里程	公里	1005	1005	100
民用汽车拥有量	辆	4844	4456	92
本地电话用户	户	73000	80000	109.6
二、综合经济				
地区生产总值	万元	709977	753895	106.2
第二产业增加值	万元	370065	422997	114.3
第三产业增加值	万元	125609	149146	118.7
财政总收入	万元	14969	16746	111.9
其中：地方财政预算内收入	万元	12329	12864	104.3
财政总支出	万元	27149	33666	124
各项税收	万元	10383	10270	98.9
年末金融机构各项存款余额	万元	220118	263447	119.7
其中：城乡居民储蓄存款余额	万元	189431	225838	119.2
年末金融机构各项贷款余额	万元	290498	334903	115.3
规模以上工业总产值(现价)	万元	449802	513433	114.1
限额以上批发零售贸易业商品销售总额	万元	36766	49636	135
基本建设投资完成额	万元	17470	35007	200.4
其中：地方项目	万元	14071	30199	214.6
当年实际使用外资金额	万美元	510	630	123.5
城镇职工平均工资	元	7033.2	7618.5	108.3
农村居民人均纯收入	元	2948	3100	105.2
非农产业比重	%	69.8	75.9	108.7
农业劳动生产率	元/人	7186.6	6092.9	84.8
工业劳动生产率	元/人	200170	181585.5	90.7
耕地产出率	元/公顷	22344	14354.9	64.2
三、社会发展				
小学在校学生数	人	98200	93087	94.8
普通中学在校学生数	人	68220	70851	103.9
每万人拥有医院、卫生院床位数	床	11.7	12.3	104.7
每万人拥有医院、卫生院技术人员数	人	18.1	18.8	103.8
每万人拥有社会福利院床位数	床	4.1	4.4	105.6
参加基本养老保险的职工数	人	16114	10691	66.3
参加基本医疗保险的职工数	人	22842	27564	120.7

黑龙江省肇东市主要社会经济指标

指　　标	单　　位	2002年	2003年	2003年为 2002年%
一、基本情况				
年末总人口	万人	91.7	93.1	101.5
其中：乡村人口	万人	66.6	67	100.6
年末单位从业人员数	人	44341	42415	95.7
乡村从业人员数	人	306565	299173	97.6
行政区域土地面积	平方公里	4332	3905	90.1
境内公路里程	公里	1321	1321	100
民用汽车拥有量	辆	2016	1980	98.2
本地电话用户	户	95634	100498	105.1
二、综合经济				
地区生产总值	万元	876888	954195	108.8
第二产业增加值	万元	346341	375271	108.4
第三产业增加值	万元	290323	314804	108.4
财政总收入	万元	42932	55007	128.1
其中：地方财政预算内收入	万元	19871	25607	128.9
财政总支出	万元	38575	44857	116.3
各项税收	万元	41246	45169	109.5
年末金融机构各项存款余额	万元	313063	345740	110.4
其中：城乡居民储蓄存款余额	万元	263787	301609	114.3
年末金融机构各项贷款余额	万元	585249	590646	100.9
规模以上工业总产值(现价)	万元	206193.4	256659	124.5
限额以上批发零售贸易业商品销售总额	万元	38507	15476	40.2
基本建设投资完成额	万元	56185	23372	41.6
其中：地方项目	万元	51851	23372	45.1
当年实际使用外资金额	万美元	1867	1694	90.7
城镇职工平均工资	元	7619	8102.5	106.3
农村居民人均纯收入	元	2718	2915	107.2
非农产业比重	%	72.6	72.3	99.6
农业劳动生产率	元/人	10007.2	11233.7	112.3
工业劳动生产率	元/人	172373.7	219329.2	127.2
耕地产出率	元/公顷	5991.7	6167.5	102.9
三、社会发展				
小学在校学生数	人	64169	59994	93.5
普通中学在校学生数	人	72922	74320	101.9
每万人拥有医院、卫生院床位数	床	10.5	10.4	98.5
每万人拥有医院、卫生院技术人员数	人	19.6	19.2	98.1
每万人拥有社会福利院床位数	床	9.3	12.1	130
参加基本养老保险的职工数	人	33137	33226	100.3
参加基本医疗保险的职工数	人	21952	24922	113.5

湖北省京山县主要社会经济指标

指　　标	单　　位	2002年	2003年	2003年为2002年%
一、基本情况				
年末总人口	万人	63.6	63.6	100
其中:乡村人口	万人	45	44.4	98.7
年末单位从业人员数	人	47200	34857	73.8
乡村从业人员数	人	166358	171393	103
行政区域土地面积	平方公里	3520	3520	100
境内公路里程	公里	1375	1375	100
民用汽车拥有量	辆	3580	3589	100.3
本地电话用户	户	65189	65280	100.1
二、综合经济				
地区生产总值	万元	457219	525300	114.9
第二产业增加值	万元	158900	192000	120.8
第三产业增加值	万元	161000	183691	114.1
财政总收入	万元	24913	26830	107.7
其中:地方财政预算内收入	万元	14785	15727	106.4
财政总支出	万元	29570	27761	93.9
各项税收	万元	10813	10921	101
年末金融机构各项存款余额	万元	303076	353998	116.8
其中:城乡居民储蓄存款余额	万元	226799	266890	117.7
年末金融机构各项贷款余额	万元	323172	326542	101
规模以上工业总产值(现价)	万元	221119	275196	124.5
限额以上批发零售贸易业商品销售总额	万元	14773	25143	170.2
基本建设投资完成额	万元	32704	38549	117.9
其中:地方项目	万元	24299	38549	158.6
当年实际使用外资金额	万美元	649	697	107.4
城镇职工平均工资	元	9296.3	8970.2	96.5
农村居民人均纯收入	元	2898	3028	104.5
非农产业比重	%	70	71.5	102.2
农业劳动生产率	元/人	12781.7	14082.8	110.2
工业劳动生产率	元/人	169504.8	208324	122.9
耕地产出率	元/公顷	15551.6	16572.1	106.6
三、社会发展				
小学在校学生数	人	56771	48003	84.6
普通中学在校学生数	人	51914	54015	104
每万人拥有医院、卫生院床位数	床	25	22.8	91.1
每万人拥有医院、卫生院技术人员数	人	19	18.2	95.8
每万人拥有社会福利院床位数	床	12.6	12.6	100
参加基本养老保险的职工数	人	42846	42846	100
参加基本医疗保险的职工数	人	23600	23600	100

3

第三部分 成功范例

昆山——江苏“两个率先”的排头兵

中共昆山市委　昆山市人民政府

昆山地处长江三角洲，东邻国际大都市上海，西依历史文化名城苏州，区域面积927.68平方公里，其中陆地面积641.1平方公里，2003年末，常住人口超过110万，其中户籍人口61.95万，现辖10个镇，拥有国家级昆山经济技术开发区和出口加工区。

改革开放以来，昆山坚持从实际出发，以经济建设为中心，以思想解放为先导，充分发挥区位优势、资源优势、产业优势、人才优势、环境优势和服务优势，坚持加快发展、率先发展、创新发展、协调发展，走出了一条独具特色的“昆山之路”。八十年代初，昆山充分利用区域优势，东靠上海，西托三线，广泛开展横向经济联合，大力发展乡镇工业，实现了“农转工”的第一次转型。九十年代，抓住浦东开发开放的机遇，发挥昆山经济技术开发区的基础设施优势，扩大招商引资，大力发展外向型经济，全市经济实现了“内转外”的第二次转型。世纪之交，昆山积极调整优化经济结构，着力提升产业层次，逐步形成以IT等高新技术产业为主导的经济结构，经济实现了“低转高”和“散转聚”的转型。目前，昆山已成为沪宁经济走廊中开放度较高的新兴工商城市，形成了以开放型经济为主导、三次产业协调发展、三个文明同步推进的良好局面。近年来，昆山先后荣获国家卫生城市、国家环境保护模范城市、中国优秀旅游城市、全国生态示范区、国家园林城市等称号。2003年，全市完成GDP430.37亿元，财政收入66.25亿元，进出口总额139.25亿美元，城镇居民人均可支配收入13034元，农民人均纯收入6819元。

昆山经济社会发展的主要特点：

以招商引资为龙头，提升对外开放水平。多年来，昆山坚定不移实施外向带动战略，积极扩大利用外资，外向型经济成为全市经济的特色和优势。一是规模比较大。已累计批准来自55个国家和地区的投资项目3500多个，合同外资200亿美元，实际利用外资超过80亿美元。世界500强企业中有27家在昆投资。总投资额超亿美元企业有27家。二是台资比较多。昆山是台商在祖国大陆投资密集区之一。累计合同利用台资超过100亿美元，实际利用台资超过50亿美元。台湾十大笔记本电脑生产厂家已有六家落户昆山。台湾排名前100位的大企业及上市公司已先后在昆山投资兴办了140多家企业，其中台塑关系企业南亚项目总投资25亿美元。三是产业相对集中。外来资本的大量涌入，加快了昆山工业化进程，直接推动了昆山产业结构的调整和产业层次的提升，全市已基本形成了电子信息、精密机械、精细化工、民生用品等主导产业。其中电子信息类企业600多家，总投资超过60亿美元，形成了比较完整的IT产业链，成为全国IT产业的重要生产基地。四是产出效益明显。目前，昆山的外资企业纷纷进入产出期，开业投产外资企业超过1400家。全市财政收入的60%以上、工业销售和利税的70%以上、工业投资的80%以上、出口总额的90%以上来自外资企业。

以结构调整为主线，提高经济运行质量。近年来，昆山按照加快实现"两个转变"的要求，全方推进经济结构调整。2003年，昆山三次产业之比为2.3:67.6:30.1。农业方面，充分发挥国家级农业综合开发现代化示范区的带动作用，重点发展"一优四特"，即：优质粮油、特种水产、特种花卉苗木、特种果蔬、特种畜禽，农业效益逐步提高。工业方面，相继实施了以产权制度改革为重点的内资企业调整改造、技术创新工程，不断提高经济增长质量和效益。服务业方面，以周庄为龙头的旅游业持续升温，房地产市场活跃，电信、金融、保险、会计、律师及其他各类中介服务业发展迅速。

以民营经济为突破口，落实群众增收措施。重点鼓励和支持发展原创型民营企业，积极吸引国内大企业、大集团来昆投资。鼓励和支持有比较优势的企业，走出昆山，走出国门，实施"走出去"战略，积极参与国际产业分工，拓展更广的发展领域。启动实施了统筹城乡协调发展的三年"富民工程"，制定出台了富民政策及其配套措施，营造了支持、鼓励发展民营经济的浓厚氛围。2003年，全市新增私营企业3323家，新增注册资本33.85亿元；新增个体工商户6415户，注册资金2.16亿元。年末个体私营经济注册资金突破100亿元，私营企业户数突破1万户。2003年个体私营经济上交税金9.25亿元，比上年增长61.8%。同时，为提高群众特别是农村群众的生活水平，在全市推行了"广覆盖、低水平、有保障"的农村基本养老和基本医疗保险制度，并对全市城乡人均年收入低于2000元的农户在实施低保的基础上进行开发性结对扶贫。

以载体建设为抓手，拓展产业发展空间。昆山经济技术开发区创办以来，已成为全市对外开放的窗口、对内辐射的基地，经济发展的龙头。2003年，开发区完成GDP272.28亿元、财政收入34.62亿元、进出口总额115.95亿美元，分别占全市总量的63.3%、52.3%、83.3%，在全国国家级开发区中列第三位。全国首批15个出口加工区之一的昆山出口加工区，于2000年10月率先封关运作，产生了强大的招商引资磁场效应，已有71个项目入驻，总投资超13亿美元，2003年全区进出口总额57.24亿美元，其中出口31.42亿美元，在全国出口加工区中保持领先地位。目前，昆山形成了以国家级开发区、出口加工区为龙头，以省级开发区为依托，特色鲜明、联动发展的园区型、开放型经济格局，促进了资本、技术、人才等各类资源的集聚和优化配置。

以功能设施为重点，加大城乡建设力度。以建设一流投资环境，营造最适宜人工作和居住的环境为目标，按照基础设施先行和实行市域整体性规划建设的原则，启动实施了以交通、污水处理、电力、通信为重点的一大批基础设施工程，推动了基础设施的扩容升级，构筑了城市发展框架。街区美化亮化绿化景观改造、广场建设、居民小区改造成效明显，产生了美化环境、聚集人气、创造商机、改善生活质量、完善城市功能、提高城市品位的综合效应。与此同时，大力加强软环境建设，以转变机关作风，提高效率效能为重点，不断推出亲商为民服务新举措，强化"亲商、安商、富商"意识，全力打造良好的法治环境、产业环境、生态环境、人文环境。

2004年，昆山经济社会发展工作的总体要求是：牢固树立科学发展观，紧紧围绕"两个率先"目标，大力推进经济增长方式转变和政府职能转变，争当江苏"两个率先"的排头兵，争当落实科学发展观的排头兵，建设以人为本、全面协调可持续发展的新昆山。全市经济社会发展的主要预期目标是：国内生产总值增长25%以上，地方财政一般预算收入增长20%以上；全社会固定资产投入不低于200亿元；新批注册外资20亿美元，到帐外资10亿美元，进出口总额超过160亿美元；城镇居民人均可支配收入增长13%以上，农村居民人均纯收入增长10%以上。

重点抓好以下几项工作：

一是以招商引资为重点，进一步扩大对内对外开放。坚定不移地实施外向带动战略和民营经济赶超战略，充分利用昆山投资环境良好、产业集聚明显、人力资源丰富的条件，在保持相当规模的同时，着力提高利用外资、民资质量水平，力争把昆山建设成为与全球市场联系紧密、产业特色鲜明、高新技术密集、商务功能一流的现代制造业基地。一要把外资利用得更好。按照精细招商的要求，采取多种形式扩大利用外资，既要做大数量，又要提高质量、效益和竞争力，继续保持在全国的领先水平。变"招商引资"为"招商选资"，采取多种形式扩大利用外资，在引进资金项目的同时，注重引进技术、引进人才，在充分利用国际市场、国际资本的同时，注重利用好国际资源。紧密结合昆山产业发展实际，重点引进科技含量高、资源消耗低、环境污染少、投资强度大、经济效益好的项目，引导国内外资本投向高新技术产业，投向电子信息、精密机械、汽车零部件和重大装备制造等产业。二要把优势产业做得更强。充分发挥昆山IT产业集聚的优势，大力引进TFT－LCD和IC封装、测试项目，进一步完善IT产业链，注重引进软件企业，使IT产业成为昆山的重要支柱和显著特色。三要把外资来源拓得更宽。在巩固台资的基础上，扩大利用日韩、欧美投资。要组织好赴日韩、欧美的系列招商活动，进一步扩大昆山在上述地区的知名度、美誉度，吸引更多的日韩、欧美投资项目。四要把民营经济发展得更快，重点鼓励和支持发展原创型民营企业，鼓励民营企业发展拥有自主知识产权、自主品牌的产品。深入推进外向配套协作，广泛吸引外地资本，鼓励举办具有高科技含量、能与主导产业和新兴产业相对接的配套型、科技型和服务型企业。同时要切实加快以开发区为龙头的园区建设，加大基础设施和功能设施投入力度，进一步提升载体建设水平，按照“三个集中”的原则，提高单位面积的投资强度，提高土地利用率，提高土地产出率。

二是进一步调整优化经济结构。统筹三次产业发展，抓紧做好服务业发展规划，在努力把昆山建成现代制造业基地的同时，大力发展服务业，构筑与制造业相配套、与城市化相协调，功能完善、繁荣发达的服务业体系。加快发展现代物流业，营造大进大出、快进快出的现代物流体系；努力提升金融业服务水平，为我市制造业在更高的平台上发展提供支撑。大力提升商贸等消费性服务业层次，以适应迅速发展的消费需求。积极开拓旅游市场，开发水乡游、生态游特色旅游产品，抓好旅游要素建设，扩大旅游消费。加强农村商业网点建设，鼓励和扶持大型商贸连锁企业到农村开办超市，改进商品售后服务，更好地满足农村居民的消费需求。继续整顿和规范市场经济秩序，严厉打击制售假冒伪劣商品行为。依靠科技进步推动经济增长方式转变，增加研发投入，完善创新载体，加强知识产权保护，构建以企业为主体、科技人才高度聚集、产学研紧密结合的科技创新体系，促进科技成果向现实生产力转化。不折不扣地执行最严格的耕地保护制度，认真开展基本农田大检查，将基本农田保护责任落实到村组、农户和地块。加快传统农业向现代农业转变，大力发展生态型、特色型、科技型和效益型农业，重点抓好优质水稻、花木果蔬、水产养殖、特色畜禽等主导产业，培育各类农村专业合作经济组织，提高农业组织化程度和市场竞争力。

三是积极推进科学城市化进程。分层分类把人口调控、产业发展、基础设施、资源利用、环境保护整体纳入规划体系，处理好全局与局部、近期与远期、建设与控制、发展与保护的关系，加强城市规划、城市建设、城市管理、城市服务的力度，统筹整合各类资源。完善片区规划，明确片区功能定位、发展方向。加快城市副中心建设，增强城市功能。加快“三纵六横二环五高”公路网建设，努力消除经济发展的瓶颈制约。围绕“拓展发展空间，改善城市环境，增加商机活力，提升城市品位”的总要求，结合创建国家生态示范市，组织实施前进路东西延伸、环城滨河风景带等一批重大市政建设工程，进一步提高“绿化、美化、亮化、净化”水平，努力塑造融江南水乡特色与现代文明气息于一体的城市新形象。巩固农村“三清”工作成果，重点抓好外来人口管理、垃圾收集、农村空地绿化和农村环境整治，改善农村生活环境质量。

四是扎实推进“三有工程”。通过发展物业、促进就业、引导创业，扎扎实实推进“三有工程”。鼓励先富起来的人员从跑市场向办企业转变，从挣钱存银行向投资做股东转变，从争业务向引资金、引项目转变，鼓励民间资本参与水利、交通、能源、环保等领域的投资建设，降低准入门槛，提高民众自主创业，参与投资经营的覆盖面，增加做老板、当股东的人数。健全城乡统筹就业机制，加强职业技能培训。积极发展社区保洁、保安、绿化、车辆看管等社区公益性就业岗位，鼓励失业人员通过非全日制、非固定单位、临时性、季节性、弹性就业等多种方式实现就业，并加大对“4050”失业人员援助力度。加大财政转移支付力度，完善社会保障体系。

五是着力加快社会文明进程。深入推进全国文明城市的创建活动，充分挖掘昆曲、周庄水乡古镇等历史文化资源，弘扬地方特色文化，打响历史文化品牌，吸收优秀外来文化，在吴地文化与现代文明的融合中凝炼城市精神，提升文化品位。加快文化产业发展，以产业化促进文化与经济的结合，发挥文化对经济社会发展的支撑作用。继续大力发展社区文化和农村文化，加快培育、形成一批文化特色乡镇、特色社区，不断丰富城乡居民的文化生活。

统筹兼顾 科学发展 努力建设以人为本 全面协调可持续发展的新江阴

江阴市人民政府

江阴市位于长江三角洲对外经济开放区，地处江苏省经济最发达的苏锡常地区的几何中心，北枕长江，南临太湖，距上海、南京各150公里左右，总面积988平方公里，户籍人口116万，辖16个镇。城市建成区面积48.6平方公里。江阴已有7000年历史、5000年文明史和2500年文字记载的历史，是历史上我国东南沿海对外贸易的重要商港。北宋政治家、文学家王安石曾在江阴黄田港留下了著名的诗篇："黄田港口水如天，万里风樯看贾船，海外珠犀常入市，人间鱼蟹不论钱。"江阴人杰地灵，我国明代著名的地理学家徐霞客、近代民族音乐家刘天华就出生在这里。

改革开放以来，江阴的经济和各项社会事业建设取得了重大成就。2003年，全市完成国内生产总值508亿元，比上年增长21.1%；财政收入68.6亿元，增长12.2%。江阴占全国千分之一的人口，在全国万分之一的土地上，创造了超过全国二百五十分之一的地区生产总值。全市有上市公司16家（其中境外上市公司1家），占全国的百分之一，被证券界称为"华夏A股第一县"；有国家级乡镇企业集团46家，位居全国县市第一；有全国最大的精纺面料、软塑包装材料、特种钢制品等8个国内最大的生产基地；有20多个产品市场占有率居全国"单打冠军"。在两个文明建设中共获得了全国科技先进市、全国文化先进市、全国教育先进市、国家环保模范城市、全国创建文明城市工作先进城市、国家卫生城市等50多项全国性的先进荣誉。二十多年来，江阴的发展主要是抓住了五个方面：

一、机遇，就是抓住机遇，创造机遇，用好机遇，不失时机推动经济社会发展实现新的跨越。回顾改革开放以来江阴市的发展历程，江阴历届市委、市政府始终坚持发展硬道理，咬住发展不放松，在加快发展中注重谋势，做到"醒得早、起得快、跑得稳"，牢牢抓住了四次重大发展机遇，从而不失时机地把江阴经济社会发展推上了一个又一个新的台阶。*一是抢抓发展乡镇企业的机遇，实现了由初创积累到异军突起的跃升。*乡镇企业以其灵活的机制，在10多年时间里，成长为江阴市经济的主体力量，推动全市经济上了个大台阶。*二是抢抓开放型经济的机遇，实现了由内向型到外向型的跃升。*到目前为止，全市累计合同外资66亿美元，实际利用外资近40亿美元。*三是抢抓结构调整的机遇，实现了由量的扩张到质态提高的跃升。*九十年代以来，江阴把加快科技进步、培育企业集团、实施名牌战略、推进资本经营作为经济工作的重要方针，把经济结构调整与所有制结构调整结合起来，推动了生产力的跨越发展，造就了一批行业冠军、规模企业和上市公司，涌现了一批现代企业家。*四是抢抓沿江开发、园区建设的机遇，实现了由传统加工业到现代制造业的跃升。*进入新世纪，市委、市政府提出了新一轮沿江开发战略，全面拉开了沿江开发的战场，推动了江阴靖江"跨江联动开发"，迅速打造承接国际资本和产业转移的平台，努力实现从分散经营向集约发展的转变，着力构筑具有临江产业特色的现代制造业基地。

二、开放，就是确立开放理念，拓宽开放领域，营造开放环境，锲而不舍推进经济社会的国际化进程。多年来，江阴一直在探求以开放换取发展空间、以发展拓展开放空间这一时代命题。一是确立开放理念。我们教育引导全市上下以开放的眼界，提升新标杆，确立新定位，从小富即安、坐井观天的思想束缚中解放出来，跳出江阴看江阴，面向世界看江阴，放眼未来看江阴；以开放的意识，学习新经验，增创新优势，在与先进的对比中，认识自我，调整自我，超越自我；以开放的胸襟，推进新融合，拓展新境界，在竞争比较中取长补短，在合作交流中博采众长，在求同存异中共同发展，推动开放的江阴更开放，积极地融入世界经济大循环。二是拓展开放领域。至2003年，全市累计批准来自42个国家和地区投资的项目2048个，总投资超亿美元的项目有20个，超千万美元项目325个，已有50多家国际知名跨国公司大财团在江阴投资兴业，已有200多家企业获得自营进出口经营权。全市累计兴办境外企业81家，先后在欧洲、美国等15个国家和地区设立了经贸代表处和分公司。江阴在大力引进国际资本的同时，大胆引进国外先进的经营管理经验、技术手段和市场运作方式，推动城建、旅游、教育等服务领域的对外开放，进一步提高了江阴市对外开放的深度和广度。三是营造开放环境。在对外开放中，江阴坚持“诚信、法治、高效、双赢”，按照国际惯例和世贸组织规则的要求，把政府工作的着力点放到致力于营造政策环境、法制环境、人文环境上来，努力创造与国际惯例相接轨的一流投资环境，构筑了江阴独特的竞争优势。

三、创新，就是创新思路，创新科技，创新机制，千方百计探求经济社会发展的自我超越。在激烈的区域经济竞争中，江阴要赢得主动，保持优势，就要敢于突破，勇于创新，敢于冲破一切有碍于发展的思想观念，摒弃一切落后于时代的经验做法，变革一切影响前进的体制弊端。一是创新思路，积极探索经济发展的新路子。这几年，江阴在发展观念上，牢固确立争先意识、现代意识、创新意识、拼搏意识、责任意识“五种意识”；在发展战略上，坚定不移地实施科教兴市、沿江开发、外向带动、城镇化、可持续发展“五大战略”；在发展思路上，积极推动工业经济从粗放经营向集约经营转变、从传统产业向现代产业转变、从产品经营向资本经营转变、从内向型经济向开放型经济转变、从速度型向量质并重型转变“五大转变”。二是创新科技，全面增强经济竞争能力。江阴坚持以科技创新为手段，加快实施经济结构的战略性调整，在改造提升工业传统产业、大力发展高新技术产业，加快农业产业化、现代化进程，推动信息资讯、电子商务、技术中介、旅游等新兴三产的发展等方面努力实现新的突破，促进产业升级和结构优化。目前，全市拥有省级以上高新技术企业94家，其中国家级重点高新技术企业14家，高新技术产业产值占全市工业的比重超过30%。全市拥有国家级企业技术中心和工程研究中心3家，省级企业技术中心和工程研究中心6家，博士后流动工作站5家，各类科研机构和厂办研究所143家。三是创新机制，进一步增强经济发展活力。坚定不移地推进各项改革，加快建立适应社会主义市场经济的运行机制，国有工业企业改制基本结束，乡镇工业企业改制面达到98%以上，实现了投资主体多元化、资源配置市场化、保障体系社会化、政府管理间接化。

四、统筹，就是统筹城乡建设，统筹经济社会发展，统筹人与自然和谐协调，全面提升区域经济社会的可持续竞争能力。在发展中，江阴坚持统筹兼顾，妥善处理宏观和微观、整体和部分、全局和局部的关系，不断汲取发展中的经验教训，切实解决前进中的矛盾和问题，促进经济社会的持续快速健康发展。一是统筹城乡发展，着力构筑现代滨江城市框架。从江阴的实际出发，立足于经济社会、生态和城乡空间发展的整体性，按照建设现代滨江城市、交通枢纽城市和历史文化名城的目标定位和“农村集镇化、集镇城市化、城市现代化”的发展方向，加速推进城乡规划一体化、基础设施一体化、经济社会发展一体化、科教文卫事业一体化，实现城乡联动发展、协调发展。同步推进产业集聚和城市建设，进一步拉开城市骨架，拓展城市规模，完善城市功能，努力增强中心城区的集聚力和辐射力。把园区规划和城镇规划有机结合起来，促进工业向园区集中，农民向城镇集中，农业向生态园区集中，加速了人流、资金流、信息流的集聚，有力地加快了农村“三集中”进程。二是统筹经济社会发展，提高人的素质和文明程度。加大对各项社会事业的投入，高标准建设了人民路步行街、中山公园、大桥公园、黄山湖公园、体育馆等一批公共设施，深入开展“六爱三评”、“一二三读书工程”、“卫生城市文明人”、“诚信江阴”等系列活动，积极创建文明园区、文明社区、文明街区，使经济更加发展、文化更加繁荣、社会更加和谐、人民生活更加富裕。*三是统筹人和自然和谐发展，增强可持续发展能力。*注重集约用地、节约用地，科学利用长江岸线资源；切实加强生态环境保护和建设，不断加大污染防治力度，目前，全市共有已建和在建污水处理厂26个，污水日处理能力达29万吨，已铺设管道80公里，削减排污口20个；彻底停止开山采石，大力开展江边、城边、路边、河边绿化，全市城市绿化覆盖率31.7%，森林覆盖率12.7%，人均公共绿地12.4平方米，环境质量综合指数88.7%。

五、民本，就是善待百姓、造福百姓、保护百姓，切实把人民群众的利益维护好、实现好、发展好。从2001年开始，江阴市全面组织实施富民工程，使人民群众充分感受到改革开放、经济发展带来的实惠。*一是增加人民收入。*近两年来，城镇职工登记失业率一直控制在3.5%以内，确保每户纯农户家庭有1个劳动力就业。去年全市农民人均纯收入6823元，城镇居民人均可支配收入11502元，人均储蓄18526元。*二是完善社会保障体系。*多年来，江阴积极推行劳动合同制、养老保险制、工资逐月发放制“三项制度”。2003年，全市劳动合同签订率达95.2%，农村社会养老保险参保率达90.3%，实行“月薪制”率达95.1%。同时，全面落实失业人员失业保障线、城乡居民最低生活保障线、企业离退休人员基本养老金保障线“三条保障线”制度，今年江阴又提高了城乡居民最低生活保障线、农村养老保险统筹和职工最低工资的标准，并建立逐年增长机制，解决人民群众的后顾之忧。最近准备出台被征地农民社会保障的政策措施，逐步消除农民转化为市民的体制性障碍，为被征地农民编织保障安全网。*三是抓好扶贫帮困工作。*在全市范围内实施“两老”致富示范工程，重点扶持300户老党员、老生产队长脱贫致富。进一步完善了领导干部群众联系点制度，全市共落实结对挂钩3827户。鼓励企业家、私营个体业主、种养专业户与贫困户结对扶持，结成“帮扶链”、“致富链”，先富带后富，不富不脱链。同时，大力倡导群众性的互助互济活动，建立慈善基金，去年全市共有1200多户特困家庭得到慈善救助。从2001年9月起，江阴还在全市范围内提高了农村大病住院医疗保险的标准，全市有90.6万群众已加入了这一保险，有效防止和减少了农村因病致贫、因病返贫现象的发生。2003年，江阴还拨出专项资金1200多万元，对全市611户农村特困户的危房统一翻建改造。四是为民办好实事。近年来，江阴花大力气办好农村改水、乡镇道路建设、政府代交农业税、关闭矿山、农村卫生环境整治等农村12件实事，解决群众关心的突出问题，改善生活条件和生态环境。

当前，江阴市正处在一个主动适应中央宏观调控政策，实现经济增长方式转变的关键时期。江阴将认真落实科学发展观，统筹城乡发展，实现全面小康，着力推进以下四个方面的举措：

一、实现经济增长方式的转变，全力打造“实力江阴”。紧紧围绕建设与国际制造业基地相适应、与现代化港口城市相配套的现代物流业和城市服务业体系的目标，结合城市总体规划，深化完善服务业发展规划，编制重点地区的控制性详规，科学规划、合理布局服务业的发展空间。加大对港口、城东、城西、金三角四大物流园区和汽车、金属材料、石化产品等10个重点市场的扶持力度，做大规模，做强实力，加快形成一批总量超百亿、税金超亿元的重点市场和企业，增强对全市服务业发展的支撑带动作用。大力发展与居民衣食住行密切相关的城市交通、环保和社区服务等城市服务业，积极发展金融保险、房地产、旅游业等新兴服务业。充分利用CEPA的有利时机，大力引进仓卖经营、连锁经营、加盟经营、特许经营、第三方物流等现代经营业态，提升服务业发展水平。走新型工业化道路，把这次宏观调控作为促进经济结构调整、转变经济增长方式的强大动力和重要契机，努力提高江阴经济整体素质和竞争能力。加快发展光电通信、机电一体化、新材料等高新技术产业，努力形成竞争实力强、辐射带动力大的产业集群。加大研发投入，增强科技自主创新能力，建设重点技术平台和产业基地，培育自主知识产权产品。加快推进沿江国家新材料产业带建设，大力发展包装新材料、光电通信新材料、特种金属材料、有机高分子材料和纺织新材料，构筑有竞争优势的产业链，以规模化、集约化促进产业集聚。加快建设和整合专业化的工业集中区，主动策应、融入沿江开发，加强与开发区的产业配套与协作，延伸产业链，培育产业特色，提升园区的专业化功能和发展水平。坚定不移地实施大企业集团战略，加快培育一批核心竞争力强、江苏50强、全国500强、世界有份量的大企业集团。针对当前土地、能源等供需矛盾加剧的新情况，变招商引资为招商选资，根据产业的规划布局和新型工业化的要求来选择项目，高消耗、高污染的项目一律不接，不符合产业政策和用地门槛的项目一律不进，做到科学规划定方向，项目性质定用地，投入产出定面积，手续完备定开工。同时，鼓励企业在把产品打入国际市场的同时，不失时机地扩大对外投资，实施跨国经营，拓展发展空间，不断提高企业的国际竞争力。按照“政府引导、企业自主、市场运作、政策扶持”的原则，继续稳步推进企业国内上市，不失时机推动企业境外上市，精选优选后备企业，形成资本经营梯队，推动“江阴板块”不断壮大。

二、积极推进生态城市建设，全力打造“绿色江阴”。生态环境是现实的竞争力，更是未来的生产力。围绕建设“现代化的绿色城市、美丽的园林城市、人与自然和谐统一的生态城市”这一目标，在全市上下掀起一场“生态革命”，全力打造“绿色江阴”。根据江阴产业的实际，制订出产业发展指导目录，提高环保准入门槛，继续依法关闭工艺落后、浪费资源、污染严重企业。坚持“三同时”制度和环境影响评价制度，做到环评结果不明不批，防治方案不行不批，项目选址不当不批，加大从源头上控制污染的力度，降低污染物排放强度，努力做到“增产不增污”。大力发展循环经济和环保型产业，推广清洁生产和清洁能源。用高新技术和生态技术改造耗能高、污染重的传统产业，大力发展节能、降耗、减污的高新技术产业。加快污水管网建设，实行调水清淤，真正做到“清水满地流、污水管道走”，全面改善水环境质量。严格控制大气污染物的排放总量，切实改善大气环境质量。加快山体整治，在全面停止开山采石的基础上，加快进行复垦复绿，广泛开展全民造绿活动，切实加强城区绿化，构筑“绿色通道”，增加城乡公共绿地和防护绿地，全面提高城乡绿化水平。通过全市上下的不懈努力，把江阴建成“山清水秀、天蓝地绿、空气清新、环境优美”的可居住城市。

三、积极探索解决“三农”问题的新路子，全力打造“富裕江阴”。以增加农民收入为中心目标，把解决好“三农”问题作为全局工作的重中之重，紧紧依靠工业化来致富农民，依靠城市化来带动农村，依靠产业化来提高农业，实现城乡互动、工农互促、富贫互帮。坚持经济发展和扩大就业并举，注意发展吸纳劳动力容量大的劳动密集型企业、中小企业和服务业，开辟更多的公益性岗位，推行更灵活的就业方式，大力拓展就业空间，不断增加群众的工资性收入。加快建立城乡劳动力统筹就业管理制度，加大劳动用工规范管理力度，进一步提升城乡劳动力市场的一体化服务功能，实现城乡劳动力同等竞争、同等就业、同工同酬。加强就业培训，特别要大力开展面向下岗失业人员和被征地农民的就业指导和职业技能培训，努力形成以培训促就业的良好机制。全面落实促进就业再就业的扶持政策，深入推进“4050”再就业援助工程和“121”阳光扶助工程。今年要确保新增就业岗位4万个，实现被征地农民就业1.5万人，城镇失业人员再就业2000人，年末城镇登记失业率控制在3.5%以内。把民营经济作为富民优先的主体工程，进一步营造适宜民营经济成长的发展环境，推动全民创业、自主创业、艰苦创业，不断提高经营性、资产性收入在居民收入中的比重。大力发展经济型、服务性、生态型农业，扎实推进农业产业化经营，扶持发展各类农村专业经济合作组织和经纪人队伍，提升农业产业化、外向化和标准化水平。继续巩固完善农村养老保险、劳动合同、农村住院医疗保险和被征地农民基本生活保障四项制度，进一步提高覆盖水平。加大社会保险扩面征缴力度，积极创造条件加快“农保”、“城保”并轨。积极稳妥搞好被征地农民基本生活保障试点，尽快建立健全被征地农民基本生活保障机制，从而解决被征地农民的长久生计问题。

四、促进社会全面进步和人的全面发展，全力打造“人文江阴”。发展不仅仅是物质的增长，更重要的是社会的全面进步和人的全面发展。坚持科技是第一生产力，大力推进科技创新，建设200亩科技实验园，推进教育信息化工程，深化素质教育，加快建立与终身教育、学习型社会相适应的现代教育制度。以创建全国历史文化名城和江苏省首批文化示范市为契机，积极推进农村基层文化建设。进一步完善城市总体规划，增强城市功能，提升城市品位。全面推进城市综合执法，落实长效管理措施，全面提高城市管理水平。以“三集中”为方向，完善产业集聚、人口集聚、资金集聚等政策，切实增强城镇的集聚功能，提高城镇的现代化建设水平。加快推进健康城市建设，加强农村环境卫生整治，健全公共卫生防治体系，完善全民健身服务体系。

回眸征程，成就斐然；登高望远，任务艰巨。面对全新的发展形势和区域竞争，我们将继续弘扬“人心齐、民性刚、敢攀登、创一流”的江阴精神，励精图治、奋发进取，努力建设以人为本、全面协调可持续发展的新江阴。

牢固确立科学发展观 坚定不移争当“两个率先”排头兵

中共张家港市委　张家港市人民政府

张家港市位于长江和沿海两大经济带交汇处，是长江南岸一座新兴港口工业城市。原名沙洲县，1962年由常熟、江阴两县各划出部分地区合并而成。1986年撤县建市，以境内天然良港——张家港而命名。全市总面积999平方公里，下辖8个镇，1个农场，186个行政村，户籍人口86万。

张家港市的发展过程是工业化和城市化互动并进的过程，也是统筹城乡发展，加快实现农村现代化的过程。回顾改革开放以来的经济社会发展历程，从二十世纪七、八十年代大力发展乡镇工业，到九十年代积极实施对外开放，再到本世纪初全面落实科学发展观，我们一直在努力寻求打破“城乡二元结构”，逐步缩小城乡差别的有效路径。其间经历了从无意识到有意识，从低水平到高水平，从封闭到开放，从传统到现代的转换，逐渐形成了以工业化为动力，以城市化为途径，以人的素质和生活质量的全面提高为内涵的城乡统筹发展思路。

近年来，在各级领导的关心支持下，全市人民认真贯彻中央提出的“沿海有条件的地方，要率先基本实现现代化”的要求，与时俱进弘扬张家港精神，经济社会发展保持了持续快速健康的良好势头，实现了“三个较大增长”：一是老百姓的收入实现了较大增长。2003年，城镇职工人均工资17083元，比上年增长25.2%，在1998年基础上五年翻了近一番；城镇居民人均可支配收入12960元，增长了20.2%；农民人均纯收入6943元，增长11.7%；城乡居民人均储蓄存款2.41万元。二是对国家的贡献实现了较大增长。去年在张家港这块土地上，上交国家各项税收超过107亿元，在全国县级市中名列前茅。其中海关关税及代征税77亿元。三是全市综合实力实现了较大增长。2003年，全市完成财政收入66.98亿元，增长55.5%，在2001年基础上两年翻了一番；工业产品销售收入1022亿元，增长36.2%，在2000年基础上三年翻了一番多；实现生产总值475亿元，同比增长19.9%，在1999年基础上四年翻了近一番，人均6700美元。在经济快速发展的同时，各项社会事业也获得了长足发展，先后荣获首批国家卫生城市、首家全国环境保护模范城市、全国创建文明城市工作先进城市、全国科技进步先进市、全国生态示范区、全国双拥模范城(三连冠)、国家园林城市、中国人居环境范例奖、全国村民自治模范市等50多项国家级荣誉称号。

注重速度效益并举　经济质量稳步提高

在经历乡镇工业粗放经营的初始阶段后，我市及时加快结构调整，实施集约发展，转变增长方式，使全市经济运行质量进一步提高。一是生产要素加速向优势企业集聚。通过实施企业改制，加大技改投入，推进合资合作，全市优质资产、优秀人才和高新技术正在加速向优势企业集聚，一批竞争力强的规模企业脱颖而出。2003年，全市工业销售的49%、税收的49%、利润的52%和工业技改投入的61%都来自于十大企业集团。沙钢集团已成为苏锡常地区首家销售超两百亿元企业；国泰集团进出口总额继续位居全省外贸集团榜首。在国家统计局公布的“全国2003年大型工业企业”名单中，我市12家企业榜上有名。规模企业的发展，有力带动了传统产业的高新化改造，在全市超百亿元的工业投入中，用于技术改造的资金超过了50亿元，绝大部分骨干企业技术装备达到了国际先进水平。2003年，全市有1只项目列入国家“863计划”，有4只项目列入国家“双高一优”和国债扶持计划，新增博士后工作站2家，省级企业技术中心1家，省级高新技术企业3家，省级高新技术产品35只，科技进步对经济增长的贡献份额明显提高。二是产业布局加速与沿江开发呼应。我市充分利用沿江优势，围绕建设长江三角洲地区重要的现代制造业基地、现代港口物流基地的发展目标，以沿江开发和行政区划调整为契机，以张家港保税区和省级开发区为龙头，对全市工业发展布局进行重大调整，撤消镇级工业小区，切实加快张家港扬子江化学工业园和扬子江冶金工业园建设，重点发展钢铁、机电、石化、粮油产品、建材等临港产业，形成了占全市面积45%的沿江经济开发带，逐步确立了临港经济的龙头地位，形成了以园区经济为主导的生产力布局。全市长江沿线已有40个万吨级以上泊位，开通了18条国际航线，口岸进口大豆、木材、羊毛、石油化工品和出口大米等货物量位居全国前茅，是长江沿线最大的国际性贸易商港之一，去年共完成货物吞吐量4512.6万吨，集装箱运量24.7万标箱，分别比上年增长41.2%和22%。张家港保税区、省级经济技术开发区和扬子江国际化学工业园、冶金工业园等载体的开发建设，使企业进区和外资流入的步伐明显加快。目前，全市90%以上的新办项目都集中在园区，全市外资企业已超过1200家，注册外资突破40亿美元，实际利用外资36.7亿美元。日本三菱、伊藤忠、旭化成、韩国浦项、英荷壳牌等50多家著名跨国公司都来我市投资兴业，其中世界500强企业有14家。三是资源利用开始向生态经济努力。我市坚持“发展不以牺牲环境为代价”，突出生态保护，强化资源的高效利用，坚定不移追求可持续发展。近年来，全市因环保原因而拒批或劝阻的工业项目296个，有34家工业企业被彻底关停，12家市区污染企业搬迁，“三同时”执行率达到了100%。与此同时，通过拉长产业链，培育企业群，促进资源在不同层面的循环利用，形成了沙钢集团、东海粮油等30多家循环经济型企业，扬子江国际化学工业园、冶金工业园已初具生态工业园雏形。现在的张家港市，市区空气环境质量优于国家二级标准，80%的镇空气质量达到国家一级标准，城市生活污水处理率70%，饮用水源地水质优于国家地表水二级标准。

注重城乡一体发展　二元结构逐步改变

近年来，我们围绕建设现代化中等城市的目标，把优化资源配置的空间由中心城区拓展到787平方公里整个城乡陆域，积极推动城市现代化，农村城市化。目前，我市城市化进程已进入提速期，农业比重降到2%左右，城市化率达到56.5%。在此基础上，我市采取了一系列措施，加快改变城乡二元结构。在空间布局上，通过1998年以来的三次行政区划调整，全市建制镇由26个减至8个，行政村数由436个合并为186个，形成了规划有序、各具特色的“一城四片区”城镇体系，较好地解决了市域内城镇布局过密、规模偏小、城乡差别较为明显等问题。中心城区按照现代化、园林式、生态型要求进行了深度规划，所集聚的发展能量得到较为充分的释放。“四大片区”的划分，则使农村有限的发展资源进一步趋于集中，片区中心镇呈现出较强的区域带动力。通过加快市域交通网络建设，城乡空间距离被有效缩短。在制度层面上，实行按居住地登记的新型户籍制度，允许拥有合法固定住所和稳定职业的农村人口到城镇落户；建立镇级农村土地流转信息服务中心，鼓励农业用地依法流转、集约经营，使进城农民既能离乡，又能离土；加快农村集体资产股份合作制改革，积极探索土地股份合作经营，让农民持股进城、按股分红；完善社会保障体系，在建立“五保合一”的城镇社会保险体系基础上，积极推进农保向城保并轨，将全市参加农村养老保险的职工逐步纳入城镇社保体系，促进农民由土地保障转向社会保障，使务工经商的农民成为自主流动的“社会人”。在分配政策上，通过调整财税政策，形成了更加合理的城乡GDP二次分配机制。

注重以民为本理念　富民工程初见成效

长期以来，我们把富民与强市放到同等重要的位置，全力做好“加、减、乘、除”混合运算，不断提高城乡居民的生活质量。加法，就是扩大就业保障。全市建立了城乡统一的劳动力市场和劳动力预备制度，对农民特别是被征地农民实行就业扶持和免费培训，使城乡居民登记失业率长期控制在2.4%以下，农民来自非农收入的比重达到80%以上。我们采取财政适当扶持的政策，在全省率先实施纯农民养老保险办法。今年，全市达到退休年龄的老年农民已开始享受每月80元的基本养老金。通过完善农村新型合作医疗和大病风险基金制度，健全社会救助体系，还较好解决了农民“因病致贫”的后顾之忧。减法，就是减轻农民负担。我们深化了农村税费改革，在原来取消农业特产税的基础上，2002年在全国率先实行了农业税及附加由政府代缴政策，全市农民每年因此减负近3000万元。乘法，就是鼓励全民创业。我们大力发展个私经济和富民合作社，使市民的资产变资本，资本变收入。据抽样调查，在城乡居民的总收入中，投资性收入的比重正呈现逐年上升的趋势。2003年，全市农民资产性收入人均增长近10%。除法，就是转移农村劳动力，逐渐减少农村人口数量。富民工程的实施，使城乡居民收入出现了较快增长，消费能力实现了较大突破，住房、汽车、通信成为新的消费热点，私家车总数已达2.5万辆，平均每10户就有一辆。

注重协调三个文明　整体素质不断优化

在经济建设快速突破的同时，坚持“两手抓、两手都要硬”，加强了政治文明和精神文明建设。我市重视发挥人大、政协的作用，定期召开情况通报会、专题协商会和座谈会，完善研究咨询网络，促进了科学民主决策。我市全面推行政务公开，完善内外监督机制，致力打造为民亲商的“服务政府”、实干有为的“责任政府”、依法行政的“法治政府”和公正廉洁的“阳光政府”。我市加强党建工作，健全了领导干部“六个一”蹲点联系制度，基层党组织战斗堡垒作用和党员先锋模范作用得到较好发挥。我们大胆启用政治上靠得住、发展上有本事、人民群众信得过的干部，加大年轻干部选拔培养力度，形成了科学的用人导向。依法治市工作稳步推进，公民知情权进一步扩大，信访渠道进一步畅通，民调工作得到加强，继续保持了安定团结的良好局面。

与此同时，我市围绕创建全国文明城市的要求，把抓经济提速增效与抓创建育文明人有机结合，把弘扬张家港精神与建设诚信张家港有机结合，完善了以经济为中心、以卫生为基础、以文化为内涵、以育人为根本、以服务人民为宗旨的“五句话”创建思路。通过开展“文明新风户”、“五好家庭”、“文明职工”、“文明单位”等新风系列评比活动，社会风气不断优化；通过镇、村文明社区创建活动，人居环境、市民素质、城乡功能趋向一体，城乡一体文明进程不断加快；通过深入贯彻《公民道德建设实施纲要》和开展“千家藏书”、“万人读书”、“理论讲座”、“知识培训”等多种形式的经常性学习教育，提高了市民的文化和技能素质；通过“科技早市”、“文化夜市”、“社区书市”、“服务街市”的“四市”活动，开辟了思想政治工作的新途径。随着文明创建的不断深化，市民的文明意识、创业意识、合作意识、法制意识和公益意识得到强化，全社会文明程度稳步提高。

注重弘扬“张家港精神”　发展合力不断增强

“团结拼搏、负重奋进、自加压力、敢于争先”的张家港精神是我市的发展之魂、力量之源。我们通过弘扬张家港精神，实现了从苏南落后县市向经济强市的跨越，全市两个文明建设被誉为“伟大理论的成功实践”。随着时代的发展，我们不断赋予张家港精神新的内涵，突出在“争先、创新、求实、富民”上下功夫，坚持以无功即过的意识抢抓机遇，以超越自我的追求提升定位，以激励竞争的机制营造氛围。近年来，我市每年都要制订一个“跳一跳才够得着”的目标，激励全市干部振奋精神，积极进取；每年都要组织两级干部，到广东、浙江、上海等先进地区和周边县市参观取经，学习先进，取长补短；每年都要请一批知名专家学者来我市开设专题讲座，增长见识，拓宽视野；每年都要在全市公布各单位实绩，展开结对竞赛，激励先进，鞭策后进，形成奋发争先的竞争导向。在经济社会实现较快发展的基础上，要求全市树立新标尺，明确新目标，谋求新发展，在更高的层面上寻找新的对手，在重量级的竞争中争得一席之地。去年，按照争当全省“两个率先”排头兵的要求，我市又提出了“经济建设一年一大步、三年大进步”，“环境建设一年一变样、三年大变样”的奋斗目标，在全市进一步凝心聚力，激励斗志。通过深入持久的教育和熏陶，张家港精神已经成为全市人民的自觉行动和共同追求，成为实现率先发展的强大动力。

今后一段时期，既是张家港市大有可为的战略机遇期，也是落实科学发展观、加速经济社会全面转型的关键时期。作为苏南经济发达县(市)之一，我市将紧紧围绕建设现代化中等城市的目标，突出“转型、加速、协调”主题，以富民强市为根本目标，以加快发展为第一要务，以增强综合竞争力为工作重点，把张家港打造成长江三角洲一个富有特色和竞争实力的港口工业城市，一个富有内涵和独特个性的生态园林城市，一个富有精神和文化底蕴的文明法治城市，努力使各项工作都能走在全省乃至全国的前列。要继续按照“五大转型”要求，坚持做到“六个统一”：

一是坚持富民与强市相统一。大力推进“民营经济腾飞计划”，壮大村级经济，多渠道拓宽劳动力就业空间，帮助群众增收致富。扩大农保转城保、农村养老保险、新型农村合作医疗覆盖面，确保年内城保参保率达99%以上。

二是坚持速度与效益相统一。调整和优化产业结构，大力发展现代农业和现代服务业。做大育强规模经济，引导现有骨干企业与国际大公司进行战略合作。加快传统产业高新化步伐。

三是坚持内外开放相统一。加快传统招商向“集约招商”、“专业招商”、“项目招商”转变，搞好十月“金秋招商月”及赴日韩大型专题招商活动，年内引进80只超千万美元大项目；新批私营企业2500家，新增私企注册资本30亿元。

四是坚持开发与保护相统一。采取用活存量、广辟渠道、自我调控等手段，大力提高土地、资金、电力等资源的利用效率。

五是坚持城乡发展相统一。加快新城建设，实施老城改造，推进农村新社区建设和村庄布局调整，力争三年内形成一批农村新型现代社区。

六是坚持三个文明建设相统一。深入开展全国文明城市和社区建设示范市系列创建活动，加大对社会事业的投入力度，加强民主法制建设，促进社会全面进步和人的素质全面提高，打造文明城市新品牌。

牢固确立科学发展观 争当“两个率先”排头兵

中共常熟市委　常熟市人民政府

常熟地处繁荣富庶的锦绣江南，濒临长江黄金水道，是国家历史文化名城，也是新兴的港口工业城市，全市总面积1094平方公里，辖11个镇、1个虞山林场、1个招商城和2个开发区，人口103.8万。改革开放以来，常熟始终坚持加快发展不松劲，科学发展不动摇，把保持较快的经济增速和培育较强的发展后劲作为工作重点，经济建设快速推进，社会事业全面进步，人民生活富足安康。特别是跨入新世纪以来，全市广大干部群众紧紧围绕“富民强市”和“两个率先”的总体目标，突出工业化、城市化两大重点，致力于构筑“大港口、大交通、大工业、大市场、大城市”五大新优势，进入了历史上经济社会发展最快、人民群众得益最多、协调发展成效最好的时期，先后荣获“国家卫生城市”、“国家园林城市”、“国家环保模范城市”、“中国优秀旅游城市”、“国家畅通工程模范管理城市”、“全国绿化模范城市”、“中国最佳人居环境范例奖”、“全国双拥模范城市”、“全国社会治安综合治理先进集体”、“创建全国文明城市工作先进市”等荣誉称号。2003年，全市人均GDP超过5500美元，实现财政收入65.66亿元，工业总产值突破1000亿元，全社会固定资产投资202亿元，社会消费品零售总额112亿元，金融机构各项存款余额534亿元，城镇居民人均可支配收入13527元，农村居民人均纯收入7269元。

——着力营造最佳创业环境。近年来，常熟着力营造商务成本低、承载能力强、市场秩序好的投资大环境，成为全省率先发展的一个亮点、中外客商瞩目的一片热土。

*一是营造配套完备的要素环境。*近几年，常熟的交通环境大大改善，已建成苏嘉杭、沿江两条高速公路，在建三条一级公路，不久之后，一个以高速公路和高等级公路为主骨架的现代交通网将在常熟境内交汇通达。横跨长江南北的苏通长江大桥已开工建设，沿江铁路也即将开工，建成后，将进一步强化常熟在华东地区交通枢纽重镇的地位。常熟拥有长江岸线37.5公里，常熟港是国家对外开放一类口岸，现有各类码头17个，其中万吨级以上11个，年货物吞吐量超过1500万吨，居全国十大内河港之列。按照“布局集中、产业集聚、资源集约”的总体思路，常熟统一规划开发区建设，充分发挥基础设施的规模效应。国家级常熟经济开发区大力发展临江经济，已吸引美国、英国、法国、芬兰、比利时、日本、新加坡、台湾、香港等20多个国家和地区近60亿美元外资，其中超亿美元项目15个，形成了钢铁、能源、造纸、化工、汽车零部件等五大主导产业，成为苏南又一新兴国际制造业基地。江苏省常熟东南经济开发区于2002年启动建设，基础设施基本到位，目前已引进各类企业150多家，重点向电子信息、精密机械、生物医药、新型材料、高档轻纺等高新技术产业方向发展，正在成长为长三角地区最具活力的新兴产业区之一和理想的加

工配套中心。近年来，常熟投资18.5亿元实施了城乡电网改造，在建3台60万千瓦发电机组，明年投运后，常熟将成为华东地区最大的能源基地。经国家教育部批准的全国县级市中唯一的本科院校——常熟理工学院正在抓紧建设，2010年前发展到2万名师生的规模，将构筑起常熟新的人才高地。常熟市职业教育中心校正在抓紧建设，将于明年正式启用，在校生规模达万人，每年将培养4000多名熟练技术工人。

*二是营造规范高效的服务环境。*秉承“投资者的需要，就是我们服务的内容”的理念，常熟市各级政府部门和全体公务员都有着强烈的亲商扶商意识，通过切实转变政府职能，大力营造最佳的创业和人居环境，让投资者事业称心、工作放心、生活舒心，努力把常熟建成商务成本低、承载能力强、市场秩序好的首选之地。市行政审批服务中心实行部门集中联合办公，目前涉及行政审批70%的部门、80%的事项、90%的工作量已进入中心，年内全市所有行政审批事项将全部纳入中心进行办理。政府采购、药品采购、土地招投标、建筑工程招投标和政务信息发布等体现阳光政府阳光操作的工作，也集中进入中心办理。为进一步优化企业发展的外部环境，常熟市政府还积极向上争取，加快申报和建设常熟国际保税物流园和常熟出口加工区，为企业创造最宽松、最优惠的政策待遇。市口岸联检服务中心、海关直通式监管点等机构还为进出口企业提供便捷高效的服务，受到中外客商的交口称赞。

*三是营造宽松和谐的舆论环境。*把“创业有功、纳税光荣”作为重要的价值导向，对各类创业资本一视同仁，对各地投资商一样对待。只要对常熟的发展有利，我们都提倡；只要能增加群众收入，我们都鼓励；只要能通过创业致富，我们都支持；只要是合法所得，我们都保护，使纳税人在社会上有地位、政治上有荣誉、经济上有实惠、法律上有保障，形成了“政府鼓励创业、民众自主创业、社会支持创业”的浓厚氛围。

——全力增创常熟名城特色。结合自身实际，常熟市始终坚持科学发展，强化协调发展，努力增创产业、环境、文化三大特色，全力打造中国名城。

*一是增创外资经济、民营经济、品牌经济齐头并进的产业特色。*目前，全市已引进美国杜邦、芬欧汇川、日本大金、法国阿托等15家世界500强企业，吸引外商总投资超150亿美元，实际利用外资超60亿美元，成为苏南外商投资密集区；全市累计建办私营企业突破1.2万家，民营经济注册资本在全省率先突破200亿元大关，并实现了民营经济数量、注册资本、产出、出口创汇、专利创牌五个全省第一；同时，常熟拥有5只中国驰名商标、8只中国名牌产品、24只省著名商标、50只省名牌产品，数量列全国县(市)首位，并有26只产品的产销量和市场占有率居全国第一。这是常熟发展的特色所在，也是常熟未来的优势所在。常熟市将乘势而上，加快推进，使优势更优、特色更特。继续加大招商引资力度，确保在2002年至2004年这三年内完成合同外资超百亿美元，努力赶超先进地区；继续加快发展民营经济，确保“十五”期间新办私营企业超万家，在全省保持领先；继续大力实施名牌战略，充分发挥品牌效应，不断壮大名品名企的规模实力。

*二是增创山、水、城融为一体，古城、新城、港城交相辉映的环境特色。*常熟作为全国县(市)中为数不多的国家历史文化名城和唯一的国家园林城市，十里青山、万亩碧水、千年古城，相依相抱，素有“七溪流水皆通海，十里青山半入城”的美誉。近年来，常熟市精心保护和恢复历史文化名城风貌，高水平建设现代城市景观，高起点打造滨江新城，老城改造、新区建设、港城开发齐头并进、相得益彰。如今，常熟的山更灵、水更秀，古城更好、新城更新、港城更美，以最好的环境吸引各方客商，以最美的环境造福全市人民。目前，常熟正积极争创“全国生态市”、“国际花园城市”和“联合国迪拜国际改善居住环境最佳范例奖”。

*三是增创强烈的时代气息和优秀的人文传统完美结合的文化特色。*文化是一个城市发展的精髓和灵魂，是与经济良性互动的重要元素。常熟素有“文化之邦”的美誉和吴文化发祥地之说，积淀着三千多年的深厚文化底蕴，铸就了常熟崇文重教、诚信务实、和谐精致的文化素质，孕育了知难而进、艰苦奋斗、善于进取、敢于争先的时代精神，塑造了一代又一代聪明、精明、开明、文明的常熟儿女。“孔门十哲”之一、孔子唯一南方弟子言偃和两朝帝师、晚清重臣翁同龢都是常熟人，常熟历史上还出过8个状元、9名宰相、483位进士，当代常熟籍的中科院、中国工程院院士有18人。常熟市将进一步整合文化资源，做足文化文章，打响文化品牌，使常熟文化气息更加浓郁、特征更加鲜明。同时，大力弘扬“争先、开放、和谐、人文”的城市精神，追求锐意进取的改革胆略，与时俱进的创新品格，奋勇

争先的顽强气魄，兼容并蓄的开放胸怀，乐于奉献的全局观念，文明诚信的良好形象，永不满足的精神境界，全面提升常熟市民素质和城市文明程度。

——牢固确立科学发展理念。根据“五个坚持”的原则和“五个统筹”的要求，常熟市委、市政府始终坚持把中央精神、形势发展与常熟实际结合起来，坚持把加快发展的热情与科学求实的态度结合起来，坚持把自觉服从国家宏观调控与因地制宜谋求发展结合起来，明确提出了五大发展理念，努力提升发展的层次和水平。

一是牢固确立“富民优先”理念。常熟市委、市政府始终把富民作为一切工作的出发点、落脚点，坚持以富民的程度检验发展的速度，以富民的成果衡量工作的成果，始终以全民创业为富民之源，扩大就业为民生之本，社会保障为稳定之基，先后出台了“加快个私经济发展 18 条意见”等一系列扶持政策，对民营经济发展不限数量、不限规模、不限形式，放低门槛、放开领域、放宽政策，致力营造平等创业的宽松环境，努力提供高效便捷的政策服务，全力壮大民营经济的内生力量。至 2004 年 5 月，全市民营经济注册资本超过 200 亿元。目前，全市税收的三分之一、工业投入和农民增收的七成以上均来自民营经济，并吸纳了 35 万从业人员。预计到 2006 年，全市私营企业将超过 2 万家，从业人员超过 60 万人，个私税收超过 40 亿元。全国最大的服装服饰批发市场——江苏常熟招商城 2003 年市场成交额达 180 亿元，带动了一个产业，也致富了一方百姓。与此同时，常熟市委、市政府着力完善城乡社会保障体系，扩大农村养老保险覆盖范围，健全城镇医疗保险和农村合作医疗制度，完善对失地农民的补偿机制，提高最低生活保障水平。目前，农保覆盖率已近 70%，农村合作医疗率 87%，2004 年城乡居民人均可增收 1000 元。

二是牢固确立“内外并举”理念。统筹国内发展和对外开放，充分利用两个市场、两种资源，是落实科学发展观的重要内容。目前，常熟基本形成外资民资“双轮驱动”、外企民企“两翼齐飞”的格局。十分注重推进技术创新，一手抓高新技术产业培育，一手抓传统产业提升，形成了一批主业突出、拥有自主知识产权的规模企业，走科技含量高、经济效益好、资源消耗低、环境污染少、人力资源优势得到充分发挥的新型工业化道路。十分注重招商引资，进一步强化专业招商、配套招商，合理进行产业选择和企业调整，严格控制市场过剩、技术落后、浪费资源、污染严重的项目。十分注重项目推进，对意向项目明确专人负责，加快谈判进展，对签约项目督促资金按期到位，尽快动工建设；对开工项目搞好协调服务，加快工程进度；对投产项目加强联系沟通，千方百计提高企业开台率、开业率。十分注重发展民营经济，按照“民有、民办、民营、民享”的总体思路，引导民营企业进区入园，鼓励参与外企协作配套，实施民营经济倍增计划，营造民间资本“低门槛进入、低成本发展”的良好氛围。

三是牢固确立“城乡一体”理念。当前，常熟正处于经济转型、城市转型、社会转型的关键时期。实践科学发展观，就必须致力于打破城乡分割，整合城乡资源，消除城乡差别，实现城乡一体发展、区域共同繁荣。常熟市委、市政府始终坚持推进城乡规划一体化、基础设施一体化、经济社会发展一体化，严格控制城市资源的规划利用，全面实施生态园区、生态林带、生态景观工程，增加绿化面积，扩大公共空间。2004 年，重点启动农村居民集中居住区建设，计划用 12 年时间，按照 3000—3500 户、建筑面积 60—70 万平方米、居住人口 1 万人以上规模，建设 52 个农村居民集中居住区，可节约土地近 10 万亩。农村居民集中居住区内社区管理、文化娱乐、教育设施、医疗卫生等六项公共设施一步到位，电力、通讯、广播、电视、给水、污水、排水、燃气等八类管线全部地埋敷设，使农村成为住房实用美观、设施配套完备、环境整洁优美的农村新社区，使全市人民共享现代化的文明生活。

四是牢固确立“亲近自然”理念。区域经济的竞争实质是环境的竞争，环境是生产力，也是竞争力。近三年，全市直接用于环境改善和生态保护的投入超过 20 亿元，环保投入占 GDP 的比重始终保持在 2% 以上，先后建成污水处理厂 6 家，年内全市污水处理能力将超过 20 万吨，投资 3 亿多元、日处理生活垃圾 600 吨的垃圾焚烧厂已全面启动。在全省率先实现区域联网供水，长江自来水入户率达到 99%。近年来，常熟市经济发展每年以 20% 左右的速度快速增长，但污染物排放总量每年却以超过 5% 的幅度下降，区域环境质量全面提升，大气环境质量优于国家二级标准，全年空气质量优良天数超过 330 天，实现了经济发展与环境保护的双赢。近三年，常熟市绿化投入 12.8 亿元，城市绿化覆盖率达到 53.1%，人均公共绿地达 17.4 平方米，成为全省唯一的“全国绿化模范城市”。同时，投入 12.5 亿元，对城区 48 家市属企业实行提高性、扩张型、嫁接型搬迁，既拓展企业发展空间，又减轻城区工业污染，增加城市建设用地，目前已签约企业39家、置换土地2200亩。以清洁村庄、清洁家园、清洁河道为重点，建成全国环境优美小城镇4个、国家卫生镇9个，省级卫生镇实现了“满堂红”；建成省级生态村14个，省级卫生村比例接近85%。

五是牢固确立“诚信至上”理念。诚信是常熟传统文化的精髓，也是常熟亲商理念的核心。常熟市委、市政府致力于加快构建诚信政府，培育诚信企业、诚信市民，依靠诚信吸引更多的投资者。重点抓了“三个转变”。一是转变观念。变“企业申请、政府审批”为“现场办公、上门指导”，既依法履行职能，又注重简政放权，促进行政提速，减少矛盾积累。要求全体公务员时刻牢记三个道理：即发展经济，善待百姓，哪一条都不能缺；依法行政，廉洁高效，任何时刻都不能忘；审时度势，创新开拓，干什么工作都不能少。二是转变职能。大力推进行政管理体制创新，按照《行政许可法》的要求，依法设定审批事项，简化程序、量化责任、优化服务，使政府管理方式尽快与国际规则接轨，使机关服务水平尽快向先进地区看齐。三是转变作风。在市、镇两级机关开展“讲法制、讲诚信、讲效率”主题活动，坚持群众观点、群众路线、群众标准，增强亲商意识、安商意识、富商意识，继续完善首问负责制、承诺公示制、联合会办制、定期走访联系制等规范服务的长效机制，努力营造“低成本、零障碍、高效率、秩序好”的投资环境。目前，全市“重合同守信用”单位302家，居全省县（市）前列，全市银行不良贷款比例低于全国10多个百分点，是全省首批“金融安全区”。

奔竞不息　勇立潮头

——记在改革开放浪潮中前进的萧山区

中共杭州市萧山区委　萧山区人民政府

【概况】一颗璀璨的明珠，闪亮在钱塘江畔，这就是萧山——一块生生不息的土地。

萧山位于浙江省北部，钱塘江南岸。1988 年 1 月萧山撤县设市，2001 年 3 月撤市设区，现属于杭州市。总面积 1420 平方公里，总人口 115.74 万人。

萧山，历史悠久。早在新石器时代，这里就有人类繁衍生息，位于萧山湘湖村的跨湖桥文化遗址，距今约 8000 年。春秋霸主城堡、西施故里足迹、夏代印纹陶窑址等至今亦可寻觅。

改革开放以来，萧山经济和社会事业取得了长足的发展。曾荣获"全国十大财神县（市）"、"全国综合实力百强县（市）"、"中国明星县（市）"、"全国卫生城市"等称号。2003 年被台湾电机电子同业公会评为大陆最佳投资地第一名、浙江省科技综合实力第一名、连续四年列全国县（市）社会经济综合发展水平前十位。

·成　就·

一、综合实力显著增强

1. 经济总量

改革开放以来，萧山经济在较高的平台上保持快速发展。2003 年全区实现生产总值 411.09 亿元，经济总量位居全国前茅。据国家统计局农调总队对全国县（市）社会经济综合发展指数测评显示：2003 年萧山的综合经济实力名列全国第七位，列浙江省首位。

2. 三次产业结构

坚持"稳定发展第一产业，优化提升第二产业，大力发展第三产业，推进三次产业协调发展"的思路，加大产业结构调整力度。2003 年，三次产业结构调整为 7.1:61.0:31.9。

3. 人均生产总值

随着经济与社会的持续、快速、协调发展，人均生产总值不断跃升。2003 年人均生产总值已达 35638 元，按当年汇率折算达到 4309 美元，按照浙江省提出的现代化标准，全区在这一指标上，已超过初步现代化、接近基本现代化标准，标志着全区现代化建设已取得了重大突破，经济发展登上了一个新台阶。

4. 财政收支

在经济快速发展的同时，全区财力不断增强。2003 年全区财政总收入达到 43.68 亿元，其中地方财政收入 20.83 亿元，列浙江省首位。财政支出 21.57 亿元，基础设施建设、文教卫等各项事业取得了长足发展。

二、农业生产稳步发展

1. 农业经济总量

坚持以市场为导向，大力发展效益农业，推进农业产业化，农业的区域结构和特色农业已基本形成，农林牧渔业取得稳步发展。2003 年，全区实现农业总产值45.02亿元。

2. 结构调整

近年来,按照大力发展优质、高效、特色农业的要求,形成了畜牧、水产、蔬菜、花木、茶果等五大特色主导产业,其产值占农业总产值比重已达84.5%。

3. 农业生产条件

加大农田水利建设的投入,积极开展标准河塘建设、河道疏浚、清理工作,大力开展标准农田建设、实施造田造地、退耕还林,不断提高农业机械化程度。2003年末拥有农业机械总动力71.95万千瓦。

三、工业经济突飞猛进

1. 工业经济总量

坚持"工业立区"、"工业兴区"、"工业富民"发展思路,促使工业经济总量跃上新台阶。继2002年工业总产值冲上千亿平台后,2003年达到1308.43亿元,名列全国前茅、浙江省第一。

2. 结构调整

以抓梯队培育促结构调整,抓园区建设促产业集聚,抓有效投入促良性发展,抓技术创新促发展后劲,工业整体素质和竞争力得到进一步增强,产业结构日趋合理。2003年轻重工业之比调整为66.1∶38.9;国有集体、个私、其他经济之比调整为14.6∶72.2∶13.2,形成了以纺织印染、机械汽配、服装羽绒、钢构网架为主导行业、门类齐全的工业生产体系。1244家国有及年销售收入500万元及以上非国有工业产值占全区工业的比重达79.4%。

3. 园区建设

国家级萧山经济技术开发区、萧山现代农业开发区和浙江省级南阳经济技术开发区、萧山湘湖旅游度假区的建设发展,使萧山的投资环境更加优越,招商引资窗口作用更加明显。一大批投资规模大、科技含量高的项目和国际知名企业落户萧山,构筑起萧山经济发展新平台,为打造先进制造业基地奠定了基础。

4. 工业投入

加大技术改造力度,加快技术创新建设,是萧山工业发展的成功经验。自1996年工业企业全面转制后,民间资金投入一浪高过一浪。近年来,工业性投入一直居全省首位。1998年以来累计投入350多亿元,2003年投资超亿元的项目达39个。

5. 企业综合素质

全区累计有102家企业的122个产品采用国际标准生产;已建博士后流动工作站7家;区级以上企业技术中心85家;区级以上高新技术企业68家;省级名牌产品24只、免检产品5只,"钱潮"万向获中国名牌称号;省著名商标35件,"传化"为中国驰名商标;已有万向钱潮、杭萧钢构、传化股份、航民股份等企业成功上市。

四、国内市场日益繁荣

1. 社会消费品零售总额

全区商贸流通领域加大改革力度,努力构建现代化商业贸易中心框架,以超市为主要形式的商业业态结构已经形成,连锁经营有了新的拓展,购物环境进一步得到改善。2003年全区实现社会消费品零售额82.11亿元。

2. 结构调整

随着改革力度的不断加大,国有集体经济、个私经济、股份制经济、其他经济所占的比重已调整为11.7%、76.8%、9.9%和1.6%。一个以投资主体多元化、多种经济共同发展、多渠道竞争的流通体制新格局已经新成。

3. 市场建设

2003年年底,拥有各类市场125个,总建筑面积130万平方米,全年实现市场成交额198.90亿元。萧山商业城再次被命名为浙江省重点市场、浙江世纪汽车市场被浙江省工商局命名为"四星级市场"。一个高档次、强辐射、大规模市场体系已基本建立。

4. 旅游经济

杭州乐园、山里人家、生态旅游园、东方文化圆、钱江观潮城等旅游景点建成开业,结合中国国际(萧山)钱江观潮节、萧山杜家杨梅节等一系列节庆活动,标志着萧山的旅游业取得了突破性的进展。2003年接待外地游客194.8万人次,旅游总收入13.6亿元。

五、外向型经济势头强劲

1. 对外贸易

为适应经济全球化的新形势,大力发展开放型经济,基本形成了全方位、多层次的对外开放格局。2003年进出口总值达到27.98亿美元,其中自营出口总额17.65亿美元。出口超1000万美元的企业达67家,超2000万美元达19家。累计有外贸公司99家,有自营进出口权的生产企业412家。

2. 出口产品结构

出口产品由粗加工向高、精、尖发展，初步形成了纺织品、机电产品、服装、羽绒及制品、家具、化工产品等出口主导产品，出口产品结构不断优化。2003年上述产品出口量占自营出口的94.2%。

3. 出口市场

全区出口商品销售的国家和地区达到近40个。出口市场得到不断扩展，初步形成了以美国、港台、欧盟和日韩为主、拓展东南亚、南美、俄罗斯、大洋洲、非洲等新兴市场的多元化格局。

4. 招商引资

全区把招商引资作为"接轨大上海、融入长三角"战略重点，加大东引台资力度，鼓励以民引外、民外合璧，不断提高利用外资的规模与质量。截止2003年年底，累计批准外商投资企业1007家，总投资39.64亿美元，实际利用外资9.20亿美元。一些著名大公司如美国通用公司、日本电子工业株式会社、日本雅马哈公司和日本樱花集团等已涉足萧山投资办厂，投资领域涉及农业、工业和第三产业。

5. 国际经济技术合作

自1992年设立首家境外企业开始，到2003年底已有16家境外企业或办事处获准设立。境外机构的作用和影响力不断增强，充分发挥了窗口和桥梁的作用，加速了全区经济全球化的进程。

六、金融保险发展迅猛

1. 金融机构

到2003年底，全区已形成了以人民银行萧山支行为核心的中央银行和工、农、中、建、交、农业发展、中信实业、浦东发展、城乡信用社、华厦、广东发展、深圳发展、招商、福建兴业、民生为主体的银行类金融机构体系；以人保、人寿保险、太平洋保险、平安保险等组成的保险类金融机构体系；以海通、省国投、国信等组成的证券类金融机构体系。一个门类齐全、功能齐全、相对完备、竞争有序的金融大格局已基本形成。

2. 金融业务

2003年末全区金融机构各项存款余额（人民币）516.07亿元，其中居民储蓄存款为209.10亿元。金融机构贷款余额384.11亿元。全区保险机构承保金额948.24亿元，保费收入5.41亿元，支付各类赔款1.23亿元。

七、基础设施日益完善

1. 交通运输

杭州（萧山）国际机场、沪杭甬高速公路、杭金衢高速公路、104国道、03省道以及县乡公路构筑起一个新型巨大的立体交通网络。2003年末，公路通车里程已达726.32公里，汽车拥有量达到7.03万辆，全年完成货运总量3750万吨，客运总量8574万人次。

2. 邮电通讯

2003年全区邮电业务收入9.76亿元。移动通讯、互联网络、数据通信等新业务快速发展。年末全区城乡交换机总容量63.58万门，固定电话机39.12万户，"小灵通"10.9万户，移动电话63.58万部，全区电话主线普及率（含移动电话和小灵通）达到108.4线/百人。宽带网已基本覆盖城区和主要集镇，年末登记注册的因特网用户达5.25万户，其中宽带网用户3.45万户。

3. 电力

区内拥有年发电量6.54亿千瓦时发电厂一座。随着浙江省重点工程50万伏杭兰输变电工程降压至22万伏萧合线通电，电力设施建设已得到进一步完善。2003年末总容量达263.2万千伏安，全年用电量达到57.14亿千瓦时。

4. 供水

区内拥有三座区级自来水厂，供水干管累计总长达550公里；日供水能力已达75万吨。随着"西水东调"工程投运，供水人口已达80万人。

八、城市面貌日新月异

1. 城市建设

坚持以城市化为载体，规划和基础设施先行，加快了城市现代化、城市新区和城乡一体化建设步伐。2003年末，城市道路累计总长已达181.32公里，建成区面积扩大到35.88平方公里。

2. 城市交通

到2003年末，全区拥有680余辆出租车，已开通21条公交线路，线路总长度达316公里，营运车辆212辆，客运量达2500万人次。已实现公交通到镇，公路通到村。

3. 园林绿化

按照"点、线、面"结合的园林绿化建设思路，重点建设了城河、南江、永兴、江寺等10余个公园，以及人民广场、文化广场、时代广场、新世纪广场等，使萧山的城市更"靓"了。到2003年底，建成区各类绿地面积累计达10.84平方公里，绿地率31.1%，绿地覆盖率36.2%，人均公共绿地面积约为9.5平方米。

4. 环境保护

按照“生态立区”的要求，坚持“发展经济促环保，抓好环保促发展”，以创建国家环保模范城市为抓手，实施“蓝天、碧水、绿色、清静”工程，先后完成了萧山城市污水处理厂、东片污水处理工程等建设项目，城市污水干管总长已达160公里，污水并网率76.0%，日纳污量达11万吨，使全区水、大气、噪声等各项控制指标基本达标。

九、社会事业欣欣向荣

1. 科学技术

科技队伍不断壮大，至2003年末拥有各类专业技术人员近7万人；设立星火科技示范基地7个；创建3个市级农业示范园区；区创业中心在孵企业31家，累计开发项目38项，开发新产品74只，其中34只列入省级以上科技计划，使传统产业层次得到有效提升，高新技术产业得到迅猛发展。电子政务、企业信息化、城市信息化和信息产业工作取得新进展。

2. 教育事业

2003年末，全区有杭州市现代化标志性强镇1个；浙江省教育强镇16个；国家、省级重点（示范）普职高10所；省、市级示范初中14所、小学30所、幼儿园26所、成人学校15所。小学适龄人口入学率、巩固率均达100%；初中入学率、巩固率达99.9%；高中入学率86.8%；“三残”儿童入学率达99.2%，来萧务工人员子女就学问题已基本解决。

3. 卫生事业

2003年末，全区有17个镇、街道创建为省、市卫生镇。各类医疗机构612个，病床3108张，专业卫生技术人员4999人，其中医生1920人。全区参加新型农村合作医疗87.9万人，参加率90.7%。

4. 文化事业

萧山剧院等一批文化设施日益完备，档次不断提高；大型群众性文艺活动层出不穷；电影、电视、广播、新闻事业蒸蒸日上；文艺创作新品叠出，多次荣获国内大奖；竹园寺、江寺、越王城山、李成虎墓、葛云飞故里等一批文物得到保护和修复。

5. 体育事业

萧山体育馆、萧山体育场、萧山游泳池等体育设施齐全，标准化不断提高；每年承办数项国家级体育比赛项目；群体活动方兴未艾，中小学生体育达标率超过99.86%。

6. 社会保障

至2003年末，全区参加社会保险的总人数达到33万余人，其中：企业养老保险22.38万人；女工生育保险6.43万人；基本医疗保险17万人；失业保险9.33万人；企业职工工伤保险7.27万人。全年各项保费综合收缴率为99.9%。

7. 福利事业

2003年末全区有各类社会福利院、敬老院等福利机构37个，床位1366张。全区26个镇、街道全部实行最低生活保障制度，11972人享受最低生活保障。全区128家社会福利企业安置“四残”职工7276人，残疾人保护事业得到进一步加强。

十、人民生活更加富裕

1. 居民收入

随着经济的发展，居民收入不断提高。据抽样调查：2003年城镇居民人均可支配收入15076元；农村居民人均纯收入7960元。年末全区城乡居民人均储蓄存款达18066元。

2. 消费水平

居民消费已经从满足基本生活需求向注重自身发展、精神享受方面转移。2003年城镇居民人均消费支出10419元，农村居民人均消费支出6573元，恩格尔系数降至0.338。人均住房面积城镇为29.8平方米，农村为63.08平方米。

·措　施·

按“创大都市强区，建现代化萧山”的目标，萧山区经济社会发展特点可以用“一、二、三”来描述，即突出“一个主体”、实施“两轮驱动”、促进“三大转型”。

突出“一个主体”

即进一步凸现工业在经济发展中的主体地位。经过几年的发展，萧山工业的产业集聚化程度不断提高，逐步形成了纺织印染、机构汽配、精细化工、服装羽绒、钢构网架等支柱行业。2002年，被中国纺织工业协会命名为中国纺织生产基地，有两个镇分别被命名为中国化纤名镇和中国化纤纺织名镇。机械汽配行业有著名的万向集团，2003年该集团销售收入达152亿元。羽绒行业是萧山的区域特色行业，也是外贸出口的主导产业，在世界羽绒市场上，中国产品已占据70%的份额，而萧山羽毛绒出口量则占了全国的41%。新塘街道被誉为中国羽毛绒之都、世界羽绒之窗，2003年又被中国纺织工业协会命名为中国羽绒家纺名镇，其所属的柳桥羽绒公司生产能力居世界之最。钢构网架行业是萧山的新兴行业，也是最具潜力的行业，萧山为此拥有中国钢结构之都的美称。

实施“两轮驱动”

所谓“两轮”是指促进经济快速发展的两大抓手，即民营企业“二次创业”和招商引资。

改革开放二十多年特别是近几年来，全区以工业为重点的民营企业快速发展，经济总量和企业规模进一步做大，发展质量不断提高，基本实现了“一次飞跃”，开始进入了“二次飞跃”的新阶段。为促进民营企业的“二次飞跃”，出台了一系列政策，区财政每年安排2.5亿元左右的资金，给予民营企业“二次创业”一定的政策支持。与此同时，通过上门送匾、开会表彰、媒体宣传等形式从精神上对民营企业“二次创业”进行鼓励和引导。为进一步开拓企业的融资渠道，成立了企业上市工作领导小组，鼓励和支持企业积极上市，做大做强企业品牌。

近几年，招商引资工作取得了稳步健康的发展。但相对于民营经济快速的发展，招商引资工作还是一条短腿。因此，2003年全区开展了“招商引资年”活动，在引进大项目、世界知名企业和高新技术项目上取得新突破，进一步把握发展的主动权。

促进“三大转型”

即促进经济、城市、社会转型。针对萧山经济社会发展的阶段性变化，加快实施都市型发展战略，在工作目标上，由注重经济指标转向注重人文指标、资源指标和环境指标；在经济增长方式上，由注重追求数量和速度转向注重优化结构，提高质量和效益；在城市化发展上，由注重城市建设转向注重城乡一体化，推进区域全面发展。

一是打造先进制造业基地，加强经济转型

首先是创优势，推进工业“提质、扩量”。坚持“高新技术产业化、传统产业高新化、国民经济信息化”的发展思路，发展高新技术产业，推进技术创新来提升萧山工业发展水平，打造先进制造业基地，努力加快形成萧山工业新优势。坚持“引进吸纳”和“培育孵化”两路推进的方针，大力引进高新技术项目，着力培训一批具有重大带动作用的高新技术产业。

其次是创特色，推进农业“做优、增效”。以建设全省农产品研发中心、农产品加工基地和出口基地为重点，大力发展都市农业、效益农业、生态农业、绿色农业，打造特色品牌，促进农民增收。通过不断调整农业布局结构，加快省级农产品加工园区、农产品生产基地和农业龙头企业建设，加强农产品质量监管，着力构建农业产业化经营等措施，形成了蔬菜、花木、畜牧、水产、茶果五大特色产业。

第三是创亮点，推进服务业“调大、提速”。坚持“以二促三”原则，把加快发展服务业作为扩大就业、促进产业协调发展的重大举措，通过组建机构，编制产业发展规划，加强政策扶持引导，进一步打造旅游、商贸、物流、金融、房地产等现代服务业的新亮点。

二是构筑大都市新区框架，加快城市转型

抓住萧山撤市设区、并入大杭州和杭州城市发展从”西湖时代”向“钱塘江时代”跨越的机遇，坚持工业化与城市化联运互进，加快现代化大都市新区建设。

首先是高起点规划。按照“做精做优中部、做快做美南部、做大做强东部”的萧山区域发展格局和“一核三组团”的城市空间布局，以城乡一体化为抓手，进行空间大重组、功能大融合。基本完成了城乡一体化建设的准备工作。

其次是高标准建设。城市新区建设步伐不断加快，亮点纷呈，初步展现了现代化新形象。大力实施“蓝天、碧水、绿色、清静”工程，积极创建国家环保模范城市，生态区创建工作也已启动，环境质量不断提高，城乡环境面貌日益改善。

第三是高强度投入。多渠道、多元化筹措建设资金，加大城市和基础设施建设投入，增强了城市承载力。2002年3月开始，实施总投入40多亿元的道路工程两年大会战，建设19条交通道路和18条城市道路，加快形成对外快速通道和区内40分钟交通圈，目前已有11条交通道路和13条城市道路完工。

三是建设“三高”型社会，加强社会转型

以建设创新能力高、生活质量高、文明素质高的“三高型社会”为目标，整合城市与农村发展资源、协调城市与农村福利保障，着力推进社会转型。

首先是推进体制创新。为加强机关效能建设，积极稳妥推进行政管理领域的体制创新，通过深化审批制度改革，实施服务提速，建立起村级报送制、镇街代理制和办理制三级服务体系，同时，不断加快城市管理体制改革，形成了“统一领导、分级负责、条块结合、以块为主”的城市管理新格局。

其次是完善社会保障。重点实施了由村民向市民转变所必要的五大保障制度：①健全征地农民保障机制，对各类建设项目新征地农转非人员，实行一次性缴足15年养老保险费和一次性支付安置补助费相结合的安置办法。②深化完善城乡统一的就业社保制度，逐步建立城乡统一的劳动力市场，大办推进企业职工养老保险全覆盖工作，在全国县（市、区）中率先实现了全覆盖。③建立农村新型合作医疗保障制度，积极推进以农民大病统筹为主、政府推动、个人参与的新型农村合作医疗制度，为全区 100 万农民提供医疗保障。④推进村组资产股份制改造，在坚持集体经营性净资产量化、股权相对稳定的原则基础上，加快村经济合作社股份化改造。⑤实施撤村建居和“城中村”改造安置政策，加快建立新型社区。

第三是提高全民素质。加快实施“三个转型”最核心的问题是提升广大干部群众的整体素质。近几年来，相继开展了“加快新一轮发展”大讨论、“钱江时代萧山人”等一系列主题教育活动，加大了公民道德建设和文明创建力度，在一定程度提升了人的素质。深入开展科学发展观教育，进一步提升党员干部思想素质；深入开展创业教育，进一步提升全民能力素质；深入开展“共文明”教育，进一步提升全社会文明素质。

捧着累累硕果，全区人民在党的十六大精神指引下，正阔步迈入发展新阶段，朝着“创大都市强区，建现代化萧山”的总目标奋勇前进。回顾过去，深感成就来之不易；展望未来，任重而道远。只要我们坚持以邓小平理论和“三个代表”重要思想为指导，在中共萧山区委的领导下，大力弘扬“奔竞不息 、勇立潮头”的萧山精神，解放思想，与时俱进，艰苦奋斗，开拓进取，就一定能在建设更高水平的小康社会，率先基本实现现代化的征途上再谱新篇章、再创新辉煌！

坚持科学发展不动摇
争当“两个率先”排头兵

中共常州市武进区委　武进区人民政府

有“文化名区、太湖明珠”之誉的武进位于长江三角洲平原西北部，沪宁线中间。全区总面积1242平方公里，辖23个镇、2个省级开发区，2003年末户籍总人口93.79万。京杭大运河、京沪铁路、沪宁高速公路、宁杭高速公路、沿江高速公路等穿境而过，常州机场有通往全国各大城市的航班。得天独厚的地理位置，为武进经济的发展提供了极为有利的条件。作为苏南模式最重要的代表之一，武进经济综合实力长期居于全国县(区)经济前列。1992年，在全国第一届农村综合实力百强县评比中名列第二，被誉为“华夏第二县”。1994年又率先跨入全国首批“小康县”行列。近年来，武进坚持科学发展观，提出了争当江苏两个“率先”排头兵的口号。2003年，全区实现地区生产总值316.17亿元，比上年增长19.0%。其中第一产业增加值15.66亿元，增长6.4%；第二产业增加值203.31亿元，增长24.1%；第三产业增加值97.20亿元，增长11.7%。第三产业增加值占地区生产总值的比重为30.7%。全区人均地区生产总值3.39万元(约合4100美元)，比上年增加0.53万元。完成预算内财政收入40.3亿元，比上年增长33.2%，其中地方财政收入21.1亿元，比上年增长37.7%。

武进历史文化底蕴深厚。据考证，武进已有5000多年人类活动的历史，淹城一带是武进古代先民活动频繁之地，淹城遗址是全国现存保护最完好的三城三河地面城池遗址，目前，已申报中国世界文化遗产预备名单。武进历史上人文荟萃，历朝取中进士1546名，其中状元9名，进士总数居全国县级之最。春秋时期有著名的政治活动家、音乐鉴赏家季札；清代武进出现以恽敬为代表的“阳湖文派”、以张惠言为代表的“常州词派”、以恽南田为代表的“常州画派”等著名文艺流派；孟河医派中医名家众多，清末民初有“吴中名医甲天下，孟河名医冠吴中”之说；诗人赵翼、黄仲则、洪亮吉等誉满全国；现代出现了的中国共产党早期领导人“常州三杰”瞿秋白、张太雷、恽代英，美术大师刘海粟、谢稚柳、吴清霞，著名的戏剧家洪深、吴祖光、阿甲和作家高晓声、诗人严辰等文艺名家誉满中外。

——品牌农业扬帆起航。武进境内地势低平，土地肥沃，全区有耕地5.59万公顷。水面面积占总面积的27.4%，是典型的江南“鱼米之乡”。作为苏南农业大区，武进农业总产值位居苏南县(区)经济第一位。2003年全区完成农业总产值27.20亿元，比上年增长6.5%，其中多种经营产值22.77亿元，比上年增长6.9%，多种经营产值占农业总产值的比重达83.7 %，比上年提高了0.3个百分点。全年粮食总产量26.8万吨，油菜总产量0.63万吨，肉类总产量3.85万吨，水产品产量4.45万吨。

武进注重农业生产的可持续发展，在农田水利基本建设和农业机械化上舍得投入。近年来，全区每年农田水利基本建设投入都在1亿元左右。2003年末，全区拥有大中型拖拉机1187台，小型拖拉机10896台，排灌机械7914台，联合收割机1518台，农机总动力达64万千瓦，农业综合机械化水平为84%。围绕“农业增效、农民增收”的目标，武进大力发展品牌农业，每年引进农业生产新品种达50多只。优质稻米、常规水产、大众蔬菜三大传统产业得到提升，花卉苗木、畜禽养殖、特种水产三大主导产业发展迅速。2003年，全区花卉苗木产值近6亿元，位于夏溪镇的武进花木市场全国闻名。2003年，全区14家重点龙头农业企业实现销售36.4亿元，比上年增长13.7%。年末区级以上农业科技示范园区16个，常州市级以上名优农产品39个，无公害农产品18只，绿色食品4只，农产品商标265只。

——**工业生产高速增长**。改革开放以来，武进工业经济持续在高平台上运行，工业总产值、产品销售收入年均增长幅度超过20%，出现了江苏新科电子集团、江苏鸿联集团、江苏江南实业集团、江苏金鼎电动工具集团等一批国内外知名的大型企业集团。冶金、电子、机械、化工、纺织五大行业成为武进的支柱产业。1995年前后，针对原有企业制度的弊端，武进开始产权制度改革，建立现代企业制度，集体资本、国有/资本有序退出。截止到2003年底，全区工业产权制度改革基本完成，在全部工业企业中，民营经济占据了绝对优势地位。2003年，武进有84家企业的产品销售收入超过1亿元，其中8家企业产品销售收入突破了10亿元，江苏新科电子集团的产品销售收入达到了62亿元。2003年全区完成工业总产值811.28亿元，比上年增长29.1%；实现产品销售收入765.86亿元，比上年增长32.1%；实现利税58.29亿元，其中利润总额34.49亿元，分别比上年增长37.1%和47.5%。

以高新技术产业为主的开发区工业经济发展加快，在全区工业中的份额显著提高。开发区2003年完成工业总产值115.24亿元，实现产品销售收入111.12亿元，分别比上年增长48.4%和50.1%。工业总产值和产品销售收入分别占全区总量的14.2 %和14.5 %。

镇级工业集中区建设加快推进，全区镇级工业集中区建成区面积38平方公里，进区企业2600余家，完成工业产品销售收入280亿元，占全区工业产品销售收入的36.8%。

——**第三产业蓬勃发展**。2003年，全年实现社会消费品零售总额53.95亿元，比上年增长12.7%。全年商品交易市场成交额140.8亿元，比上年增长14.3%。重点专业市场发展态势良好，有7个市场的年成交额超3亿元，其中2个市场的年成交额超过了10亿元，湖塘纺织品市场成交额达到了24.4亿元。连锁经营发展迅速，年内新增网点127家，累计已达573家。金融保险业发展迅速。2003年末，全区各类金融机构存款额325.14亿元，同比增长28.9%，各项贷款余额229.72亿元，同比增长47.5%。各保险公司保险费收入6.79亿，同比增长23.9%。年末全区有二星级以上的旅游涉外饭店(宾馆)9家，其中三星以上旅游涉外饭店(宾馆)6家，明都大饭店为四星级酒店。武进旅游业方兴未艾，2003年接待国内外旅游者131万人次，旅游收入9.16亿元，分别比上年增长18.0%和39.8%。斥巨资规划建设的太湖湾旅游风景区、淹城旅游风景区、横山旅游风景区正在加紧建设之中。

——**对外经贸成效显著**。近年来，全区经济国际化步伐进一步加快，外向开拓取得新的进展。2003年，全区自营出口12.62亿美元，比上年增长46.2%，其中江苏新科电子集团自营出口额4.14亿美元，已经连续多年蝉联江苏省自营出口第一名。2003年，全区新批“三资”企业121个，其中投资额超过1000万美元的项目34个；全年合同利用外资3.54亿美元，比上年增长90.9%；全年实际利用外资2.00亿美元，比上年增长96.9%；实现外经营业额2031万美元，同比增长134.8%；年内新签对外承包工程和劳务合作合同额2915万美元。“三资”企业完成工业总产值116.73亿元，同比增长33.3%，实现工业产品销售收入114.97亿元，同比增长35.6%，实现利税总额12.56亿元，同比增长59.8%。“三资”工业产、销、利增速分别比全区工业经济的增幅高4.2个、3.2个、22.7个、21.8个百分点，成为全区工业经济发展的一大亮点。

——**城区建设强力推进**。为改变城市化落后于工业化的现状，1994年，武进启动中心区建设，至今累计投入建设资金超过70亿元。作为《中国21世纪议程》首批优先项目，至2003年，按照《中国21世纪议程》规划建设中等现代化城市的武进中心区已初现雏形，年末建成区面积30平方公里，常住人口22万人。中心区道路框架已基本形成，区行政中心、广电中心、湖塘针纺城、武进高级中学、星辰学校、前黄高级中学新校区、文慧园、常州大学城一期等一批重点工程相继建成投入使用。2003年年末，中心区已经拥有公交线路20条，营运里程已经达到430公里。年末拥有公交营运车辆161辆，全年完成公交客运量450万人次。2003年，中心区建设完成市政基础施投资7.2亿元。总投资3.5亿元的长江引水工程一期和总投资2.28亿元的区域联网供水工程均完工投入运行，使得全区自来水日供水能力达22万吨，受益人口63.8万人。中心区燃气管网长度累计达到246公里，西气东输的天然气开始进入千家万户；淹城森林公园已经完成了1000亩绿化建设，总投资1.5亿元的常武路十里景观大道工程已经启动，年末中心区绿地率达到8.7%；纺织产业中心、阳湖广场等一批高层和大体量建筑正加紧建设之中；四季新城、丰乐公寓二期、芳草苑等一批档次较高的住宅小区建设进度快、销售火爆，总建筑面积达85万平方米的新城南都高档住宅区和大学新村二期18万平方米的安置房已开工建设。中心区全年完成拆迁面积170万平方米。小城镇建设步入良性发展轨道，2003年已完成各镇第五轮总体规划，在发展和强化各镇个性特色的基础上，推动"洛阳、横林、遥观"、"焦溪、郑陆、芙蓉、横山桥"等城镇群协调发展，逐步实施区域基础设施共享。

——科技支撑作用凸现。科学技术是第一生产力，长期以来，以抓好企业技术创新、高新技术产业化和知识产权保护为重点，政府每年都要举办各种科技经济对接活动。2003年，区财政科技拨款2374万元，占财政支出比重为2.1%。2003年底，全区有各类科技开发、技术贸易机构110家，从业人员1.3万人。高新技术和先进适用技术改造传统产业硕果累累。近年来，科技对武进经济发展的支撑作用更加凸现，科技进步对经济发展的贡献率平均每年提高1个百分点，2003年，科学技术进步对工业经济增长的贡献率为46.6%，对农业经济增长的贡献率为59.5%。年内有83个科技项目被列入省级以上科技项目，省认定的高新技术产品累计达253只，国家和省认定的高新技术企业累计有48家；被批准省级科技进步奖4项、市级科技进步奖10项；申请专利651项，专利授权409项；技术转让成交额3500万元。

——社会事业全面发展。武进是文化沃土，自古重视教育，教育质量长期居于全国领先地位。全区设普通中学50所，小学115所，其中高级中学和完全中学10所，职业中学3所，学校布局合理。2003年，普通高中有4932名毕业生被各类大专院校录取，高考录取率91.8%，其中本科录取率达61.6%，比全省平均录取率高24个百分点。初中和小学教师中具有大专以上学历的分别占95.9%和75.6%，高中教师本科以上学历的比例达93.5%。全区的文化、广播电视事业日趋繁荣。每年有上百件有武进特色的文艺作品在省级以上发表、获奖或展出，2003年，黄水清创作的《科学愚言1001夜》获全国第十二届"群星奖"和第三届"蒲公英奖"。武进还拥有全国县级最高的电视发射塔，有闭路电视用户18万户，数字电视也已经开播。全区有医疗卫生机构38个，其中区级医院4个。拥有医疗床位2864张。有各类卫生技术人员3272人，其中执业医生1180人。年末平均每万人拥有医疗床位31张，卫生技术人员35人。积极实施《江苏省全民健身条例》及全民健身计划和奥运争光计划，大力推进群众体育和竞技体育相互促进、协调发展。2003年获得江苏省第四届全民健身活动"优秀组织奖"、常州市第十二届运动会暨第四届全民健身周"优秀组织奖"、周期内（1999—2002）输送体育人才奖第二名等荣誉。全民健身工程（点）累计已达48个，85500平方米。中小学生体育锻炼达标率为98.5%，优秀率为30.2%。环境保护继续得到加强，2003年完成环境污染治理项目150个，新增废水年处理能力718万吨。年内工业废水达标排放的比例超过90%，工业废气处理率超过95%。年末全区已建成烟尘控制区和噪声达标区23个，面积48.5平方公里。

——人民生活蒸蒸日上。2003年，区属单位职工年人均工资15649元，比上年增加2244元，增长16.7%；农民人均纯收入6301元，比上年增加429元，增长7.3%。居民年末储蓄存款162.42亿元，比年初增加32.91亿元，增长25.4%，人均储蓄1.73万元，比年初增加0.34万元。农村居民家庭恩格尔系数35.1%，人均住房面积已达65平方米。平均每百户农村居民拥有彩电124台、冰箱75台、空调67台、摩托车112辆、电话（含移动电话）181部，汽车也已开始进入普通家庭。

社会保险和保障制度得到不断完善。2003年末，企业职工参加养老保险9.2万人，农村社会养老保险参保人数4.8万人，城镇职工基本医疗保险参保人数10.6万人，参加失业保险人数8.6万人，工伤保险和生育保险年末参保人数2.78万人，新型农村医疗保险参保率达98.8%，失地农民的保障体系正在推进。全年共发放居民最低生活保障金697万元，享受保障户数4679户。

改革开放以来，武进坚持以人为本，以经济建设为中心，从人民群众的根本利益出发谋发展、促发展，全区经济和社会事业快速健康发展，发展的成果惠及全体人民。在发展过程中，坚持城乡通盘考虑、统一规划作为统筹城乡、全面推进的关键措施来抓，从而赢得了发展的主动权。经过深入研究，专家评议，集思广益，武进区今后发展的定位是：以中心区为核心、重点镇为网络、高新技术为先导、新型工业为主体、科教文化为支撑、都市农业为优势、生态旅游为亮点的园林式、现代化新城区；中心城区建成现代化的科教文化区、新型工业区、商贸服务区、生态居住区、观光休闲区。

目前，武进人民在区委、区政府的领导下，全面落实科学发展观，以建设“两个率先”先行区，争当“两个率先”排头兵为目标，围绕“纳入全局、优势互补、错位发展、形成特色”的要求，抓住“拆迁安置、招商引资、收储土地、标准厂房”四大重点，进一步解放思想、深化改革，加快结构调整，力争三年再造一个新武进。

坚持和落实科学发展观 实现县域经济又快又好发展

吴江市市长　马明龙

目前,我国有2800多个县级行政区划,面积占国土总面积的90%以上,人口占全国总人口的70%以上,GDP占全国的60%左右,因此,加快发展县域经济,对全面建设小康社会,早日实现现代化,振兴中华民族,具有十分重要的意义。地处沪苏浙交界长三角腹地的县级市——吴江,改革开放以来,经济和社会实现了持续快速协调健康发展。2003年,全市完成国内生产总值281亿元,财政收入32.88亿元,全社会固定资产投资172亿元,分别比上年增长19.8%、46.9%和62.3%,在"中国最发达100名县(市)"评比中列第10位。实践证明,加快发展县域经济,必须始终坚持和落实科学发展观,求真务实,抢抓机遇,积极探索适合本县区域特点的前进之路。

一、必须坚持发展第一要务,始终把经济建设作为各项工作的重中之重。科学发展观第一要义是发展,核心是以人为本,根本要求是统筹兼顾,实质是推动经济社会发展得更快、更好、更全面、更协调、更持久。吴江市委、市政府始终牢记邓小平"发展是硬道理",江泽民"发展是第一要务"的教导,不管在什么情况下,都把经济建设放在各项工作的首位,坚持通过发展来解决前进中的问题,坚持通过发展来推动面上各项工作,坚持通过发展来提高人民群众的生活水平,坚持通过发展来凝聚人心,调动方方面面的积极因素,实现良性循环。一制定较高目标,自加压力。有目标才有前进的方向,有较高的目标奋斗才有充足的干劲。近五年,吴江市财政收入年均增长33.5%,应该说保持了较高的增幅。面对成绩,他们不但没有丝毫的骄傲自满,相反却是寝食难安,夜不能寐。他们主动给自己添任务压担子,向强的赶,与快的赛,调整坐标系,调高参照系。今年,他们在前几年主要经济指标持续高增长,指标绝对值都在高位的情况下,又制定了较高的发展目标,力争到年底,全市主要经济指标实现连续第二个两年翻番。二严格责任考核,强化动力。明确责任,赏罚分明,才能激励人们想干事、干好事。吴江全年经济发展目标经人代会通过确认后,他们及时把它分解落实到各个镇和吴江经济开发区,并严格进行责任制考核,作为年终计发奖金的依据,拉开各镇(区)奖金分配的档次。对市级机关部门虽然不进行具体经济指标考核,但他们通过社会各界对其服务经济、服务基层、服务群众的工作进行评分的办法,同样分出奖金分配等第,实行奖优罚劣。他们在干部晋级、使用上也主要以其对地方经济发展所作的贡献为依据,成绩突出的晋升级别、提拔重用。因此,全市各级干部抓经济、促发展的干劲和信心始终都比较足。三聚焦经济发展,形成合力。团结出凝聚力,团结出战斗力。吴江市各级主要领导始终把主要精力放在经济建设上,如参与招商引资,面对面与投资者洽谈;定期进行经济分析,完善针对性工作措施;制定政策措施,引导企业做大做强,等等。在领导的示范带动下,全市形成了凝心聚力抓经济，一心一意谋发展的良好氛围。

二、必须坚持因地因时制宜定思路，走符合本地实际的特色之路。县域以农村为主，发展经济的条件不同于城市；我国幅员辽阔，不同县发展经济的条件也千差万别，因此，必须要从本地具体情况出发，不人云亦云，简单照抄照搬别人的发展模式；必须要根据形势的变化，及时调整策略，抢抓机遇，掌握发展主动权。

①*要扬长避短，发扬优势*。吴江是沿海城市但不沿海，吴江有"江"但不临江，吴江仅有的一条高速公路2002年底才通车，这就决定了吴江在产业发展上不具备物资大进大出的条件，对发展钢铁、重化工等产业形成了制约。但吴江也有吴江的"比较优势"，比如：吴江有40万亩水面，发展水产养殖得天独厚。于是，他们引进罗氏沼虾、南美白对虾等高附加值新品种，大力发展特种水产养殖，致富农民。去年全市水产养殖总面积38.4万亩，总产量7.5万吨，总收入13.6亿元。再比如：他们有老祖宗留下来的丝绸纺织产业，历史上曾有"日出万匹，衣被天下"的美誉。于是，他们通过不断地技术改造，提升了这一传统产业的工艺技术和装备水平，使其不断焕发出新的活力。目前该市无梭织机已超过7万台，去年各类织物产量达50亿米，成为全国最大的丝绸纺织产品生产基地和薄型织物价格形成中心，其中真丝绸出口量约占全国的1/6。

②*要认清形势，抢抓机遇*。机遇客观存在，看你能不能把握。改革开放以来，吴江主要抓住了三次大的发展机遇，第一次是八十年代大力发展乡镇企业的机遇。当时市场上商品短缺，他们利用紧靠工业发达的大城市上海的优势，通过举办横向联合企业、聘请星期日工程师等形式，大办乡镇企业，使乡镇企业迅速异军突起，成为全市经济的半壁江山。第二次是九十年代大力发展外向型经济的机遇。他们主动接轨国际产业结构大调整，造就"低门槛引进、低成本扩张"的投资环境，吸引了台湾、韩国、日本等国家和地区的一大批外商投资落户。到去年底，该市累计经工商登记注册的三资企业913家，总投资63.49亿美元，注册资本32.33亿美元，外方认缴注册资本28.91亿美元，历年实际到帐外资20.3亿美元，其中投资超千万美元的项目198个，世界500强已经有8家在吴江投资。全市工业产值中三资企业已占到约1/3的份额。第三次是党的十五大以来大力发展民营经济的机遇。党的十五大确立了非公有制经济是社会主义市场经济的重要组成部分的科学论断，促进了人们思想观念的大解放。他们顺应形势，及时进行宣传引导、典型引路、政策推动，并坚持实行"六放"（放心、放胆、放手、放活、放开、放宽），大大激发了民间资本的投资活力，出现了持续的井喷式的民资投入热潮，被誉为全省民营经济发展的"领头羊"。去年，该市实现了"三个一"的目标，即：新增民资投入超100亿元，累计注册私营企业超1万家，注册资本超100亿元。现在，发展抓投入，投入抓民资、外资已成为该市各级工作的主旋律。当前，他们正按照国家宏观调控的要求，做到集约利用土地，择优引进项目，坚持走科技含量高、经济效益好、资源消耗低、环境污染少、人力资源优势得到充分发挥的新型工业化路子，努力打造国际先进制造业基地。

③*要巩固基础，拓展特色*。吴江在巩固提高传统产业的同时，不断培育壮大新兴产业，并鼓励引导产业集群式发展。目前，该市已形成多个具有一定区域知名度的产业集群，其中有6个产业集群进入了省重点扶持的20个产业集群之列：一是以盛泽镇为主的丝绸纺织产业，除前面已经提到的织造业外，还包括聚酯切片、化纤纺丝、印染后整理等，产业链不断延长，虽然在全市工业产值中的比重已经从八十年代的2/3左右下降到目前的1/3左右，但产业经济的总量和质量已不可同日而语。二是以七都、芦墟镇为主的电缆光缆产业，企业数超过40家，拥有电缆生产线168条，年产电缆超2000万对公里；光缆生产线31条，年产光缆400万芯公里，电缆和光缆的产量分别占全国的1/5和1/4左右。三是以吴江经济开发区为主的电子信息产业，该区企业已超过400家，年销售近400亿元，投资以台商为主，占90%以上，产品以电脑及周边产品为主，自我配套率90%以上，已成为江苏省七大信息产业基地之一。四是彩钢板产业，拥有生产线148条，年产彩钢夹芯板2000万平方米，约占全国总量的一半，并已形成从彩钢基板到泡沫、胶水、C型钢及钢结构、净化工程较完整的产业链。五是羊毛衫产业，拥有横机5万台，年产羊毛衫近1亿件。六是工业缝纫机制造业，去年生产工业缝纫机近23万台，零部件2亿件，实现销售收入8.7亿元。

三、必须坚持机制体制创新增活力，大力推进市场取向的各项改革。党的十四大做出了我国经济体制改革的目标是建立社会主义市场经济体制的英明决策。十多年来，我国经济体制改革稳步推进，机制体制活力不断释放，为经济持续快速健康发展作出了贡献。加快县域经济发展，就是要按照国家的大政方针，积极主动地推进本地的各项改革，最大限度地发挥改革对经济的推动效应。

1. *要以建立现代企业制度为目标，不断深化企业改革*。上个世纪末，吴江加快了以产权制度改革为核心的企业改革步伐，大企业向规范化的股份公司靠，有条件的争取上市。目前，该市已有3家A股上市公司，还有3家企业实现了捆绑上市，这些企业已通过证券市场募集资金22亿多元，为做大做强企业奠定了基础。中小企业向民营企业转，到2001年的时候，98%以上的国有、集体企业（包括乡镇企业）进行了改制。去年以来，他们针对前一阶段企业改制工作不够彻底的情况，部署了以“四到位一基本”（即：企业整体改制、公有资本退出、职工身份置换、债权债务处理到位，基本建立现代企业制度）为标准的新一轮国有、集体企业改制工作，到今年上半年已基本完成改制任务，真正使企业成为了“产权人格化、投资多元化、劳动力市场化”、“自主经营、自负盈亏、自我约束、自我发展”的市场竞争主体。与此同时，他们改革国有、集体资产管理体制，成立了工业、商业等几个资产经营公司，对授权范围内的国有、集体资产行使经营权，并承担保值增值的责任。下半年，他们将全力推进社会事业领域企事业单位和社会团体改革，努力增创体制机制的领先优势。

2. *要以规范、透明、高效为目标，大力推进政府管理体制改革*。一精简机构压缩冗员。2001年吴江市实施了党政机构改革，市镇两级机关行政编制由1927名减少到1541名，压缩20%；镇管事业单位由315个减少到108个，人员编制由1930名减少到1351名，压缩30%。二规范和压缩行政性收费。他们按照“收费项目能砍则砍，收费标准能低则低”的原则，开展了多次行政事业性收费清理工作。近年来，共取消行政事业性收费项目356项，降低收费标准130项，对收费标准有幅度的项目全部实行下限收取，免收了涉及企业申办过程中所有证照的工本费。对保留的收费项目和标准在新闻媒体上进行公布，并做到对企业的收费“一头扎口”，从而杜绝了多个部门络绎不绝上门收费，企业难以招架的情况。对农民的收费彻底取消，去年，他们还实行了农业税由市镇两极财政代交，农民不再缴纳农业税的改革，大大减轻了农民负担。三改革行政审批制度。2001年他们进行了首轮行政审批制度改革，当年行政审批事项减少了43.8%。去年，他们再一次部署了行政审批制度改革，行政审批事项又压缩了24.6%，成为全省审批事项最少、审批过程最短、审批速度最快的县（市）之一。他们组建了市行政审批服务中心，把市级80%以上的行政审批事项集中起来，联合办公，做到”进一家门办成，盖一个章办好，收规定费办定，按承诺日办结”。目前，他们正以贯彻《行政许可法》为契机，积极筹建“年检联办”和建设项目“并联审图”机制，进一步简化审批程序，规范审批行为，强化审批监督。

3. *要以保障社会稳定，实现经济社会协调发展为目标，积极推进社会保障体系建设*。一要全面实行社会保险制度。至2002年，养老、医疗、失业、工伤、生育五大社会保险吴江已全部实行。参加社会保险的企业和职工正从最初的国有、集体企业向外资企业、私营企业拓展，从本地城镇职工向其他职工拓展。形成了“地税征收，财政监督，劳动社保部门发放”的运作机制，养老金社会化发放率达100%。今年他们出台了农村养老保险和“土地换保障”政策，农民养老问题、失地农民的基本生活保障问题走上了制度化的轨道。二要建立实施城乡居民最低生活保障制度。吴江从1998年起实行这一制度，全市当年有846户1807名城乡困难居民享受了最低生活保障。随着经济发展水平和居民平均生活水平的提高，城乡居民的最低生活保障线标准也逐步有了提高。目前该市标准是城乡居民人均月收入分别低于260元和150元的困难家庭可以享受这一保障。三要积极探索多种形式的扶贫帮困措施。吴江已连续多年开展了局村挂钩，扶持经济薄弱村工作；建立了扶贫基金、慈善基金等，近年该市大张旗鼓地开展了“千人帮万人”扶贫帮困活动。通过实施一系列措施，较好地缓解了市场竞争风险给社会稳定带来的压力，为加快经济发展创造了良好的条件。

四、必须坚持环境也是生产力的观念，不断优化县域经济发展的基础条件。环境既包括交通、电力、通信等硬环境，也包括法制、政策、服务等软环境。一个地方经济发展快不快，吸引投资多不多，与这个地方的环境有着十分密切的关系。吴江由于较早认识了环境也是生产力这个真理，较早重视了环境建设，也较早取得了环境优化带来的实惠。

一要搞好开发区建设。工业向开发区集中，既有利于提高土地等社会资源的综合利用率，也有利

于投资者在产品、技术、人力资源等方面配套互补。吴江市坚持“高起点规划,分阶段推进”的原则来进行开发区建设。吴江共有2家省级开发区,一家是吴江经济开发区,位于市政府所在地,区内设有海关直通式监管点、物流中心、保税仓库和全国首家加工贸易联网监管区。去年吴江经济开发区完成基础设施投资6亿元,新增注册外资4.07亿美元,到账外资3.3亿美元,进出口总额50.5亿美元,其中出口21.75亿美元。另一家是吴江汾湖旅游度假区,位于与上海市青浦区接壤的芦墟镇,接受上海辐射,发展制造业和第三产业有着得天独厚的条件,目前已经初具规模。

二要加快城市化建设。农村向城市发展,农民享受城市文明,这是广大农民的迫切愿望;工业化必然推动农民向工人转化,加快城市化建设有利于改善工业化发展条件。吴江从工业化城市化良性互动的要求出发,在城市化建设方面倾注了巨大的力量。他们的目标是把吴江建设成为最适合人居和创业的城市之一。其中,市政府所在地松陵城区按照具有江南特色、现代气息的水乡园林城市要求进行建设,盛泽城区按照现代化新绸都的标准进行建设。近几年,他们在城市建设方面的投入力度逐步加大,去年松陵、盛泽两城区共投入政府性城建资金14.2亿元,创历史最高水平。到目前为止,吴江已经集国家级卫生城市、国家环保模范城市、中国优秀旅游城市、省级园林城市、省级生态建设示范区等多项荣誉于一身,正在向国家级园林城市、全国生态建设示范区迈进。

三要优化基础设施建设。这是加快县域经济发展的必备条件。吴江围绕“水、电、气、路、信息、绿化”等“六网”,每年确定一批重点建设项目,实行项目责任制,确保人、财、物等的投入。水:他们正在建设投资近10亿元的区域供水工程,计划到2005年让全市人民喝上高质量的太湖水。同时加快污水处理设施建设,在全面处理工业污水的基础上,逐步把生活污水也纳入处理范围,巩固国家环保模范城市成果。电:今年重点推进一只500千伏、二只220千伏、十只110千伏输变电站和三家总装机容量14.4万千瓦热电厂等一批电力工程设施。气:今年上半年,该市天然气调压接收站已顺利通气点火,目前正抓紧管网施工,年内将正式开通供应天然气。路:他们的目标是到2005年实现“各镇在20分钟内上高速,市区至绝大多数镇在30分钟内到达,过境车辆在40分钟内离境”。使全市等级公路密度提高到每百平方公里54公里。信息网:去年该市建成了“中国吴江”门户网站和党政信息网,今年他们重点抓好东方丝绸市场电子商务平台等一批网络工程,努力加快电子政务、电子商务平台建设,打造“数字吴江”,实现信息化带动工业化,工业化促进信息化。绿化网:今年,他们将按照“统筹人与自然发展”的要求,以“绿色吴江”行动年为抓手,继续狠抓绿化建设,计划新增绿化投入3亿元,新增森林覆盖面积3万亩,森林覆盖率达到16%。

四要加强服务型政府建设。中国已经加入WTO,与国际接轨首要的是政府管理经济的方式方法接轨,再者,当前区域间投资环境的竞争已经从主要依靠硬件设施和优惠政策,转到主要依靠政府服务之上,因此,他们倍加注重加强政府自身建设。去年,他们以构筑超前一流的投资载体平台、宽松优良的创业环境平台、相对较低的商务成本平台、畅通高速的物流信息平台、优美舒适的生活居住平台、透明高效的行政管理平台等“六大平台”为重点,积极打造“阳光式操作,保姆式服务”的政府,取得了明显的成效。今年,他们制定了政府服务“创新提高年”的意见,进一步深化服务型政府建设,力求在更新思想观念、转变政府职能等八个方面实现创新提高,努力增强政府为发展服务、为基层服务、为人民服务的能力。

城乡统筹凸现“柯桥模式”

中共绍兴县委　绍兴县人民政府

绍兴县县域面积1177平方公里，户籍人口70万，外来人口30万，下辖15个镇、4个街道。素有鱼米之乡、丝绸之府、文化之邦的美誉。2003年，全县实现生产总值272亿元，财政总收入30.83亿元，城镇居民人均可支配收入13506元，农村居民人均收入6887元。是浙江省经济第一县，综合实力在全国十强县中列第八位。这些喜人成绩的取得，得益于我们多年来致力做好城乡统筹这篇文章，推动经济社会的全面协调发展。绍兴县的实践与做法是：

决 策 篇

党的十六大作出了统筹城乡发展的重大决策后，县委、县政府组织干部群众认真学习十六大精神，正确认识我县所处的发展现状。改革开放二十多年来，特别是近五年来，我县始终坚持以改革促发展，相继实施了以家庭联产承包、土地流转、乡镇企业产权制度改革等为内容的一系列改革措施，全县实现了由计划经济体制向社会主义市场经济体制的历史性突破，由农业大县向工业强县的历史性转型，由“有县无城”向“建城带乡”的历史性变化，由温饱向小康的历史性跨越。我县已进入了城市化、工业化、国际化互动并进，城乡共同发展的新阶段。

但是也面临着新的情况和问题，突出表现在：一是小城镇建设取得了明显进展，但城乡二元结构没有彻底打破，城乡分割的制度和政策还没有得到根本纠正，制约农村人口向城镇集聚和向非农产业转移的体制性障碍尚未得到彻底消除；二是工业布局比较分散，土地利用率不够高，生态保护压力较大；三是人多地少的矛盾突出，制约了农业规模化生产的发展和农民组织化程度的提高，农业产业化相对滞后，以工带农、工农联动的机制尚未建立；四是人民生活总体达到了比较宽裕的小康水平，但发展不够平衡，不够全面，农村村庄建设缺乏规划指导，散小乱差的问题比较突出；五是要素制约越来越明显，电力供需矛盾更为突出，土地供给更为紧张，融资难度更为加大。

针对存在问题，县委、县政府顺势应时，开拓创新，以新的理念、新的思路解决新的时代背景下的“三农”问题，于去年7月不失时机地出台了《关于推进农村综合改革统筹城乡经济社会发展的决定》，《决定》共十条四十款，涉及67项深化改革内容。《决定》用统筹的理念，整合的方法，重点围绕“五条线”推进全县城乡一体化。

一、有形线。就是侧重于物质形态的建设，即全面小康新农村建设和移民下山。平原重点开展以“三个小康”，即小康环境、小康设施和小康住宅为目标的全面小康新农村建设，山区重点开展“移民下山”。

二、无形线。就是构筑城乡一体化的大保障体系。一是健全大保障体系。二是健全大救助体系。三是健全大教育体系。

三、改革线。就是在观念、做法和体制上消除城乡二元结构的束缚。一是实行行政村规模调整，积极探索现代农村社区化的转化模式。对土地绝大多数被征的村，实行撤村建居。二是创新村级集体资产的管理机制。对村级集体资产进行股份制改革，股权量化到人，股随人转，实行经济权与居住地的分离。三是探索村级集体资产的管理模式。核心是全县建立村级财务计算机监管网络，提高村级财务公开的透明度、可信度。

四、发展线。就是统筹城乡各种要素，加快农村经济发展。一是加快工业化进程，加快国际纺织品制造中心与国际纺织品贸易中心“二大中心”建设。二是加快发展现代农业，继续以工业的理念发展农业产业化。三是加快山区发展步伐，统筹山区各镇之间、山区与平原之间的协调发展。

五、文明线。就是全面推进农村民主政治建设和精神文明建设，促进人的全面发展。一是大力推进“双建”活动，繁荣农村文化，清洁农村环境；二是依法推进村民自治，创建民主法治村。

这个《决定》既是对我县前几年实践的总结，更是今后几年指导我县工作的纲领性文件，具有十分重要的现实意义和战略意义。

实践篇

建立平等和谐的城乡关系，实现城乡经济、社会、生态的相互融合、相互促进和可持续发展，关键是要以系统的观念和整合的思路，着眼于体制创新，致力于体现城乡一体化。我县围绕《决定》，着重抓好五大统筹建设。

一、以全面小康新农村建设为抓手，统筹城乡发展规划

改革开放以来，绍兴县农村面貌发生了很大变化，但整体居住环境与城市化进程还有很大距离；农村居民点分布散、规模小、缺乏统一的规划布局，基础设施功能不全，建设滞后；农民住宅建了拆，拆了建，既浪费资金，又浪费土地。这些已影响到农村城市化战略的实施，制约了全面小康新农村的建设。针对这一情况，我县按照依法自愿、尊重民意、规范有序的原则，对全县的行政村规模进行了大幅度的调整。全县行政村数量由原来的738个减少至332个，村平均人口由原来的856人增加到1761人，村域平均面积由原来的1.5平方公里扩大到3.1平方公里。

在此基础上，我县积极开展了全面小康新农村建设。坚持以规划为先导，切实规范新农村建设行为，实行城乡统筹规划。具体把握好三个环节：一是规划体系大中小配套。我县的新农村建设规划在县域城镇体系规划、县域城市总体规划以及各镇总体规划的指导下进行编制，从而形成了县—镇—村“三位一体”的城市化规划体系。二是规划模式“拆、改、留、移”并举。拆，就是“破旧立新”，主要拆规划范围内公建设施和道路建设所需的用地，城中村改造和移民下山必须拆；改，就是“推陈出新”，重点抓好环境整治，实施“净化、亮化、绿化、美化”“四化”工程与“文化设施、卫生设施”“二配套”工程；留，就是“洗‘新’革面”，避免大拆大建，积极探索以旧包新，实行立面改造、坡面整改；移，就是移民下山，稳定推进移民示范小区建设，促使移民下山，劳力出山。通过拆、改、留、移，使新村庄合理布局，形成生活区、生产区、生态区和服务区等“三生一服务”的功能区块。三是规划标准高中低兼顾。城郊、平原、山区不搞“一刀切”，区别对待。在做好规划的同时，还组织设计了一整套全面小康新农村建设的住宅方案供农民群众选用。全县计划用8年时间，基本完成新一轮村庄改造，把全县广大农村建设成为住房实用美观、设施配套完备、环境整洁优美的全面小康新农村，从而化村庄为社区，推动全县城乡一体化进程。

二、以全面协调可持续发展为目标，统筹城乡经济发展

轻纺产业是我县的支柱产业，改革开放以后，特别是进入90年代，我县抓住机遇，连续投入400多亿元巨资，引进国际先进的无梭织机和印染后整理设备，大力推动大规模的轻纺产业装备技改，在全国率先完成“无梭化”革命，织机无梭化率达到90%以上，轻纺企业3600多家，形成了年产纺织面料20亿米、印染后整理35亿米的巨大生产能力，拥有从化纤原料、织造、印染、后整理、服装加工等门类齐全的产业群体。我县庞大的轻纺产业催生了全国乃至亚洲最大的纺织品集散中心——中国轻纺城。以产业促市场，以市场促产业的互动并进，形成了一个以“产业+市场”为特色的区域经济。并坚持“大项目进滨海，好项目靠柯桥，小项目搞集聚”的原则，着力提高工业投入的密集度和土地利用率，全力推进滨海、柯桥、镇街工业“三级集

聚”建设，使工业园区城市化。特别是杭州湾滨海工业区，开发建设一年来，已完成基础设施投入20亿元，覆盖23平方公里，工业投入22.8亿元，实到外资8134万美元。同时，致力推进纺织产业的提升和扩张。增强纺织业国际竞争力。推进国际营销网络建设，推广电子商务，扩大产品绿色认证，提高出口产品的附加值，以增值促扩量。努力把我县建设成为国际纺织品制造中心。

党的十六大报告明确提出：“必须把可持续发展放在十分突出的地位，坚持计划生育、保护环境和保护资源的基本国策”。去年，我县被国家环保总局列为全国首批生态建设示范区，并提名推荐为全国唯一的“全球500佳”县级单位。我县以生态示范区建设为载体和突破口，建设发达高效的生态经济体系，严格控制高能耗项目，大力发展新型高效的生态工业，发展具有特色优势的生态农业，发展观光旅游相结合的生态旅游，使全县经济走上一条科技含量高、经济效益好、资源消耗低、环境污染少、人力资源优势得到充分发挥的新型工业化道路，在发展中加强生态环境建设。我县争取用十年时间，基本建设成为经济繁荣发达、社会文明进步、生态环境优美、文化氛围浓郁的具有江南水乡景观的生态县。

三、以“三有一化”改革为突破口，统筹城乡社会保障

近年来，随着我县工业化和城市化的快速推进，被征地农民不断增加，到2003年底已达17万人之多。去年8月份开始，我县率先在全省推进以“有保障、有股份、有技能、社区化”为内容的农村“三有一化”改革。具体实施过程中，重点抓好四个“改”，即“改现金为社保”、“改资产为股份”、“改失地为有业”、“改村落为社区”。据统计，到目前为止，全县已有93446名被征地农民参加了养老保险，其中已有18662人享受每月220元的养老金待遇；327561万元集体资产折股量化，持股人员32448人；4998名被征地农民参加了技能培训；39个村完成了撤村建居，106261人实现了“农转非”。

在保障被征地农民的同时，我们还建立城乡一体的社会保障体系。一是健全五大保险。在实现全县各类企业养老保险全覆盖的同时，全面实施了城镇医疗保险改革，大力推行了企业工伤保险、失业保险和生育保险。二是完善五大制度。建立覆盖城乡的最低生活保障制度，做到应保尽保；统筹规划，加大投入，实现社区卫生服务全覆盖；建立健全被征地农民养老保险制度；建立新型农村合作医疗制度；深入开展弱势群体救助行动，积极探索“造血型”扶贫帮困机制，对全县农村五保对象和城镇“三无”对象全面实行集中供养，严格实行残疾人按比例就业，并对生活困难的残疾人在低保金外增加困难补助金。

四、以全面提高农民素质为基础，统筹城乡劳动就业

提高农民素质，是提高农民就业能力的重要基础，是全面建设小康社会、提前基本实现现代化的的可靠保证。

实施“双字号”工程。针对农村居住环境、农民文明素质滞后于城市化发展的客观实际，我县本着“总体部署，分步推进”的原则，连续五年实施精神文明建设“双”字号工程，营造舒适优美的生活环境，倡导健康文明的生活方式，变农民为市民。1999年，开展了以“改坟、改厕”为主要内容的“双改”集中整治行动；2000年，开展了以“清理河道、清理垃圾”为重点的“双清”活动；2001年，开展了以“整治生活环境、整治社会风气”为主要内容的“双治”活动，确定了农村宅基地整治、骨灰集中存放、非法庙宇整治三个重点；2002年，我县本着破立结合，以立为主的原则，在全县开展以“建设卫生村（镇）、建设文化村”为主要内容的“双建”活动。通过这几年的“双”字号工程建设，改善了农村环境面貌，倡导了健康文明的生活方式，使农村的环境、农民的素质跟上城市化步伐。

加强农民培训和转移。坚持以提高农民综合素质和职业技能为目标，以被征地农民中失业人员和农村富余劳动力、下山移民转移培训为重点，以“符合实际、具有实效、可以实用”为标准，以市场需求为导向，多渠道、多层次、多形式地开展培训。在被征地农民培训上，按照“企业下订单、学校出菜单、政府来埋单”的“三单制”模式，全面实施免费培训。今年我县将完成农民培训3万人上以，通过培训，全县转移被征地农民中的失业人员和农村富余劳动力不少于1.5万人。并计划在三年内完成10万人次的被征地农民培训，3.5万人次的外来民工培训，2.3万人次的纺织制造业经营管理人员及熟练工培训。全县农村劳动力从事非农产业的比重达到90%以上。

五、以基础设施建设为重点，统筹城乡公共服务

近几年来，我县财政转向于侧重对基础设施、社会保障、公共教育、就业服务等公共产品的供给，逐步实现基础设施向农村延伸，社会事业向农村覆盖，精神文明向农村辐射，最终实现城乡一体化。投入1.1亿元，全面开展有线电视网络村级分配网改造，用二年时间，使全县人民收看到清晰的30套电视节目。积极实施教育现代化战略，调整教育网点，加大教育投入，深化教育改革，到2007年，从山区到平原全面推行义务教育阶段免费教育，高标准、高质量普及15年教育，在全省率先基本实现教育现代化。积极发展社区卫生服务，投入9000万元，新建、改建19个社区卫生服务中心和109个社区卫生服务站。社区卫生服务实行“六位一体”功能的全覆盖，构筑起较为完善的社区卫生服务体系，基本做到了群众求医“小病不出片，中病不出镇，大病不出县”。这些卫生服务设施所有标志全部统一，非常易于辨认，被戏称为“麦当劳”式的乡村服务站。积极实施新型农村合作医疗制度，到今年7月1日止，我县有81%的农户参加了新型农村合作医疗。此后，凡参加新型农村合作医疗的农户住院看病可以像城里人一样报销了，这在全省乃至全国处于领先水平。投资7000万元，加快农村公路建设，构筑城乡交通路网，到今年年底实现村村通公交的目标。投资10亿元，开展千里河道整治，进行砌坎、截污、清淤，实现县域河道水清、流畅、岸绿，改善农村生产、生活环境。投资1.1亿元，建设“数字柯桥”，实现宽带网对各镇(街道)、各村的全覆盖，使广大农民共享现代文明成果。城乡居民用电实现同网同价，全县有57万居民用上了小舜江一级饮用水。

体会篇

一、统筹城乡发展，产业是支撑

统筹城乡经济，强化城乡协调发展，首先必须大力发展城乡经济，没有经济实力，统筹城乡发展难有力度。统筹城乡是农村人口向城市人口转化以及人们生产生活方式由乡村型向城市型转化的历史过程，它是伴随产业化的必然出现又反过来推进产业化的历史进程。城乡统筹的基础是产业的集聚和经济的繁荣。经济的发展为城乡统筹提供了生产力进步的基础，如果没有这一基础，城乡统筹就很难实现；产业与统筹的关系可形象地称之为“发动机”与“加速器”的关系。近几年来，我县始终把产业和统筹作为一个系统工程来考虑，一方面充分利用自身优势，发挥城镇功能，全力推进工业化和产业化；另一方面，也在经济发展的基础上加快推进城乡一体化，实现工业化和城市化的良性互动。

二、统筹城乡发展，规划是基础

规划是城乡统筹的一项基础性工作，是城乡发展的蓝图，是统筹城乡的基本依据，也是城乡一体发展的方向和目标，必须把规划问题放到重要的战略地位上、放到城乡统筹背景下来抓：第一，必须更加重视对城市外部发展因素的研究。要从以城市为中心搞规划，转变到从一体化背景下考虑城市的功能定位和产业布局，深入研究城市周边的发展特征和发展方向，谋求城、镇、村的一体发展；第二，必须强调区域整合的必要性。要打破行政区域的空间发展模式，做好区域资源组合，对整个区域的生产要素重新进行整合，做到优势互补，资源共享；第三，必须强化城乡发展各个系统。包括产业布局、基础设施、公共安全等，更好地实现经济、社会、环境可持续增长的城乡空间形态发展模式。

三、统筹城乡发展，人的发展是根本

人是推进城乡统筹最重要、最具活力的资源，是第一要素，是统筹城乡的价值目标之一，没有人的全面发展，城乡统筹就难以推进。因此，必须把人本观念贯穿到统筹工作的各个环节，依靠群众，服务群众，尊重群众。首先，人是统筹的主体，统筹是通过人的发展来实现的，人的素质的高低，直接关系到统筹的成效。其次，统筹的目标是追求全面的协调的可持续的发展，特别是要使人民群众的物质生活、精神生活全面协调发展，身体素质和心理素质全面协调发展，人格、智力、能力、体力、创造力全面协调发展，最终实现社会的全面协调发展。再次，统筹的标准是群众赞成不赞成，满意不满意，拥护不拥护。

开拓奋进中的中国著名陶都——宜兴市

中共宜兴市委　宜兴市人民政府

宜兴概述

宜兴市位于长江三角洲，毗邻安徽，接壤浙江，处于沪、宁、杭三角几何中心。是中国著名陶都，江苏省重要工业、旅游城市，苏浙皖三省接壤城区重要的商贸综合服务中心。城市定格为江苏省三级I类新兴中心城市，亦为太湖之滨负有盛名的鱼米之乡。全市总面积2038.7平方公里，年末耕地面积96.19万亩，辖28个镇和1个国家级环保科技工业园，430个行政村，8170个村民小组，95个居委会。年末总户数81764户，总人口1062363人，人口出生率6.54‰，人口自然增长率－0.83‰。人口密度每平方公里521人。有蒙古、回、藏等25个少数民族。

宜兴历史悠久，气候宜人。古称荆溪、阳羡，自秦设郡至今已有2200多年历史，尤以盛产陶瓷而名扬四海，悠久的制陶历史和灿烂的陶艺文化辉耀着6800多年的陶瓷古都。境内四季分明，光照充足，雨量充沛，温暖湿润，无霜期长，年平均气温为16℃，属典型的大陆性季风气候。

宜兴物产丰饶，独具特色。境内18万亩竹林漫山遍野，是江苏省最大的毛竹基地，年产毛竹200万支，鲜笋1万多吨。6万亩茶树生机勃勃，是江苏省最大的茶叶产区，年产干茶6000吨，占江苏省总产量的40%；唐代作为贡品，有诗云："天子未尝阳羡茶，百草不敢先开花"。产量居全省之首的板栗、毛笋、雁来蕈(音同"逊")合称为"宜兴三珍"。太湖之滨盛产营养丰富的百合，被称为"太湖之参"。大理石、石灰石、白云石、陶土等数十种资源，藏量丰富，特别是独具特色的紫砂泥，世所难得，被称为"富贵土"，有"世间珠玉安足取，岂如阳羡溪头一丸土"的美誉。

宜兴风光秀丽，景观迷人。竹海、茶洲、碧水、奇洞与陶瓷奇葩五大特色奇妙融合，相映成辉，不仅吸引了历代文人雅士留下数以千计的诗词翰墨和美丽传说，而且哺育出一代又一代的贤臣名将和文人学士。境内名胜古迹众多，山区景色与水乡风光并存，"洞、陶、竹、茶"融为一体，相映生辉，素有"陶的古都、洞的世界、竹的海洋、茶的绿洲"之称。境内山清水秀，洞奇石美，风光旖旎，是"中国优秀旅游城市"、"太湖风景区游览城市"。

宜兴人杰地灵，人文荟萃。古往今来，在这片神奇的土地上孕育了10位宰相、4位状元、388位进士，近代还留下了"一门九教授"、"一家七博士"、"隔河两部长"等佳话，从晋朝的周处到宋朝的周延儒，再到当代的徐悲鸿、蒋南翔、周培源等，以及目前遍布全国各地的8000多名宜兴籍专家教授，19位两院院士，更使宜兴成为名副其实、名闻遐迩的"教授之乡"。先后获得中国科技实力百强县(市)第六名、全国基础教育先进县(市)、省群众文化先进县(市)等30多项国家级和省级先进荣誉。

发展特点

宜兴的古代文明和灿烂的文化促进了陶都的繁荣和发展，改革开放以来，特别是进入新世纪以来宜兴市坚持加快发展不松劲，科学发展不动摇，始终把保持较快的经济增速和培育较强的发展后劲作为工作重点，经济建设快速推进，社会事业全面进步，人民生活富足安康。全市上下焕发出前所未有的生机和活力。

国民经济快速发展，综合实力强劲攀升。在2003年全国综合百强县(市)中列第15位，第三届全国县域经济基本竞争力排名第8位；全面建设小康社会25项指标中已达标16项。2003年完成生产总值262亿元，可比价比上年增长15.1%，人均生产总值24588元；全口径财政收入30.06亿元，增长43.1%；全社会固定资产投资100.98亿元，增长70.7%；社会消费品零售总额76.29亿元，增长14.5%。工业经济提速增效，实现销售收入580.9亿元，利润43.6亿元；销售收入超亿元企业63家，利税超千万元企业34家；陶瓷、电线电缆、环保设备、精细化工等优势产业的支撑比重超过40%。后劲投入强劲，完成工业后劲投入工作量61.7亿元，增长80.7%。新增国家级重点高新技术企业8家、省级15家。私营个体经济蓬勃发展，新办私营工业企业1039家，新增投资13.2亿。农业稳步发展，实现增加值14.4亿元。农业结构继续优化，初步实现数量型农业向效益型农业的转变。农业标准化建设步伐加快，建设优质无公害农产品基地11.86万亩，47只无公害农副产品通过省级以上认定，5只产品获国家级绿色食品认证。服务业日益繁荣，实现增加值90.1亿元，流通应税销售168亿元。旅游业取得新业绩，接待游客205万人次，实现旅游总收入23.7亿元，汽车、房地产等消费热点持续升温，新增居民自备车3705辆，销售商品房67万平方米，分别增长63.6%和68%。财政金融快速快速增长，完成财政一般预算收入22.1亿元，增长25.8%。年末各项存款余额260.1亿元，各项贷款余额162.2亿元，分别比年初增长30.4%和35.9%。

体制机制持续创新，发展活力日益增强。企业改革不断深化，有14家市属企业7000多名职工实行了身份置换。对20家严重资不抵债企业依法实施了破产，重组和盘活资产2.2亿元。事业单位改革取得阶段性成果，完成了首批33家市属生产经营性事业单位的改制转企工作，实现了投资主体和职工身份“双置换”。教育改革和教育资源优化配置取得新的进展，开办了股份制汇文中学和公办民营画溪中学，撤并小学36所、初中2所。卫生体制改革稳步推进，完成市疾控中心和卫生监督所的分设，又有15家卫生院(医院)实施了产制改革。财政管理制度不断创新，财务结算中心启动运行，财政资金集中支付、预算单位财务统一结算的财政支出管理新机制全面实施。社会保险制度不断完善，企业职工大病住院医疗保险和工伤、生育保险制度正式实施，养老、失业、医疗、工伤、生育等“五保合一”的社保管理系统基本建立。行政审批制度改革继续深化，调整取消审批事项52个。镇级机关公务用车制度改革成功实施。第三轮行政村合并工作顺利完成。

对外开放不断深入，外向程度明显提升。利用外资强劲增长，2003年批准外商投资项目157只，新增协议注册外资3.56亿美元，实际到帐外资2.38亿美元。“亚洲环保”在新加坡证券市场成功上市。环保科技工业园和镇工业集中区的资本、技术集聚效应进一步显现，成为全市经济的重要增长区。对外贸易态势良好，实现进出口贸易总额5.6亿美元，其中自营出口创汇4.4亿美元。外经合作不断拓展，完成外经营业额900万美元。

城市建设跨出大步，城乡面貌焕然一新。城市规划水平不断提高，规划覆盖率超过85%，城市化率达53%。市政建设全面推进，龙背山森林公园、团氿风景区、体育中心、氿滨大道、氿滨广场等一大批重点市政工程相继完工，城市美化、亮化工程建设富有成效，形成了一批深受群众喜爱的新景观。城乡新增绿地757公顷、城市绿化面积已达1180公顷，被命名为江苏省园林城市。交通建设取得重大突破，新长铁路、锡宜高速建成通车，宁杭高速公路建设不断推进，大交通格局已经形成。基础设施承载能力显著提高，小城镇建设步伐加快，各镇面貌日益改观。环境整治和保护取得成效，城市环境综合整治成果进一步巩固扩大；水环境质量保持稳定，空气质量有所改善，宜城城区空气质量二级以上天数全年达226天；国家卫生城市、国家环保模范城市和全国生态示范区创建工作扎实推进。

经济社会协调发展，人民生活富足安康。坚持以人为本，牢固对立和落实可持续发展理念，各项社会事业全面进步。基础教育在省内保持领先，高中阶段入学率达92.6%，普通高考本科录取率55.8%，高出全省21个百分点；职业教育、成人教育得到新的提高，高校建设取得实质性进展。卫生医疗条件显著改善，社会公共卫生建设提高到新的水平，国家卫生城市通过省级调研。广电、文化事业繁荣活跃，群众性体育运动深入开展，人事工作取得新的业绩，审计、物价监督职能得到有效发挥，计划生育水平有了新的提升，统计、档案、地方志、台湾事务、民族宗教、机关事务、防震减灾等工作有了新的进步，邮政、药监、气象、盐务、烟草等工作都取得了可喜成果。人民生活继续改善，2003年城镇居民人均可支配收入10383元，增长14.8%；农民人均纯收入5416元，增长7.5%；年末居民储蓄余额166.9亿元，比年初增长21.8%。新增就业1.23万人，城镇登记失业率下降到3.5%。按时足额拨付离退休人员养老金、失业人员失业金，城乡居民最低生活保障金，优抚安置、老龄工作、妇女儿童、残疾人事业、关心下一代和老区开发工作得到重视。农村五件实事全面推进，市委、市政府为民办实事的目标任务基本完成，人民群众得到更多实惠。

民主法制不断健全，社会局面保持稳定。认真贯彻依法治市方略，坚持依法行政，自觉接受法律监督、工作监督和民主监督。依法向市人大及其常委会报告工作，主动向人民政协通报情况，按期办结人大代表建议和政协委员提案。“四五”普法教育深入开展，基层民主建设得到新的加强。社会治安综合治理成绩突出，“打黑除恶”专项斗争取得阶段性胜利，社会治安防控体系进一步健全，在“创建最安全地区”活动中荣获全省创安工作先进县(市)称号。积极化解种类矛盾，信访工作有效开展，土地市场等专项整治扎实推进，市场经济秩序明显好转。狠抓安全生产综合管理，安全生产形势基本稳定。

未来取向

今后一段时期，既是宜兴市大有作为的战略机遇期，也是落实科学发展观、加速经济社会全面转型的关键时期。宜兴作为苏南经济发达县(市)，将突出“转型、加速、协调”主题，以富民强市为根本目标，以加快发展为第一要务，以科学发展观指导和统筹“两个率先”，进一步理清思路、提升坐标、加快速度，力争到2005年人均生产总值达到4000美元以上，城镇居民人均可支配收入和农民人均纯收入分别达到1700美元和800美元，率先全面建成小康社会；2010年，上述三项指标分别达到8000美元、2700美元和1300美元，率先基本实现现代化。具体做到六个方面的“更加注重”：

1. 更加注重城乡统筹发展，努力提高整体发展水平

一是统筹城乡规划建设。充分发挥规划的龙头导向功能，有序推进城市改造建设，构筑和完善以城区为中心、中心镇为支撑的城镇体系，推进农业产业化、农村城市化和农民市民化。二是统筹城乡环境。加强城乡生态建设和环境保护，促进人与自然的和谐统一，打造“绿色宜兴”。大力推进工业窑炉整治，进一步改善大气环境质量。切实加强对饮用水源的保护，加快各污水处理厂建设步伐，全面实施水环境综合整治。继续加强矿山综合整治，有效遏制矿山生产对资源和环境的破坏。三是统筹城乡发展。坚持城乡互动，工农互促，依靠城市化来带动农村，依靠工业化致富农民，依靠产业化提高农业。用市场理念、品牌理念、产业化理念、标准化理念继续大力实施农业结构调整，发展高效农业、特色农业、生态农业、观光农业，提高农业综合效益。

2. 更加注重优化经济结构，提高区域经济竞争力

一是调好工业布局结构。继续加强工业园区建设，加快营造“一园”(环科园)“多区”(工业集中区)的发展格局。倡导“空间有限、发展无限”的开发理念，着力提高投资密度和产出效益，积极整合各类园区资源，使园区更好地发挥经济增长极的作用。二是调高产业水平。坚持以信息化带动工业化，工业化促进信息化，努力培育一批技术水平高、生产规模大、市场前景好、带动作用强的高新技术产业优势，提升区域经济竞争力。三是调强企业竞争力。大力推进产学研紧密联合，依靠科技进步提高企业的核心竞争力。提升传统服务业，发展新兴服务业。认真做好财税金融工作，防范债务风险尤其是地方财政担保的债务风险。继续深化金融安全区创建活动，实现金融与经济的协调发展。

3. 更加注重改革开放，不断激发科学发展的动力和活力

在更深层次推进改革。全面推进现代企业制度建设，巩固提高企业产权制度改革成果，从根本上激发企业发展的活力。继续把境外上市作为资本经营工作的重点，全力推动境外上市工作，力争尽快形成境外资本市场的“宜兴板块”。按照“分类定位、分开管理、分别改革”的思路，加快推进事业单位改制转企工作。在更高层次上扩大开放。一是抓好招商选资。从“大”处着手，瞄准境外著名公司和大集团、大企业，在引进基地型、战略型、龙头型、整机型项目上下功夫；致力于做“强”，促进境外公司与市内企业的并购、联合或嫁接；拓“宽”引资领域，注重抓好农业、服务业和社会事业领域的利用外资；着眼于“高”，优先引进科技含量高、能源消耗少、环境污染少、关联度大的项目，鼓励与外国公司广泛开展技术、人才、管理等方面的合作。高质量办好秋洽会等境内外系列招商活动，不断扩大利用外资成果。二是抓好扩股增资。加强对重点外资项目和外资企业的跟踪服务，及时帮助解决用电、人才等困难，激励现有外资企业增资扩股。三是抓好外贸出口。强化对出口大户的服务、协调和扶持，有针对性地组织企业参加国内外贸易展览会、展销会、采购洽谈会，巩固传统市场，拼抢新兴市场。四是抓好境外投资。引导和支持企业大胆“走出去”，发展跨国经营，开展对外工程承包和劳务输出。

4. 更加注重以人为本，全力加快富民进程

一是设法提高收入水平。认真落实好促进民营经济发展的政策意见，推动民营经济持续快速发展。积极引导更多的农村人口向城镇有序转移，更多的农村富余劳动力向非农产业转移，不断开拓农民增收的新渠道。认真落实各级扶持农业、促进农民增收的各项政策，确保农民受惠得益。建立与经济发展相适应的收入增长机制，确保收入稳定增长。二是不断提高就业水平。坚持把促进充分就业作为政府工作的优先目标，通过一二三产业协调发展，尤其是工业和服务业的加快发展，大力开发新的就业岗位。三是加快提高保障水平。加大工作力度，力争实现企业职工社会保险全覆盖。进一步规范城乡居民医疗保险制度的实施，不断提高城乡居民的医疗保障水平。认真落实城乡居民最低生活保障制度，大力发展社会慈善事业，创办“慈善超市”，做好优扶安置、社会救灾救济等工作，切实保障社会弱势群体的基本生活。四是全力为民多办实事。突出抓好政府实事项目，加快推进农村五件实事工程。认真抓好“放心食品”工程，保障人民群众身体健康。扎实开展扶持经济薄弱村工作，推动经济薄弱村加快脱贫、尽快致富，促进均衡发展、共同富裕。

5. 更加注重经济社会协调发展，推动社会全面进步

以公务员、科技人才和企业家队伍建设为重点，促进人才辈出，人尽其才。大力实施科教兴市战略，提高科技对GDP的贡献率；协调推进学前教育、义务教育、职业教育、高等教育和成人教育，加速构建终身教育体系。重视加强未成年人思想道德建设，努力培养具有高尚情操、充满活力和创造力的一代新人。加快文化大市建设，发展文化事业和文化产业，推进“紫砂文化”、“梁祝文化”申遗工程，力争成功申报为省历史文化名城。大力发展医疗卫生事业，提高人民健康保障水平和城市应急管理能力。协调发展计划生育、广播电视、民族宗教等各项社会事业。以创建全国文明城市为目标，深入开展各类群众性精神文明创建活动，不断提高公民素质和城市文明程度。围绕建设“法治宜兴”，积极推进依法治市，公正司法，为改革开放和现代化建设提供法制保障。切实安排好失地农民、失房居民、失业职工的长远生计，努力维护好群众的合法权益。高度重视、认真处理涉及群众利益的人民内部矛盾，依法、及时把各类矛盾解决在基层，解决在萌芽状态。深入推进“平安宜兴”创建活动，努力创建最安全地区。切实抓好安全生产，重视职工劳动保护与职业病危害防治，努力创造一个安心、安居、安全的社会环境。

6. 更加注重依法行政，努力提高政府效能和水平

认真贯彻实施《行政许可法》，加快推进政府职能转变和管理创新，严格按照法定程序和权限，行使权力，履行职责。积极推进政务公开，不断提高政务工作的透明度和政府决策的民主化、科学化水平。认真开展调查研究，及时解决群众反映强烈的热点、难点和焦点问题，以优质高效的政府效能建设取信于民。认真贯彻中共中央两个《条例》，严格执行党风廉政建设的各项制度和规定，严于律己，廉洁奉公，用为民、务实、廉洁的良好形象感召和凝聚人民群众同舟共济，艰苦创业。组织和带领好广大干部职工在发展中学习，在实践中学习，按照科学发展观的要求来思考问题，谋划发展，指导工作。认真做好“十一五”规划编制工作，共同描绘下一个五年经济社会发展的宏伟蓝图和行动纲领。

传承中华文明曙光
建设现代都市新区

中共杭州市余杭区委书记　何关新
余杭区人民政府区长　　刘庆龙

一、余杭概况。杭州市余杭区位于杭嘉湖平原南端，西倚天目山，南濒钱塘江，面积1220平方公里，人口80余万，从东、北、西三面成弧形拱卫杭州主城。余杭地处北亚热带南缘季风气候区，冬夏长春秋短，温暖湿润，四季分明，光照充足，雨量充沛。境内河流纵横、湖荡密布，受山脉走向制约和亚热带季风气候影响，河流具有流量丰富、水位季节变化大的特点。水资源的丰富对航行、灌溉、淡水鱼养殖、发电、生产生活用水乃至旅游都十分有利。因地形差异，形成两个不同水系：西部为天然河流，以东苕溪为主干，支流众多，呈羽状形；东部多属人工开凿的河流，以京杭大运河和上塘河为骨干，河港交错，湖泊棋布，呈网状形。在东苕溪下游和运河两岸，分布众多被称为荡、漾、潭的水域，其中较大的有三白潭、官塘漾等。全区共有土地12.26万公顷（183.97万亩），其中耕地4.53万公顷，占36.95%；林地3.8万公顷，占31%；水域面积1.25万公顷，占10.2%。境内已探明的矿物有22种，其中膨润土、白云岩等大型矿床3处，钼铁矿、石英、凝灰岩等中型矿床8处。另有磁铁、锰、铜、锡、萤石、重晶石、天然气等矿藏。

余杭历史源远流长，早在距今7000年—6000年间的马家浜文化时期，已有先民在此生息繁衍。距今四五千年前，孕育了“中华文明曙光”——良渚文化。公元前222年建县，1994年撤县设市，2001年撤市设区，下辖14个镇，1个乡和4个街道，共有建制村委会262个、社区居委会56个，区政府驻临平街道。根据杭州市总体规划，由临平等4个街道和运河镇组成的临平城为杭州三大副城之一，建成区面积13.5平方公里，另有塘栖、良渚和余杭3个组团式城镇。

二、风景如画人居佳境。余杭山水如画，钟灵毓秀，自然人文景观极为丰富。区境内文物分布点多面广，现有历代文物遗存500余处，入藏各类文物4361件。有各级文物保护单位19处，其中国家级重点文物保护单位1处，即良渚遗址；省级文物保护单位5处，包括塘栖广济桥、超山吴昌硕墓、仓前章太炎故居、瓶窑南山造像、径山小古城遗址；市级文物保护单位13处。

境内有被誉为“人类文明曙光”的良渚文化；与苏州邓尉、无锡梅园同为江南三大探梅胜地的超山；佛教圣地径山；径山小古城遗址；南山摩崖造像；洞霄宫遗址；章太炎故居；“杨乃武与毕秀姑（小白菜）”冤案陈列馆；中国江南水乡文化博物馆以及近年新开发的“江南第一漂”——双溪竹海漂流、天都城欢乐四季公园、山沟沟、东明山森林公园、大禹谷、九龙瀑等自然人文景观。

独特的地理位置和便捷的交通使其区位优势凸显。境内风光旖旎，环境优美。临平城区和塘栖有山有水，都是依山傍水、人居的好地方。2003

年，临平城区新增绿地面积20公顷，园林绿地面积492公顷，公共绿地面积112公顷。城区绿化面积大幅增加，建成区绿化覆盖率达35.08%，城区人均占有公共绿地面积7.36平方米，人民广场、世纪公园的面积均在6公顷以上，成为四季常绿的好处所。而古镇余杭、良渚、瓶窑等地山清水秀、生态环境和自然风光极佳，更是人居佳地。

2001年12月，余杭正式启动创建国家环境保护模范城市活动，通过创建绿色学校、绿色社区、绿色家庭、绿色医院、绿色企业、生态村镇等载体，经过两年多努力，余杭的生态环境得到明显改善，各项指标达到了“创模”的标准要求，正成为经济快速健康发展、生态良性循环、城市优美洁净、生活舒适便捷的环境保护模范之城。此外，依托独特的区位优势，全区上下正在扎实推进“创业在杭州，居住在余杭”的人居工程，争做杭州乃至上海的后花园。

三、投资环境不断优化。余杭区着力于投资环境建设，不断创新管理方式，提高按国际通行规则办事的能力，逐步完善调控体系，充分发挥综合部门的调控职能，不断扩大和提升各个办事机构的服务内涵和工作效率。

为进一步深化行政审批制度改革，提高机关工作效能，增强投资环境竞争力，在原固定资产投资项目审批办理中心的基础上增容扩建、升格迁建，于2004年2月18日重新组建了余杭区行政服务中心，成建制地引入了发计、外经、建设、环保、林水等15个部门窗口，92个审批服务事项，进驻中心人员达75名。中心始终坚持“便捷、高效、强服务，求真、务实、促发展”的服务理念，实行“一门受理，窗口办理，统一收费，限时办结”的运作方式，创新运行机制，提高办事效率，方便群众办事。

四、国民经济快速发展。2003年，全区完成生产总值(GDP)204.5亿元，比上年增长16.6%，其中第一产业22.5亿元，增长7.4%；第二产业110.4亿元，增长17.9%；第三产业71.6亿元，增长17.7%。实现财政总收入23.2亿元，其中地方财政收入12.4亿元，分别增长34.9%和44.3%。城镇居民人均可支配收入和农民人均纯收入达到12918元和7076元，分别增长12.7%、10.8%，主要经济指标增幅创近年来最高水平。

农业生产在结构调整中稳步发展。全年实现农业总产值32.1亿元，增长10%。

工业经济发展迈入快车道，持续高位运行。全年完成工业增加值99.4亿元，增长17.6%。完成现价工业总产值577.6亿元，工业利润23.9亿元，分别增长35.4%和36.6%。

第三产业发展取得新成绩。2003年实现社会消费品零售总额43亿元，增长14.9%；实现旅游收入8.7亿元，增长18%；建筑业快速发展，完成施工产值30亿元，建筑业增加值11亿元，分别增长55.4%和15%。

固定资产投资高速增长。全年全社会固定资产投资135.5亿元，增长67.7%。全社会投资中，房地产投资44.5亿元，增长32.6%；农村投资58.9亿元，增长105.1%；工业性固定资产投资55.4亿元，增长109.6%。

全区目前已形成了纺织服装、机械电子、医药化工、建筑材料和食品饮料为主体的产业群和工业经济支柱，并先后获得“中国丝绸织造基地”、“中国布艺名城”、“中国纺织产业特色城”等荣誉称号。有全国名牌产品1个，浙江名牌产品15个。“老板”牌吸油烟机、“钱潮”牌水泥和协和陶瓷先后被国家质量监督检验检疫总局授予“国家免检产品”称号。

2003年，所有制结构继续得到调整，非公有制经济比重上升。在全区生产总值(CDP)中，非公有制经济比重为60%，提高近8个百分点。在规模以上工业总产值中，国有经济完成4.6亿元，增长28.2%；集体经济12.2亿元，增长45.7%；股份制经济185.3亿元，增长49.2%；外商及港澳台商投资经济55.4亿元，增长43%。全部工业总产值中，个体和私营经济328亿元，占全部产值比重的56.8%；在社会消费品零售总额中，国有经济实现1.5亿元，下降4%；集体经济3.6亿元，下降12.5%；股份制经济6.2亿元，增长30.9%；个体和私营经济31.5亿元，增长16.8%。年末全区共有个体工商户29933户，私营企业7593个，分别增长19%、39%。

五、基础设施建设日臻完善。余杭交通便利，沪杭、宣杭铁路穿境而过，境内有华东地区最大的现代化铁路编组站乔司编组站。以104、320两条国道，01、02、03、09、015等5条省道和沪杭、沪宁高速公路余杭段、杭州外环线以及即将兴建的杭浦、申嘉杭湖高速为主干线，与县乡公路纵横交错连成网络。

藕花洲大街西延工程、世纪大道东延工程、04省道鸬鸟连接线、104国道余杭东西大道连接线、杭州绕城公路与杭宁高速公路和城市快速主干道衢州路互通枢纽南庄兜互通立交桥全部竣工，村村通等级公路工程全面启动，现代化交通网络不断健全。至 2003 年末，全区公路里程达 1032 千米。水路交通历来发达，东苕溪、京杭大运河与钱塘江相互贯通，现境内航道 53 条，通航里程 374.4 千米。

邮电通信设施以程控交换和数字传输为主体的现代化通信网已具规模，全面实现了通讯交换程控化，传输、数字和城乡一体化。建有交换机总容量25 万门的 C3 当地网及与全国联网的 A 网、B 网和数字移动通讯网。全区各镇乡、街道通光缆，总计长度 400 多千米。电视电话会议系统、168 语声系统等业务向社会开放，在全国最早开通 PAS 便携电话，IC 卡公共电话遍布城 00%；本地电话用户 32 万户，增长 33%；城乡居民固定电话和移动电话普及率分别为 61 部/百人和 40 部/百人。年末公用电话 16 万部，增长 158%。因特网用户近 3.5 万户。

2003 年 12 月，被列入国家第四批农村电网改造项目，投资 2800 余万元的 110KV 仁和输变电工程(110 千伏仁和变电所)一期工程，一台容量 40000KVA(千伏安)的 1 号主变投入运行。至此，全区各容量变电所增至 23 座，其中 110KV 变电所 11座、35K 变电所 11 座、220KV 变电所 1 座。年末城镇居民燃气普及率达 100%。全区共有供电营业所 31 个，供电网络和服务不断延伸。农村低压电网按国家标准已完成 493 个村(村规模调整前)，临平城区实现环网供电。

2003 年，区供水集团公司供水能力达 20 万立方米/日，受益率 76%，出厂水综合合格率 99.9%，管网水综合合格率 99.7%，均符合国家生活饮用水标准。国家级农业项目——位于黄湖镇的青山溪小流域综合治理项目基本完工。山塘水库除险加固工程全面启动。三组团污水工程及其他各项基建项目正按计划抓紧施工建设。

2000 年启动的“畅通工程”取得实质性进展，2003 年，达到国家 A 类城市二等管理水平。

六、社会事业蓬勃发展。按照科学发展观的要求，在搞好经济建设的同时，余杭区还坚持统筹发展的理念，促进经济社会的全面、协调和可持续发展。先后获得全国科技、文体、计划生育、民政先进县(市、区)，全国城市环境综合治理先进城市及浙江省卫生城市、教育强市等称号。

2003 年，实施科技发展计划项目 164 项，列入省以上计划项目 36 项，引进科技成果 73 项，有 19 家企业与科研院所共建研发机构。全面实施了素质教育，推进了教育创强工作，调整了中小学规划布局，开展了课程改革，强化了教科研工作，3 项成果获省优秀成果奖。教育质量进一步提高，全区高考上线率达到 93.7%。新批民办学校 7 所，多元化办学格局初步形成。

文体卫生事业创新发展。城乡文化设施不断完善，文体活动丰富多彩，文艺作品和竞技体育荣获多项国家及省、市级奖项。医疗卫生体制不断创新，出台了《新型农民合作医疗保险制度实施办法》，全区 29 家卫生院产权制度改革全面完成，申报设立社区卫生服务站 16 家。中国江南水乡博物馆正式开馆，区体育馆二期、区图书馆迁建等工程相继开工建设。有线电视网络升级改造工作顺利进行。教育基础设施建设进一步加快，计划生育优质服务和计划生育村(居)民自治工作继续深入，流动人口计划生育管理工作进一步规范。

社会保障事业扎实推进。制定政策，建立机构，落实资金，加强就业再就业工作。2003 年全区净增就业岗位 17755 个，组织再就业培训 5003 名，帮助 8324 名失业人员实现了再就业，城镇登记失业率控制在 4% 以内。社保扩面力度不断加大，2003 年全区企业职工养老保险参加人数达到 120056 人，净增 29996 人；医疗保险参保人数达 95276 人，净增 5290 人；新型农民合作医疗保险 53.5041 万人，参保率达 90.22%，使广大农民享有了基本的医疗保障。民政工作基本形成了“以最低生活保障制度为主体，各项帮扶政策为补充，临时救助和社会互助为辅助”的社会救助体系。整合各类救助资源，突发性事件致贫(困)应急救助机制全面启动，提高了政府解决危机的能力和效果。

可持续发展能力不断增强。计划生育进一步纳入法制化和规范化管理，人口自然增长率控制在 1‰以内，全面完成人口计划目标。环境保护成效显著，治污能力日益提高，“创模”工程全面实施，生态村、绿色学校、绿色社区创新活动蓬勃开展。

人民生活水平不断提高。城镇居民人均可支配收入和农民人均纯收入不断增长，城乡居民生活步入了相对宽裕的小康阶段。

七、两个文明建设和社会稳定工作扎实推进。在抓好经济建设，促进社会发展的同时，余杭区还努力维护社会稳定，致力于打造“平安余杭”。努力构建“打、防、控、疏”一体化工作机制，严厉打击各类刑事和经济犯罪活动，强化社会治安综合治理，不断提高应对和处置突发事件的能力，切实人民群众的生命财产安全和外来投资者利益。高度重视人民群众来信来访和人民调解工作，坚持区领导信访接待制度，建立了区长公开电话自动化信息平台，时刻关注涉及群众切身利益的热点、难点问题，及时化解和妥善处置各类社会矛盾。大力整顿规范市场经济秩序，开展了病死猪肉、假烟等专项整治活动，切实维护消费者合法权益。

以“三个代表”重要思想为指导，以贯彻实施《公民道德建设实施纲要》和《浙江省公民道德规范》为主题，各项精神文明建设活动和群众文化活动广泛开展。2003年，广泛开展争创省级文明城区和参与杭州市创建全国文明城市活动，扎实开展文明镇乡、文明村(社区)、文明单位创建工作，群众性精神文明创建工作纵深推进，被省委、省政府评为“创建文明城区工作先进城区”。深入开展“十六大精神主题教育”、“十六届三中全会精神学习”和“创业在杭州，建设新余杭”等宣传教育活动，积极开展“百千万”道德实践大行动和“城市化教育”活动。全区共有10多万人参加各种社会服务活动，落实帮扶资金1200多万元，近8000人受益，评定诚信示范企业和经营户150多家，城区新增“五好文明家庭”5000多户，树立典型近百位。此外，还广泛开展文化、科技、卫生“三下乡”，“学习雷锋精神、弘扬文明新风”，成人宣誓仪式，社区工作者演讲比赛，农民才艺大赛等活动，推动公民道德建设向纵深发展。各类群众性文体活动如火如荼，镇乡人民运动会和艺术节年年都有新气象。其中余杭镇、闲林镇获得“省体育特色乡镇”称号。

两个文明建设取得突破性进展，形成了经济发展、政治安定、社会稳定和精神文明建设、民主法制建设齐头并进的良好局面。

八、未雨绸缪规划未来。本届区委、区政府提出了今后五年的主要任务是：大力实施“再造工程”，合力推进“三大跨越”。即力争五年再造一个都市农业，三年再造一个余杭工业，五年倍增第三产业，2007年生产总值力争翻一番，综合经济实力和竞争力明显增强。加快经济总量新扩张，合力推进向经济强区跨越；加快“一副三组团”成形，合力推进向生态城区跨越；加快先进文化发展，合力推进向文化名区跨越。

开放的余杭正展开宽阔的双臂，真诚的欢迎海内外各方人士的到来，发展的余杭必将会创造更加幸福美好的明天！

开拓创新 真抓实干 推动县域经济健康协调发展

文登市人民政府市长　于时文

文登市位于山东半岛东部,辖14个镇,3个街道办事处,1个经济开发区,总面积1645平方公里,人口65.6万。近年来,我们在上级党委、政府的正确领导下,坚持以"三个代表"重要思想和科学发展观为指导,以加快发展为主线,以提高经济运行质量和效益为重点,全力推进改革开放,积极实施结构调整,经济和社会各项事业保持了强劲发展势头。2003年,全市国内生产总值达到226.8亿元,增长20.4%;地方财政收入8.55亿元,增长31%;固定资产投资80.8亿元,增长142.8%。今年上半年,全市完成国内生产总值134.7亿元,增长22.44%;地方财政收入4.8亿元,增长43.8%;固定资产投资67.7亿元,增长90.7%。

一、全力推进对外开放,加快经济国际化进程。充分发挥地处沿海、毗邻韩国、日本的区位优势,按照经济建设以对外开放为中心,对外开放以招商引资为重点的工作思路,积极引导和推动全市各行各业向开放要出路、要效益、要发展,对外开放呈现出良好发展态势。

(一)全力以赴招商引资。一是突出重点,以企招商。积极引导骨干企业采取合资、合作、产权转让等多种形式,与国外大企业联姻,借助外力加快发展。全市的重点骨干企业,有一半以上嫁接了外资,企业的经营管理、技术装备和产品档次都跃上了一个新台阶。二是优化环境,以商招商。通过不断优化发展软环境,实现以情招商、以信誉和人格招商的良性循环,全市引进的外资项目80%以上是通过以商招商引来的。三是主动出击,以会招商。每年抓住国内外举办重大招商活动的有利时机,组织精干队伍,全力抓好以会招商,吸引了大批外商来文投资。今年上半年,先后组织参加了山东半岛制造业基地推介会、大邱国际纤维博览会、厦门台交会、韩国招商活动月等大型招商活动,仅6月份韩国招商月活动期间,就达成合作协议32个,协议外资额2.6亿美元。四是政策激励,全民招商。制定了招商引资责任制和一系列鼓励政策,每年都对国内外招商引资和自营出口创汇先进单位及有功人员进行隆重的表彰奖励,形成了政府积极推动、多主体参与、全民招商的格局。同时,坚持把引进内资放在与引进外资同等重要的位置来抓,有针对性地选择一批优势企业和好项目,坚持面向东北、西北、长三角、珠三角等重点区域,加强联系和招商,争取向国内大型企业出让、租赁、兼并和挂靠。今年上半年,全市新批外资项目77个,合同利用外资3.4亿美元,实现利用外资2.1亿美元,分别增长96.9%、89.6%。引进内资项目140个,到位资金48.7亿元,增长557.2%。

(二)大力开展加工贸易。坚持面向韩国、日本和港澳台,面向他们的中小城市,面向他们的中小企业,大力引进加工贸易项目,努力把我市建成韩国、日本和港澳台的生产基地、装配基地、出口基地。同时,积极围绕外资企业的主导产品和名牌产品,特别是我市已形成规模的机织刺绣、针织服装、电子器件、皮件箱包、食品加工、家具制造等产品和行业,辐射带动企业、农村大搞加工贸易。今年1-6月份,全市有300多个村、600多家企业开展了加工贸易,加工贸易进出口总额达2亿美元,增长40.3%。

(三)千方百计扩大出口。面对入世后的新形势,在继续扩大对日本、韩国等周边国家和地区出口的同时,积极拓展南美、非洲等新兴市场,全面加大出口创汇力度。对三资企业,引导其利用海外销售渠道,加大外销比例;对拥有自营进出口经营权的生产企业,指导其用好用活国家赋予的优惠政策,积极把产品推向国际市场。威达集团花重金聘请国外销售总裁,云龙集团、艺达集团大力引进高素质的对外经贸人才,通过引进人才和调整经营策略,我市的出口创汇保持了较高的增长速度。去年,全市进出口总额达到5.77亿美元,增长32.2%;其中出口创汇3.9亿美元,增长30.2%。今年上半年,全市进出口总额达到3.34亿美元,增长37.1%。

二、坚持工业强市战略,全面提升工业化水平。近年来,我市始终坚持工业立市、工业强市,大力推进技术进步,努力调整优化结构,不断提高经济效益,使工业保持了强劲的发展势头。

(一)建设重点项目,膨胀骨干企业。按照"抓大放小"的要求,把有限的资金、主要精力向大项目、骨干企业上倾斜,在技改投向上也进一步收拢了拳头,优先保证"重点工程"。我市每年都从全市的技改项目中筛选出重点技改项目,进行集中建设,并定为领导工程,落实班子成员包工程责任制,培植了一批重点企业和产品。去年底,我市根据山东省提出的建设胶东半岛制造业基地的要求,结合规模工业发展的实际情况,提出了培植汽车及配件、机械加工、轻纺及制革、电子通信、食品医药等五大产业群的工业发展思路,并规划论证了130多个技改项目,从目前的情况看,技改项目进展都比较顺利。1-6月份,全市完成技改投入25亿元,其中完成投资过千万元的技改项目有24个,曲轴总厂的高档锻造曲轴项目完成投入1.1亿元、同大有限公司的大型电脑绣花机项目完成投入6800万元、威达集团的木工专用锯片生产项目完成投入6000万元、万得集团的国际先进抽纱家纺设备项目完成投入5600万元、恒大电机的漆包线项目完成投入4000万元、文隆电池开发先进蓄能电池项目完成投入2800万元。曲轴、威力工具等24个项目挤进了省技改导向计划,宏安、曲轴、同大等3个项目正在申报国债项目。

(二)加快技术创新,提高竞争能力。我市对企业技术创新工作非常重视,重点在引导企业加快技术创新体系建设上下功夫,使全市企业技术创新工作得到了较快发展。目前,曲轴厂建成了国家级技术开发中心,曲轴和宏安设立了博士后科研工作站,宏安集团和威力工具建成了省级技术开发中心。大力推进"产学研"联合,于山东大学、烟台大家等国内知名院校、科研院所建立了合作关系,建立了华东理工大学中试基地,提高了企业技术和产品的创新能力。去年,全市完成技术创新项目135项,其中填补国内空白9项,省内空白18项,达到国内先进水平82项。

(三)深化企业改革,激发内部活力。近年来,我市着眼于抓好"两大一小"(大型骨干企业、亏损大户、小企业),积极深化企业改革。对优势企业,引导他们抓住全国性资产重组的有利机遇,实施兼并、联合、收购、控股,走低成本扩张的路子;对基础好、规模大,但实力较弱的企业,积极争取与大企业挂靠,借外力求发展;对产品相关或相近、产业关联度大、有发展前景的企业,通过兼并、承租、联合等形式,推进强强联合、强弱联合。去年,我市完成了黑豹集团与东安动力的资产重组,对10家困难企业进行了重组改造,盘活存量资产2亿元。今年是我市确定的资产重组年,全市企业改革重组的力度进一步加大。上半年,对文登啤酒厂、兽药厂、油厂等15家困难企业进行了资产重组,盘活存量资产3.7亿元,安置职工3000多人。同时,积极按照现代企业制度要求,因企制宜,加快推进企业改制工作。目前,镇以上企业改制面达到70%以上。扎实推进企业上市工作,继黑豹集团成功上市之后,威达集团也于今年7月12日在深市中小企业板块上市。

三、大力调整农业结构,促进农村发展和稳定。围绕农业增产、农民增收这一主线,按照产业化、特色化、生态化的思路,大力实施农业结构调整,培植出了药材、毛皮动物和奶畜养殖等一大批新的经济增长点,促进了农村经济发展。

(一)加快农业产业化进程。近年来,我市坚持以市场为导向,以农民增收为目的,把农业龙头企业建设作为推进农业产业化的关键来抓，通过落实投入、税收、信贷等方面的优惠扶持政策，积极扶持农业龙头企业做大做强，培植出鹏程食品、金洋乳品、文泰食品、昆嵛花生等一批骨干龙头企业，初步形成了乳品加工、丝绸加工、肉食鸡加工、水产品加工等10大贸工农一体化、产供销一条龙的“龙型”体系，各类农副产品加工销售企业发展到200多家，销售收入过千万元的龙头企业发展到25家，气调库、冷风库已达100多座，总库容10万吨。今年，开工建设了33个农业龙头项目，其中宏泰乐食品加工项目总投资1.2亿元，已正式投产，年可加工绿色调理食品1.6万吨，出口创汇5000万美元。申威药业投资3500万元的GMP改造项目，最近通过了省级验收，年可新增销售收入5000万元。农业龙头企业的建设，有力地带动了农业产业化发展。同时，我市按照服务主体多元化、服务形式多样化、服务内容系列化的思路，进一步完善了市、镇、村三级技术推广和产销服务体系，为农民发展特色农业提供全方位服务，保证了农业结构调整健康发展。目前，全市已兴办各类示范服务基地和科技示范园530多个，培育引进农作物良种42个，科技对农业增长的贡献率达到58%。

（二）加快农业特色化进程。积极引导各镇、村按照“一镇一业、一村一品”的思路，选准一个主导产业，选好一种拳头产品，培植具有地方特色的主导产业。种植业，在确保粮食安全的前提下，引导农民瞄准市场，重点发展水果、蔬菜、药材、饲草等特色产业。畜牧业，重点发展食草禽畜和特种动物，集中扶持发展一批规模大、效益高的养殖专业户和生产基地。海洋与水产业，在全方位开发滩涂、浅海、淡水资源的同时，重点加快了海洋捕捞由近海向深海远洋转移、水产养殖由粗放经营向精养转移、海洋经济由海上第一产业向二、三产业转移。目前，全市经济作物总面积达到64万亩，其中水果20万亩，中药材4.8万亩，蔬菜8.5万亩，粮经比例调整到1:1.3；全市奶牛存养量2.28万头，水貂等毛皮动物存栏量210万只；虾池造礁养殖面积1.8万亩，工厂化养殖海珍品面积19万平方米；全市外籍远洋货轮发展到38艘，总吨位15万吨。

（三）加快农业生态化进程。近年来，我市加大以植树造林和小流域综合治理为重点的生态建设，重点对境内的青威路、309国道、新初张路、石泽线、俚李线等交通主干线、可视山头进行了绿化，对母猪河、昌阳河、青龙河等十几条小流域进行了综合整治，取得了明显成效。今年，我们重点建设了环海路、桃威铁路、寺五线、青威线四条绿色通道，绿化可视山头12座，实施了山区退耕还林、大中型水库周边退耕还林、造林大方、河道两岸造林、园林化村镇建设、农田林网、城区绿化、林业育苗等工程，成片造林5.1万亩，植树682万株。同时，坚持开源与节流并举，大搞农业水利建设，去冬今春，全市投入资金8200多万元，完成水利工程项目660项，改善和恢复灌溉面积6.1万亩，完成节水灌溉面积3.3万亩。

四、加快发展商贸旅游业，带动第三产业繁荣发展。围绕促进经济总量扩张和结构的优化，积极培植发展商贸物流业、旅游业以及其他新兴服务业，促进了第三产业的繁荣和发展。

（一）大力发展商贸物流业。围绕打造区域性商贸物流中心，加大了市场建设力度，先后引进建设了文登义乌小商品批发市场、青岛利群购物广场和物流配送中心、韩国之窗、中国工艺家纺城等龙头专业市场。文登义乌小商品批发市场总投资60亿元，主要面向山东半岛、东北三省、韩国和日本等的消费群体，一期工程于去年9月建成投入运营，完成投资4.5亿元，建筑面积18万平方米，设摊位3000多个，二期配套工程正在进行之中。利群文登购物广场，投资3亿元，主体工程已开工建设，今年年底可建成开业。韩国之窗，投资7.2亿元，规划设计已经完成，中国工艺家纺城，投资3亿元，一期工程正在施工。同时，立足于培育和发展市场，加快了仓储运输和物流配送业的发展，引进资金建设了青岛利群物流配送中心、新汽车站、威东航运集装箱站等工程，为培育区域性商贸物流中心奠定了坚实基础。

（二）加快发展旅游业。坚持把旅游业作为经济发展的支柱产业来培植，积极围绕文登的“山、海、温泉”作文章，聘请国内一流的专家对全市旅游业发展进行总体规划，重点加快了昆嵛山风景区、小玉岭风景区、圣经山风景区、金滩旅游度假区等项目开发，丰富景区内涵，培植旅游特色。目前小玉岭风景区、金滩旅游度假区等正抓紧进行高水平的规划设计，圣经山风景区开发项目，已与深圳平衡实业有限公司签订了经营权转让协议，6年内投资3亿元，进行综合开发。同时，下大气力搞好文登旅游整体形象的宣传，加大国内外市场开拓力度，推动了旅游业快速健康发展。今年上半年，全市完成旅游收入3.9亿元，同比增长28.6%。

(三)积极发展新兴服务业。根据经济和社会发展的新形势和群众生产生活的新需求,积极发展金融保险、信息咨询、市场中介、教育培训、卫生保健等新兴服务业。同时,围绕完善社区服务、解决下岗失业职工再就业、方便居民生活等方面做文章,大力发展家政服务、托老托幼、社区保安、保洁保绿等社区服务业,进一步拓宽了第三产业的发展领域。今年上半年,全市第三产业增加值达到37.2亿元,增长15.69%。

五、加快城市建设步伐,推进城市化进程。多年来,我市始终牢固树立抓城市建设就是抓经济建设的观念,突出"山、水、文"三大城市特色,高起点规划、高标准设计、高质量建设、高效能管理,全方位加大投入,全方位推进城市化进程,努力建设生态化、现代化山水城市。

(一)高起点规划,严格按规划推进城市建设。围绕到2015年把文登建成一个中等城市的目标,坚持高起点、高标准、超前性、特色性的原则,进行了新一轮总体规划的修订完善和分区详细规划的编制。目前,新一轮城市总体规划正在报批当中,建成区规划面积由20平方公里扩大到40平方公里,规划区总面积扩大到289平方公里。城区控制性详规、修建性详规覆盖率分别达到了61%和83%。城市规划设计力求体现建筑特色和艺术品位,力求十年不陈旧,百年不落后。

(二)高标准建设,不断完善城市基础设施。近几年来,我市每年投资1亿多元,用于完善城市基础设施,改善城市环境。去年,投资1亿多元,实施了城区七路、五区、三河、三网、三厂、一站等22项重点工程,改造硬化道路80万平方米,铺设管道100多公里,新增水面30万平方米;完成了迎宾大道、文山东路、309国道城区段等道路及沿河、可视山头的绿化,新增绿化面积110万平方米,城市绿化覆盖率达到38.1%。今年,我市又投资1.3亿元,新建和改造文山东路、珠海路等10多条道路,建设峰山公园路网,实施市政设施改造和维修、污水处理厂二期、垃圾处理场建设工程,对世纪大道、309国道城区段、迎宾大道的绿化带进行改造,建设苏家河匝道、陵园广场、横山路、开发区九里绿地等绿化工程。连续几年的城建重点工程的实施,拉开了现代化城市建设框架,城市建设规模、档次、城市综合服务功能和城市艺术品位得到了全面提升。

(三)高水平管理,美化净化城市空间。近年来,我市坚持开展清理整顿市区户外广告、整顿居民住宅小区环境卫生和拆除临街"半拉子"工程等一系列专项整治活动和经常性的城市环境综合整治活动,对城区主要街道沿街门头广告、建筑物,按统一标准进行更换、粉刷,目前已拆除不规范广告5000多块,粉刷楼房面积60多万平方米;对市区内沿街、沿路、沿河的临时板房、"半拉子"工程进行集中拆除,并对拆除现场进行了绿化美化建设;对河流、绿地、公园等场所进行集中清理,清理河道中的杂草、废弃物700多万立方米;对主要街道、市场和居民区环境卫生,按照"门前五包"进行整治。通过环境整治,市民的城市意识、卫生意识、环境意识进一步增强,城市整体容貌有了全新改观。

建现代中等城市 展潮乡蓬勃风姿

——海宁市经济社会发展综述

中共海宁市委　海宁市人民政府

“八月十八潮，壮观天下无”。素以钱江潮闻名于世的浙江省海宁市，改革开放20多年来，发扬“敬业奉献、猛进如潮”的海宁精神，抓住机遇，深化改革，扩大开放，加快发展，改革开放和经济建设的大潮一浪高过一浪，一个经济文化强市、观潮旅游名市、现代中等城市正在钱塘江畔迅速崛起……

海宁市地处浙江省北部，杭嘉湖平原南端，东距上海120公里，西离杭州60公里，南濒钱塘江，总面积699.92平方公里，地势平坦，河流众多，水源丰富，是典型的江南水乡。现辖8镇4街道，总人口64万。

海宁历史悠久，是良渚文化的发源地之一。早在6000多年前，就有人类在这里生息。公元前21世纪夏朝时，海宁属杨州之域；春秋战国时为越国属地；三国吴黄武二年（公元223年）置盐官县，为海宁建县之始；至元贞二年（公元1295年）升为盐官州，天历二年（公元1392年）改名为海宁州，意为江海永远安宁，属杭州府。1986年月11月，经国务院批准撤销海宁县，设立海宁市。海宁经济发达，文化灿烂，素有“鱼米之乡、丝绸之府、皮衣之都、文化之邦、旅游之地”的美称。尤以灯、潮、名人三大文化独具地方特色。海宁硖石灯彩因其工艺独特、制作精细而名闻中外，其“针工”堪称一绝。相传秦时已成雏形，始于唐而盛于宋，至今已有1000余年的历史，党和国家领导人曾把它作为国礼赠送给国际友人。1994年，海宁人民将两对硖石灯彩，分赠给新加坡内阁资政李光耀先生和新加坡中华总商会。2001年2月，硖石灯彩在新西兰展出，并将一对灯彩赠送给新西兰总理海伦·克拉克女士，再一次在异国他乡引起强烈反响。海宁名胜古迹众多，有江南稀有的古典宫殿式建筑海神庙、“水上长城”钱塘江鱼鳞石塘、安国寺唐代经幢、长安东汉画像石墓、庆云马家浜文化遗址、王国维故居、陈阁老宅等省市级文保单位30多处。海宁贤才荟萃，代有名人，如唐代诗人顾况，明代史学家谈迁，清代大学士陈元龙、数学家李善兰，近代“国学大师”王国维、著名诗人徐志摩、军事家蒋百里、书法家张宗祥、漫画家米谷、红学家吴世昌、艺术教育家沙可夫、著名作家陈学昭以及当代香港知名人士查济民和金庸先生都是海宁人。海宁更以天下奇观钱江潮闻名于世，海宁潮因其潮高、多变、凶猛、惊险而饮誉海内外。历史上包括白居易、李白、苏东坡等历代文人墨客在一睹这天下奇观后留下了千余首咏潮诗词，清代乾隆皇帝六下江南，四次到盐官观看海宁潮，孙中山、毛泽东等伟人来海宁观潮后也都留下了诗文。近年来，江泽民、李鹏、李瑞环、乔石、杨尚昆、丁关根、田纪云、彭冲、陈慕华、邹家华、张思卿、张震、钱伟长等党和国家领导人也相继来海宁观潮，李鹏同志在观潮后题写了“西风挡不住，海宁涌潮来”的词句。

改革开放以来，海宁人民在邓小平理论指引下，抓住机遇，深化改革，扩大开放，加快发展，综合经济实力显著增强，各项社会事业全面进步，是全国综合实力百强县市和全省首批小康县(市)之一。2003年，全市实现生产总值188.34亿元，同比增长17.5%，人均29393元，同比增长17.5%；财政总收入18.08亿元，同比增长23.2%，其中地方财政收入7.65亿元，增长29.3%；三次产业比例为6.5:62.6:30.9；全社会固定资产投资总额80.22亿元。

海宁气候适宜，土地肥沃，发展农业具有得天独厚的自然条件。小湖羊皮、瘦肉型猪、上河青甘蔗、海宁西瓜、斜桥榨菜、盐官汪菜等，是海宁传统的名特优产品。近年来，全市上下围绕“农业增效、农民增收”目标，加快农业结构调整，大力推进产业化经营，效益农业得到较快发展。建成了特种水产、优质水果、花卉苗木、优质肉鸡、加工蔬菜等一批名特优农产品基地，长安花卉、周王庙桑苗、郭店行道树苗木、袁花南方梨、斜桥榨菜和海宁黄鸡等农产品在省内外已有较高知名度。2001年被省林业局命名为“浙江省鲜切花之乡”和“浙江省行道树苗木之乡”，盐官镇苗木基地被国家林业局授予“全国特色种苗基地”称号。2003年，全市实现农业总产值17.76亿元。

海宁工业基础良好，区域特色经济优势明显。2003年，全市实现工业总产值490.3亿元，同比增长25.1%，其中规模以上企业实现工业产值243.57亿元，同比增长41.9%。全年完成工业增加值107.04亿元，比上年增长19.4%，对经济增长的贡献率达到61.8%。全市规模以工业企业累计销售收入221.5亿元，同比增长42.5%，实现利税27.8亿元，利润18.0亿元，分别同比增长42.1%和49.9%。十一项指标综合得分达到236.5分，继续名列嘉兴各县市区第一。近年来，市委、市政府围绕培育规模特色经济，在深入实施“兴海工程”和“122”发展战略的基础上，2003年又提出了打造先进轻工制造基地，实施“工业强市”战略的目标，集中力量扶持特色优势产业发展，全市已初步形成了以皮革为支柱产业，装饰布、经编为优势产业，电子、化工(医药)印刷包装为新兴产业的富有特色的工业经济新格局，荣获了“中国皮革之都”、“中国纺织产业基地”和“中国经编名城”等荣誉称号，涌现出了卡森、钱江、天通、雪豹、富邦、蒙奴等一批重点骨干企业和中国皮革第一镇、中国经编名镇和中国布艺名镇等一批特色镇。特别是皮革业在全国享有较高声誉，皮革业经济总量、皮革服装产量、皮革交易量、皮革服装及相关制品出口量四项指标均列全国同行第一，有40多家企业被中国皮革工业协会批准佩挂“真皮标志”，占全国真皮标志佩挂企业总数的三分之一，“雪豹”、“蒙努”双双入选“中国十大真皮衣王”。2003年，规模以上皮革工业实现销售收入83.19亿元，增长61.7%，实现利税总额9.77亿元，增长62.3%。海宁皮衣不仅畅销国内市场，而且远销俄罗斯、美国、加拿大、日本等40多个国家和地区。纺织行业是我市又一大支柱产业，是后来居上的一个朝阳产业，特别是经编及其染整业和家纺布艺业，近几年来越来越呈现出其强劲发展态势。海宁经编业经过近十年的发展，产品品种达到100多种，已经涵盖了产业用布、装饰用布、服装用布等领域，并已经建立了一条从原料、织造、后整理到服装生产的完整产业链，从而为海宁经编产业实现新的腾飞打下了坚实的基础。2003年规模以上经编产业实现工业总产值16.65亿元，其整体规模、装备水平、产品开发能力和市场竞争力处于国内先进水平，在国际上也有较大的影响。我市家纺装饰布业起步于上个世纪70年代末80年代初，经过二十多年的发展，由最初的家庭作坊式发展成为我市继皮革产业之后的第二大优势产业，产品从单一的窗帘布扩展到了沙发座垫用布、床上寝具用布、室内装饰用布和衣着两用的织锦缎等。现有两个专业市场：海宁中国家纺装饰城和海宁中国轻纺村。许村镇是目前全国规模最大的家纺装饰布产销基地，家纺装饰布年产值、产量名列全国第一、国内市场占有率达到35%、名列全国第一，产品畅销世界20多个国家和地区。化工(医药)、电子行业和印刷包装是我市的新兴行业。化工(医药)以钱江生化为龙头，形成了精细化工高科技产品生产基地、亚洲最大染料中间体生产基地以及两个生物基因工程产品研制开发基地。电子行业以天通电子为龙头，初步建成了国内软磁生产基地，产品档次接近甚至超过国外同类产品。包装印刷业近年来也呈加快发展的趋势，其规模总量已占全省的9.2%。此外，袁花的扣板、灯泡，硖石的袜子，丁桥的运动服，盐官、长安的小五金等块状经济都已初具规模，颇有特色。

海宁是国务院批准的全国首批沿海开放县(市)之一，开放型经济发展势头良好。2003年，全市新批“三资”企业95家，当年合同利用外资2.7亿美元，同比增长162.2%，实到外资1.01亿美元，同比增长105.6%。完成自营进出口总额

10.70 亿美元，比上年增长 85.8%，其中自营出口 8.05 亿美元，同比增长 78.1%，列浙江省第 7 位。目前海宁有出口商品生产企业 300 余家，自营出口企业 472 家，主要出口产品有皮革服装、皮沙发套、染料中间体、桑波缎、白厂丝、丝绸服装、锁具、袜子等 200 余种，远销俄罗斯、美国、日本、香港等 90 多个国家和地区。目前全市有 2 个省级开发区——海宁经济技术开发区和海宁农业综合对外开发区，1 个省批特色工业园区海宁中国经编针织科技工业园。

海宁商业兴旺，市场繁荣。2003 年实现第三产业增加值 58.29 亿元，同比增长 14.4%。实现社会消费品零售总额 73.05 亿元，比上年增长 11.7%。目前已建成城乡集贸市场和各类专业市场 55 个，市场成交额 99.45 亿元，其中超亿元的专业市场 6 个。创建已有十年的海宁中国皮革城总投资 3.5 亿元，建筑面积 16 万平方米，设有皮革服装主交易区、分交易区和毛皮、箱包、皮革原辅料交易区，入城经营企业 2000 余家，是全国的皮革服装、毛皮交易中心和华东地区的箱包皮具集散中心，市场年成交额达 50.15 亿元。许村·中国家纺装饰城是全国最大的装饰布料集散中心。依托产业、市场发展，我市已连续承办了十届全国皮革服装展销会和四届皮革博览会。

海宁旅游资源丰富，开发潜力巨大。盐官观潮胜地公园和沿江百里文化旅游长廊是省重点开发项目，也是国家首次公布的全国 43 个旅游发展优先项目之一。经过多年开发建设，“海宁潮”已发展成为“一潮三看赏四景”的追潮旅游项目：在八堡看“双龙相扑碰头潮”，在盐官看“江横白练一线潮”，在老盐仓看“惊涛裂岸回头潮”，在夜间则可看“月中齐鸣半夜潮”。相继修复开放了陈阁老宅、张宗祥故居、徐志摩故居、金庸旧居、衍芬草堂等一批人文景观，建造了潮韵苑、钟鼓楼、毛泽东观潮诗碑亭，旅游设施不断完善。2003 年宰相府第风情街建成开放，成为盐官旅游的又一个亮点。从 1994 年至今，我市已成功地承办了十届中国国际钱江观潮节，2000 年的观潮活动被国家旅游局列入“神州世纪游”重点项目，并通过中央电视台和浙江电视台进行了直播，进一步提高了在国内外的知名度。2003 年接待国内外游客 223.08 万人次，比上年增长 19.1%，其中海外游客 1.39 万人次，旅游总收入达到 21.27 亿元。

近年来，海宁以建设现代中等城市为目标，全面贯彻“一年拉框架、二年出形象、三年大变样”的城市建设战略，城市化进程逐步加快。组织实施了“十大新世纪工程”，全线贯通了市区第一环线，建城区面积达到 19.15 平方公里，现代中等城市框架初现雏形。启动实施“百亿工程”，切实抓好交通、水利、电力等一批重点工程建设。水月亭、西南河、景云桥等区块旧城改造基本完成，工人路商贸中心初出形象。城南新区开发建设加快推进，建成并启用行政中心、文化馆和体育馆。完成梅苑公园、文苑公园、小荡公园和洛塘河滨河公园建设，启动东山森林公园建设，城市万亩片林工程和公路绿色通道建设基本完成，城市绿化、亮化、美化取得显著成效。小城镇综合改革试点和省级中心镇建设取得了积极成效。城市公用事业健康发展，第二地面水厂如期竣工投入运营，城市管道燃气建设取得新进展。实施国家生态示范市建设，进一步加大了“绿色通道”、沿海防护林、污水处理等工程建设力度，市污水处理厂一期工程和盐仓污水处理厂建成投入运行，加强了农村面源污染综合治理，城乡环境面貌有了进一步改善。生态示范区创建工作通过国家环保总局专家组验收。

海宁区位条件优越，境内交通四通八达。沪杭铁路、沪杭高速公路、东西大道横贯全境，“两横六纵”大交通格局基本形成，通村公路基本实现黑化、硬化。从海宁市区出发到杭州市中心大约 1 个小时左右，到上海也只有 1 个半小时。通讯事业快速发展，2003 年末，全市固定电话用户超过 23.28 万户，移动电话用户超过 26.50 万户，是全省第九个“电话市”。水、电、气等设施建设配套齐全。另外，海宁市银行、保险、证券等金融服务机构俱全，全市有各类银行分支机构与储蓄所 156 家，年末存款余额 186.55 亿元。会计、税务、审计方面中介机构完善，功能齐全。保险业发展良好，目前保险分支机构 9 家，全年承保总额 271 亿元。

海宁深入实施“科教兴市”战略，各项事业全面进步。98、99 年分别被评为全国科技工作先进县(市)、省科技进步先进县(市)和省级教育强市，也是浙江省三个技术创新试点县(市)之一。在全国县(市)级率先成立了第一个博士后科技开发基地——浙江博士后(海宁)科技开发基地，先后与 20 多家大专院校签定了长期合作协议。2003 年末，全市有嘉兴市级以上高新技术企业 27 家，其中省级 9 家，国家级 10 家，经各级批准鉴定科技成果 35 项，其中获省科技进步奖 3 项，嘉兴市级科技进步奖22项。列国家级新产品6只，省级新产品64只。各类教育持续、快速、协调发展。6－11周岁、12－14周岁适龄儿童少年入学率分别为100%和99.93%，初升高比例达到90.11%，学前三年幼儿入园率为92.98%，“三类”残疾少年儿童入学率为98.60%。成人教育和高等教育健康发展，实施“万名农民培训工程”，高等教育自学考试被评为全国先进。基本完成市区小学布局调整，新课程改革全面实施。城乡文化设施不断完善，市博物馆新馆、广电中心600平方米演播厅、新文化馆等一批设施正式启用，广播电视覆盖率均达100%。由市文化馆编导的《花灯舞》参加了建国50周年庆典演出，并荣获全国第十届“群星奖”舞蹈大赛金奖。卫生、体育、新闻、计划生育等事业全面进步。群众性精神文明创建活动蓬勃开展，2002年成功创建省级文明城市。

海宁人民生活水平不断提高。2003年，全市城镇居民人均可支配收入和农村居民人均纯收入分别为13265元和6516元，比上年增长13.2%和8.6%。全市城乡居民储蓄存款余额109.21亿元。社会保障逐步完善，2003年末，全市基本养老保险参保人数14.0万人，比上年末增长22.0%，参加失业保险职工3.47万人，为3.8万人次发放了失业救济金，医疗保险参保人数4.0万人，向8423名最低生活保障对象发放救济金511.8万元。社会福利事业继续发展，全市有社会福利事业单位19个，各类老年公寓(包括敬老院)收养社会老人累计531人。年末城镇社区服务设施41个，农村社会保障网络数12个。

“西风挡不住，海宁涌潮来”。迈入二十一世纪的海宁，改革开放和现代化建设进入了一个新的阶段，海宁的奋斗目标是，到2010年，把海宁建设成为经济文化强市、观潮旅游名市、现代中等城市，在全省率先基本实现现代化。

真抓实干 勇创一流 推动县域经济更快更好更稳发展

中共龙口市委书记　于爱军
龙口市人民政府市长　董希彬

龙口市地处胶东半岛西北部，全市总面积893平方公里，辖14个镇（区、街），海岸线长68.4公里，62万人口。1986年，经国务院批准，撤消黄县，设立龙口市。1991年跨入全国综合实力百强县行列，居第60位；1992年跃居第37位，1994年上升到第35位；2001年，在全国最发达100个县（市）排名中位居第25位。2003年，全市完成国内生产总值192亿元，同比增长19.5%；实现地方财政总收入11.6亿元，其中地方财政收入6.2亿元，分别增长21.5%和28.6%；全社会固定资产投资88.1亿元，增长97.8%；规模以上工业企业实现销售收入480亿元，利润34.5亿元，分别增长17.1%和36.9%；工业用电量达到24亿千瓦时，增长36.8%；社会消费品总额38.8亿元，增长19.1%；农民人均纯收入4751元，增长7.5%，城乡居民储蓄余额达111.4亿元，人均1.8万元。今年1-6月份，全市完成国内生产总值117.5亿元，同比增长22.4%；完成地方财政总收入7.4亿元，其中地方财政收入4.2亿元，分别增长35.1%和33%；完成全社会固定资产投资72.8亿元，增长73.9%；工业动力用电量达15.8亿千瓦时，增长65.6%；规模以上工业企业实现销售收入260.6亿元，利润20.8亿元，分别增长37.4%和63.8%；合同外资2.3亿美元，实际利用外资1亿美元，分别增长110%和197.6%，出口创汇1.9亿美元，增长95.9%；实际利用内资11亿元；农民人均现金收入达到2848元，增长17.5%；城乡居民储蓄余额达到119亿元，比年初增加7.4亿元，人均1.89万元。工作中，主要做了以下几个方面。

一、以解放思想为先导，重新审定和确立符合实际的总体发展思路

我们坚持以邓小平理论和“三个代表”重要思想为指导，围绕牢固树立和落实科学发展观，始终坚持以经济建设为中心、加快发展不动摇，解放思想，更新观念，创造性地开展工作，在更高层次上确立目标定位，以更宽的视野谋划未来发展。在工作思路上，结合龙口实际，确立了“一二三四五”的总体工作思路，即努力实现全面建设小康社会、建设现代化中等港口城市这一总体目标，重点抓好经济发展和社会稳定两大任务，全面加快财政增收、企业增收和群众增收三大增收步伐，大力推进经济国际化、新型工业化、城市化和农业产业化四大战略，严格考核五大经济指标。在学赶目标上，提出学江阴、赶荣成，努力实现“两个率先”、“一个前移”，即率先在全省全面建成小康社会，率先实现基本现代化，努力实现综合实力在全国百强县中位次前移；在工作目标上，到2007年要确保实现6个翻番，即GDP由2002年的162亿元达到350亿元，财政总收入由9.5亿元达到25亿元，工业企业销售收入由410亿元达到1000亿元，利税由33亿元达到

80 亿元，城市建成区面积由 27 平方公里达到 60 平方公里，城区人口由 20 万人达到 40 万人。

二、以经济产业结构调整为主线，推动全市经济更快更好发展

（一）做大“三强”群体，抬起发展龙头。现阶段县域经济的管理体制及组织结构决定，发展县域经济，既要抓强企，又要抓强村和强镇，抓住了这“三强”，就抓住了县域经济发展的“牛鼻子”。多年来，我们一直把培育强企、强镇、强村，作为发展县域经济的重中之重，毫不动摇、持续不懈地抓在手上，取得了明显成效。在强企业方面，培育形成了丛林、威龙、隆基、龙泵、道恩化学、兴民车轮等一批总资产过亿元、产业特色突出、掌握核心技术的规模企业集群。到目前，全市拥有工业企业 3000 多家，其中限额以上工业企业 204 家，发展企业集团 45 个，其中省级以上集团 26 个；销售收入过亿元的企业达到 60 家；纳税额过 1000 万元的企业 11 家，其中纳税额过亿元的 2 家，最高的南山集团去年纳税 2.08 亿元；在最近国家统计局公布的全国 1948 家大型工业企业排名中，我市有 6 家企业跻身其中；全市股份有限公司发展到 11 户，有 3 户企业采取不同形式成功上市，2003 年，被列为省“资本运营联系县”。同时，引导企业大力实施名牌推动战略，积极培育名牌产品。目前，全市创烟台市级以上名牌产品 10 个，其中省级名牌 8 个，中国名牌 2 个，“威龙”牌干红、干白葡萄酒和南山牌精纺尼绒被评为“中国名牌”产品，“龙丰”商标被国家认定为全国驰名商标，有 80 户企业通过 ISO9000 质量体系认证或产品认证。2003 年，被国家质检总局授予“全国质量兴市先进县”称号。在强镇方面，培育了诸由观、东江、北马等一批工业主导型的经济强镇，有 3 个镇进入烟台市十强镇行列，其中东江镇进入全国重点乡镇行列。2003 年，有 5 个镇镇级地方财政总收入过 2500 万元，最大的达到 1.7 亿元；在强村方面，涌现出南山、冶基、簸栾、和平、兴隆庄等一大批经济总量大、社会文明进步、生态环境优美的经济骨干村，有 2 个村进入烟台市十强村行列。2003 年，全市经济收入过亿元的村达到 21 个，最大的南山村总资产达 120 亿元，实现销售收入 66.2 亿元，利税 9.2 亿元，在全国 500 家最大乡镇企业经济实力排行榜中位居前列。

（二）打造四个亮点，增强发展活力。外经外贸、高新技术、民营经济和现代服务业，是县域经济发展的潜力所在、希望所在、后劲所在。工作中，我们围绕打造这四个亮点，不断提高县域经济核心竞争力和活力。一是千方百计扩大招商引资和出口创汇。紧紧抓住国际资本和产业加快向我国转移、我国南方先进地区一些产业向北方转移的有利时机，发挥我市主导产业、骨干企业和港口等优势，加强与国外大的跨国公司及国内大企业的对接，做好承接日韩产业转移的文章。同时，积极开拓国际市场，大力发展加工贸易，保持出口创汇的良好势头。到今年 6 月底，全市累计举办外资项目 669 个，合同外资 18.7 亿美元，实际利用外资 10.4 亿美元，其中总投资 1000 万美元或合同外资 500 万美元以上的大项目 110 个；累计获得自营进出口权企业达到 96 户，进出口总额过 1000 万美元的企业 5 户，其中出口创汇过 1000 万美元的企业 3 户。二是加快发展高新技术产业。充分发挥好“两中心、一顾问团”的作用，大力实施新型工业化战略，改造提升传统产业，加快膨胀高新技术产业，推动经济增长方式实现大的转变。目前，我市拥有省级以上高新技术企业 51 户，今年上半年，高新技术产业产值占全市规模以上工业总产值的比重达到 21.4%。三是放开搞活民营经济。放宽市场准入条件，降低门槛，鼓励和支持更多的民营企业参与城市基础设施、公益事业和社会服务业的建设，进一步拓宽民营经济发展空间，为民营经济快速健康发展创造良好条件。目前，全市民营业户发展到 21622 户，从业人员 22.9 万人，其中个体私营业户发展到 21290 户，个体工商户 17269 户，私营企业 2449 户，年销售收入过千万元的民营企业达 137 户。今年 1－6 月份，全市民营经济完成增加值 76.3 亿元，上交税金 4.8 亿元，占全市财政收入的 64.7%。四是大力繁荣发展现代服务业。按照“搞活大流通、发展大旅游、促进三产大繁荣，着力打造区域性商贸物流中心和全国闻名的旅游胜地”的三产发展思路，鼓励和引导多种经济成份进入三产领域，促进第三产业实现突破性增长。近年来，投资 10 多亿元，先后建设了胶东商城、龙鼎广场、博商广场、振华商厦、九鼎大厦和果蔬家具装饰材料批发市场等一批大型商贸设施；先后投资 22 亿元，开发建设了南山宗教文化园、中华历史博览园、屺山母岛海发旅游生态园、国际会议中心等项目，进一步完善了旅游服务功能。今年 1－6 月份，全市实现社会消费品零售总额 24.2 亿元，集市贸易成交额 24 亿元，分别增长 16.6% 和 7%，完成旅游业总收入 3.86 亿元。

（三）培育六大基地，突出区域特色。根据我市实际情况，专门聘请国内专业机构对全市工业发展进行了战略研究，科学合理地确定了龙口产业定位，重点是建设能源、铝制品、汽车零部件、生物环保透湿材料、葡萄酒和果蔬加工出口六大生产基地，并研究制定了中长期发展规划，加强对六大基地的规划、指导和扶持，确保六大基地健康发展。目前，这六大基地都已初具规模，并呈现出良好的发展势头。能源基地主要以百年电力公司、东海热电、龙矿集团为龙头，大力发展电力、煤炭、天然气等能源。目前，全市发电总装机容量达到160万千瓦，煤炭产量达到600万吨；铝制品生产基地主要以南山、丛林为龙头，通过实行煤、电、铝联产，建立起从氧化铝、电解铝到高精度轻合金、高强度工业铝材的较为完整的铝业产业链，2003年，全市电解铝和工业民用铝材的产量均达到15万吨，成为全国重要的铝制品生产基地之一；汽车零部件基地主要以隆基、海盟机械、龙泵、兴民车轮等企业为龙头，加快发展刹车盘、刹车毂、油泵油嘴、农用车轮等汽车零部件产品。目前，全市汽车零部件生产企业发展到80多家，其中年销售收入过5000万元的达8家；生物环保透湿材料生产基地主要以鑫龙高科、科亿达为龙头，积极开发具有世界先进水平的高分子生物环保透湿材料系列产品，现已形成年产防水透湿布600万米，TPU薄膜350万米，PU革300万米的生产能力，年实现销售收入4亿元，利税8000万元；葡萄酒生产基地主要以威龙、南山庄园为龙头，充分利用当地资源，发挥名牌效应，搞好葡萄酒系列开发。目前，全市葡萄酒生产能力达到7万吨，酿酒葡萄生产基地发展到5万亩；果蔬出口加工基地主要以复发中记、安德利果汁、广源食品为龙头，努力提高水果的精深加工水平，不断扩大果脯、果汁、鲜果等出口规模。目前，全市冷风库和气调库总库容达15.7万吨，是中国北方最大的果品储藏保鲜库群。2003年，全市果品出口创汇达到4570万美元。

三、以提高社会效益为目标，努力实现经济社会协调发展

（一）坚持城市与农村发展相统一。统筹城乡发展，关键是加快城市建设，实现以城带乡、城乡互动。工作中，主要从三个层面推进城乡统筹发展。一是加大城市基础设投入力度。近年来，重点实施了大莱龙铁路龙口段、威乌高速公路、日元贷款供水、集中供热供气、污水处理厂、松岚花园、龙口港2个5万吨级通用泊位等投资过千万元的城建工程，城市基础设施日趋完善。目前，全市公路通车总里程达到605.4公里，公路密度67.8公里/百平方公里；“村村通油路”施工里程达137.8公里；城市日供水能力和污水处理能力分别达到14万吨/日和4.5万吨/日；城市区域集中供热普及率达60.4%；城市人均居住面积达到27.4平方米；港口年吞吐能力达到1000万吨。二是加快中心镇建设。坚持“示范带动、样板引路”的小城镇建设工作思路，进一步加大了东江、诸由和北马3个中心镇的建设，带动了小城镇建设健康发展。2003年，全市小城镇建设累计投入资金3.6亿元，开工建设面积达55.2万平方米，镇级主要道路完成硬化面积54.3万平方米，争取到2005年，3个中心镇驻地人口各达2万人以上，拉动周边镇村快速发展。三是建设农业小康示范村。围绕促进农民增效、农民增收，大力实施了100个小康示范村和100个农业产业化示范项目建设，农业产业化水平进一步提高。先后获“全国食品工业强县”、“中国果菜10强县”、全国无公害农产品生产示范达标单位、出口示范基地等国家级荣誉称号。

（二）坚持经济建设与社会事业相统一。在发展经济的同时，坚持统筹兼顾，协调发展，拿出更大的精力关注文化、教育、卫生、科技等社会事业，推动社会事业与经济建设同步发展。着眼于提高城市内涵和品位，加快文化产业建设。重点发展了以徐福为代表的开放文化、以丁氏家族为代表的经商文化、以下丁家为代表的艰苦创业文化、以南山为代表的社会主义新农村文化，先后兴建了总面积1.8万平方米的科技文化中心、全国第一座现代书院万松浦书院、在校学生规模5万人的南山大学，形成了具有龙口特色的文化事业和文化产业。以全省新型农村合作医疗试点工作为契机，进一步完善了城乡医疗卫生服务体系，目前参与筹资农业人口达37.5万人，占总人数的78.9%。加快社会保障体系建设，切实做好就业与再就业、弱势群体救助等工作，近年来，全市累计捐款物合计达2000多万元。大力实施“科技强市”战略，不断提升全市经济的竞争实力。目前，全市累计实施省以上“火炬”计划110项，创国家级新产品121种，申请专利1969件，认定省级以上高新技术企业51家。

（三）坚持经济社会发展与保护生态环境相统一。围绕创建“国家卫生城市”和“国家环保模范城市”，加大对城乡卫生和环境污染的整治力度，深入开展了城市大环境综合整治、沿海综合整治、大气污染治理等活动，争取2005年通过国家环保模范城市验收，2010年建成山东省生态建设先进市。按照“封山、植园，搞好三沿三环”的思路，加大山峦地、经济林以及沿路、沿河、沿海和环城、环镇、环村等重点区域的绿化力度，2003年，完成绿化投资1.2亿元，绿化面积310万平方米，计划到2007年，全市森林覆盖率达到55%以上。按照“居住小区化、环境生态化、市民文明化”的要求，深入开展城市环境综合整治活动，城市整体面貌明显改观。先后荣获全国城市环境综合整治先进市、“齐鲁杯”优秀城市等称号，并被建设部确定为全国乡村城市化试点市。目前，城市化水平达到48%。

四、以优化发展环境为抓手，全面建设“文明、诚信、平安”龙口

*一是营建诚信守信的市场环境。*以创建“诚信龙口”为抓手，开展了形式多样的“诚信政府”、“诚信企业”和“诚信市民”宣传、教育和创建活动，全社会信用道德水平进一步完善和提高。目前，涌现出烟台市级以上文明单位62个。深入开展了整顿和规范市场经济秩序活动，重点开展了食品药品、文化市场、危险化学品、农资市场等专项治理整顿等活动，严厉打击了各类经济违规违法行为，市场秩序日趋规范有序。

*二是营建安定祥和的社会环境。*坚持把稳定作为当前压倒一切的政治任务，围绕城市拆迁、市属企业改制、群体性事件、群众利益、依法行政、安全生产、带有政治色彩矛盾、舆论环境和宗教管理等九个方面的预警问题，搞好排查，抓好苗头，深入做过细的群众思想工作，及时把各种矛盾控制在基层、化解在萌芽状态，确保经济社会在更快更好的基础上更稳发展。以创建“平安龙口”为抓手，加大社会治安综合治理力度，社会治安环境明显好转。认真落实安全生产责任制，加强对重点区域、重点行业、重点部位的经常性安全生产监督检查，有效杜绝了重大安全事故的发生。

*三是营建优质高效的服务环境。*以贯彻实施《行政许可法》为契机，进一步深化了行政审批和收费制度改革，机关办事效率和服务质量不断提高。目前，共精简审批事项47项，取消或合并行政收费项目16项，清理并废止规范性文件32件。深入推进政府职能转变，把为基层和企业提供一流优质服务作为一切工作的着力点和落脚点，全力以赴帮助企业和基层排忧解难，千方百计支持他们加快发展。以治理企业“三乱”为重点，及时办理企业投诉，有效维护了企业的合法权益。

富春山水 文化名城

——浙江省富阳市简介

中共富阳市委　富阳市人民政府

富阳市概况

浙江省富阳市位于中国东南沿海，沪、杭、甬“金三角”的交汇点，属杭州市所辖，距杭州市区30公里，是国务院批准的第一批沿海地区对外开放县（市）。全市行政区域面积1831平方公里，现辖4个街道、15个乡镇、6个乡，人口62.4万。

富阳历史悠久，英才辈出。早在5000年前的新石器时代，富阳境内就有人类繁衍生息。秦王政二十六年（公元前221年）置富春县，至今已有二千多年历史。东晋太元十九年，改富春为富阳，从此有了富阳之名。富阳地灵人杰，英杰辈出。既有叱咤风云的帝王豪杰，又有潇洒倜傥的骚人墨客。三国英雄孙坚、孙权父子崛起江东，称雄东吴，功垂后世；晚唐诗人罗隐，才气横溢，独树一帜，驰名四海；元代画坛之魁黄公望，迷恋富春山水，画就不朽名作《富春山居图》；清代父子宰相董邦达、董诰，位极人臣，品致高洁；现代作家郁达夫得富春山水之灵气，椽笔挥洒，留下了大量的锦绣诗文。1994年1月，经国务院批准撤县设市，富阳的历史又翻开新的一页。

“天下佳山水，古今推富春。”富阳山清水秀，景色绮丽，地处“富春江——新安江——千岛湖——黄山”国家级黄金旅游线的第一站，一川如画的富春江横贯境内，拥有亚太地区第一大洞厅的碧云洞、华东最大的天然淡水浴场、华东名山鹳山、富春胜地天钟山、富春桃源等众多旅游休闲胜地。杭州野生动物世界、杭州西湖国际高尔夫球场、中国古代造纸印刷文化村被誉为浙江旅游“新三宝”。境内人文胜迹众多，有东吴大帝孙权故里、晚唐诗人罗隐碑林、元代画家黄公望结庐处、现代爱国志士郁达夫故居，保存完好的明清建筑孙权后裔聚居地——龙门古镇等。富阳属亚热带季风性气候，雨水充沛，气候温和，日照充足，自然条件优越。

富阳资源丰富，特产众多，是一个“八山半水分半田”的丘陵山区市，境内矿产资源丰富，有铅、锌、银、石灰石、大理石等矿产20余种。其中石灰石储量之大，品质之高为国内罕见。富阳是全国重点商品粮、产茶、产茧地区，常安芦笋、东坞山“豆腐皮”、富春茗绿、鹳山龙井、龙羊白果、新登蘑菇、永昌竹笋等一大批名优农产品在全省有较高的知名度。

经济社会发展业绩

改革开放以来，富阳人民在市委、市政府领导下，以“三个代表”重要思想为指导，围绕率先基本实现现代化总体目标，突出“加快发展、协调发展”主题，抢抓机遇、迎难而上、狠抓落实、奋力争先，国民经济持续快速健康发展，城乡居民收入稳步增长，城市面貌日新月异，各项社会事业全面进步。

综合实力　经济总量进一步增大。2003年富阳市实现生产总值151.7亿元，比上年增长16.8%，人均生产总值达24361元(按当年汇率折算为2945美元)，增长16.6%。2003年全市社会劳动生产率(按增加值计算)达到3.37万元/人，同比增长16.2%。连续两次被评为全国农村综合实力百强县(市)，是全国明星县(市)和浙江省首批小康县(市)。2001、2002年社会经济综合发展指数列全国发达县(市)第38位，2003年晋升到全国发达县(市)第30位，比2002年提前了8位；2002年浙江省城市社会经济调查队对全省22个县级市综合竞争力评价富阳列第7位。

财政收入持续快速增长。2003年富阳市财政总收入17.57亿元，比上年增长30%，其中，地方财政收入8.22亿元，中央财政收入9.35亿元，分别增长40.1%和22.2%。连续三年进入全省财政十强县(市)。

农业经济 都市农业格局初显。近年来，富阳市充分发挥比较优势，大力推进农业结构调整，2003年全市实现农业总产值20.8亿元，比上年增长12.4%。果蔬、苗木等优质、高效经济作物种植面积大幅增加，农业结构发生了根本性转变。区域特色农业格局显现，初步形成粮食、竹笋、果蔬、水产、畜禽、茶叶、蚕桑、花卉苗木等八大主导产业。优势特色农业进一步发展，花卉苗木实现产值6.4亿元，增长100%；畜牧、水产业稳定发展，实现产值6.4亿元，增长16.4%；休闲观光农业、中药材基地建设步伐加快。全市农村经济实力增强，2003年农村经济总收入达392.2亿元，同比增长26.5%。全市涌现出“10亿元乡镇”9个，“亿元村”60多个。高桥镇、受降镇荣获2003年浙江省百强乡镇。

农业产业化进一步推进。农业龙头企业不断壮大，带动能力不断增强。市级农业龙头企业达40家，联系农户3.5万户，实现产值7亿元，出口创汇3.5亿元。各类专业合作组织获得新的发展，有各类专业协会62家，带动农户1.65万户。创建农产品品牌，制订19只农产品质量标准和技术规范，18只农产品在省农博会上获奖，其中6只获得金奖。

工业经济 大力实施“工业立市”战略，出台了多项扶持工业发展的政策，工业生产在改革和结构调整中保持较快增长。2003年富阳市工业总产值(市辖、下同)突破400亿元，达414.1亿元，比上年增长25%，产销率97.8%，比上年提高0.6个百分点。在全部工业中，规模以上工业实现产值234.1亿元，增长35.1%，占全市工业总产值比重达56.5%。造纸、通信器材行业稳步发展，2003年共实现产值171.5亿元，占全市工业总产值41%，轻纺和新型建材行业形势看好。造纸工业区荣获“中国白板纸基地”称号。

通过结构的调整和升级，依靠市场进行资产重组和资源的优化配置，提高了增长质量，提升了竞争能力，规模经济效应、集约化程度有了明显提高。工业性投入势头强劲，发展后劲不断增强。2003年全市工业性固定资产投资35亿元，是2002年的2倍多。到2003年末，全市共有工业企业1万余家，其中，产值超500万元的583家，比2002年末增加77家，产值超亿元的37家，超5亿元的7家，超10亿元的6家。

工业经济效益明显提高。2003年全市规模以上工业企业实现产品销售收入216.2亿元，比上年增长36.7%，实现利税19.3亿元，比上年增长34.7%；实现利润10.6亿元，增长51.7%。

商贸旅游 国内贸易稳定增长。2003年富阳市实现社会消费品零售额达31.7亿元，比上年增长13.5%。新型的连锁超市、专卖店、专营店及总经销、总代理、配送制等现代商业形式逐步取代原来单一的百货商场和个体小店。家友新世纪超市、老百姓大药房、肯德基等连锁商店相继开业，生意兴隆。连锁富阳家友超市自10月份新世纪分店开业以来，月营业额达1000万元以上。消费信贷范围扩大，手续不断简化。汽车、通讯信息等产品销售成为消费新热点。多层次的商业服务体系不断完善，市场体系日趋完善。商业城、第二农贸市场和城东、新登、大源综合市场等5家农副产品和消费品市场年成交额超亿元。

接轨杭州“旅游西进”，创建国家优秀旅游城市，积极发展城郊型旅游。建成商业步行街、餐饮特色街和霓虹灯一条街等三条特色街，开通了富阳一日游专线和城市旅游观光巴士。组织参与了“浙江人游浙江”、“杭州人游富阳”和“富阳人游富阳”活动，并与上海黄浦区旅游局联合成功举办“山水风光游富阳”活动。2003年全市主要旅游景点接待游客99万人次，比上年增长16.3%，旅游景点门票收入达5507万元，增长85.9%。

对外经济 利用外资较快增长。实施招商引资“一号工程”、“一把手工程”和“一票否决制”，努力营造“亲商、安商、抚商、富商”氛围。组建招商局，启动“以内引外、以外引外”工程，举办和参加了赴沪投资环境说明会、中国投资贸易洽谈会等一系列招商引资活动。2003年富阳市合同利用外资8544万美元,实际利用外资4606万美元,分别为上年的2.4倍和4.4倍;协议内资13.8亿元,实到内资7.58亿元,同比分别增长6.2%和203%(内资统计为杭州市境外口径)。

外贸出口稳步发展。积极组织企业参加"义博会"、"广交会"、"华交会"、"消博会"等国内外出口商品交易会,努力克服不利因素的影响,积极拓展对外贸易。2003年富阳市外贸交货总值达47.2亿元,其中自营出口19187万美元,分别比上年增长35.1%和43%。

城建交通 修编城市总体规划,编制新区规划,强化规划实施,城市建设更加注重新老城区并建。创建国家园林城市,加快城市基础设施建设,加快园林绿化建设,城市园林绿化处于全国领先水平,国家园林城市通过建设部考评验收。相继完成江滨西大道景观带和恩波公园改造,儿童公园、苋蒲绿岛建成开放。完成桂花路、迎宾路、桂花西路、龙山路、城市入口等整治改造。2003年完成全社会固定资产投资72.7亿元,比上年增长88.8%,增幅是近10年来最高的一年。公路交通建设步伐加快。在320国道和富春江水系横贯富阳的条件下,新建杭州至千岛湖高速公路和富春江第一大桥摒宽等工程。省道、市道和村道实施新一轮拓宽和改造计划。2003年,富阳市新开工建设交通道路项目总投资近30亿元。年末公路通车里程达845公里,比上年末新增14公里。

科技教育 全面推进科教兴市战略,科技实力进一步增强。光通信特色产业基地成为国家级先进火炬计划特色产业基地。全年组织实施各类各级科技计划项目98项,其中国家级7项,省级3项,杭州市级2项。高新技术产业进一步发展,创新能力增强,新增1家国家级、2家省级高新技术企业,3家企业研发心被认定为省级、杭州市级高新技术研发中心。

坚持优先发展教育,教育事业健康发展。全市有省和杭州市级教育强乡镇、街道22个,覆盖率达80%。龙门、里山等六个乡镇被命名为省级教育强乡镇。。各类教育协调发展。2003年幼儿学前一年入园率达100%,学前三年入园率达88.5%,中小学入学率巩固率均为100%;高考"三项(高考上线率、本科上线率、重点大学上线率)万人比"指标均列杭州市第一。

社会事业 文化事业多彩多姿。成功举办第二届富春元宵灯会。"东海明珠"工程扎实推进。郁达夫故居、受降厅整修开放,富阳影剧院、电影院完成改造。群众性文体活动蓬勃开展,成功举办富阳市戏曲大赛、乡镇街道文艺汇演和腰鼓大赛。城乡医疗卫生条件不断改善。卫生基础设施建设进展顺利,投资1.2亿元的市人民医院病房大楼和疾控中心综合楼建成交付使用。卫生改革工作继续推进,受降镇社区卫生服务中心通过省级示范点评估验收,首批8个试点乡镇、街道启动实施新型农村合作医疗办法。建立健全了公共卫生管理网络,完善了突发性公共卫生事件应急机制的预警检测、预防监督和救治等快速反应机制,疾病预防控制不断增强。广电、出版事业进一步发展。乡镇广播电视管理体制改革基本完成,设立了22个乡镇广电网络服务站,二、三级网络改造升级进展顺利。《富阳日报》加盟杭州报社集团。体育事业蓬勃发展。广泛组织体育活动,成功承办DVD杯全国男排联赛富阳赛区比赛,举办了横渡富春江游泳比赛和乒乓球比赛。

人民生活 城乡居民收入较快增长,生活水平继续提高。全年城镇居民人均可支配收入11929元,比上年增长10.1%,人均消费性支出8324元,增长8.1%,食品支出占生活消费支出的比重为37.3%。农民人均纯收入6173元,增长10.5%,人均生活消费支出4366元,增长9.6%,食品支出占生活消费支出的比重为38.4%。城乡居民金融资产继续增多,年末城乡居民储蓄余额61.6亿元,比年初增加8.8亿元,增长17.9%,人均储蓄余额9866元,增长17.2%。

社会保障 不断完善社会保障制度,提前一年实现了省政府下达的26个经济发达县市养老保险全覆盖目标。出台《富阳市被征地人员基本生活保障制度试行办法》。全面实施城镇职工基本医疗保险制度,参保人数达5.29万人。社保扩面工作成效明显,2003年净增参保人员5.5万人。年末全市参保人数达到17.3万人,其中机关1.8万人,企业10.1万人,农村5.4万人。积极拓宽就业渠道,实现失业人员再就业6100人。

环境保护 坚持走可持续发展之路,人口、资源、环境协调发展。以创建国家环境保护模范城市为中心,大力开展小流域环境综合整治和生态环境建设,积极推行造纸企业清洁生产,加大环保执法检查。市污水处理厂二期、江南污水回用工程、垃圾填埋场改造等建成投运，日处理能力15万吨的八一污水处理厂开工建设。富春江水质保持Ⅱ类，城市环境空气质量为二级，城市环境综合整治定量考核名列全省县级市第一名。

经济社会发展特点

民营经济发展迅猛。在改革开放二十多年的发展历程中，富阳人围绕“为民”这个核心，扭住“发展”这根主绳，敢闯敢做，奋发有为，抢抓先机发展民营经济。在发展民营经济上，政府积极支持，引导发展，在有关手续办理上一律放手，并出台一系列政策予以帮扶，开创了多项全国第一。第一次召开全省、全国、国际性的私营经济研讨会，第一本出版私营经济研究文集、私营企业家人物传记，第一家成立私营企业工会，第一家成立私营企业党支部，第一家为职工实行社会养老保险，率先为100多家私企摘去“红帽子”，率先推出企业信用工程等等。于是，民营经济很快就席卷了整个富阳，最终成为富阳市经济的主力军。2003年，富阳民营经济占全市GDP总量的82.3%；占工业总产值的97.2%；占社会消费品零售额的92%；对全市财政总收入的贡献率为81%。2003年末，全市个体工商户达到21562家；私营企业达到4869家，占全市企业总数的82.3%。

块状经济不断涌现。“一个能人，兴一家厂，带动一片经济。”改革开放以来，富阳的个私经济如大潮涌起，势不可遏，在政府的宽松政策下，各乡镇、街道逐渐形成了自己的特色工业，呈现出鲜明的块状经济特色，如富春街道的通信器材，春江、大源、灵桥等地的造纸及纸制品，上官的球拍，大源的金属门窗，新登的工艺品，洞桥的自行车配件，东洲街道的电机电器，常绿的织布等等。近年来，富阳市委、市政府因势利导，加大了工业区块建设，引导企业的组团式、集聚型发展，有效降低了企业成本，实现了资源共享，方便了配套服务。如春江街道已经打造为中国白板纸基地，以富春江高新技术产业园区为核心的“浙江光谷”初具雏形。块状经济为当地经济发展、农民收入提高、社会稳定作出了重大贡献。

城乡经济社会事业协调发展。在实施“工业立市”战略的同时，富阳市以科学发展观为指导，注重农业、第三产业的发展，以三产联动来统筹城乡经济社会的协调发展。一是多管齐下，不断强化农业农村的基础地位。近年来，富阳市以农业产业化经营为抓手，积极调整农业结构，大力发展效益农业；深化农村改革，出台一系列扶农政策，加强农业基础设施和农业生态环境建设；完成农村有线电视二、三级网络改造，在全省率先实现了乡镇有线电视联网；实现了乡乡镇镇通油路，富阳城区至各乡镇1小时交通圈基本形成；出台失地农民保障措施，解决农民后顾之忧等等。二是多业并举，大力发展第三产业。以旅游为龙头的服务业的兴旺，是统筹城乡发展的有效举措。近年来，富阳市主动接轨杭州“旅游西进”战略，积极鼓励社会各界特别是有实力的企业涉足第三产业的发展，大力发展城郊型旅游业。出台商贸流通扶持政策，鼓励创新商贸流通业态之后，一批上规模、上档次的超市、药房等连锁店相继涌现。金融、房地产、餐饮和社区服务等行业保持良好的发展势头。2003年实现全市第三产业增加值44.8亿元，增长17.7%。在三产联动、多业并举、协调发展思想的指导下，富阳市不少农村正在走出一条适合自己发展的路子，如受降的房地产业，龙门、胥口的旅游业，湖源的农业，上官的工业等等，一个“宜农则农、宜工则工、宜旅则旅”，不拘一格，因地制宜，城乡协调发展的格局已经基本形成。

展望未来

展望未来，富阳人民豪情澎拜。2004年，富阳市委、市政府将以“三个代表”重要思想为指导，牢固树立和落实科学的发展观，紧紧围绕全面建设小康社会、率先基本实现现代化目标，按照党的十六大“统筹城乡经济社会发展”的要求，提出了“加快推进城乡一体化”的战略。现在全市上下形成共识，只争朝夕，抢抓机遇，克难攻坚，坚持“六统筹、六推进”，即统筹城乡规划布局，推进城乡空间形态一体化；统筹城乡基础建设，推进城乡服务功能一体化；统筹城乡经济发展，推进城乡产业分工一体化；统筹城乡生态建设，推进城乡生态环境一体化；统筹城乡社会发展，推进城乡社会事业一体化；统筹城乡劳动保障，推进城乡保障机制一体化，促进经济社会协调发展，实现城乡经济、社会、文化、生态的相互融合、相互促进和可持续发展。相信，未来的富阳将更开放、更发展、更亮丽。

（执笔：张松泉　翁　明）

中国出口服装制造名城——瓜乡平湖

中共平湖市委　平湖市人民政府

一、历史沿革

在中国东部沿海杭州湾北岸，镶嵌着一颗璀璨的明珠，她就是浙江省平湖市。平湖历史悠久，人杰地灵，早在5000多年以前，就有先民在这块美丽富饶的土地上生息、繁衍，演绎了灿烂的良渚古文化。春秋时平湖为越国属地，明宣德五年（公元1430年）建县，因县治所在之地“湖平似镜”，故称“平湖县”，1991年经国务院批准撤县设市。全市辖3个街道、7个镇，138个行政村。

平湖市一直以来就是江南“鱼米之乡”，素有“金平湖”的美称。相传清康熙年间一个春日，一位姓郎的钦差大臣到平湖公干，见平湖气候宜人、土壤肥沃、民风淳朴、遍地油菜金黄一片，即兴赋诗：“春风得意河山美，花开遍地尽黄金”。钦差回京后，将平湖见闻写入奏章，康熙帝阅后赞叹：“美哉！金平湖！”，遂有“金平湖”之说流传至今。

二、自然地理

平湖市地处长江三角洲杭嘉湖平原东北部，南濒杭州湾，东邻上海市，陆域面积537平方公里，耕地面积47万亩，海域面积1086平方公里，海岸线27公里。户籍人口48.36万。平湖气候温和，属北亚热带季风气候，年平均气温16℃左右，年平均日照约2000小时，年平均降水量1170毫米左右，全年无霜期225天左右。

三、综合实力

改革开放以来，平湖经济社会持续快速发展。1988年被国务院列为沿海经济开放区，1992年跨入全国综合实力百强县（市）行列，1995年被浙江省委、省政府命名为首批小康县（市），2002年被浙江省委、省政府列为全省扩大经济管理权限的17个经济强县（市）之一，2003年成为“浙江省文明城市”。

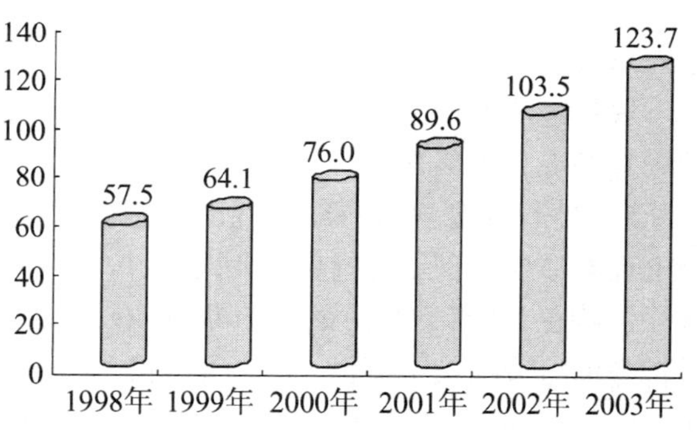

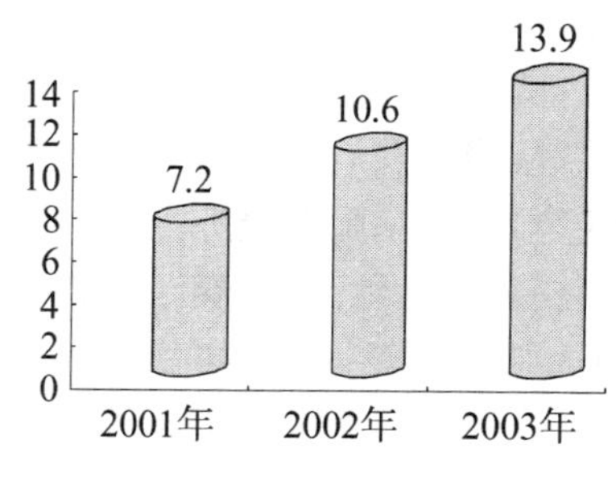

从上世纪90年代中后期开始，平湖市大力实施工业立市和开放带动战略，综合实力明显跃升，2003年在全国“百强县（市）”中位次前移到第31位。1999年至2003年，实际利用外资和外贸出口

两项指标已连续5年双双进入全省县市"十强"。2003年,平湖市人均生产总值突破3000美元。

2003年平湖市国民经济主要统计指标

	单位	2003年
年末户籍总人口	万人	48.36
地区生产总值	亿元	123.73
第一产业	亿元	9.28
第二产业	亿元	77.30
第三产业	亿元	37.15
财政一般预算收入	亿元	13.88
其中:地方财政收入	亿元	5.94
全社会固定资产投资	亿元	95.62
其中:工业生产性投入	亿元	35.36
进出口总额	亿美元	15.6
其中:出口	亿美元	9.17
合同利用外资	亿美元	4.0
实际利用外资	亿美元	1.62
金融机构存款余额	亿元	135.93
其中:居民储蓄余额	亿元	72.64
金融机构贷款余额	亿元	97.44

四、经济大观

全市经济结构不断优化,2003年三次产业比重为7.5:62.5:30。

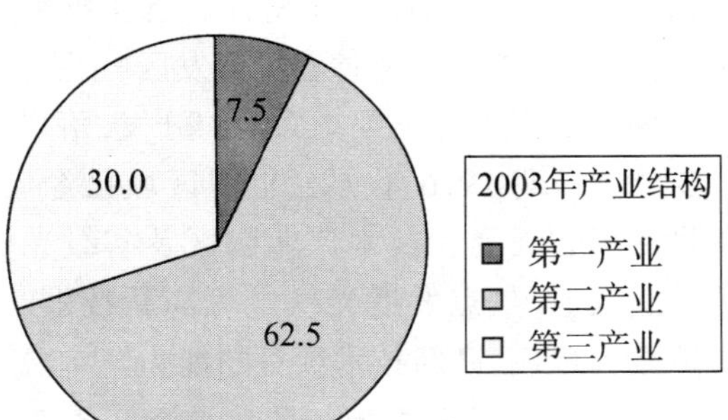

(一)都市型农业。全国第一个实现农业灌溉地下管道化的县(市)。国家级无公害农产品示范基地县(市)和省级无公害农产品综合示范市建设成效明显,形成了无公害蔬菜、特种水产、畜禽养殖、花卉苗木、食用菌等特色产业,"金平湖"牌大米等5个农产品获省农博会金奖。平湖西瓜已有800多年的栽种历史,具有糖度高、汁多、瓤细、皮薄等优点,被誉为"江南第一瓜",平湖市被农业部授予"中国西瓜之乡"称号。

(二)工业。全市已逐步构建起"四区两团"的发展平台,即平湖经济开发区、乍浦经济开发区、九龙山旅游度假区、杭州湾滨海统筹发展区和新仓、新埭工业组团。年销售收入超1亿元企业43家。工业经济在全市国民经济中的主导地位日益凸现,2003年全市实现工业增加值70.9亿元,占全市生产总值的57.3%。2002年荣获中国纺织工业协会、中国服装协会授予的"中国出口服装制造名城"称号,并成为浙江省级光机电高新技术特色产业基地。

(三)服务业。2003年全市服务业实现增加值37.1亿元,比上年增长13.9%。商贸流通业、旅游业充满活力,2003年全市社会消费品零售总额29.5亿元,比上年增长14.7%;接待境内外游客76.4万人次,旅游综合收入5.8亿元。金融、保险服务业发达,2003年末全市有各类金融服务网点120家,从业人员1221人。房地产业快速发展,2003年完成房地产投资11.37亿元,比上年增长135.4%;商品房竣工面积46.5万平方米,比上年增长60.8%。

平湖市2004—2007年"二三五"制造业产业格局

两大龙头产业群基地	光机电产业
	临港型产业
三大特色优势产业基地	服装产业群
	造纸产业群
	箱包产业群
五个新兴特色制造业基地	童车
	洁具
	医药
	家具
	机械五金

平湖的一天

生产总产值	万元	3390
工业增加值	万元	1941
农业增加值	万元	254
全社会固定资产投资	万元	2620
财政总收入	万元	380
地方财政收入	万元	163
社会消费品零售总额	万元	808
进出口总额	万美元	427
嘉兴港(乍浦港)货物吞吐量	万吨	3.6
用电量	万千瓦时	288

五、资源优势

（一）港口水运。20 世纪初，孙中山先生在《建国方略》中规划的杭州湾北岸的“东方大港”，即位于平湖市境内的嘉兴港（乍浦港），是浙北地区唯一的进出口海港和国家一类对外开放口岸，已经建成万吨级集装箱码头、原油码头、煤炭码头和散杂货码头 8 个，可停靠 5 万吨级船舶，年吞吐能力 1500 万吨。嘉兴港（乍浦港）集、疏、运条件便利，海河联运是其最大的优势，联运航线 300 吨五级航道——乍嘉苏航道、六平申航道，与上海黄浦江、京杭大运河相通，近几年将改造提高为 500 吨四级航道。

（二）陆空交通。平湖市地处上海、杭州、苏州、宁波四大城市组成的菱形对角连接点，相距均在 100 公里左右。沪杭甬高速公路在平湖市西、北设有两个出入口，乍（浦）嘉（兴）苏（州）高速公路始于平湖乍浦。铁路运输便利，与京沪线嘉兴、嘉善两个火车站均相距 25 公里。贯通平湖市境的杭浦高速公路、杭州湾跨海大桥北岸连接线、07 省道新线等一批重点交通工程正在建设中，乍嘉湖铁路、沿海轻轨、沪杭运河等项目已在规划中。平湖周边有上海虹桥、浦东和杭州萧山 3 个国际机场，车程均在 1 小时左右。

（三）电力通信。有 3 个稳定电源：华东电网、嘉兴电厂、上海石化电厂。境内的嘉兴发电厂是目前国内最大的火力发电厂，装机容量 300 万千瓦。移动通信网络、Internet 宽带网络覆盖全市。至 2003 年底，城乡固定电话普及率每百人 36.4 部，移动电话普及率每百人 44.5 部，互联网上网用户 3.87 万户。

（四）人才资源。全市拥有各类专业技术人员 1.7 万人，中、高级人员 4300 多人，每年平湖籍大中专毕业生有 2000 多人。

六、对外开放

（一）对外交流。平湖市与美国硅谷桑纳维尔市、日本国广岛县府中市建立了友好交流关系，近年来与美国桑纳维尔市、日本府中市、法国布希圣乔治市等城市保持了密切的友好往来。

平湖市对外文化交流活跃，清乾隆五十八年（1793 年），9 部 18 套中国古典名著《红楼梦》由商船从平湖乍浦港传至日本长崎，这是《红楼梦》走出国门传向世界的最早记录。平湖刮绒画、农民画、剪纸等 70 件文艺作品曾赴俄罗斯圣彼德堡展出，受到当地文化界和市民欢迎；电视专题片《平湖西瓜灯》在法国播出；平湖地方剧种——钹子书《唱不尽嘉兴好风光》被编入《中国艺坛之花》音像专辑传播到美国。

（二）对外经贸。目前平湖市对外贸易伙伴分布在 102 个国家和地区。2003 年全市合同利用外资 4 亿美元，实际利用外资 1.62 亿美元，分别列浙江省县（市、区）第 4 位和第 7 位。平湖是浙江省主要的日商投资基地之一，世界 500 强企业和著名跨国公司中的日本企业已有十多家落户平湖，常年工作、生活在平湖的日本客商、企业管理和技术人员达 400 多人。

平湖市欢迎海内外客商前来投资兴业，扶持发展高新技术产业。对落户开发区的外商投资项目，根据投资规模、产业层次和科技含量，给予项目建设合理的用地出让价格和优惠的标准厂房租赁价格。平湖市招商服务局、行政服务中心和政府各有关部门为外商提供全程代理服务。

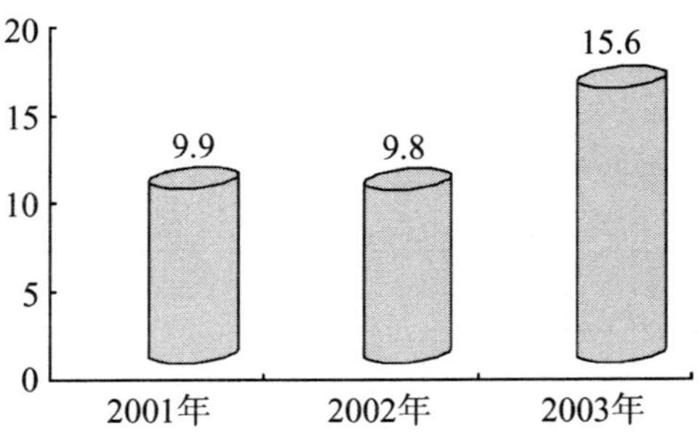

（三）浙江省平湖经济开发区。浙江省级经济开发区，连续 3 年进入全省省级开发区“十强”。已完成一期 7.9 平方公里规划面积的开发，落户项目 210 多个。二期 19.6 平方公里的区域已经启动。区内设立了省级高新技术产业园区及省级光机电特色产业基地，重点发展光机电等高新技术产业，具有承载大规模、高新技术项目的能力。

（四）浙江嘉兴出口加工区。是浙江省 3 个国家级出口加工区之一，位于乍浦镇。总体规划面积 2.98 平方公里，区内主导产业为电子、机电、精密仪器仪表等。2004 年通过国家验收，开始封关运作。

（五）浙江省乍浦经济开发区。浙江省级经济开发区，现规划面积 21.8 平方公里。区内主要发展化工、造纸、钢铁、机电、船舶修造等临港型产业。

七、社会事业

（一）科技。全国科技进步先进县（市）。高新技术产业快速增长，初步形成了光机电一体化、电子与信息、生物与医药、新材料、新能源、节能与环保等高新技术产业。至 2003 年，全市已建立各类科技创新服务机构和研发中心21家，涉及计算机与信息技术、工程技术、包装材料、电子与通讯、污水处理、化工、医药等行业。2004年，由浙江省政府、清华大学和平湖市政府合作举办的浙江清华长三角研究院平湖院区集成光学研究所已经成立，平湖院区今后的目标是成为国内重要的高新技术研发基地、国际技术转移中心和继续教育基地之一。

全市现有43家高新技术企业，其中国家火炬计划重点高新技术企业2家，浙江省级高新技术企业15家；科技型企业95家，其中省级科技型中小企业16家；24项产品被认定为省级高新技术产品，16项产业化项目被列为省高新技术产业化项目。平湖光机电产业基地是浙江省级高新技术特色产业基地，已申报"国家火炬计划特色产业基地"。

(二)教育。浙江省"教育强市"，全国基本普及九年义务教育、基本扫除青壮年文盲先进市，全国幼儿教育先进市，全国特殊教育先进市。2002－2003学年全市义务教育学龄人口入学率为99.99%，初中毕业生升入高中段的比例达到89%，普通高中与职业高中(中专)的学生比例保持在1:1。在高标准高质量普及九年义务教育的同时，全市开始普及十五年教育，推进城乡教育一体化。平湖中学为省一级重点中学，当湖高级中学为省二级重点中学。现有浙江广播电视大学平湖学院等普通高等院校，每年为当地输送一批管理、技术人才，平湖理工学院、平湖社区学院已启动建设。职业教育发达，有嘉兴职业技术学院东湖校区、平湖市职业中等专业学校(国家级重点职业学校)、平湖市技工学校等多所职业教育学校，每年为企业培养大批技术工人。

(三)文化体育。平湖市是全国体育先进县(市)、浙江省文化先进县(市)。政府近年来投资新建了图书馆、体育中心、李叔同纪念馆、新华书店等一批设施，仅2003年以来就承办了中国象棋锦标赛、澳大利亚—俄罗斯男子篮球明星争霸赛、全国男子篮球俱乐部联赛、中国－美国男子篮球对抗赛、中国乒乓球俱乐部甲A比赛、全国男子排球大奖赛、中国－澳大利亚男子篮球对抗赛等一系列国家级文化体育活动。

"西瓜灯文化节"是平湖市盛大的地方性节庆活动。平湖人在西瓜上雕出各种精美的图画、内置蜡烛或灯泡供人观赏的"西瓜灯"艺术，在国内独一无二，至少有200多年的历史。平湖的九彩龙艺术、钹子书说唱也负有盛名。

(四)新闻媒体。主要公众媒体有：平湖电视台、平湖广播电台，观众、听众均在50万人以上；嘉兴日报社平湖分社出版《嘉兴日报平湖版》，每周三期，发行量1万份；"中国平湖"网站(www.pinghu.gov.cn)为平湖市政府综合性网站。

(五)卫生。市、镇街道、村三级医疗保健网络健全，基础设施完备。全市有医疗机构19个，每千人拥有床位2.15张，每千人拥有卫生技术人员2.81名。市级医疗机构可以开展脑外科、胸外科、骨外科、泌尿外科部分三类、四类手术。"120"急救中心可以及时救治突发急诊病人。

八、人民生活

(一)城市建设。全国绿化工作先进县(市)、全国造林绿化百佳市。平湖市的城市定位是：外向为主的经济强市、江南水乡的文化名城、休闲度假的旅游胜地，港口型现代化中等城市。到2003年底，城市化水平达48.1%，城市绿化覆盖率31%，人均公共绿地面积11.5平方米，人均道路面积12.6平方米，城镇居民人均住房面积29.4平方米。

近年来开发的东湖风景区成为领略江南水乡风情的好去处。鹉湖春色、南村书堆、九龙戏珠、含珠凝晖、塔影垂虹、案山晓翠、北原牧唱、西浦鱼罾称为"东湖八景"。

(二)居民收入。2003年城镇居民人均可支配收入13046元，农民人均纯收入6086元；城乡居民储蓄存款余额达72.6亿元，比上年增长25.2%；城镇、农村居民恩格尔系数分别为37.2%和41%。

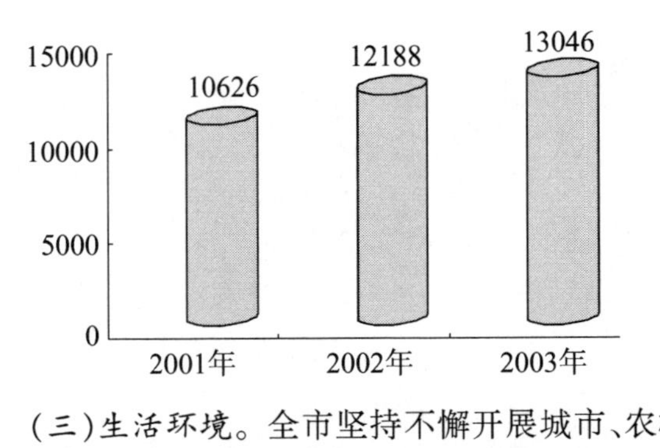

(三)生活环境。全市坚持不懈开展城市、农村环境整治，开展文明村镇、文明社区、文明家庭等创建活动，创造良好的人居环境，是浙江省卫生城市。社区建设向精品特色方向迈进，建成了国家级康居示范工程——梅兰苑社区。平湖市注重城乡统筹发展，不断改善农村居民福利，是全国农村自来水普及先进市、浙江省农村中医工作先进市，有36.79万农村人口参加新型农村合作医疗，参加率达97.4%。慈善事业健康发展，2003年成立的平湖市慈善总会已募集慈善资金500多万元，开展了资助贫困学生、资助贫困白内障患者复明手术、向贫困残疾人赠送轮椅等一系列慈善活动。

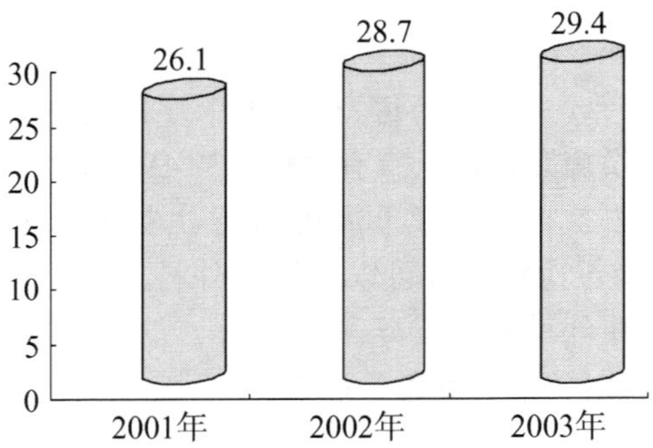

九、名胜旅游

（一）九龙山旅游度假区。浙江省级旅游度假区，有“南方北戴河”之称，面积10.12平方公里，集山、海、岛、森林、沙滩、名胜古迹于一体，区内有国家级森林公园。

（二）南河头历史文化保护区。浙江省级历史文化保护区，清末民初江南水乡老式街区，区内有“稚川学堂”等旧址。

（三）莫氏庄园。浙江省重点文物保护单位，中国江南六大厅堂（莫氏庄园、网师园、采衣堂、卢宅、退思园、春在楼）之一。庄园建于19世纪末，占地7亩，建筑面积2600平方米，房间70余间，保存完好。

（四）李叔同纪念馆。李叔同（弘一法师，1880—1942），祖籍平湖，是我国著名的书画篆刻家、音乐家、戏剧家、教育家、诗人、学者，中国文化交流的先驱，二十世纪中国十大书法家之一，南律宗的第十一代世祖。纪念馆内设书法、绘画、篆刻、音乐、戏剧、佛学6个展室，馆内收藏李叔同先生书法真迹150多件以及一批珍贵藏书。

（五）陆维钊书画院。“中国书画名家纪念馆联合会”20家成员馆之一，收藏原浙江美术学院教授、平湖籍著名书画家陆维钊先生（1899—1980）的书画精品、文物书籍。

（六）吴一峰艺术馆。收藏平湖籍著名国画家、书法家、篆刻家、诗人吴一峰（1907－1998）本人及其收藏的各地书画名家作品近200件。

（七）平湖民俗风情馆。是一家全面展示江南水乡生产、生活风貌和民间习俗的专业博物馆，馆内展出的民俗文物达2000件。

（八）报本塔。浙江省重点文物保护单位，始建于明嘉靖四十二年（1563年），现存之塔建成于清康熙二十七年（1688年），八面五层。2002年7月报本塔塔身恢复性维修过程中，在塔刹内发现郑和遗物“妙法莲华经”一卷。

（执笔：邱其良　施宝观）

加快民营经济与国际经济对接 着力提升县域经济综合竞争力

中共浙江省诸暨市委书记　陈长兴

诸暨市位于浙江省中部、杭州湾南翼，区域面积2311平方公里，居住人口120余万人，现设28个镇乡、街道，有1301个行政村和38个居委会。交通便利，距上海2小时左右车程，距杭州国际机场半个小时车程，浙赣铁路、金杭公路、杭金衢高速公路等贯穿境内，诸永、诸绍高速公路正在规划建设中。诸暨地形以山地和丘陵为主，素有"七山一水二分田"之称。改革开放以来，诸暨经济社会取得了快速发展，综合实力不断提升，已连续六届荣获"中国最发达100名县(市)"称号，排名从2000年的第66位上升到2001年的第45位、2002年的第39位、2003年的32位；在全国县域经济基本竞争力百强中的排名由2001年的第26位，上升到2002年的第20位、2003年的第16位；在浙江省22个县级市综合竞争力排名中居第4位。2003年，全市实现GDP232.78亿元，同比增长15.0%；财政收入18.16亿元，同比增长28.7%；工业性投入63.09亿元，同比增54.9%；实际利用外资1.11亿美元，同比增长174.9%；自营出口5.33亿美元，同比增长69.5%；城镇居民人均可支配收入13288元，同比增长13.5%；农民人均纯收入6462元，同比增长7.8%。诸暨经济以民营经济为主体，块状特色产业与大企业大集团交相辉映。目前，全市个体工商户达54830户，私营企业总量达5282户，其中年销售额超500万元的私营企业549户，私营企业进一步向集团公司发展，有5家企业进入"2003年度浙江省百强企业"行列，个私经济正在发生质的提升。个私企业解决了大量的劳动力就业问题，个私从业人员占全社会从业人员的55.6%。个私民营经济的迅猛发展，极大地提高了人民群众的生活水平，据统计，在绍兴市312个农民人均收入超万元的村庄中，诸暨市占了289个，约23万农民人均收入超万元。这几年诸暨经济之所以能取得持续、快速、健康的发展，主要的依靠力量是民营经济，民营经济占诸暨经济总量的90%以上。可以说，民营经济的兴与衰一定程度上决定了诸暨县域经济的兴与衰。在全球经济一体化不断加快的大背景下，随着改革的不断深入和市场经济体制的进一步完善，民营经济的先发性优势正在逐步弱化，必须实施开放带动战略，加快民营经济与国际经济对接，着力提升县域经济综合竞争力。

一、加快民营经济与国际经济对接，必须增强危机感和紧迫感。民营经济是一种老百姓经济，是浙江县域经济的富民强县之源。在新的历史条件下，民营经济必须加快与国际经济的对接，在产权、机制、文化等方面全方位融入国际，这样才能使民营经济和县域经济获得持久的生命力和竞争力。

*1．加快民营经济与国际经济的对接，事关县域经济的率先发展。*民营经济具有机制灵活等优势，依靠自身的力量固然能取得一定的发展。但是，在经济全球化的大背景下，这种增长方式往往是低水平、低速度的，难以实现跨越式、超常规的发

展。长此以往，这种单纯内生型的民营经济将越来越滞后于全球经济发展，从而逐步丧失生存发展的空间，难以实现县域经济率先发展。因此，必须认识到早对接、早发展，主动寻求对接的载体，拓展对接的路子，为民营经济和县域经济的率先发展注入新的动力。

2．*加快民营经济与国际经济的对接，事关县域经济的全面发展*。全面建设小康社会是经济发展更高水平的小康，是人民生活更加殷实的小康，也是对外更加开放的小康。只有加快民营经济与国际经济的对接，才能为全面建设小康社会奠定坚实的物质基础；只有加快民营经济与国际经济的对接，才能加快推进观念的开放、文化的繁荣、民主政治的进一步发展；只有加快民营经济与国际经济的对接，才能让人民生活更加殷实富裕，才能加快全面建设小康社会。

3．*加快民营经济与国际经济的对接，事关县域经济的持续发展*。随着市场经济体制的建立和健全，特别是各地改革探索日新月异，沿海县域经济原有的“体制落差”已不复存在，市场化改革先发优势基本消失。加快民营经济与国际经济的对接，有利于率先建立具有现代企业制度的“四自”市场竞争主体和微观基础；有利于完善市场机制，率先建立开放、竞争、有序的现代市场体系；有利于推进政府职能转变和管理方式创新，率先建立定位准确、职能明确、服务优质、接轨国际、办事规范的服务型政府；有利于创新机制，率先建立广覆盖、多层次、多渠道的社会保障体系，从而提前形成规范的区域性社会主义市场经济体制。因此，加快民营经济与国际经济的对接，从机制体制上事关县域经济的持续发展，必须在思想上引起高度重视，扎实推进。

二、加快民营经济与国际经济对接，必须立足自身实际，扬长避短。加快民营经济与国际经济的对接需要立足自身实际，扬长避短，找准对接的切入点，促进民营经济与国际经济有机结合、互补共赢、共同发展。

1．*充分发挥块状经济优势*。民营经济往往呈块状布局，这使民营经济具有低成本生产优势、小产品大市场的产业格局、小企业大协作的集群效应和小资本大集聚的群体规模。诸暨市充分发挥这些优势，使块状经济成为加快民营经济与国际经济对接的强大磁场和有力抓手，促进块状经济与国际经济互动发展。全市民营经济由13大块状经济组成，2003年，全市块状经济完成工业产值698.49亿元，占全市工业总产值的85.9%、农民人均纯收入的70%、城乡居民储蓄存款的58%、财政收入的59%来自于块状经济。其中大唐袜业、店口五金、枫桥服装、山下湖珍珠、织布业等五大重点块状是全国重点制造业基地，2003年，五大重点块状实现工业产值487.49亿元，占全市工业产值的59.9%。如大唐袜业生产袜子88.03亿双，产值139.66亿元，占全国产量的65%、全世界产量的35%，2003年建成的大唐轻纺袜业城集轻纺原料、袜子、袜机、联托运及会展、旅游购物于一体，成交额达70亿，跻身浙江省十大集贸市场行列。织布业中的三都贡缎生产贡缎15.11亿米，产值91.83亿元，占全国产量的80%、非洲市场的95%。枫桥纺织服装业产值49.40亿元。山下湖淡水珍珠及珍珠制品产值30.42亿元，产量350吨，占全国产量的35%、全世界产量的30%；山下湖珍珠市场交易量占全国的90%、全世界的30%。店口五金工业产值达176.18亿元，其中铝塑复合管件产值48.13亿元，占全国的70%。

2．*充分发挥产业链优势*。加快民营经济与国际经济对接，要以产业链为纽带，积极引导国际资本在产业链上向前和向后寻找投资空间，把国际经济与民营经济有机地融合在一起，促进国际经济本地化与民营经济国际化。诸暨民营经济拥有较完整的产业链，如大唐袜业已基本形成了织袜为主，轻纺原料生产、销售、印染和袜子定型包装一条龙服务的经济格局，拥有原料生产企业、原料经销商、袜子生产企业、缝头卷边厂、印染厂、定型厂、包装厂、机械配件供应商、袜子营销商和联托运服务企业等全方位的配套企业。店口五金也构筑了铜加工、汽车部件、制冷配件、中央空调、新型管材管件、电线电缆等为主导的产业格局，形成了以大企业大集团为龙头、中小企业为骨干、千家万户为基础的强大企业群。诸暨市主动依托完整的产业链优势，使民营经济与国际经济对接有了坚实的产业基础，推动了地方生产体系与全球生产体系的对接，使民营经济更深层次、更高水平地融入国际经济。

3．*充分发挥机制体制优势*。加快民营经济与国际经济对接，要充分发挥民营经济产权清晰、机制灵活、创新能力强等优势，推动民营经济上水平、上档次，以民营企业的做大做强来增强对接的实力和资本。诸暨民营经济具有先发的体制优势和较强创新能力的机制优势，主要表现在以下三个方面:**一是有先进的技术创新机制**。通过实施技术创新工程,目前已认定信息化示范企业15家,扶持高新技术产业化项目32个,全市有浙江省级工程技术中心6家,厂办研究所107家;国家重点高新技术企业26家,省级高新技术企业46家,省级高新技术产品95只。2003年列入各级科技计划196项,其中省级以上65项,国家级31项;24只国家级、省级火炬计划项目通过验收;开发省级以上新产品38只,其中国家重点新产品9只,获得各级科学技术奖70项,具有强大的自主创新能力。**二是有良好的品牌创新机制**。既有整体品牌,如大唐袜业、店口五金和山下湖珍珠等区域经济品牌及袜业博览会、珍珠节等节会品牌;也有众多的单体品牌,拥有中国驰名商标2只、中国名牌产品4只、浙江省著名商标36只、浙江省名牌产品33只、国家免检产品5只,目前正在向国家质监总局申报中国名牌10只,其中3只已通过初选程序,申报浙江名牌28只、浙江省著名商标14只、国家免检产品8只。**三是有灵活的制度创新机制**。诸暨民营企业表现出旺盛的生命力和活力,通过收购、兼并、合资、上市等低成本扩张方式,走强强联合、强弱联合、虚拟联合、优势互补之路,积极建立现代企业制度。继富润纺织、菲达环保、海越股份三家国有企业上市后,民营企业盾安环境也成功上市,实现诸暨民营企业上市零的突破,大东南集团也通过国家证监会发审会审核,另外,阮仕珍珠首饰有限公司、千足珍珠股份有限公司也已进入辅导期,正在积极争取上市。诸暨正是利用民营经济先人一步的机制体制优势,因势利导,有序推进,使民营经济与国际经济对接产生强大的内在动力。

三、加快民营经济与国际经济对接,必须坚持以民为本,聚一切可聚之力。加快民营经济与国际经济的对接需要充分集中民智、依靠民力,多方联动,调动方方面面的积极性和创造性。

1. *政府要成为对接的主导*。民营经济与国际经济的对接要充分发挥政府的主导作用,强化行政推动,积极创造能够激发对接热情的机制、环境和氛围。**构筑平台是基础**。这是政府推动对接的最基础环节。园区是最有效的对接平台,要高标准、高起点、高品位搞好园区配套,整合各种资源,切实增强园区的集聚功能,主要是加强省级经济开发区和山下湖珍珠产品加工园区建设,增强园区的综合竞争力,与此同时积极谋划高速公路互通口经济;立足块经济实际,按照《诸暨市先进制造业基地建设规划》,加快构建以大唐袜业为整体品牌的"国际袜都"、以山下湖为主体的"国际珍珠产加销中心"两大国际化中心和铜加工(含五金管业)、环保装备、提花布(贡缎)、服装、包装材料五大全国性基地的战略目标,以先进制造业基地建设的扎实推进来构筑更大的对接平台。**设计载体是关键**。积极组织民营企业参加各种经贸洽谈会、展销会、推介会、旅游节和友好单位互访等活动,利用政府驻外办事机构和上海世贸商城"诸暨特色产品展馆",帮助企业推介产品、寻找合作伙伴,为民营经济与国际经济的对接创造机会。以举办好中国袜业博览会、中国珍珠节为载体,努力在引进项目、签约内外资方面实现新的突破,积极推动民营企业积极接轨上海、主动融入长三角,从而加快融入国际经济的步伐。特别是袜业博览会要争取提高节会档次,争取中国最高的牌子,争取更大的袜业生产基地。2003年,诸暨举办的第四届中国(国际)袜业博览会,国内外最大的袜业生产、销售企业,最先进的袜业设备企业、销售厂商,最著名的袜机制造商,最具影响力的相关纤维原料生产企业和销售机构参加了此次盛会,累计实现成交15.7亿元,签订外商投资项目32只,总投资2.09亿美元,招商引资为历届最多。**优化环境是保障**。切实加强交通道路、城市配套等重点基础设施建设,尽量缩短与上海等发达城市的距离,努力构建半小时经济圈,极大地改善了区域硬环境条件;积极在土地、资金、人才、技术、市场准入等各方面给予支持,采取各种行之有效的办法,切实缓解要素制约,创造一个良好的政策环境;创新发展"枫桥经验",总结推广店口"村务简报"经验,以创建"枫桥式平安镇乡"为总抓手,以提升发展"两个经验"为动力,力争在全省率先达到"平安市县"标准,最大程度地提高广大外来投资者的安全感,创造人民生活安居乐业的治安环境;积极开展创建国家环保模范城市、国家卫生城市、省级园林城市等活动,创造一个环境优美、社会文明的人居环境;围绕"对发展有利,让群众满意"的目标,动真碰硬推进机关效能建设,积极开展企业评部门活动、"以服务、比效能,优环境、比实绩"为主题的服务企业"双优双比"活动和打造"信用诸暨"等活动,充分转变政府职能,建立与国际规则相对接的法治环境,全面提高行政效率,提升服务档次,创造一个低成本的投资环境。

2. *企业要成为对接的主体*。企业是市场的主体、竞争的主体,也是加快民营经济与国际经济对接的主体。民营企业要以开放的心态和宽广的视野审视和参与经济活动，主动打破产权封闭的格局，在更大的范围内整合资源寻求合作发展机会。**一是开展国际合作，推动跨国经营**。立足企业规模实际与发展需要，加大招商引资力度，既注重引进资金，更注重引进先进的技术、人才、经营理念、管理经验和全球营销网络，推动跨国经营；选择行业关联度紧、技术含量高、上下游延伸力好、需求空间大、市场竞争力强的国内外企业或科研院所、大专院校进行合作，优化资源配置，实行联合发展的国际经营战略。**二是调整出口结构，开拓国际市场**。积极应对“后配额时代”，突出发展加工贸易和自主出口品牌建设，调整产品结构，提高产品档次，积极进入全球生产体系，通过与跨国公司建立采购、供货等关系，加强与国际市场的联系，成为跨国公司和国际市场的制造商和服务提供商，更好地利用国内外两种资源、两个市场。**三是进一步开发人力资源，引进培育高、精、尖国际专业人才**。逐步建立起具有时代特征、企业特色、科学合理的人才激励机制，打破人才的地域限制，积极参与国际人才竞争，加强人才储备，为开展国际经营打好人才基础。

3．*以统筹的思路来推动对接*。通过统筹，尽可能以较少的精力、人力、财力和物力来推动民营经济与国际经济的对接，提升县域经济的综合竞争力。**一是以区域的统筹发展来推动对接**。加快民营经济与国际经济的对接不能单兵作战，必须因势利导，主动纳入到全球经济一体化的大格局，纳入到当地经济圈中实现对接，主动开展区域合作，积极承接产业和资本、技术、人才等生产要素的转移，以区域的互补、共生和多赢来加快对接的步伐。**二是以产业的协调发展来推动对接**。充分发挥比较优势，提高农业的效益；加快产业结构调整步伐，提升工业的竞争力；不断创新手段，增强三产的活力，以一、二、三产业的协调发展来增强对接的实力和吸引力。**三是以经济的可持续发展来推动对接**。坚持走有区域特色的新型工业化道路，大力发展高新技术产业，积极用信息技术和先进适用技术改造传统产业，切实转变经济增长方式，提高资源综合利用效率，以人口、资源和环境的协调发展来促进民营经济与国际经济的对接。

加快民营经济与国际经济对接是建设全面小康社会的动力，也是着力提升县域经济综合竞争力必须长期坚持的一大战略。诸暨将全面实施民本战略，通过主动接轨上海、发展园区经济、打造先进制造业基地、提升块状经济层次、加快城市化进程等措施，提高民营经济“引进来”、“走出去”水平，使民营经济更好地融入世界经济，推动县域经济新发展，加快全面建设小康社会步伐。

海盐——杭州湾畔的一颗璀璨明珠

中共海盐县委　海盐县人民政府

杭州湾畔、东海之滨——海盐，山水清淑、人文荟萃，2200多年来象一颗璀璨明珠镶嵌在富饶的杭嘉湖平原上，38万人民在500平方公里的土地上辛勤耕耘，一个又一个骄傲从这里诞生：波涛汹涌的钱江大潮在这里孕育，现代企业改革的帷幕从这里拉开，国之光荣的秦山核电在这里起步，而世界第一跨海大桥——杭州湾大桥的兴建更使海盐成为沪、杭、苏、甬的交通节点和举世瞩目的投资热土。近年来，海盐大力推进工业强县，深入实施开放带动战略，统筹城乡协调发展，经济社会各项事业取得长足发展，连续4年跻身“全国百强县前50名”，已跨入浙江省首批小康县行列，并相继获得全国体育先进县、全国科技工作先进县、全国文化先进县、省教育强县……海盐就象一本厚厚的书，让我们读一读其中的几个章节吧。

工业强县热力四射

海盐没有矿铁资源，历史上却被称为“铁海盐”，如今，一座现代化“铁城”——规划面积1500亩的标准件工业城的快速崛起，赋予“铁海盐”真正的内涵。从60年代的一家木螺钉厂起步，海盐人凭着过人的胆魄和智慧，发展起了160多家标准件企业，年出口交货值超6亿元，占全国该项出口的10%强，海盐人要打造全国最大的紧固件生产和销售基地！作为海盐机械制造业的另一代表——千斤顶行业目前也正异军突起，64家千斤顶企业已构成全国一大生产基地，其中立式千斤顶年销量居世界前列，农用千斤顶年产量居浙江省第一。

近年来，海盐积极推进工业结构调整，致力培育块状经济特色，全面实施工业强县战略，加快打造先进制造业基地的步伐。目前，初步形成了以纺织(服装)、化纤、饲料、机械、电子为支柱的工业产业格局，已拥有不少在全国、全省具有一定竞争优势的产业和骨干企业，标准件、灯泡、千斤顶、造纸等块状特色产业迅速集聚，专业紧固件模具、汽车音响、特种复合纱、立式千斤顶、耐高温合金钢螺栓、多刃钢板钻、液压泵、切割砂轮、不锈钢焊接带、司帕沙星等10种产品产量位居全国第一。

围绕产业积聚，海盐加快构筑“1+3”工业生产力布局，海盐省级经济开发区形成了以新型建材、轻纺服装、机械电子、造纸为主导的产业格局，大桥新区将成为海盐工业经济的主平台；通过扶持3个具有特色的镇工业区，使食品、服装、灯泡、汽配、小家电等特色产业得到积聚壮大。以县经济开发区为龙头、镇工业区为龙身、企业工业园为龙尾的龙型经济，将撑起海盐工业特色经济的新天地。

未来五年，海盐将向建设成为杭州湾产业带的先进制造业基地而努力，争取到2007年制造业总产值超400亿元，制造业增加值超100亿元，重点培育和建设7个销售收入30亿元以上的产业基地，其中一个争取成为全国制造业中心。

大桥经济方兴未艾

2002年，国务院正式批准建设连接宁波慈溪和嘉兴海盐的杭州湾跨海大桥，加之乍嘉苏高速公路当年10月通车，位于杭嘉湖平原上的海盐顿时迎来了千载难逢的发展机遇。总投资约118亿元全长达36公里的大桥将成世界最长跨海大桥，而北岸桥头堡海盐将一跃成为沪、杭、苏、甬四大城市的区位中心和沪杭、苏甬双线交汇的交通枢纽，形成到四大城市1小时即达的黄金交通网络，从而优化了生产要素配置，能大大降低企业的投资和生产成本，为海盐经济的发展拓展出巨大的空间。

面对机遇，海盐县委、县政府果断作出了在跨海桥头创建海盐经济开发区大桥新区的战略决策，2002年5月26日，杭州湾北岸的38万海盐人率先启动了大桥新区的建设，使其成为海盐经济发展的新平台。海盐把规划面积达25.7平方公里的大桥新区定位于科技发达、设施齐全、社会文明、以绿色产业为主的国际化、现代化综合开发区。新区面向国际、面向市场、面向大型企业集团、面向高新技术产业，使新区成为国际信息电子产业转移的基地；大陆民营企业、区域核心城市产业转移的基地；并以精密仪表、精细化工、新型建材、信息电子为主导产业，培育高新技术产业基地。

大桥新区的兴建，将为海盐构筑上海南翼、杭州湾北岸的先进制造业基地打下基础，并与武原镇、南北湖风景区共同组成具有海盐特色的现代化滨海城市带。大桥新区的交通区位优势使其不仅可以构筑成一个现代物流平台，就2008年建成的大桥本身而言就是一道美丽的景观，这将大大推动海盐县旅游业乃至整个第三产业的发展。

如今，打好“桥牌”谋划海盐新跨越已成为全县上下的共识，海盐“大桥经济”正涌动着一浪高过一浪的热潮。目前，大桥新区已启动开发面积12.5平方公里，大连实德、圣恩电子、吉安纸业等大项目纷纷落户。其中东方大港实德高新技术产业园一期已全面启动，总投资16亿元，开发面积1500亩；一期工程列为省重点工程A类项目的浙江吉安纸业计划总投资30亿元人民币，将于2006年前建成年产130纸制品的国内一流的现代化造纸基地。

一桥飞架南北，风光这边独好，杭州湾跨海大桥的建设，必将为海盐经济的腾飞插上坚实的翅膀。

效益农业风光无限

水稻、油菜、蚕桑、猪羊等的种养，一直是海盐的传统农业，但近几年来的农业产业结构调整，使“鱼米之乡”这个称号有了更广的外延，通过大力推进农业产业化经营，加强农业标准化建设，海盐已逐步形成了东南西北中五条效益农业特色产业带和一批特色产业基地。东片形成了以海水养殖为主的特色产业区，南片形成了茶叶、食用菌、禽类和湖羊养殖专业区，西片发展内塘水产养殖、水果和瓜类，北片以畜牧、蔬菜生产为主，中片在秦山大道沿线形成了包括万亩包心菜基地、5000亩优质米生产基地、千亩优质果蔬基地等在内的九大效益农业基地，从而形成了点线结合的农业生产区域化布局。

近几年来，海盐每年出台相关政策对效益农业项目进行补助，成为推动农业产业化经营的有力举措。去年以来，海盐加强农产品示范基地建设，通过基地辐射，带动广大农户将农业生产从传统型向都市型转变。像位于秦山镇的北团省级现代农业园区芦荟基地正成长为浙北最大的芦荟生产基地。而“龙头企业+基地（专业合作组织）+农户”的龙型产业模式正逐步形成，目前全县有县级农业龙头企业有20家，各类专业合作组织38个，社（会）员达4000人。

同时，海盐通过培育无公害农产品基地、绿色农产品和实施种子种苗工程，大力加强农业标准化建设。目前，全县制定茶叶、蜜梨、葡萄、包心菜、野鸭等农产品地方标准已有20个、53项，有8个无公害农产品基地和8个绿色农产品通过省级认证，其中“黄沙坞”柑橘被认定为国家级无公害农产品，同时还引进了各类农业新品种138个。全县已注册农业品牌33个，“纯元”青提、“黄沙坞”柑橘、“海塘”青蟹、“于城”甲鱼、“膳博士”猪肉等农产品名声远播，品牌效应已经显现。在去年11月28日开幕的浙江农业博览会上，海盐选送的“秦蔬”牌包心菜和“膳博士”鲜片猪肉双双获得省农产品金奖，“纯元”葡萄等7项农产品分获银奖和优质奖，“于城”甲鱼、“尼松”野鸭被认定为嘉兴市名牌产品，展示了海盐效益农业的发展成果。

滨海旅游明珠成串

海盐，因“海滨广斥、盐田相望”而得名，具有

51公里长的海岸线。近年来，海盐围绕营造江南文化旅游名城，致力于滨海新市旅游框架建设，不断完善规划，以自然景观游、名人文化游、江南水乡游、海岛风光游、核电科技游等为主题的各景区在海岸线上得到有机的串联，沿海岸线分布的旅游景点成为海盐旅游开发的一大特色，突出海的趣味成为海盐旅游开发的重点。

“山有特色、水有曲折、海有奇景”的南北湖位于海岸线的最南端，是国家AAA级旅游区，素有“小西湖”之美誉，其融山、海、湖为一体的独有景致，被载入世界基尼斯记录，这个有1800亩湖面的景区，三面环山，一面临海；湖面波光粼粼、水清如镜；四周杨柳依依、桃李芬芳；海外，潮起潮落、海浪叠起，成为理想的观光、休闲、度假胜地。经过多年来的开发，天然的生态环境得到保护，一批具有文化内涵的景点得到开发。

从南北湖出来，沿着海边公路往北走不远，就是我国第一座自行设计、建设、调试和运营的核电站，1985年3月20日浇灌第一罐混凝土，1991年12月15日首次并网发电。它的建成结束了中国大陆无核电的历史。秦山二期2×60万千瓦核电机组于96年6月2日正式开工建设，秦山三期2×70万千瓦核电机组也已经开工，到2003年，海盐秦山成为总装机容量为300万千瓦的中国核电基地。十多年来，秦山核电站实现了掌握技术、取得经验、培养人才的目的，为中国的核电发展打下了良好的基础。秦山核电站成为我国和平利用核能的典范和国家工业旅游示范点，该基地大力加强公众核安全知识的宣传，核电科技工业游成为一大亮点。

与秦山核电遥相呼应的白塔山群岛保持着原始的生态环境，海岛保护性开发已通过专家论证，进入实质运作。其开发突出海上休闲娱乐。

海岸线的最北端是大桥新区。2008年建成的世界第一跨海大桥将给大桥新区带来更多的旅游资源。首先大桥本身就是一道美丽的景观，该设计蜿蜒起伏，造型十分优美，如一条彩带横卧于杭州湾上，据有关专家分析，杭州湾跨海大桥的静止观桥视点南北共有7处，而海盐独占5处。其中海盐白塔山观桥视点倍受专家推崇，如此得天独厚的地理优势，必是游客欲观大桥雄姿之首选。此外，桥头将建有大面积的公园区，是休闲的好所在。被定位于科技发达、设施齐全、社会文明、以绿色产业为主的国际化、现代化综合大桥新区的崛起也将会是我县工业旅游的又一景点。

位于秦山核电基地与大桥新区中间的县城武原镇去年通过了省级文明县城验收，已建成了滨海文化旅游区，内有：国家级重点文保单位、中国十大名园之一的绮园，是中国私家园林中的一朵奇葩；被誉为“浙江第一阁”的江南名刹天宁寺庄严而雄伟，天宁寺商游区开发初具规模；以现代出版家张元济命名的图书馆古色古香；市河沿岸正逐步建成廊棚水阁水乡风格；海滨公园建观海园、敕海园、静海园，与县城人文景观相映成趣。

近年来，海盐通过连续举办南北湖旅游节来带动整个旅游产业的发展，使旅游与经济、旅游与文化有机地结合起来，把海盐推向全国。如南北湖旅游节形象小天使——“新三毛”评选、全国少儿三毛漫画大赛、中国·海盐滚灯艺术节等精彩文化活动至今仍为人所津津乐道。中国标准件论坛暨招商洽谈会、对韩经贸文化交流等活动为海盐的特色产业经济和对外交流注入了新的活力。

科技教育满园春色

2004年7月，从海盐元济高级中学传来喜讯：今年该校参加高考上线率不仅又创历史新高，一本上线人数更达到了247人，刷新了该校创建几年来的又一次记录。这是海盐深入推进科教兴县战略，夯实基础教育的一个缩影。

几年来，海盐投入数亿元优化调整中小学布局，规划、调整和建设多所镇小学、初级中学，在强化九年制义务教育的同时，加强了对高中段的投入，斥巨资近3亿元新建了浙江张元济高级中学、移地扩建了海盐高级中学，并连续几年从全国多所高等院招收毕业生，充实教师队伍。到去年，全县小学、中学在校学生巩固率分别达到100%和99.9%，初中毕业生升高中段的比例为91%，应届高中毕业生高考上线人数增长22.6%，上线率达到94.7%；职高毕业生上线率为88%。每年，全县有1300多名学生被输送到全国各地高校学习。

在实施科技兴工战略上，海盐狠抓企业新产品开发和技术创新，积极开展“产学研”活动、“企业院校行”活动，通过政府做媒架桥，使企业与科研机构、大专院校结成紧密合作关系。近五年来，共实施各类科技项目570项，其中火炬计划15项，星火项目69项；共开发新产品1590多项，其中市级以上新产品722个。到目前，全县有省高新技术企业

8家，市级12家，省级企业技术开以中心3家、市级10家。

同时，开工建设海盐科技创业园，为一批学有所长又无资金的年轻人提供创业空间；出台政策加快创建省级智能仪器仪表高新技术特色产业基地；建设标准件技术创新服务中心、灯泡技术创新服务中心等，一系列举措的实施，为工业强县增添了强劲动力。

传统文艺流光溢彩

海盐始置县于秦，历史悠久，文化灿烂，民间传统艺术形式丰富多彩，"海盐腔"、"滚灯"和"骚子歌"是其中的代表。

"海盐腔"始创于元朝，在明代风靡南国一百多年，与"余姚腔"、"戈阳腔"、"昆山腔"并称南戏四大声腔，并有我国戏曲声腔鼻祖之称，是昆曲之前身。

"滚灯"早在800年前就盛行于海盐的元宵灯会。"滚灯"以篾制成，中悬红绸小球，内有烛火可旋转不灭，演员以武士装束，齐整威武，舞时以锣鼓伴奏，动作潇洒，竞技争强，广受群众喜爱。

"骚子歌"在历史上是海盐民间侍佛仪式的歌谣，其歌者称为骚子先生。"骚子歌"分为歌谣、说唱两种体裁，由于其广泛吸取民间小调之精华，以器乐演奏时尤为群众喜闻乐见。

世事变更，斗转星移，"海盐腔"、"滚灯"、"骚子歌"随着岁月的流逝，几度沉浮。

近年来，海盐十分重视对传统文化的发掘和整理工作，并在保持原有艺术形式的基础上，加以创新，注入时代的新鲜血液，使之更加枝繁叶茂。

1997年，海盐人民政府组织力量收集、抢救、整理与"海盐腔"有关的资料，编辑《海盐腔研究》，涌现了一批学术成果。2000年6月又成功承办全国性的"海盐腔"学术研讨会，来自江西、湖南、上海、江苏及浙江省的专家学者集聚一堂，共同探讨研究"海盐腔"的形成、发展、兴衰及其音乐特征，并寻觅"海盐腔"的遗迹，使"海盐腔"的研究又推进了一步。

近几年来，海盐文艺工作者不断改进丰富"滚灯"艺术，并进行了精心创编，使其成为历史文化与现代艺术完美结合的舞蹈精品。在省第五届音舞节、省广场文艺民间舞蹈大赛、嘉兴市南湖船文化节广场文艺演出中海盐"滚灯"屡屡获奖。去年，海盐滚灯在全国第十三届"群星奖"广场民间舞蹈选拔赛上赢得专家和观众的一致好评，获得全国大赛入场券；后又作为嘉兴民间文化唯一代表登上央视《同一首歌》的舞台，参加了今年金鸡百花电影节的颁奖晚会和嘉兴江南文化节的开幕式，这已是继2001年参加庆祝建党八十周年"心连心"艺术团赴禾演出之后，海盐滚灯二度亮相央视了。

"骚子歌"为海盐所独有的传统文艺形式。海盐文艺工作者组织力量对"骚子歌"艺术进行了抢救性发掘，经调查整理，获得了大量文字记录资料和音乐资料，并已汇编成《骚子歌谣选》，创作了《秦山景致》、《姚富要富》、《南北湖风景美如画》等节目，先后在"南湖之春"音乐会、江浙沪毗邻地区田歌大赛中多次获奖，成为海盐地方特色文化的重要内容。

真山真水养育了一方真性情，在时代日新月异的变更大潮中，海盐儿女奋发图强、与时俱进、求真务实，海盐的经济和社会事业在这股大潮中，必将放射出更绚烂的光彩。

创经济强县 建生态德清

中共德清县委　德清县人民政府

基本情况

浙江省德清县地处长三角腹地、杭州市的北郊。全境东西长55公里，南北宽30公里，全县总面积936平方公里，辖11个乡镇、169个行政村，总人口42.3万。全县地势呈西高东低，西部为天目山余脉，中部为丘陵平原，东部为平原水乡，全县土地肥沃，物产丰富。

德清山清水秀，旅游资源丰富。中国四大避暑胜地之一的国家级风景名胜区莫干山座落于县境西部，以“竹、云、泉”三胜和“清、静、凉、绿”四优吸引着成千上万的中外游客，毛泽东、蒋介石、陈毅、郭沫若等历史名人都曾在此驻足，江泽民、乔石、朱镕基等中央领导人也曾登山揽胜，留下了珍贵的历史痕迹；位于德清中部的下渚湖，是浙北第一湿地，也是浙江五大内陆湖中唯一保持原始风貌的景区；位于东部的千年水乡古镇新市，小桥流水，风光怡人。

德清历史悠久，人文荟萃。远在新石器时代，已有人类繁衍生息，是有着五千年文明史的良渚文化的发祥地之一，也是古代防风文化的故里。宋代诗人葛应龙在《左顾亭记》中这样赞美德清：“县因溪尚其清，溪亦因人而增其美，故号德清。”1994年县治从城关镇搬迁至武康镇。在近1800年的建县历史中，德清孕育了沈约、姚思廉、孟郊、管道升、俞平伯、沈西苓等一大批历史文化名人。

改革开放以来，尤其是最近几年，德清经济和社会各项事业发展迅速。2000年、2001年、2002年、2003年分别位列“中国最发达100县(市)”第93位、第59位、第48位和第45位，先后进入全国农村经济综合实力百强县、全国生态农业示范县、全国科技工作先进县、全国体育先进县以及浙江省科技进步先进县、浙江省首批小康县、浙江省首批教育强县行列，并被浙江省委、省政府规划为全省首批提前基本实现现代化县(市)之一。2003年，全县实现生产总值86亿元，一二三产比例为10.5:56.8:32.7，财政总收入10.15亿元，农民人均纯收入5716元，城镇居民人均可支配收入11698元。

区位优势

德清东望上海，南接杭州，北靠太湖，西枕天目山麓。全县11个乡镇中有7个与杭州市区接壤，贯通县境南北的杭宁高速公路已直通杭州市中心，县城与杭州市中心相距半小时车程，与上海、南京、宁波、苏州、无锡、常州等城市相距均在3小时车程以内，距杭州(萧山)国际机场60公里。

经济发展

德清基本形成了都市型效益农业格局。培育了特种水产、早园笋、畜禽、蚕桑四大特色主导产业和花卉苗木等新兴产业，占农业总收入的72%。总规模5万多亩的莫干山、新港两大现代农业示范园区已初具规模，农产品加工园区正规划实施，拥有国家级农业龙头企业1家、省级农业龙头企业3家，与“西湖龙井”媲美的“莫干黄芽”在唐代就被列为贡品，“山伢儿”早园笋、“水精灵”青虾、“清溪”花鳖、“龙溪”鲈鱼、“东立”风鹅已走俏大江南北，早园笋市场已扩展到北京、上海、南京、杭州等大都市。

德清工业经济结构日趋合理。2003年实现工业总产值235.5亿元，其中生物(医药)化工、竹木业、新型纺织、特色机电四大新兴主导产业所占比重达60%左右，共有销售超亿元、税利超千万元企业26家，销售超五千万、税利超五百万企业13家。拥有升华拜克等3家上市企业，有省级以上高新技术企业12家，省级企业技术中心6家。德清充分利用现有特色优势行业，正在建设具有国际竞争力的生物(医药)化工基地，长三角重要的木业、钢琴、竹胶板生产基地，纺织、丝绸服装、产业用布的重要生产基地，在国内具有影响的特色机电基地。

德清的第三产业已成为全县经济的重要增长点和吸纳新增劳动力的主渠道。商贸流通业日趋活跃，全社会消费品零售总额达到26.99亿元，已有各类商品市场38家，县城5个投资均超亿元的市场正在筹建。全县共有三星级以上旅游资源54个，以打造中国江南休闲度假第一县为目标的旅游产业发展规划已编制实施。极佳的人居环境和高品位的房地产开发，促进了城市品位的提升。

对外开放

近年来，德清全面实施“开放带动、接轨沪杭”战略。2003年，完成合同外资28304万美元，实到外资10983万美元，总投资1000万美元以上项目达23个，引进外资综合排名列浙江省第9位、湖州市第1位；引进县外境内资金19.2亿元，其中杭资平均每月引进1.2亿元，有效地承接了杭州大都市产业的梯度转移；完成全社会出口交货值40.8亿元，其中自营出口1.7亿美元。

基础设施

德清的交通网络建设日臻完善。华东第二通道宣杭铁路贯穿县境南北。以杭宁高速公路、104国道、09省道和德新公路“三纵一横”组成德清的公路主骨架已经建成，另有“一纵一横”即穿越县境东中部的申嘉杭高速、贯通县境东西的莫干山大道正在规划建设之中，全县上等级公路密度位于浙江省前列。京杭运河、杭湖锡线、东苕溪航道和武新航道组成了“三纵一横”的航道主骨架。

德清的城市建设步伐加快。中心城市建成区面积达12平方公里，城市化水平达到42.9%，城市绿化覆盖率达22.2%。一大批公建设施已经建成，千秋广场、会展中心、春晖公园、余英溪河滨绿地改造一期工程、博物馆、消防中心、污水处理厂、县城客运中心等一系列重大市政项目相继竣工；城市防洪工程、城市燃气工程、城乡一体化供水总管工程、德清一中、县人民医院等项目正抓紧建设。

投资环境

德清的投资平台日益完善。莫干山经济开发区是浙江省人民政府1993年批准设立的首批省级开发区之一，总规划面积30多平方公里。开发区成立十年来，已引进生产性项目247个，总投资36亿元。在符合WTO规则的前提下，县政府配套制订了一系列的投资优惠政策，并做好通水、通电、通路、通气、通热、通讯和平整地基，营造让投资者满意的创业发展环境。2003年，德清对县内工业园区进行整合与提升，规划、建设临杭产业带。包括莫干山经济开发区、特色工业园区和专业园区在内的临杭产业带将集聚各种优势，形成全新的投资平台，这将是投资创业的理想选择。

德清的投资创业环境不断优化。在2000年，德清就成立了政府审批办证服务中心，实行行政审批事项集中审批，可为投资者提供“一条龙”式的批文和证照的审批办理，做到进中心办手续，出中心可开工，并将办事内容、办事程序、提供资料目录、承诺时限、收费标准等进行公开。2003年完成了第二轮行政审批制度改革，又消减了46.8%的审批项目，审批提速达51.5%。此外，在改善投资软环境方面出台了不少新举措。如开通“改善经济发展环境12345县长热线电话”，推行乡镇审批办证代理员制度，推出招商引资项目审批全程代理专职窗口等，为投资者提供优质、高效的服务。

社会事业

德清的科教文卫等社会事业全面协调发展。

德清是全国农村教育综合改革实验县,形成了比较完善、合理的初等、中等、高等教育体系和覆盖全县的教育网络。已连续六年成功举办了集观光旅游、文化展示、经贸活动于一体的莫干山国际登山旅游节,与泰山国际登山节遥相呼应,成为江南的一大盛会。德清是全国农村初级卫生保健工作先进县、全国计划生育优质服务先进县,2003 年又被评为国家级生态示范区、国家级卫生县城和浙江省文明城市。社会保障体系逐步完善,全面实施了养老、医疗、失业等五大社会保险制度,第五轮农民合作医疗大病统筹率达 99%,基本实现全覆盖。

发展思路与目标

根据德清具备的区位、产业、生态、人文等优势和面临的机遇,2003 年初召开的县第十一次党代会确定了德清今后一个时期的发展思路和奋斗目标。

今后一个时期的发展思路是:以党的十六大精神为指针,高举邓小平理论伟大旗帜,全面贯彻"三个代表"重要思想,紧紧抓住可以大有作为的重要战略机遇期,以率先基本实现现代化为总目标、总任务统揽全局,以提高县域经济综合实力和国际竞争力为核心,实施开放带动、接轨沪杭战略,强工业、精农业、扩城市、兴三产,创经济强县、建生态德清,全面建设小康社会,开创改革开放和社会主义现代化建设新局面。

今后一个时期的奋斗目标是:全县生产总值年均增长 13%,到 2005 年,全县生产总值在 2000 年的基础上翻一番,人均生产总值达到 3000 美元;到 2007 年,全县人均生产总值达到 3800 美元。到 2012 年,全县人均生产总值达到 6000 美元,在 2005 年在基础上再翻一番,达到中等发达国家的发展水平,全县基本实现现代化。

坚持科学发展之路 加速“两个率先”富民强市伟大进程

中共金坛市委　金坛市人民政府

金坛市地处江苏省南部，位于长江三角洲地理中心，水陆空交通十分便捷，是有着1300余年历史的文化名城和新兴工业城市。自古有“江东福地”、“水乡明珠”的美誉。1993年经国务院批准撤县设市，辖15个镇和1个省级经济开发区，人口54万，面积976平方公里。

改革开放以来，金坛经济社会快速发展，区域综合实力和整体竞争力不断提升，先后跨入中国首批80家小康县（市）、中国农村综合经济实力百强县（市）、中国百家明星县（市）、中国科技实力百强县（市）、中国出口服装制造名城、江苏省文明城市等行列。特别是进入“十五”以来，金坛以富民为核心，以改革促发展，以创新求突破，以开放增活力，经济社会实现持续快速发展，成为全国县域经济综合实力提升速度最快的地区之一，显示出强劲的发展活力和发展潜力，在中国最发达100强县（市）中年年升档晋位，已由2000年的第82位跃升至2003年的第50位，2003年全市经济工作实现了“三个历史性跨越”，即：全市生产总值突破百亿元、财政收入突破10亿元、工业有效投入突破25亿元。同时，在人口、资源、环境全面协调发展上取得了“四张名片”，成为国家卫生城市、国家环保模范城市、中国50家投资环境诚信安全区和江苏省首批社会治安安全市，一个充满勃勃生机和活力的新金坛正从苏南经济发达板块中加快凸现。

回顾近年来的发展实践，我们始终把解放思想、与时俱进贯穿于各项工作之中，坚持在解放思想中统一思想，在大胆实践中创新实践，在统筹发展中全面发展，全力推动新一轮区域大发展。

*一是始终坚持把加快发展作为富民强市的第一要务。*根据江苏省委关于实现“两个率先”的战略部署，依据全面、协调和可持续发展的要求，制定了力争两个率先、实现富民强市的实施意见，确立了2006年在全省率先全面实现小康社会（人均GDP4000美元左右，城镇居民人均可支配收入2000美元，农民人均纯收入1000美元）、2011年在全省率先基本实现现代化（人均GDP10000美元左右，城镇职工人均可支配收入3000美元，农民人均纯收入1600美元）的总体目标，进一步推动全市上下新一轮思想大解放、精神大振奋、思路大拓展、民心大凝聚，掀起了加快发展、率先发展的热潮。

*二是始终坚持把统筹发展作为社会进步的根本要求。*按照统筹城乡发展、统筹经济和社会发展、统筹人和自然和谐发展的要求，在加快城镇化和城市现代化，增强幅射带动作用的同时，坚持把促进农村发展作为工作的重要内容，统筹推进城乡就业、城乡社会保障和城乡的各项建设，使城镇和农村相互促进、统筹发展。

*三是始终坚持把改革创新作为经济增长的强大动力。*坚持把改革创新作为一切事业发展和工作突破的根本动力，始终做到按发展需要在创新实践中解放思想，把改革的思路、创新的精神贯穿到

各项工作中去，不断增创体制机制新优势，增添金坛经济发展的新动力。同时，正确处理改革发展稳定的关系，保证了各项改革的顺利推进。

*四是始终坚持把营造环境作为推动全局的关键举措。*在率先加快发展、全面协调发展中，坚持把良好的投资环境作为集聚生产要素、取胜区域竞争的关键，努力标本兼治，狠抓关键措施落实，扎实开展机关作风建设和优质服务竞赛活动，依法深化行政审批制度改革，深入推进“诚信金坛”、“平安金坛”创建活动，致力营造投资创业和生产生活的良好环境。

*五是始终坚持把富民优先作为一切工作的出发点。*把富民优先作为坚持以人为本、落实科学发展观的中心工作，作为经济社会发展的根本目标，在扩大城乡就业、完善社会保障体系、促进创业增收的同时，瞄准全面建设小康社会中的重点难点，致力解决农业、农村、农民“三农”问题，使城乡居民的增收渠道、空间和领域得到新拓展，能力得到新提高。

在具体实践中，坚持把落实科学发展观作为加快协调发展、率先统筹发展的新动力，从实际出发，突出强化六大重点举措，全力加速经济社会发展的进程。

一是突出结构调整，区域经济优势进一步彰显。按照“农业调优、工业调强、三产调特”的思路，突出优势主导产业的培育和发展。农业方面，围绕农业增效和农民增收目标，大力发展现代高效农业，扎实推进农业标准化和农机现代化建设。建立了3个国家和省级农业标准化示范区，46个无公害农产品基地，19只农产品获得全国、省无公害农产品认证，特种水产、优质粮油、花卉苗木、食用菌等优势行业不断取得新发展，被命名为“中国名茶(绿茶)之乡”、“中国中华绒螯蟹之乡”和“中国食用菌之乡”；围绕提高农业和农民的市场化程度，大力推进农业产业化。各类农业产业化经营组织发展到300多家，省级以上龙头企业达5家，一批重点龙头企业市场带动能力不断增强，其中晨风集团跨入国家级重点龙头企业行列。工业方面，围绕培育壮大支柱产业，坚持走新型工业化发展路子。依托产业和资源优势，进一步加快纺织服装、盐化工等传统优势产业的延伸和配套，2003年重点实施了60万吨真空制盐等57个投资超千万元的重点工业项目，工业投入占固定资产投资的比重比上年提高12.3个百分点；进一步加大扶优扶强力度，对重点企业和重点项目制定落实了“一企一策”扶持政策，并实行市四套班子领导和有关部门、镇(区)与重点项目、重点企业挂钩联系制度，切实解决企业在发展中遇到的困难，规模经济的支撑作用显著增强。全市规模企业发展到314家，纺织服装、机械电子、医药化工、建筑材料四大支柱产业占全部工业的比重达90%以上，被授予“中国出口服装制造名城”称号。三产方面，围绕增加总量、提升水平，加快调整经营结构和经营业态，新引进了3个规模上万平方米的现代大型超市和肯德基等多家世界级品牌连锁店；依托山水资源和农副产品优势，进一步加大特色市场建设和旅游业的发展，重点推进了长荡湖水产品、金家园木板材等一批专业特色市场的建设，全市各类商品市场近100家，成交额达53亿元，茅山道教文化博览中心、城南旅游风景区等一批景点加快建设。建筑方面，充分发挥“江苏省建筑之乡”的品牌效应，抓住北京办奥、上海办博的机遇，进一步扩大市场份额，2003年实现建安产值50亿元，增加值8.2亿元。

二是突出开放开发，经济国际化进程进一步加快。坚持把加快开放开发作为经济社会发展的重中之重，致力创优投资环境，创新招商思路和方法，开放型经济水平加快提升。围绕服装等优势产业配套、岩盐资源开发等重点领域招商的同时，大力引导外资投向农业、旅游业、基础设施、城市建设和社会事业行业，不断拓宽利用外资的领域。重视加强专业招商队伍建设，不断充实市镇招商机构，大力开展专业招商和定向、定点招商，2003年完成合同利用外资2.07亿美元，实际利用外资1.06亿美元，分别增长81.2%和89.4%，全年新批外资企业62家，其中1000万美元以上企业12家，呈现规模增大、领域拓宽、项目增多等特点。加快推进省级金坛经济开发区和重点工业集中区建设，完善基础设施，建设标准厂房，提升引资功能，充分发挥招商引资的载体作用。其中开发区利用外资名列常州市省级开发区第一名，占全市比重达80%左右。坚持统筹发展国内外两个市场，认真落实扶持出口的优惠政策，推动出口市场和产品结构调整，培育壮大出口主体，外贸出口持续快速增长。2003年自营出口达2.7亿美元，增长22.1%，自营出口企业发展到120家，出口总额超500万美元的规模型企业达14家。重视强化外经工作，大力拓展外经市场和工程，并积极组织配套产品生产，全年完成外经合同6852万美元，外经营业额4810万美元，分别增长20%，期末在外劳务人员2384人，外经合作在全国县(市)中名列前茅。

三是突出富民增收，全民创业热情进一步高涨。在切实做好扩大就业和完善社会保障工作，增加城乡居民工资性收入的同时，坚持把民营经济作为富民经济来重点推进，致力营造“想创业、敢创业、创大业”的浓厚氛围，不断激发全民创业致富的热情，努力提高人民群众的经营性收入。在发展举措上坚持做到四个“进一步”，即：进一步解放思想，广泛宣传发动，充分激发广大民众自主创业的热情，引导现有的民营企业家破除小富即安的思想，鼓励二次创业、创新业创大业；进一步营造良好的政策、法制环境，制定出台了优化经济发展软环境的决定和加快民营经济发展的实施意见，切实降低准入门槛，放宽准入领域，不断拓宽民资发展的新空间；进一步提高民营企业家素质，实施企业家培训工程，强化现代经营管理意识，提高应对市场风险的能力，同时，引导民营企业家树立和落实科学的发展观，走科技兴企之路，加快制度创新、技术创新、管理创新，努力提高企业的发展能力和潜力；进一步扶优扶强骨干民企，对重点民营企业和成长型企业，从融资、重组、技改、用地等方面实施政策扶持，涌现了晨风服装、盘固水泥、康美化工、金昇纺机等一批跨地区、跨行业、跨所有制，具有核心竞争力的民营企业集团和民营科技企业。2003 年，全市私营个体工商户累计达 2 万余户，其中私营企业 6000 余户，注册资本在 500 万元以上的私营企业达 500 余户。

四是突出统筹发展，城乡建设水平进一步提升。充分发挥规划的龙头作用，科学合理安排城镇空间布局、生产力布局、基础设施布局、人居环境布局，全面修编城市总体规划和各镇、开发区发展规划，重点推进了一批优势产业、道口经济、现代物流等专项规划的编制和组织实施。全面推进落实大交通发展战略，努力提升城乡交通环境，近年来完成交通建设投资超 10 亿元，顺利实施了常宁、扬溧两条高速公路建设，完成了金宜公路等一级公路建设，构筑了高速环通长三角的便捷通道，进一步增强了经济发展的集聚力和辐射力。以创建“国家卫生城市”、“国家环保模范城市”为载体，大力拓宽城市建设投资渠道，高标准推进城镇市政设施建设，城市建成区达 16 平方公里，建成了城市广场、热电厂、第一第二污水处理厂、垃圾填埋场、管道燃气等一批重点市政工程，城市功能进一步完善。进一步重视强化生态建设，重点实施了市河综合整治工程，加快推进了城区主要河道景观带、城南风景区、长江防护林、春风公园等一批绿化项目建设，市区绿地率达 31.1%。统筹加快农村发展和建设，大力实施“现代农民教育工程”，加快农村剩余劳动力转移，城乡二元结构得到有效改善，2003 年城市化水平达 46%；扎实推进农村合作医疗、农村改水、农村道路、农村草危房改造和农村税费改革等“五件实事”工程，全面展开清洁家园、清洁村庄、清洁河道的农村“三清工程”和长荡湖生态环境保护工程，农村生产生活环境加快改善。

五是突出职能转变，投资创业环境进一步优化。继续深化机关作风建设，在各级各部门中深入开展“三新三争创”活动和“优质服务年”活动，积极开展人大代表、政协委员、企业和社会各界群众评议机关部门活动，在供电、电信等公共服务行业广泛开展争创信用文明单位（企业）等诚信创建活动，切实提高了社会各界服务发展的水平和能力。继续大力度深化行政审批制度改革。顺利完成了第一和第二轮行政审批制度改革，大幅度削减了审批事项和环节，进一步缩短审批周期，提高了审批效率，审批总事项压缩 70%以上；大力推进政务公开，成立市行政效能监察投诉中心，对机关部门中存在的影响金坛投资环境的人和事，及时查核，严肃处理。

六是突出社会进步，协调发展步伐进一步加快。树立经济社会协调发展的理念，科教文卫体等各项社会事业全面发展。大力实施科教兴市战略，进一步增强企业的技术创新主体地位，加快建设了一批工程技术中心和高新技术企业，全市科技研发经费占 GDP 的比重达 1.6%，科技进步对经济增长的贡献率达 43%以上；合理安排教育布局，加快城乡教育布局结构调整，积极探索社会化办学之路，投资 1.2 亿元的民办金沙中学顺利建设，大力实施“三名”工程和教育现代化工程，各类教育全面发展。大力促进文化、卫生、体育等各项社会事业的发展，博物馆、人民医院扩建、体育休闲中心等一批超千万元的社会事业项目顺利建设，卫生服务体系健全率比上年提高了 5 个百分点，社会事业配套水平进一步提升。在加快经济社会发展的同时，坚持以人为本，进一步加强民主法制建设，广泛开展群众性精神文明创建和学习型城市创建等活动，大力弘扬新时期金坛精神，广大市民的思想道德素质和科学文明素养进一步提升，促进了三个文明协调发展。

总结过去，成绩斐然，我们豪情满怀；展望未来，任重道远，我们信心百倍。我们将围绕力争“两个率先”、实现富民强市的既定目标，进一步牢固树立和认真落实科学发展观，坚持加快协调发展、率先统筹发展不动摇，顺应新形势，抢抓新机遇，努力实现经济社会既快又好地发展，为建设以人为本、全面协调可持续发展的新金坛而努力奋斗！

腾飞的邹城

中共邹城市委　邹城市人民政府

邹城市位于山东省南部，是我国战国时期著名的政治家、思想家、教育家孟子的故乡，素称“孔孟桑梓之邦，文化发祥圣地”，是国家级历史文化名城，新兴能源工业城市。2003 年末，邹城市行政区域总面积 1618.7 平方公里，总人口 111.96 万人，辖 14 个镇、3 个街道办事处、880 个行政村。近年来，邹城市牢牢把握发展第一要务，坚定不移地实施“工业立市、项目强市、调整兴市”战略，着力培植新的经济增长点，全面提升县域经济综合竞争力。2002 年邹城市社会经济综合指数为 57.45，居全国百强县第 45 位，比上年提升 3 个位次；居山东省第 4 位，比上年提升 1 个位次。其中发展水平指数居全国第 43 位，发展活力指数居全国第 171 位，发展潜力指数居全国第 533 位。

综合经济实力显著增强。2003 年，邹城市完成地区生产总值 190.88 亿元，按可比价格计算，比上年增长 19.1%，提高 3.9 个百分点。其中，第一产业增加值实现 15.38 亿元，增长 9.8%；第二产业增加值实现 110.95 亿元，增长 21.9%；第三产业增加值实现 64.55 亿元，增长 16.6%。产业结构不断优化，三大产业比例由上年的 9:56.8:34.2 调整为 8.1:58.1:33.8。

农村经济保持稳定增长。紧紧围绕农业增效和农民增收，加大对农村经济的投入力度，把农业结构调整的着力点转移到调优、调强、调高上，逐步形成了以蔬菜、林果、花卉、畜牧、水产养殖为主的主导产业，涌现出一批专业户、专业村和种养基地，探索出了一条市有特色、镇有强项、村有主业、户有专业的农业发展新路子，农村经济增长基础持续增强。2003 年，邹城市种植业总产值实现 14.12 亿元，林牧渔业总产值实现 14.41 亿元；种植业与林牧渔业结构比例为 49.5:50.5。2003 年，邹城市粮食播种面积为 113.55 万亩，实现粮食总产 47.93 万吨；蔬菜总产量实现 55 万吨，比上年增长 4.0%；油料作物总产量 6.4 万吨，比上年增长 14.3%；果品产量 3.2 万吨，比上年增长 28%。林业生产取得新进展。2003 年，邹城市造林面积达到 2172 公顷，全年新增农田林网 1340 公顷，森林覆盖率达到 15.6%，绿色通道达到 400 公里。畜牧业发展势头迅猛。2003 年，邹城市畜牧业总产值实现 12 亿元，比上年增长 20.0%。渔业生产稳步发展。2003 年，邹城市水产养殖面积 6.2 万亩，水产品产量实现 1.8 万吨。

工业经济效益质量同步提升。坚持“工业立市”不动摇，以深化企业产权制度改革激活发展活力，以技术改造增强企业持续发展能力，以工业园区建设集聚发展实力，邹城市基本确立了能源、化工、新型材料、机构制造、医药、纺织等主导产业，形成了一批具有较强竞争力的优势企业和名牌产品。现代工业体系基本形成，工业结构不断优化，竞争能力明显增强。2003 年，新增规模以上工业企业 11 家，累计达到 66 家。邹城市规模以上工业企业完成增加值95亿元,同比增长21.7%;完成工业总产值203.18亿元;完成产品销售收入221.5亿元,同比增长13.9%;完成工业利润20.91亿元,同比增长19.9 %;完成工业利税36.24亿元,同比增长52.6%。

民营经济发展后劲增强。坚持一手抓铺天盖地,一手抓顶天立地,积极推进民营企业体制改革,全力打造民营经济强势群体,民营企业规模不断壮大,龙头聚集效应凸显,发展后劲增强。一是民营经济对全市经济发展的推动作用越来越大,已成为国民经济新的增长点。2003年,民营经济完成增加值32亿元,同比增长58.4%;完成营业收入106亿元,同比增长61.3 %。二是民营经济对税收的贡献作用明显增强。2003年,民营经济完成上缴税金2.97亿元,同比增长60.6%,占地方财政收入的33.9%。三是民营企业规模不断扩大。2003年,共发展民营企业户数17291户,同比增长10.9%;资产总额达到48.7亿元,同比增长64%。四是民营企业出口创汇能力增强。2003年,民营企业完成出口总额29269万美元,同比增长180%。

三大需求拉动作用明显。一是投资需求适度增长,拉动作用明显加大。2003年,邹城市全社会固定资产投资完成78.6亿元,比上年增长33.3%。其中:基本建设投资36.7亿元,增长63.1%;更新改造投资18.5亿元,增长0.6%;房地产开发投资3.3亿元,增长135.7%;城乡私人建房3.5亿元,增长52.2%;农村投资13.7亿元,增长30.5%;其他投资2.9亿元。二是消费需求平稳增长,城乡集贸日趋活跃。2003年,邹城市社会消费品零售总额完成39.2亿元,比上年增长17.4%,其中市区完成28.3亿元,农村完成10.9亿元,同比分别增长17.3%、10%。批发零售贸易业完成30.7亿元,同比增长17.4%;餐饮业完成6.4亿元,同比增长14.7%。邹城市各类城乡集贸市场72处,其中超亿元商品交易市场1处。三是出口需求强劲增长,引资力度不断加大。2003年邹城市合同利用外资12172万美元,比上年增长441.9%;实际利用外资4669万美元,比上年增长673%;出口交货总值34亿元。招商引资取得突破性进展,2003年,邹城市共签订招商项目365个,其中过亿元项目10个,过5000万元项目33个,合同利用外资94.6亿元,实际到位资金31.52亿元。

交通运输、邮电通信业快速发展。2003年,邹城市客运量344万人,客运周转量6974万人公里,货运量1275万吨,货运周转量20732万吨公里。2003年末,邹城市拥有各类机动车10.7万辆,比上年增加8130辆。2003年,邹城市电信业务总量完成2.2亿元,比上年增长15%,交换机总容量已达18万门,城乡电话机用户13.8万户,小灵通用户1.7万户,电话普及率13.5%。

财政、金融、保险业全面发展。2003年,邹城市完成地方财政收入8.77亿元,同比增长24.7%;财政支出力度加大,完成地方财政支出9.45亿元,同比增长16.7%。2003年,邹城市各类金融机构存款余额119.3亿元,比年初增加26.8亿元;贷款余额80.9亿元,比年初增加9.8亿元;城乡居民储蓄存款余额79亿元,比年初增加14.1亿元。2003年,邹城市完成保费收入17337万元,增长37.6%,支付赔款案件4237件,支付赔款额1602万元。

城市建设日新月异。立足建设历史文化名城、现代工业新城,大力实施了旧城改造、亮灯工程、城市容貌和城镇化建设等城乡建设工程,不断加大基础设施建设投资力度,进一步增强要素集聚和辐射功能。在城镇化建设上,立求城镇组群的资源共享、功能互补;在基础设施建设上,重点是抓好道路交通、文化广场、教学设施、供水、供电、供气等公用事业的建设,城市建设提升到一个新档次。2003年,邹城市城市化进程率达到35%,建成区绿化覆盖面积907公顷,比上年增长10.2%,绿化覆盖率39%,人均公共绿地面积8.9平方米。年末城区道路总长度226公里,道路清扫保洁面积58000万平方米。

社会事业全面发展。加快科技创新和科技成果转化,2003年,邹城市共组织实施各类科技项目54项,获得各级科研成果48项,共受理专利申请56件,拥有民办科研机构45家,科技三项经费投入1143.5万元。优化配置教育资源,全面提高办学质量。2003年末,邹城市共有各类学校364处,其中:普通中学53处,小学231处。各类在校学生18.7万人,其中:普通中学70528人,小学84247人。幼儿教育有新发展,2003年末,邹城市拥有各类学前班及幼儿园73处,入园儿童14605人。卫生改革深入开展,医疗服务水平显著提高,农村新型合作医疗机制启动实施,农民就医条件明显改善。进一步巩固"两个确保",养老、失业、医疗保险覆盖面逐步扩大,社会保障工作不断加强。

人民生活质量水平稳步提高。2003年,邹城市职工工资总额25.13亿元,增长6.8%;在岗职工人均工资15806元,增长9.5%。农民人均纯收入达到3552元,增长7.2%。城乡居民居住条件进一步改善,农村居民人均居住面积达到31平方米,城镇居民人均居住面积不断增加。

党的十六大提出树立和落实科学发展观,推动经济社会全面、协调、可持续发展。围绕贯彻落实科学发展观,推动县域 经济持续、快速、协调、健康发展,邹城市坚持以邓小平理论和"三个代表"重要思想为指导,以全面建设小康社会和加快建设经济发达、事业繁荣、环境优美、社会文明的现代化中等城市为目标,以调整优化产业结构为主线,以深化体制改革为动力,以扩大开放招商引资为重点,加速推进新型工业化、农业产业化、经济成份多元化、城乡一体化和经济国际化进程,不断提升区域经济整体实力和综合竞争力。

*(一)以结构调整为主线,着力构筑产业发展新格局。*大力度推进结构调整,是近几年邹城市经济发展的一条主线、一大特色,已成为推动经济增长提速的最直接动力。抓住这条主线,按照"调优一产,调高二产,调活三产"的发展方向,着力构筑产业发展新格局。**一是强化农村经济五大产业体系建设,为农民增收注入活力。**培植壮大特色林果业。加快山区建设开发工程,重点抓好两大山系、两大基地的综合开发,建成以大枣、核桃为主的10个万亩经济林,被评为"全国经济林建设先进市";加快绿色通道、苗木、花卉、经济林基地建设,初步形成了"西部蔬菜、东部林果"特色化发展的格局。培植壮大高效种植业。全市建成了以优质专用小麦、出口大花生、无公害土豆为重点的4个万亩农业标准化生产基地;以中药材、食用菌为主的8处千亩以上高效农业示范方,发展特色大棚3160个。优质专用粮食、反季节精细瓜菜等特色高效作物逐步向区域化、规模化发展。培植壮大畜牧养殖业。突出发展食草畜禽和优质畜禽,大力搞好无公害畜产品基地建设,2003年,发展畜禽养殖大棚613个;肉类总产8.2万吨,比上年增长7.1%;禽蛋产量9.4万吨,比上年增长14.6%;奶类产量6652吨,比上年增长48.3%。培植壮大农副产品深加工业。实行农业产业化龙头企业贷款贴息政策,从企业管理、产品开发、市场营销等方面给予大力扶持,重点培植华都食品、万都木业、维维乳业等10家规模大、档次高、带动力强的农字号龙头企业,不断延伸农业产业链条。培植壮大农村劳务产业。建立健全各级组织协会和服务网络,加强对农村劳务转移的组织引导力度,加大对农民培训的投入,实现农村劳务输出由分散、无序向有组织、规范方向转变。**二是改造提升传统产业,推进新型工业化发展。**发挥基础和资源优势,加大对传统产业升级换代的改造力度,按照新型工业化要求,调整优化工业结构布局,构建了以高新技术为先导,主导产业为支撑,骨干企业为载体的新型工业经济格局。坚持从产品和项目抓起,强化企业创新能力,加快发展一批高成长性的优势产业;坚持以技改为手段,运用先进实用技术对重点行业、重点企业实施系统改造,培植壮大医药、纺织、煤、电、化工等几大优势产业;着力培植和发展了一批符合国家产业政策、产业关联度高、辐射带动作用强、市场前景产阔的高新技术项目,2003年,邹城市20家高新技术企业实现高新技术产业产值6.32亿元,同比增长31.4%,占地方规模以上工业企业总产值的19.4%。**三是加快发展新兴服务业,夯实流通经济增大基础。**服务业是现代经济发展的先导和主题,是社会运转的主要载体,是衡量产业结构高度化和城市现代化的重要标志。为了促进流通经济的提质增效,邹城市首先整合发展传统服务业。加快对传统服务业的改制重组,建立托运市场,发展连锁经营、物流配送,逐步推进信息网、采购网、配送网合一的流通体系建设。其次,大力发展新兴服务业。邹城市在扩展金融、保险、中介、咨询、社会服务等现代服务业领域上大做文章,积极推进教育、科技、体育等服务业市场化、产业化发展步伐。重点围绕多种消费群体的不同需求,积极发展多种便民服务业,逐步实现经营开发类事业由"政府办"向"社会办"转变。再次,大力发展现代物流业。采取联建联营的方式,建立以东方圣都副食商城、义乌商贸城等为依托,设施先进、功能完善、管理规范的物流基地,整合资源,聚集功能,加快现代物流产业发展。第四,深度开发旅游资源。邹城市把旅游业作为一个优势产业来抓,全面整合旅游资源,以两孟文化区、峄山风景区为龙头,进一步加强旅游基础设施建设,加大与旅游热销城市的挂靠联合,不断培植壮大旅游产业。2003年,全市共接待国内外游客160万人次,实现旅游业总收入2.8亿元,其中直接收入8900万元。

*(二)以抓大扶优为重点,着力培植经济增长制高点。*坚持"抓大、扶强、引办、活小"的发展思路,

以加大投入、转换体制、创新技术为手段，着力培植经济增长制高点。**一是加快培植工业支柱产业。**充分发挥能源优势，依托驻地企业兖矿集团和里能集团，规划建设了两个高载能产业区、一个煤化工产业区，拉长资源加工产业链。北宿产业区投资30多亿元的电解铝项目已投产运营；里能产业区重点建设50万吨的甲醇、10万吨金属硅、6万吨生产规模的电子级玻璃纤维等投资规模大、科技含量高、发展前景广阔的项目。**二是做大做强骨干企业。**一方面，积极与国内外大企业搞好联合对接，抓住优势产业，引进先进技术，做大做强煤电产业，形成以煤养电，以电带产，煤、电联产一体化的经营模式。另一方面，通过实施“内合、外扩、联强”战略，先后以5家骨干企业兼并租赁了21家中小企业，3家企业对外实施了跨区域联合经营，无名啤酒、峄化集团分别实施了与燕京集团、兖矿集团的联合重组，拉动了工业经济的持续增长和整体运行质量的不断提高。**三是实施大项目带动战略。**按照大投入、大项目、大发展的思路，以项目为载体，以提高产品技术档次和高附加值为目标，加大资金投入，佳华生物科技、科澳铝业、里能维维乳业等一批项目档次高、投资规模大、带动作用强的高大外项目已竣工投产，增强企业的发展后劲。

*（三）以载体建设为依托，着力构筑经济发展新平台。一是实施园区带动战略，搭建招商引资平台。*园区是聚集生产要素、优化配置资源、培植主导产业的重要载体，是区域经济竞争的平台，是吸引外商投资的乐土。按照高起点规划、高效率开发、高标准建设、高效能管理的要求，大力推进省级经济开发区－邹城经济开发区和里能工业区的深度开发和资源整合，不断提升发展规模和档次，形成区域布局合理、设施配套完善、资本高度集聚、产业特色鲜明、生态环境优美的现代开发区和产业聚集区。2003年，邹城经济开发区累计入区项目89个，总投资47.53亿元，完成固定资产投资24亿元，合同利用外资1.12亿美元，实际利用外资1620.3万美元。2003年，里能工业园区入园项目8个，总投资11.8亿元，实际到位资金3.3亿元，利用外资项目2个，合同利用外资152万美元，实际利用外资122万美元。初步形成了以生物技术、新材料、化工、纺织、冶金等为主导产业的发展框架。**二是着力构建现代化中等城市框架，提升城市辐射带动能力。**坚持新区开发与旧城改造同步推进，城市建设与农村基础设施建设协调发展，全力加速城市化进程，努力创造设施配套、功能完善、环境优美、舒适方便的人居和发展环境。突出规划龙头作用，优化空间布局，实现城市资源的科学配置。坚持高点定位，长远规划，科学布局，加大城市基础设施建设力度，金山大道、名泉路东段、平阳路东段三条主干道路全面竣工，三纵四横交通网络独具特色。规范管理机制，城市综合管理水平进一步提高。建立了与城市发展相适应的社区管理体制和运行机制，启动实施城市管理综合执法，广泛开展爱国卫生和环境卫生综合整治，创建天蓝水绿的生态城市。加快建设功能完善、产业聚集的小城镇建设，推进城乡一体化进程。坚持组团式开发、分散式整合、科学化经营，对邹西经济基础条件较强的镇加快工业区建设，增强项目新能力，形成工业发展聚集区；对邹东经济条件较弱的镇，加快经济林示范区建设，形成特色农业开发区。

*（四）以优化环境为手段，着力营造经济发展“洼地”效应。*环境就是品牌，就是资源，就是财富，就是生产力，就是竞争力。为了给经济社会发展营造一个良好的“洼地”效应，邹城市把优化环境作为发展的“生命线”来抓，以优化软环境建设为突破口，着重在提高服务效率和提升服务功能上下功夫。在人文环境上，强化社会信誉建设，全力打造“诚信邹城”，树立亲商、爱商、富商、安商理念，营造尊重知识、尊重人才、尊重劳动、尊重创造的良好氛围。在服务环境上，狠抓职能转变和作风改进，全面加强政府自身建设，大力创建学习创新型、依法行政型、责任落实型、廉洁服务型、政务公开型政府，坚持做到立党为公，执政为民。在法制环境上，全面推行行政执法责任制，严格执行错案追究制，加大普法宣传教育，创新地方立法工作机制，坚持做到依法行政。

中国金都·山东招远

——招远市县域经济发展概况

中共招远市委　招远市人民政府

招远，取义“招携怀远”，蕴含“招唤远方客人，广纳八方英才”的理念，地处山东东部，汉时建制，唐代设镇，公元1131年升镇为县，1992年撤县设市。全市总面积1433平方公里，辖10个镇、3个街道办事处、1个省级经济开发区，总人口59万。

改革开放以后，招远市两个文明建设取得了辉煌成就，率先跨入了全国农村综合实力百强县行列，成为山东省首批小康市。1984年经中国国务院批准，成为首批对外开放的城市。2003年，全市实现生产总值132亿元，地方财政收入4.3亿元。先后荣获国家卫生城市、全国环境保护模范城市、全国文化工作先进城市、全国科技工作先进市、全国体育先进城市等荣誉称号。自1991年以来，连续五届被评为山东省精神文明建设工作先进市。

招远交通发达，地理优势十分明显。东临烟台港，北靠龙口港，南靠青岛港、胶济铁路，150公里范围内有3个国际性机场，境内有五条省际干线穿过，所在的胶东半岛与辽东半岛及京津地区隔海相望，共同构成环渤海经济圈的战略门户。同时，又是连接中国东北地区和东南沿海的交通枢纽。

招远以盛产黄金而驰名中外，是全国产金第一大市。早在宋代便形成一定的开采规模，有“金穴数百处，岁溢数千两”的记载。建国以后，尤其是改革开放以来，通过实施科技兴金发展战略，招远黄金生产蓬勃发展。现有黄金矿山122座，独立黄金选矿厂92座，黄金冶炼厂5个，黄金精炼企业1家，黄金机械企业50多家，金银饰品加工企业10余家，上海黄金交易所招远黄金交割库1座，初步形成了集黄金勘探、采选、冶精炼、金银制品加工及黄金机械、黄金化工、黄金旅游、设计研究等于一体的综合性产业体系，实现了由黄金大市向黄金强市的跨越。2002年元月，招远被中国黄金协会命名为“中国金都”。2003年，全市完成黄金产量100多万两，占全国黄金总产量的1/6，现探明黄金地质金属储量达300多吨，远景储量500余吨，约占全国黄金总储量的1/8。

招远物产丰富，是“龙口粉丝”的发源地和主产区。粉丝加工距今已有三百多年的历史。生产的龙口粉丝以丝条细均、光亮透明、质地柔韧、口感好和耐煮沸等优点而饮誉海内外。目前，全市年产粉丝20多万吨，远销亚洲和欧美等56个国家和地区，年创汇3000多万美元，占全国粉丝出口总量的85%以上。招远在全国率先引进并发展了红富士苹果，成为全国种植面积最大，产量最高，质量最好的市(县)之一，被誉为中国红富士苹果之乡。现有果园39万亩，年产优质果品3.5亿公斤，加工能力14.5万吨，红富士苹果及其加工产品畅销海内外。同时，招远还盛产板栗、柿子、梨、桃、大枣、樱桃等干杂果。

招远工业门类齐全，发展前景广阔。全市现有工业企业1400多家，形成了以黄金、汽车零部件、电子、化工、建材、食品、机械、轻纺等八大行业为支柱的工业生产体系，主要工业产品达6000多种，其中130多种产品销往世界50多个国家和地区。2003年，全市规模以上工业实现销售收入270亿元，利税31亿元，利润23.6亿元，完成技改投入15.9亿元。

招远统筹城乡发展，农业和农村经济保持了良好的发展态势。2003年，全市实现农业增加值8.9亿元，农民人均纯收入4630元，农副产品加工企业达到197家，年加工能力75万吨，有1户企业被列为国家级龙头企业，2户企业被列为省级龙头企业，毕郭农产品批发市场被列为全国定点农产品批发市场，10家农产品加工龙头企业获得国家绿色食品或无公害产品认证，20家企业获得国际质量体系认证，规划建设标准化生产基地5万亩。近年来，招远市围绕改善农村基本生产生活条件，不断加大对“三农”的投入。先后投资2.6亿元实施了农村公路改造工程、人畜饮水解困工程；2003年取消了农业特产税，2004年在农业税降低3个百分点的基础上，一次性取消了农业税附加；市镇两级每年还向农村转移支付1000多万元。

招远具有得天独厚的旅游资源。距著名旅游景区蓬莱阁40公里，崂山风景区80公里，南山高尔夫球场20公里。境内有亚洲最大的金矿和众多现代化矿山，保存着许多历史采金遗址和相关设施，是天然的黄金生产历史博物馆；天然温泉“热不下遵化，名不亚骊山”，水温高达97摄氏度，含有20多种矿物质和微量元素，对治疗多种疾病均有显著疗效；罗山国家森林公园是胶东半岛保护较为完好的一处生态林自然保护区，山脉连绵横陈，傲然俊拔，山势陡峭，怪石嶙峋，霞披云绕，敷黛藏碧，有秋千柱、滴水崖、班仙洞、莲花盆等名胜，被国家旅游局命名为“AA”级旅游风景区；沿海30多华里的浅海滩涂，水净沙白，是天然的海水浴场，渤海岸边的“滨海度假村”是炎夏避暑和旅游度假的好地方。近年来，招远市整合黄金、温泉、生态、滨海四大旅游资源，初步形成了以“中国金都，神秘之旅”为主题的四位一体大旅游发展框架。

招远基础设施完备，承载能力较强。围绕建设现代化、开放型、花园式城市，招远市对城市进行高标准规划和建设，突出“大水面、大绿地、大空间”的城市特色，展现了蓝天、碧水、绿脉的城市新形象。目前，城市建成区面积22平方公里，城市人口20万人，城区道路总长134公里，形成了“五纵六横一外环”的城市交通框架。城市绿化覆盖率、绿地率分别达到了39.9%和31.2%，水、电、暖、通讯等基础设施配套完善。在加强城市基础设施建设的同时，招远市以打造“诚信金都”为目标，深入开展行政审批及收费、罚款制度改革，实行“一站式”服务和“一条龙”办公，经济发展环境非常优越。

统筹社会经济发展 建设区域经济强市

中共蓬莱市委　蓬莱市人民政府

蓬莱市位于胶东半岛最北端，濒临渤黄二海，是我国沿海最早的对外开放城市之一。全市辖7个镇、5个街道办事处、1个省级经济开发区，总面积1128平方公里，人口45.2万。

蓬莱是著名的海滨风景旅游城市，拥有“海市蜃楼”奇观和“八仙过海”美传，有山海自然风光和百里黄金海岸，素以“人间仙境”著称于世。

蓬莱是重要的港口城市，蓬莱港旧称登州港，与泉州、扬州、交州并称中国古代四大古港，近代又成为中国四大通商口岸之一。目前拥有3处港口，2个国家一类对外开放口岸，4个万吨级以上泊位，2个5万吨级泊位，年吞吐能力2000万吨，开通了至日本、韩国等14个国家和地区的航线。

蓬莱是著名的历史文化名城，境内有驰名中外的中国古代四大名楼之一的蓬莱阁，有迄今保存最完整的中国古代水军基地—蓬莱水城，均属国家重点文物保护单位。

蓬莱资源丰富，是全国第三产金大县、海洋水产经济大县和全国优系红富士、优质酿酒葡萄重要产区。储量达6亿吨的全国最大海上整装油田蓬莱19—3油田，距蓬莱仅39海里。

近年来，蓬莱市大力实施“抢抓机遇，巧借外力，膨胀总量，跨越发展”战略，经济和社会各项事业迅猛发展，综合实力快速提升。2003年，全市实现国内生产总值106.6亿元，地方财政收入4亿元，全社会固定资产投资75.5亿元，城镇居民人均可支配收入8661元，农民人均纯收入4417元，比上年分别增长23.7%、40.4%、154.9%、12.8%和7.5%。

调整经济结构，膨胀主导产业。蓬莱市立足县域经济发展实际，始终坚持“有所为，有所不为”的发展思路，以发展特色经济为目标，大力调整产业结构，形成了临港工业、大旅游、葡萄及葡萄酒、汽车及零部件加工四大主导产业。2003年，四大主导产业提供税收占全市70%以上，三次产业比为10.5∶54.2∶35.3，全市规模以上工业实现增加值54.9亿元、利润11.9亿元、利税18.8亿元，分别比上年增长45.9%、116.2%和95.4%。以能源、石化、造船、钢铁及建材为主的临港工业迅速崛起，开工建设了140万吨薄板基地、150万吨康达水泥、100万吨沥青加工和40万吨高级润滑油、1400万平方米建筑陶瓷和60万件高档洁具的信益陶瓷以及来福士造船、东海热电、渤海造船等投资2亿元以上项目30多个；以休闲度假旅游、健康教育、商贸为主的大旅游业长足发展，开工建设了海洋大世界、利群购物广场、天伦度假旅游、妈祖文化艺术公园等投资过亿元的项目7个，全市旅游景点达到40多处，门票收入8000万元，旅游业综合收入10亿元；葡萄及葡萄酒业形成规模优势，汇集了中粮长城、天津王朝、新天国际、金六福香格里拉、大连万达、安徽古井、香港华鲁、法国露熙、菲律宾康达等国内外著名品牌企业，葡萄种植面积7万亩，葡萄酒年生产能力 6 万吨，干酒产能、产量均居全国县级第一；汽车及零部件加工业加速扩张，一汽山东汽车改装厂、万寿机械等骨干企业进一步壮大，利税分别超过 1 亿元和 5000 万元，新引进顺达特种车等项目 10 个，全年实现产值 18.5 亿元、利税 2.1 亿元，生产各类改装车 6500 辆。同时，黄金产量 16.2 万两，利税 1.7 亿元。

强化招商引资，扩大对外开放。2003 年，蓬莱市始终坚持扩大开放、借力发展，全方位启动主体，健全招商队伍，聚焦重点区域和产业密集区，推行全员抓信息、专业抓洽谈、领导抓推动、服务抓跟进的全过程招商，蓬莱外向型经济实现了历史性跨越。从数量上看，全市共引进境外项目 74 个，合同利用外资 4.18 亿美元、实际利用外资 2.01 亿美元，分别增长 92.1% 和 69.5%，总量均居烟台市各县市区第 2 位。从质量上看，投资过千万美元项目 40 个、过 5 亿元项目 12 个。从结构上看，全市 62% 的外资集中在四大产业，33% 的外资进入了旅游、农业种植加工、商贸流通、教育、娱乐等非工业领域。同时，全市出口创汇 1.53 亿美元，增长 29.7%。

加快城市建设，优化投资环境。蓬莱市立足现代化海滨生态旅游城市定位，突出旅游、文化、港口和生态四大特色，着力打造“人间仙境”和“国际和平城”两大城市品牌。2003 年，高起点规划城市中心区和东城区、西城区，形成“一体两翼”的城市格局，建成区详规覆盖率达到 90%。加快基础设施建设，完善城市功能。先后开工建设 9 条重点市政道路和城区调水、城市集中供热、供气等工程，新港 5 万吨货运码头、栾家口港 5 万吨原油码头建成投入使用，栾家口港通过国家一类开放口岸验收，成为山东省“十五”期间唯一被国务院批准开放的港口。进一步优化服务环境，全面落实专人跟踪服务、纳税人评议政府职能部门、企业投诉、涉企收费登记卡和服务承诺等制度，机关工作效率、服务质量明显提高。

统筹城乡发展，增加农民收入。把统筹城乡发展作为解决“三农”问题的长期性、根本性措施来抓，大力发展农业标准化、产业化和农村城市化，推动农民增收、农业发展、农村社会全面进步。推进农业标准化。以提高农产品质量和效益为核心，大力实施标准化生产，优化农业结构。新引进各类优质品种 12 个，全市优质果率达到 65% 以上，完成远洋渔获量 4 万吨，全市果品、水产、畜牧收入分别达到 10 亿元、22.3 亿元和 8 亿元。推进农业产业化。重点扶持“农字号”龙头企业，加快引进农产品加工项目，促进农业生产链条式、工业化，加速农业经济向工业经济转变。重点扶持一批葡萄酒项目和民和牧业、三和食品、鑫园保鲜等龙头企业扩大生产，新引进各类农业企业 38 家，水产品加工 15 万吨，肉食鸡加工 3.5 万吨，果品储藏保鲜 8 万吨。推进农村城市化。按照城市建设标准，调整完善城镇规划，加大城镇基础设施、环境建设力度，各镇控制性详规覆盖率达到 35% 以上，水、电、路、讯和公益设施配套。推进户籍制度改革、农民培训、社会保障等配套措施，加快农民向市民的转变，年内转移农村人口 3 万人。

发展社会事业，推动全面进步。广泛开展精神文明创建活动，市民素质进一步提高，社会风气文明祥和。积极发展教育事业，推行素质教育，启动高等教育，人民大学传媒学院等三所大学进入筹建阶段。推进科技进步，成为国家级星火技术密集区，顺利通过国家科技先进市考核。完善社会保障体系，农村社会养老保险覆盖率 95%，城镇职工养老、医疗保险覆盖率 97%。加快医疗卫生事业发展，健全了乡村三级医疗卫生网络，建立了公共卫生突发事件应急处理机制，“一级乙等”以上医院占 86.4%。环境保护工作名列全省前茅，各项环境质量指标均达到国家环境功能区划标准，顺利通过了全国灭四害先进城市考核验收。计划生育工作连续第 15 年获烟台市人口与计划生育目标考核一等奖，被授予全省计划生育优质服务先进县称号。大力发展文化事业，形成以仙境文化、港口文化、精武文化、海洋文化为代表的蓬莱特色文化；积极开展社区文化、企业文化、校园文化和乡村文化活动，每年组织各类大型文艺演出 60 场次以上。特别是一年一届的“中国·蓬莱’和平颂’国际青少年文化艺术盛典”，吸引十多个国家和地区的数万青少年会聚蓬莱，使蓬莱成为了一座名符其实的“国际和平城”。

发挥优势 挖掘潜力 不断发展壮大县域经济

中共巩义市委　巩义市人民政府

巩义市地处河南省中部，位于省会郑州与古都洛阳之间，南依嵩山，北濒黄河，是诗圣杜甫的故乡，全市总面积1041平方公里，耕地面积50.7万亩，1991年撤县建市，辖16个镇、5个街道办事处、290个行政村，总人口78.9万人。2003年，全市GDP完成150.0亿元，比上年增长20.2%。财政收入完成10.2亿元（全口径），其中地方财政收入完成5.2亿元，比上年增长43.4%；全社会固定资产投资完成50.8亿元，比上年增长80.9%；社会消费品零售总额达到43.5亿元，比上年增长13.1%；城乡居民储蓄存款余额达到58.6亿元，比年初增长16.1%；城镇居民人均可支配收入达到7054元，比上年增长15.1%；农民人均纯收入达到4143元，比上年增长11.2%。1992年以来，连续六届进入全国百强县（市）行列，连续12年在全省综合经济实力排序中位居第一，被誉为“中原第一县”。

一、巩义市经济发展概况

回顾巩义经济的发展历程，可以分为四个阶段。**第一阶段（1978年以前）为起步阶段。**二十世纪60年代，巩义市从“五小工业”起步，办起了社队企业，到70年代已初具规模。巩义市回郭镇“围绕农业办工业，办好工业促农业”的发展经验，被毛泽东同志誉为“伟大的光明灿烂的希望”。1977年，全市社队工业已发展到606家，产值占当年工农业总产值的81.1%。**第二阶段（1978年至1991年）为发展阶段。**十一届三中全会后，巩义市乡镇企业异军突起，个体工业发展迅猛，到1991年，全市工业企业达到8093家，工业产值占工农业总产值的94%。**第三阶段（1992到1997年）为壮大阶段。**1992年邓小平南巡讲话发表以后，巩义市经济在三次思想大解放中驶入发展的快车道。1992年提出了工农业总产值“创百亿”的口号；1994年“创百亿”目标实现后，确立了工农业总产值“三年二百亿”的目标；1997年提出了建设“工业大市、强市”的战略构想，1997年，全市GDP实现72亿元，老口径财政收入完成4.6亿，全市所有乡镇工农业总产值均超亿元，其中超10亿元的镇7个，产值超亿元的村43个，超亿元的企业15个。**第四阶段（1998年以后）为提高阶段。**国有集体资产从竞争性领域全面退出，强力推进所有制结构创新，加快工业经济的民营化步伐，全市掀起了发展“民营+科技”经济的热潮。2003年，全市非公有制经济完成增加值95.8亿元，占当年GDP的63.9%；上缴税金6.2亿元，占市镇两级税收的47%。

二、巩义经济发展所具有的优势潜力

1. 工业资源丰富，品种齐全

巩义市矿产资源丰富，品种较多，探明储量的有28种，已开采来利用的有21种，且分布广、储量大、易开采，其中煤炭、铝矾土、耐火粉土、高岭土、紫砂陶土、白云石、石炭石等都是工业经济发展的重要原料，为巩义经济发展提供了基础资源，巩义早期工业的起步与发展就是依靠丰富的矿产资源支撑的。至目前，巩义市已形成了以重工业为主，轻工业为辅，国有企业、集体企业、股份制企业、私营企业及港澳台企业、外资企业等多种经济成份并存且门类相对齐全，结构较为合理的工业体系，在全部40个大类的工业门类中，巩义市就占了26个。

2．历史悠久，名胜众多，旅游资源丰富

巩义市地处中原腹地，历史悠久，是中华民族的重要发祥地之一，境内有裴李岗，仰韶和龙山等多处文化遗迹，河图洛书、修坛沉璧、太极八卦、帝王祭天、嫦娥奔月、后羿射日、洛神赋、桑林祷雨等均发生于此。夏代曾在此建都，西周、春秋称巩佰国，战国称东周。全市共有各级文物保护单位愈百处，其中北宋皇陵、黄河洛河汇流处的北魏石窟寺、唐代三彩窑遗址，康百万庄园等都为国家级重点文物保护单位，市区以北笔架山下的杜甫故里，是世界文化名人诗圣杜甫的诞生地，市区东南的浮戏山雪花溶洞，冰雕玉琢，姿态万千，被誉为“中国北方第一溶洞”。巩义市以此为契机，建成了全省一流的巩义博物馆，推出了旅游专线，并被确定为省级历史文化名城，带动了全市第三产业的飞速发展，2003年，巩义市第三产业增加值达到35.6亿元，比上年增长12.1％。

3．交通便利，通讯发达，区位优势突出

巩义市位于郑州洛阳两大城市之间，东距河南省会郑州82公里，西距“九朝古都”洛阳76公里，陇海铁路、310国道、连霍高速公路穿境而过，6条铁路专用线和陇海铁路相接，焦作至巩义黄河大桥贯通南北，巩义至登封高速公路正在筹建之中。全市镇镇通柏油路，村村通公路，全市通车里程已达到1361公里，基本形成了铁路、公路兼备，以国道、省道为骨架，市、镇道路贯联的较为完善的交通运输网络。通信事业发展迅速，2003年，全市电话机数量达到36.9万部，其中，固定电话发展到18.3万部，手机数量达到18.6万部，在全省处于绝对领先地位。

4．工业基础较好，经济发展迅速

丰富的资源，便利的交通为巩义经济的发展提供了得天独厚的条件，从上世纪60、70年代社队企业起步，到80年代乡镇企业异军突起。到90年代的发展壮大，再到1998年以后民营经济的突飞猛进。经过近40来的发展，巩义市已形成了以工业为主体，以民营经济为主力的较为完整的产业体系。经过结构创新和技术改造，巩义市属产业已由上世纪70年代生产煤，到80年代以煤发电，到90年代以电炼铝及2000年以来对铝进行深加工，终端产品的出现，到豫联、永安、鑫旺等大型企业集团的涌现，传统产业不断焕发活力。规模逐渐壮大，支撑作用进一步增强。截止2003年底，全市工业企业数量达到近万家，从业人员近20万人，占全市劳动力人数的50％以上，生产的产品达到2000余种，熟练技术工人达到10000人左右。规模以上工业企业达到308家，资产总额达到171.4亿元，实现工业增加值64亿元，比上年增长33.3％。

5．科教兴市力度大，专业技术人才优势明显

巩义市是国家科技部确定的4家全国科技示范区之一，并获“全国科技进步先进县（市）”和“全国科技实力百强县（市）”称号。巩义市始终把科技进步作为经济发展的第一动力，2000年以来，连续举办了三届上万人参加的科技项目暨技术成果洽谈会，并与中科院在全国建立了首家院地合作关系，组成了政府科技顾问团，组织了“百名博士巩义行”活动，聘请51名博士为巩义行业发展顾问，定期为巩义经济发展把脉，利用期权、高薪等形式，引进聘用高科技人才5000多名，初步形成了市、镇、企业三级专家顾问组织体系，核心竞争力进一步增强。建立了5个科技园区，28个产学研基地，高新技术企业达到15家。全市具有中级以上职称的专业技术人员达到6300多人，全市各类学校数量达到700余所，高中毕业人数达到4000人左右，由台湾著名教育界人士王光亚先生投资兴建的成功大学已基本建成，2004年9月份即可进行招生。

三、巩义市加快经济发展的一些主要做法

改革开放以来，巩义市社会经济得到了飞速发展，但是，跳出河南看巩义，与沿海发达地区相比，还存在着较大的差距。因此，在工作中巩义市始终强调强化机遇意识，增强发展的紧迫感和责任感，把全市上下的思想统一到加快发展、率先发展、协调发展上来，把行动落实到全面建设小康社会，率先基本实现现代化的进程中，坚持“三个集中”（即工业向园区集中，人口向城镇集中，土地向规模经营集中），抓好“八个一百”（即百家重点企业、百项重点工程、百项城镇建设项目、百项招商引资项目、百家信息化建设单位、百项工业技改项目、百家改制企业、百家污染治理企业）的贯彻落实，促进了全市经济持续、快速、健康发展。

1. 坚持工业的主体地位不动摇

县域经济的支柱是工业化，抓住了工业化，就扭住了县域经济工作的“牛鼻子”。多年来，面对土地贫瘠、十年九旱、农业条件较差的基本市情，巩义坚持跳出“农”字找出路，充分发挥资源、区位、产业基础优势，坚定不移地走“工业兴市”、“工业强市”之路。无论在哪个发展时期，都始终把工业经济放在主体地位，牢牢攥在手中，通过狠抓工业经济，增强综合经济实力，促进“三农”问题的解决。2003年，巩义市实现工业增加值103.3亿元，占当年GDP的68.9%，全市工业企业发展到近万家，其中，企业集团25家，上市企业2家，纳税超千万元的企业10家，超5000万元3家，超亿元1家。巩义市工业主要涉及耐火材料、煤炭电力、金属冶炼、水泥建材、化工化纤、机械制造和电线电缆等7大行业，基本上形成了三大特色群体：**一是煤电铝行业群体**。2003年，全市原煤产量达到288.4万吨，年发电总量达到15.6亿千瓦时，铝锭产量达到17.7万吨，铝制品产量达到15.3万吨。**二是耐材行业群体**。全市共有规模以上耐材企业74家，年产量达到127.7万吨，占全国耐火材料产量的三十分之一，是我国耐材的主要生产基地之一。**三是新兴行业群体**。如水刺无纺布、石杉碱钾、高容量光盘、纳米陶瓷、多媒体电缆等均已形成现实生产力，逐步成为最具发展潜力的新兴产业。2003年，全市工业企业上交国家税金达到7.1亿元，占全市税收总额的92%。据不完全统计，全市从事二、三产业人员20多万人，其中农民工13万人左右，约占农村劳动力的65%。近五年来，农民人均纯收入年均增速达10%，农民非农收入占纯收入的比重达75%。

2. 狠抓机制创新，主攻民营经济

县域经济的活力在民营，没有民营经济大发展、大提高，就没有县域经济的大突破。基于此，巩义市坚持以全民创业为动力，始终把民营经济发展作为主攻方向，加快形成经济自主增长机制。一方面，积极实施“公退民进”战略，把发展经济与国有集体企业改制和公用事业改革相结合，千方百计激活民间资本；另一方面，不断加大“扶优扶强”和科技创新力度，大力发展“民营 + 科技”型经济，积极引导和扶持民营经济做大做强。止2003年，民营企业发展到9000多家，民营企业工业增加值占GDP的比重达到60%以上，非公有制经济近年来都保持了20%以上的增长速度；全市近千家市属、镇办、村办企业通过改制实现了“公退民进”，盘活存量资产35亿元；上千家企业与科研院所建立了合作关系，开发各类新产品500多项，填补国家和省内空白31项。目前，规模以上工业企业308家中，销售收入超10亿元的企业3家，超亿元的企业33家，9家企业跻身全省非公有制工业企业100强。

3. 坚持开放带动，借力发展

内陆县域经济的发展受制于资金、人才、项目等问题，这些制约瓶颈单靠自身的力量难以解决，必须“跳出县域谋划县域，走出县域发展县域”，不断扩大开放，广借外力。多年来，巩义市坚持“巩义以外都是，内资外资一齐抓”，千方百计引资、引才、引项目。2003年，全市引进项目120多个，实际利用内外资24亿元，占全市固定资产投资的48%。全市目前引进和长期聘用各类中高级人才5000多人，其中享受国务院特殊津贴的专家和博士158名。外来资本的植入、外来人才的引进，优质项目的实施，不仅带动了产业结构的优化升级，而且促进了经营理念和发展模式的转变。职业经理人、专家教授治企已成为时尚，竹林众生、中孚实业成为上市企业；香港东英集团成功收购市豫联集团国有股，为总投资55亿元的工业园区项目提供了有力的资金保障；市二电厂先后与香港华懋、美国太平洋顶峰公司、天津中迈合资合作，实现了三次跨越，资产由1000多万元膨胀到12.8亿元；国家级教授等10名高科技人才的加盟，使河南永通特钢公司成为拥有自主知识产权的新型企业。

4. 坚持工业化和城镇化互促互动，实现城乡协调发展

建设农村必须繁荣城镇，发展农业必须发展非农产业，富裕农民必须减少农民，这是解决“三农”问题的根本途径。多年来，巩义坚持以工业化带动城镇化，以城镇化促进工业化，初步实现了城乡、镇村、经济与社会的协调发展。一是中心城市与小城镇互动发展。以建设现代化中等规模城市为目标，实施了新区开发，加大了老区改造和小城镇建设力度，调整了行政区划，加快撤镇建办、迁村并镇、撤村建镇步伐，初步形成了以市区建设为中心，四个组团为支撑，三个副中心为辅助的城镇互动发展格局。目前，市区控制区面积达到55平方公里，人口达到22万。二是产业聚集与镇村互动发展。聘请清华大学编制了《巩义市产业发展战略布局规划》，进一步加快产业布局结构调整，以产业的聚集带动

了人口向城镇集中和土地向规模经营集中。目前，全市建成工业园区 14 个，进驻企业上千家。巩义市竹林镇工业经济的迅速膨胀，不仅实现了农村劳动力的全部就业，而且还吸纳外来务工人员 1 万多人；鑫旺集团规模的不断扩大，加速了镇村土地经营集约化、农民职业化、农村城镇化进程，实现了农民就地变居民、农村就地变城镇。三是经济与社会互动发展。全市养老保险、城市低保、农村特困户救助实现全覆盖、农村新型合作医疗覆盖面达到 90%以上。2004 年开始，巩义市将率先全部免征农业税。自 2000 年以来，全市用于污染治理的投资达 1.5 亿元，用于教育基础设施的投资达 5 亿元以上，投资 1.2 亿元的新巩义二中已建成并开始招生。目前，全市每年毕业的高中毕业生已供不应求，鑫旺等大型企业已开始自办高中，2006 年全市将普及高中阶段教育。

5. 狠抓环境创新，努力增创县域经济发展新优势

环境就是生产力，哪里的环境优，生产要素就会向哪里聚集，先进生产力就会在哪里出现。近年来，巩义市在抓好硬环境建设的同时，坚持以硬措施抓软环境建设，靠一流的环境发展一流的经济。强化“政府就是服务”的意识，深化行政审批制度改革，建成了行政审批服务中心和信息服务中心，审批事项由原来的 1111 项精简到 140 项，精简幅度达 87%，并实行并联审批和网上审批，增加了政府工作透明度，行政效率和服务水平也明显提高；以建设“信用巩义”为目标，开通了巩义诚信网，完善了企业、个人信用制度，并成立了优化经济发展环境综合执法大队，加大“四乱”治理力度，初步形成了规范有序的市场环境；启动“生态巩义”工程，掀起了全民绿化和污染治理高潮，先后关闭重污染企业 65 家，停产治理 176 家，限期治理 548 家，工业污染源基本实现达标排放。加快“平安巩义”建设，狠抓各项信访稳定责任制和安全生产责任制的落实，社会大局保持了基本稳定。

（执笔：崔炳伟 吴大勇）

创新 开放 实干
加快建设山水园林型的
现代化中等工贸城市
实现长兴经济社会发展新跨越

中共长兴县委　长兴县人民政府

【概况】 长兴位于浙江省湖州市西北部，与苏、皖两省接壤，东临太湖，西倚天目。全县面积1430平方公里，辖10镇6乡，现有人口62万。

长兴文化源远流长，底蕴深厚。早在公元前就演绎了颇具特色的吴越文化。长兴是陈朝开国皇帝陈霸先的故乡。茶圣陆羽在长兴写就了旷世巨作《茶经》。明朝吴承恩在长兴县丞任上为写作《西游记》积累了大量素材。长兴民间艺术蓬勃发展，有代表国家出访东南亚各国的民间艺术奇葩“百叶龙”，有仙山宗教文化和被列为世界地质遗产命名为“金钉子”的长兴灰岩保护区等文化遗址。

长兴交通发达，区位条件十分优越，是浙苏皖地区的一个重要的交通枢纽，自古以来被称为“三省通衢”。地处长江三角洲中心，距上海、杭州、南京、宁波、苏州、无锡、湖州、嘉兴等大中城市均在200公里以内。两条国道（104国道、318国道）、两条高速（杭宁高速公路和正在建设的申苏浙皖高速公路）、三条铁路（宣杭铁路、长牛铁路、新长铁路）和一条航道（长湖申运河）横贯境内，四通八达。

长兴资源广博，物产丰富。长兴名特优新产品十分丰富，有闻名海内外的“太湖四珍”：银鱼、白壳虾、鲚鱼、大闸蟹；有久负盛名的“长兴四宝”：银杏、栝楼、青梅、板栗；有令世人称绝的“品茗三绝”：紫笋茶、紫砂壶、金沙泉等。长兴旅游资源独特，有34公里的太湖湖岸线；有世界稀有的“金钉子”地质遗迹；有全球罕见的古银杏长廊和扬子鳄保护区。

近几年来，长兴县全面实施“工业立县、开放兴县、科教强县、城市化和可持续 发展”五大战略，经济社会持续健康协调发展。先后获得全国科技进步先进县、全国综合治理先进县和浙江省小康县、教育强县、省级文明城市、文化先进县、全国卫生县城等荣誉称号，并跻身全国基本竞争力百强县、全国综合实力百强县行列。

2003年，长兴县以“三个代表”重要思想和党的十六大精神为指导，围绕加快建设山水园林型的现代化中等工贸城市，全面实现小康社会目标，把发展作为第一要务，把工业作为第一方略，把开放作为第一动力，创新工作方法，优化发展环境，狠抓工作落实，推进了全县经济跨越式发展和社会全面进步。

国民经济健康快速发展
综合实力进一步增强

2003年全县实现生产总值108.07亿元，比上年增长16.3%。财政总收入10.32亿元，比上年增长50.98%，增幅列全省第一，排名列浙江省第24位，位次前移了6位，其中地方财政收入4.58亿元，比上年增长40.35%。全社会固定资产投资58.06亿元，比上年增长26.74%。

第一产业实现增加值13.80亿元，比上年增长7.1%。农业结构调整步伐加快，农业产业化经营稳步推进。蔬菜、花木、瓜果、畜禽、特种水产等五大主导产业发展态势良好。绿色农产品较快发展，33只农产品分别取得了国家级和省级绿色、无公害农产品称号。外资、民资、工商资本投入农业的势头强劲，全县新增规模型的农副产品加工企业27家。按照上海市场准入标准，实施农业标准化、商标注册和品牌战略，农产品质量和市场竞争力进一步增强。以水利为重点的农村公共基础设施建设得到加强，顺利完成土地整理、建设用地复垦、农业综合开发目标，缓解了建设用地的矛盾，改善了农业农村的基础设施条件。进一步深化农村税费改革，全部取消乡统筹费，全年拨付财政转移资金1607.77万元，农民税费比改革前减负63.9%。

第二产业实现增加值58.00亿元，比上年增长18.0%。坚持工业立县战略，突出工业主导地位，加大结构调整力度，大力扶持优势主导产业，工业经济提质增效。2003年，完成县属工业性投入30.56亿元，比上年增长48.6%，实现两年翻一番。规模以上工业企业完成产值98.41亿元，比上年增长49.3%，实现销售收入104.8亿元，利税17.2亿元，分别比上年增长66.3%和111.2%。先进制造业基地建设加快推进，规模以上建材、纺织、蓄电池和机电企业产值达到58.32亿元，占县属规模以上企业总产值的79.88%。大企业战略稳步推进，规模企业新增38家，总数达到223家，县属亿千企业19家，税利超亿元企业2家。民营经济发展迅猛，新发展个体工商户6097家，私营企业588家；累计私企注册资本超百万的有250家，超五百万的有38家，超千万的有26家。企业股份制改造完成2家，企业上市工作进展顺利。加快培育高新技术产品和科技型企业，5只项目列入国家级火炬计划，其中2只获优秀项目，完成省级以上新产品试制项目48只，新增省高新技术企业2家，10家企业被认定为省科技中小企业。

第三产业实现增加值36.27亿元，比上年增长17.4%。全社会消费品零售总额37.22亿元，比上年增长11.6%。加快旅游规划和重点旅游景点项目建设，完成环太湖开发概念规划及空间形态规划评审。着手编制《长兴城区商贸发展规划》，以长兴农副产品综合批发市场、长兴建材装饰广场、新金陵商城、长兴县国际轻纺贸易城等四大骨干市场为主体的商贸物流中心初具规模。社区服务、科技服务、法律服务等新型服务业得到发展。金融机构存款余额84.54亿元，比年初增加19.64亿元，贷款余额60.33亿元，比年初增加15.23亿元，金融安全区建设顺利推进。

“两个年”活动成效显著 开放型经济再创新高

强势推进“招商引资年”，成功举办了2003中国太湖明珠——长兴国际投资贸易洽谈会，开展了“万众亲商、千人招商”百日竞赛活动和接轨上海活动，成功组织陈武帝诞辰1500周年系列活动、中韩经济交流国际促进大会及多场境内外招商活动。产业招商、委托招商、驻点招商、境外招商取得新进展。全年合同外资2.85亿美元，比上年增长116%；实到外资1.009亿美元，比上年增长46%；实到县外内资16亿元，比上年增长27.4%。扎实推进和规范开发区及城镇工业区建设，政府主导、部门支持、市场运作的开发区和城镇工业区建设机制初步形成。按照打造“长三角一流开发区”的目标，抓规划、抓基础、抓项目，开发区建成区已实现“九通一平”，竞争力不断得到提升。开发区已累计完成基础设施投入14多亿元，其中2003年完成投入5亿多元，累计入区企业81家，新批外资项目53个，合同外资1.86亿美元，实到外资5058万美元，分别占全县的65.3%和50.2%，再次跻身浙江省十强开发区行列。城镇工业区累计入区企业436家，其中2003年新增185家。接轨上海工作迈出新步伐，县政府驻上海联络处启动运作，举办了长兴地方特色文艺节目参演上海国际艺术节、农产品展示展销会等活动。上海企业在长兴的投资项目已有32只，总投资6.09亿元，实到1.16亿元。外贸、外经工作进一步拓展，全县社会出口交货值达23.68亿元，增长17.8%；自营出口7850万美元，增长77.2%。大力发展对外劳务合作和输出，全年向日本、新加坡等地输出劳务人员230人。投资环境进一步优化，完善并落实鼓励外商投资的各项优惠政策，积极实施外来投资企业“一卡通”，不断完善审批办证“一条龙”服务。

基础设施建设扎实推进 城市化进程不断加快

高起点修编了第四轮《长兴城市总体规划》，着手编制城市设计方案和环卫、绿化、亮化、护城河景观等专项规划。城市框架进一步拉开，市政公用设施显著改善。城市框架拉开到25平方公里，建成区面积20平方公里，人口20万。2003年，完成城市基础设施建设3.64亿元，其中14项重点建设工程投资2.8亿元，其他市政建设投资0.84亿元。护城河整治工作分段实施，完成3000万元工程量。古城公园、花菇山公园已对外开放，基本完成台基山公园建设。启动龙山新区开发建设，完成融资3.4亿元，投入建设资金2.5亿元。大剧院、图书馆和档案馆主体工程基本完成，行政中心综合楼开始动工，党校迁建工程基本完成。交通“九大工程”完成投资4.83亿元，申苏浙皖高速公路长兴段、长牛线二期、康庄大道等重点工程加快推进。电力“六大工程”建设进展顺利，县城电网建设和改造工程全面启动，完成4600万元的工程量。完成城市防洪一期工程、太湖环湖大堤主体工程，泗安塘一期拓浚工程正式启动。投入4800万元，完成了夹浦污水处理厂一期工程。村庄环境建设取得新成效，共投入资金2168万元，完成对106个村的村庄环境建设任务，新增受益人口2.47万人，全面启动“村庄示范整治”工程和全县区域供水工程，完成1个省级示范村和18个整治村的建设任务。环境保护和建设力度进一步加强，坚决实行“环保一票否决制”，严格执行环保审批“三同时”制度，从源头上加强生产性污染控制，重视地质灾害防治工作，矿山、耐火、蓄电池等行业专项整治和水污染专项防治活动取得阶段性成效。强化自然生态保护和绿化工作，完成“绿色通道工程”17公里、1.7万余亩的长江防护林国债项目造林和30万亩生态公益林工程建设，全面启动2003年冬2004年春“七大绿化工程”，新增绿化面积34万平方米，城乡生态环境有了明显改善。

人民生活质量进一步提高 各项社会事业全面进步

2003年农民人均纯收入达5622元，比上年增长9.8%。城乡居民储蓄余额42.67亿元，比上年增长18.3%。就业和再就业渠道进一步拓宽，新增就业岗位8200个，培训3125名城镇下岗失业人员，4060名城镇下岗失业人员实现再就业，城镇登记失业率控制在4.3%以内。社会保障体系继续完善，全县企业养老保险新增参保4038人；全县994家单位14370名离退休人员养老金全部实行社会化发放，累计发放养老金1.47亿元。对最低生活保障对象实施应保尽保，被征地农民基本养老保障工作开始试点推开，至2003年底已参保登记546人。医疗保险覆盖范围逐步扩大，共有137家单位10753人参加医保，全县医疗保险覆盖人数累计达到40351人。失业保险工作进一步加强，全县参保单位361家，参保职工33000人，全年共发放失业救济金1581万元。退役士兵全面实行货币化安置。12件为民办实事工程全面实施，完成情况总体良好。就业与再就业工程、电力两大续建工程、318国道过境段生态林建设和万棵乡土树种进城及新增绿化面积40万平方米计划、村庄环境建设、三大公园改建工程、30座民间桥梁和胥仓大桥建设、2个居委会办公楼和9个小区封闭整治及10个老年活动室建设、河道整治工程、天然气门站建设并通气和新增管道液化气用户3000户等实事项目已如期或超额完成。事业单位改革不断加快，涉及生产经营类、社会中介类和服务类共49家事业单位，职工身份置换完成97.8%；监管类、公益类和乡镇事业类单位的改革稳步推进。继续实施“科教兴县”战略，巩固教育强县成果，九年义务教育普及水平不断提升，教育质量得到全面提高。启动长兴实验初中、金陵高级中学、古城中学建设工程，完成长兴中学扩建工程，实施职教中心扩建工程，农村教育八大工程进展顺利。创新人才政策体系，引进具有本科以上学历和中级以上专业技术资格的人才195人。全县有线电视入户率达75.4%，农村有线调频广播通响率达95%，覆盖率100%。进一步深化卫生体制改革，加快医疗卫生基础设施建设，人民医院迁建主体工程已基本完工，博济医院正式对外营业。农村合作医疗大病统筹参与率达80.57%，同时积极开展职业病防治工作。全县上下万众一心，抗击“非典”，“非典”防控工作取得阶段性胜利。强化流动人口计生管理和服务，争创省级计划生育服务先进县已通过省市的评估，全县人口自然增长率控制在1‰以内。

精神文明活动深入开展
民主法制建设进一步加强

按照打造"四张名片"的总体要求，深入开展了全国卫生城市创建活动。扎实开展"三不"教育活动和"爱国卫生月"活动，推进垃圾袋装化工程，对城区施工场地实行"水冲轮胎"，加大建成区路段、河道、出入口保洁力度，完善路长制、责任区、里弄长制和社区管理工作，突出抓好城中村整治、河道水源整治等六大整治活动，城乡卫生环境大为改善。2003年，被授予"国家卫生县城"的荣誉称号。切实加强文化基础设施建设，进一步加强乡镇文化站和村文化室建设，雉城、煤山、泗安三镇通过省"东海明珠"工程的考核验收。成功举办了"相拥太湖、相约长兴"大型文艺晚会、新年音乐会、全国女排联赛浙江赛事等活动，丰富了群众的业余文体生活。加大对优秀文化作品的扶持，"百叶龙"应邀参加新西兰第四届中国新年灯会演出。被授予"浙江省文化先进县"荣誉称号。机关部门开展"一讲二评三服务"活动取得明显成效，积极转变政府职能，切实改进工作作风，注重社会管理和公共服务，政府自身建设得到进一步加强。扎实推进依法行政，加强行政执法工作，全面推行执法责任制。自觉接受人大和人民政协监督，认真办理人大代表议案、建议和政协委员提案。继续强化普法教育，精心部署实施"四五"普法工作，增强了公民法律意识和法制观念，提高了领导干部依法决策、依法办事的能力和水平。积极开展创建"平安长兴"活动，依法严厉打击各种犯罪活动，强化社会治安综合治理。严格执行党风廉政建设责任制，反腐败斗争不断深入。切实履行社会稳定领导责任制，建立健全信访督查制度，认真做好人民来信来访工作，积极疏导化解社会矛盾。

今年以来，长兴全县上下牢固树立和认真落实科学发展观，谋发展不动摇，促开放不松劲，抓投入不停步，保稳定不懈怠，以"项目推进年、环境建设年"活动为抓手，以调整经济结构为主线，积极应对国家宏观调控，全县经济发展承接了近年以来的良好势头，保持继续速度加快、效益提高、后劲增强的好态势，社会事业也取得了新的进展。1—7月，实现财政总收入9.3亿元，同比增长50.9%，其中地方财政收入达到4.8亿元，同比增长66.9%，增幅列浙江省第一；合同利用外资1.6亿美元，同比增长104%，实到外资3803万美元，同比增长47.3%，引进县外内资14.9亿元，同比增长110.9%。1—6月，全县实现生产总值60.54元，同比增长18.2%；全社会固定资产投资完成40.4亿元，同比增长66.6%；自营出口达5937万美元，同比增长77.5%；全县金融机构各项存款余额91.4亿元，比年初增加6.8亿元，增长8.1%，各项贷款余额67.2亿元，比年初增加7.4亿元，增长6.5%；农民人均现金达3565元，同比增长14.2%，城镇居民可支配收入达6319元。

求实创新建伟业 团结拼搏铸辉煌

中共溧阳市委　溧阳市人民政府

溧阳市位于江苏省南部，苏浙皖三省交界处，素有“丝府茶乡”和“建筑之乡”的美誉。全市总面积1535平方公里，辖18个镇，2个省级开发区，总人口78.73万人，是“国家级生态示范区“、“全国综合实力百强县(市)”、“全国县域经济基本竞争力百强县(市)”。

溧阳历史悠久，秦时始建县制，已有2200余年历史。值得一提的是：在溧阳上黄水母山，发现了迄今4500多万年，包括人类在内的高级灵长类动物共同的祖先“中华曙猿”的化石，这一发现证实了溧阳是人类的发源地之一。

2003年，溧阳市委、市政府坚持以邓小平理论和“三个代表”重要思想为指导，认真贯彻落实党的十六大和十六届三中全会精神，团结带领全市人民，抢抓机遇，奋力拼搏，经济社会各项工作取得了长足的进步，全市国民经济快速增长，一、二、三产业协调发展，社会事业欣欣向荣，城乡面貌显著改观，全市上下政通人和，人民生活不断改善。2003年，溧阳已创建成为“国家卫生城市”，并步入了“江苏省综合实力十强县(市)”的行列。

一、扩大总量，优化结构，国民经济跃上新台阶。2003年，全市完成国内生产总值121.15亿元，全口径财政收入12.27亿元，全社会固定资产投资52.68亿元，分别比上年增长18.6%、39.4%和76.7%。农业经济稳步发展。全市实现农业总产值25.6亿元，比上年增长4.5%。农业结构调整加快推进，优质粮油、经济果林、食草畜禽、设施农业、特种水产等传统优势产业继续壮大，农业内部结构不断优化，建成市级以上农业科技示范园区22个。农业产业化经营取得新发展，全年吸纳“三资”1.58亿元开发农业，新办农业企业10余家。农业标准化建设成效明显，农产品质量监督检测中心建成运行。全市申报认定无公害农产品生产基地95个，53只产品通过无公害农产品或有机绿色食品认证，成为全省首批无公害农产品产地认定整体推进试点县(市)之一。农产品市场体系日臻完善，农业一体化专业协会工作活跃，农产品加工企业发展良好，对接超市工作进展顺利，已有11家农业企业的42只产品进入沪宁大超市。建立了农业贷款信用担保中心，全年办理担保贷款1031万元，有力支持了农业发展。水利基础设施建设步伐加快，防汛防旱能力不断增强，去年完成水利土石方650万方，历时3年的北河整治工程全面竣工，上沛河、上兴河等骨干支流基本整治到位。工业增长势头强劲。全市完成工业总产值211.4亿元，实现销售收入193.2亿元，分别比上年增长19.4%和24.0%。全市工业用电量和工业纳税销售收入分别比上年增长46.5%和36.9%。工业投入再创历史新高，全年完成37.24亿元，比上年增长2.03倍。实施亿元以上项目14个，11个镇(区)投入超亿元。重点骨干企业支撑作用明显，涌现销售收入超10亿元企业1家，超亿元企业24家，利税超千万元企业26家。私营个体经济加速发展,全年新增私营企业556家,新增注册资本5.3亿元。企业品牌和质量意识日益增强,全年新增国家免检产品2只和常州市级以上名牌产品8只,55家企业通过ISO9000、ISO14000等系列体系认证。全年申报注册商标183只、常州市知名商标2只、省著名商标2只。全市建安业发展顺利,完成施工产值56.8亿元,实现劳务收入17.4亿元,累计施工面积410万平方米,分别比上年增长8.3%、7.1%和12%,创省优以上工程5项,市优以上工程19项。服务业呈现良好态势。全市实现三产增加值40.1亿元,实现全社会消费品零售总额49.4亿元,分别比上年增长13.2%和12%. 苏浙皖边界市场完成成交额46.8亿元,比上年增长15.8%。商业流通业态不断更新,超市、连锁店、专卖店发展较快。旅游业快速发展。旅游基础设施投入超5000万元,新增2A级景区4家、四星级饭店1家、三星级饭店2家,天目湖旅行社进入全国百强旅游社行列。全年接待国内外游客200多万人次,实现旅游服务收入18亿元,分别比上年增长6%和10%。信息咨询、物流配送、社区服务、中介交易等新兴三产发展加快,成为推动全市服务业发展的新生力量。财税金融发展迅速。通过大力增收节支,强化税收征管,确保了财政收支平衡。全市完成国税收入5.26亿元,地税收入3. 44亿元,分别比上年增长23.5%和31%,再次被省政府命名为财政收入上台阶先进单位。金融秩序稳定,存贷总量快速增长,年末各项存款余额117.85亿元,各项贷款余额66.73亿元,分别比上年初增长23.1%和42%。创建金融安全区工作取得明显成效,不良贷款余额和比率均有所下降。

二、突出重点,开拓创新,改革开放形成新局面。开放型经济稳中求进。全年新批外资企业61家,协议利用外资2.18亿美元,实际利用外资1.06亿美元,分别比上年增长56.4%和6.4%。外资大项目明显增多,全市新批总投资500万美元以上项目12个,协议利用外资1.7亿美元。全市实现自营出口1.1亿美元,其中三资企业出口6192.9万美元,分别比上年增长35.1%和45.2%,2家企业自营出口超千万美元。全市新签外经合同额2741万美元,实现营业收入2226万美元,分别比上年增长26.2%和35.7%。恢复成立了市招商局,招商资源得到进一步优化整合。海关办事处业务量不断增加,商检办事处获准筹备。对口支援、经济协作取得新的成绩。全面完成了上级交给的政治任务。载体建设日益加强。经济开发区建设不断加快,发展亮点逐步显现,全区完成业务总收入49亿元,比上年增长33%;全年基础设施投入5000万元,工业投入7.53亿元,分别比上年增长1.25倍和4.67倍;新增企业42家,新增注册资本5.3亿元。各镇工业集中区发展势头迅猛,集聚效应日益显现。贡献份额逐步上升,全年新增开发面积14平方公里,新办企业131家,工业投入16.9亿元。天目湖工业区全面启动建设,埭头、绸缪等特色区形成相当规模。**各项改革不断深化。**继续深化农村税费改革,切实加强农民负担监督管理,负担总额比上年减少894万元,积极探索土地转包、转让、租赁等多种形式的土地使用制度改革合农林场圃整体改制的有效途径,进一步深化场圃改革。完善企业改革改制,促进企业变更登记手续规范到位,鼓励各镇改制企业买断土地使用权和基础电力设施,明晰企业产权。加快改制企业内部管理体制创新,初步建立符合现代企业管理制度的法人治理结构,全面激发了企业的内在动力和活力。稳步推进事业单位产权改革,深化人事制度、多元化分配制度和职称制度改革。顺利实施第二轮行政审批制度改革,全市审批总事项缩减42%,审批总时限缩减40%,进驻行政审批中心的审批事项占总事项的53.2%。加快财政体制改革,部门预算、政府采购等工作取得明显成效。

三、强化规划,加大投入,城乡建设展现新面貌。城市规划、建设和管理不断加强。完成了城镇体系规划和城市总体规划修编,建立城市规划设计公开招投标机制,开展了“五路一河”城市景观设计和各类详细规划编制。加大绿化投入,城区新增和改造绿化面积18.2万平方米,完成了燕山中路、南环路等“七路一带”及“五大转盘”的绿化工程。全年投入市政工程建设资金8000多万元,完成了清溪路慢车道、南环路东延伸段等市政道路建设和维修工程。加强房地产开发管理,完成房地产开发面积22.2万平方米。积极推进老城区改造,实施了7个老住宅小区总面积47万平方米的综合改造,完成了谢婆园地块等25万平方米的拆迁任务。严格保洁标准,规范市容秩序,加强执法监督,建立完善了城市长效管理机制。小城镇建设稳步推进,实施了村镇建设“六个一”精品工程,征集发行了村民住宅优秀设计方案,集镇面貌明显改善。基础设施建设进程加快。全年完成交通工程建设投资7亿元，宁杭高速溧阳段上兴先导段、104国道南渡大桥建成通车，北山道路一期工程、上兴至上沛、平桥至横涧、溧城至后六、上黄至山丫等道路全面竣工，扬溧高速公路溧阳段和北山道路二期工程开工建设。新建的溧阳汽车总站投入运行。加快电网规划与建设，完成110千伏周城变、4座110千伏用户变和供电公司大楼建设，投资1.1亿元实施了城网改造和农网改造二期工程。全面完成溧阳抽水蓄能电站项目补充选点规划，预可行报告审查、可行性研究阶段勘测设计招标等工作，公司组建、项目建议书上报和土地征用等筹备工作有序进行。全市目前每百人拥有电话30部，全年新增宽带用户7000户。资源环境保护成效明显。科学实施饮用水水源地保护工程，切实加强天目湖水资源保护，组织编制大溪、塘马、吕庄、前宋等大中型水库水资源地保护规划。做好重大项目用地服务保障，完成土地复垦项目47个，新增耕地或园地面积9800余亩，实现年度耕地总量动态平衡。城市经营迈出新步伐，全市实现土地净收益1.52亿元，有效保障了城市建设和经济发展的需要。加强矿山资源管理，制止违法占用林地开山采石，关闭水母山采石宕口。强化生态环境保护和建设，加大环境执法力度，坚持整治污染和源头防范相结合，提高城市环境质量。实施城市生活污水纳污管网拓建工程，建成板桥浜泵站、昆仑泵站和平陵泵站、城区污水处理率达63%。“几城共创”取得决定性成果。组织开展了深入持久的创建工作，形成了上下重视、各方支持、人人参与、齐抓共管的局面。创卫通过国家爱卫办复核检查，被命名为“国家卫生城市”。创模通过国家环保总局技术考察，创优通过省级初检。

四、增强内涵，整体推进，社会事业取得新发展。人才科技工作成效显著。顺利通过了全国科技进步考核，全年共组织实施科技计划项目195项，其中省级以上34项，认定省级高新技术企业1家，认定省级民营科技企业10家，开发省级以上高新技术产品15只。重点加强人才队伍建设，高度重视人才引进和培养，不断优化政策环境，加快构建“六大人才高峰”，全年共引进本科以上人才426名，1000多名大中专毕业生落实了工作岗位。教育事业全面进步。不断深化基础教育课程改革，教育教学质量明显提高，全市中考水平继续位居常州地区前列，普通高考、职高对口升学考试录取率创历史新高。区域性教育现代化整体推进，办学水平不断提高，省溧中、光华中学等一批高中转评为星级学校，别桥初中、周城小学等6所学校通过省级示范窗口学校验收。完成了首次面向社会认定教师资格工作。市职教中心如期投入使用，市一中新校区建设进展顺利。卫生保障体系日趋完善。农村初保工作得到加强，农村医疗服务水平明显提高，义务献血活动广泛开展，防病防疫体系日趋完善。卫生、药品监督执法力度继续加大，药品市场不断净化，36家药店获常州市“放心药店”称号。城乡爱国卫生运动深入开展，6个镇和9个村通过创建卫生镇村验收。医疗卫生设施进一步完善，人民医院急诊中心大楼开工建设。建立健全突发公共事件应对机制，构筑盖边沉底的防控网络。面对突如其来的非典疫情，全市上下众志成城，群防群控，建立坚强有力的指挥系统，取得了抗击非典的阶段性胜利。人口与计划生育工作扎实推进。计生服务网络进一步完善，企业法人负责制、流动人口计生管理和独生子女父母奖励金制度有效落实，依法管理水平明显提高。全市继续保持低生育水平，全年出生人口4783人，出生率5.99‰，计划生育率达99%，实现人口零增长。各项社会事业协调发展。体育事业稳步发展，全民健身活动蓬勃开展，体教结合继续加强，竞技体育成绩喜人。文化工作成效明显，群众文化活动丰富多彩，全年举办广场文艺演出16场，放映周末露天电影100多场次。切实加强文化市场管理，深入开展扫黄打非活动，文化市场繁荣有序。文艺创作硕果累累，153件文艺作品获常州市级以上奖励。新闻事业发展迅速，广电体制调整到位。同时，统计、气象、老龄、地震、档案、侨务、残疾人、地方志、红十字、妇女儿童、民族宗教和台湾事务等工作也取得了新的成绩。

五、扩大就业，兴办实事，人民生活有了新改善。城镇职工人均工资性收入13377元，农民人均纯收入4723元，分别比上年增长19.7%和8%。再就业工程成效显著。全市新增就业岗位3100个，城镇净增就业人数1100人，失业人员再就业1150人。全市城镇登记失业率为3.9%，低于全省平均水平。五件实事稳步推进。建立了以大；病统筹为主的农村合作医疗保险制度，筹集保险基金1700多万元，参保率达81%。投资2200多万元，改建和扩建了3个农村水厂，总管网延伸了70多公里，新增自来水受益人口4.35万人，自来水普及率比上年提高5个百分点。全市完成农村公路建设169.5公里，改造危桥47座。投入资金828.7万元，完成农村草危房改造476户。社会保障体系不断完善。继续健全以养老保险、失业保险、医疗保险、工伤保险、生育保险和城乡居民最低生活保障等为主要内容的社会保障体系，保障功能日益增强，群众受益面不断扩大。大力推进城镇职工社保扩面工作，新增基本养老保险参保人数1.06万人，新增医疗保险参保人数1.1万人，我市劳动和社会保障事业步入全省先进行列。切实关心低收入群众生活，深入开展扶贫帮困和送温暖活动。

六、两手齐抓，协调推进，精神文明建设和民主法制建设得到新加强。全面掀起“三个代表”重要思想学习新高潮，大力开展农村党员先进性教育活动。认真落实《公民道德建设实施纲要》，提高全民道德素质。广泛开展群众性精神文明创建活动，积极推进学习型城市和各类学习型组织建设，形成了“文明诚信、务实创新”的新时期溧阳市民精神。实施宗教“三乱”专项整治，切实加强移风易俗、殡葬改革和管理。强化国防动员、国防教育、优抚安置和“双拥”工作，加强民兵预备役建设和人民防空工作，圆满完成了征兵任务。

政府及其部门接受监督的自觉性进一步增强，认真办理人大代表议案、建议和政协委员提案，主动向市人大常委会汇报工作，向市政协通报情况，充分发挥民主党派、共商联、人民团体的参政议政和民主监督作用，不断提升政府工作水准。广泛开展“四五”普法教育，市民法制意识不断增强，人民调解、法律服务、法律援助等工作取得成效。高度重视群众来信来访和企业军转干部解困工作，一批疑难问题及时得到解决，有效维护了群众利益。切实抓好安全生产，保证了人民生命财产安全。积极创建“平安溧阳”。加强社会治安防控体系建设，严厉打击各类违法犯罪活动，有力维护了社会政治稳定。深入开展各类市场专项整治和清缴毒鼠强专项行动，继续深化物价改革，大力实施食品放心工程，严厉打击各类制假售假行为，加大生猪定点屠宰管理力度，整顿和规范了市场经济秩序。切实加强政府自身建设，努力提高公务员队伍整体素质，不断增强政府服务企业、服务基层的能力。完善对政府部门的年度目标和重点项目的考核办法，整体提升了政府部门的工作效率和水平。强化政府法制建设，依法行政水平不断提高。建立行政效能监察制度。组建了企业投诉中心。继续开展民主评议机关部门和行风评议活动，推动了领导作风和机关作风的转变。

过去的一年，我们经受了国际形势剧烈动荡和国内非典疫情突发的严峻考验，实现了经济社会的快速、健康、协调的发展。在新的一年里，溧阳市将在“三个代表”重要思想指引下，深入贯彻落实党的十六大和十六届三中全会精神，紧紧围绕“环境立市、工业兴市、富民强市”三大目标，加快“科教领先、外向带动、城市化推动和可持续发展”四大举措，努力实现新跨越，再创溧阳发展的新辉煌。

象山——崛起中的生态型滨海旅游城市

中共象山县委　象山县人民政府

象山县居长三角地区南缘、浙江省中部沿海，位于象山港与三门湾之间，三面环海，两港相拥。唐神龙二年（公元706年）立县，因县城西北有山"形似伏象"，故名象山。全县由象山半岛东部和沿海608个岛礁组成，幅员6510平方公里，其中陆域面积1175平方公里。南北长90公里，东西宽70公里，海岸线长800公里。北部的象山港是全国著名的深水良港，长年不冻不淤，多处可建万吨级以上泊位；南部的石浦港长18公里，是全国六大一级中心渔港之一，国家二类开放口岸，可泊万艘渔船。县域辖10镇5乡3街道，总人口53.3万。中心城区建成区面积14平方公里，人口13万。

考古发现，6000年前，象山已有先民耕海牧渔，繁衍生息，孕育了灿烂的"塔山文化"。明初所建昌国卫城与爵溪、钱仓等千户所的抗倭设防遗址，以及明末张煌言屯兵抗清遗迹等，给象山留下了宝贵的海防文化。千百年来，象山渔民与海相依，创造了独特而深厚的渔文化。全县有省级文物保护单位3个，市级文物保护单位34个，石浦镇为省级历史文化名镇。

象山山川秀丽，风景优美，宋文天祥诗赞"海山仙子国，万象图画里"。象山海洋旅游资源得天独厚，渔、港、岛、滩等自然风光与人文景观交相辉映，有重要地貌、水域、生物、人文等旅游资源单体140余处。国家4A级旅游度假区——松兰山休闲度假区是浙江省十佳度假胜地和上海市民最喜爱的十佳浙江景区之一。"中国渔村"是国内最大的海洋文化主题公园，也是我国东海岸最大的原生态海滨休闲旅游度假区之一。花岙岛石林属世界三大火山岩原生地貌之一。"中国开渔节"已连续成功举办六届，成为宁波市三大节庆之一，国内外影响力不断扩大。松兰山休闲度假区、中国渔村、石浦渔港古镇成为象山三大旅游品牌。

近年来，象山县委、县政府立足本地实际，提出了建设现代化生态型滨海旅游城市的宏伟目标，坚持科学发展观，充分发掘和整合象山的自然资源优势和经济特色优势，大力实施工业强县、旅游富民、海洋开发、生态立县四大战略，加强软硬投资环境建设，积极培育新的经济增长点。促进全县经济社会持续快速协调健康发展，综合实力不断增强，四度跻身全国综合实力百强县行列，位次从1994年的93位提升至2003年的68位。先后荣获全国生态示范区、双拥模范县、渔业生产先进县、科技先进县、民间艺术之乡和浙江建筑之乡、小康县等荣誉称号。针织、建筑、海洋旅游、海鲜等已成为象山精美名片。龙元建设集团、宏润集团、华翔电子三家企业获准上市。2003年，全县实现国内生产总值108亿元，财政收入10.7亿元，工业规模以上企业产值129亿元，城镇居民人均可支配收入13294元，农渔民人均纯收入6032元。

实施工业强县成效显著。工业是象山的主导产业，工业增加值占国内生产总值的45%。现有各类工业企业5000余家，规模以上企业426家。大力培育民营经济，初步建成绵延100公里，以能源电力、汽车制造、电器设备、针织服装、食品加工等为重点的临港工业带，和西周、爵溪、贤庠、石浦等临港工业群。全县针织品出口额占全国的十分之一强，中国针织协会授牌为“中国针织名城”。9家企业进入全国针织行业50强行列，定牌生产20多个国际针织服装品牌。机电行业中的华翔集团列全国民营企业500强第80位、浙江省汽车工业企业效益首位。生产输变电设备的天安集团，生产规模和企业效益居全国同行业前列，为“神州五号”飞船的发射提供输变电设备。加大企业集聚度，经济开发区已达5平方公里，总投资13.6亿元，正努力建成针织服装和水产品加工出口基地。规划面积达87平方公里的宁波市环杭州湾产业带象山产业区已经省、市审定并启动。投资超百亿元的240万千瓦乌沙山电厂全面开工建设。

效益农业特色明显。加大农业结构调整力度，大力培育名优水果、优质蔬菜、特种畜禽等主导产业，全县有杨梅7万亩，柑桔9万亩，枇杷2万亩。杨梅、柑桔、出口蔬菜、特种畜禽等产业，初步形成“龙头企业+合作组织+基地（农户）”的“龙型经济”，“名特优”和“生态”农产品两张品牌享誉省内外，全县共有国家、省、市级绿色认证农产品和农产品基地16个，名牌产品79只。柑桔品种为全国最多、品质最优，是全国优质柑桔生产基地县、中国柑桔之乡。现有市级及以上农业龙头21家。宁波南方野生动物养殖有限公司被确定为十五期间国家首批科技创新星火龙头企业。“象山红”柑桔、大目山特种野猪、“浙东白鹅”、“金宏”脱脂黄鱼、“永成”干红杨梅酒等在省内外均有一定的知名度。

海洋经济大县初具规模。象山海洋资源得天独厚，海洋经济发展迅速，2003年，全县海洋产业增加值26.8亿元，占GDP的比重为25%。大力发展现代渔业，深水抗风浪风箱养殖和大棚养殖全国领先，紫菜养殖、海水池塘养殖和海水养殖效益列全省前茅。拥有250马力以上钢质渔轮1380余艘，渔业生产能力居全国前列。2003年，水产品总量达到56.4万吨，渔业产值30.9亿元。港口产业发展加快，年货运总量达642万吨，有修造船厂18家，年修造船1400余艘，鹤浦船舶交易市场已发展成东海沿海最大的民用船舶交易市场，中国水产城年水产品交易量达到26万吨。

海洋旅游业异军突起。象山“渔、港、岛、滩”等旅游资源丰富，植被葱郁、空气清新、海鲜美味，是浙江省海洋旅游业四大板块之一，也是华东地区发展海洋旅游业的最佳地区之一。1997年以来，象山旅游业从无到有，蓬勃发展，已初步形成“一带、三区、十大产品”（百里黄金海岸旅游带和松兰山休闲度假区、石浦港渔文化旅游区、大塘港生态观光旅游区）的大旅游发展格局，成为长三角地区重要的滨海旅游度假胜地。2003年，接待游客140万人次，旅游经济综合收入6亿元。旅游项目开发步伐加快，中国渔村一期已挂牌营业，石浦老街即将开业，神雕侠侣影视城下半年开拍。同时，石浦渔港古镇、中国渔村二期、半边山旅游区等一批重大旅游项目正在加紧建设中。大力培育海鲜餐饮业，在沪杭甬等地发展迅速，其中在上海兴办餐饮企业近30家，年营业额10亿元。“象山海鲜”已成为上海餐饮界一朵名声响亮的奇葩，也是全国“新八大菜系”中“甬菜”的主要组成部分。

建筑经济声名远播。象山是浙江省建筑之乡，拥有资质企业38家，其中特级资质企业1家，一级资质企业6家，2003年，全县建筑经济总产值170亿元，建筑从业人员10.6万人，综合实力跻身全国建筑大县行列。龙元建设集团多次夺得外省市进沪施工企业综合考评冠军。历年来，全县建筑企业共创国家“鲁班奖”11项，上海市“白玉兰奖”和省级以上优质工程奖270余项。上海鲁班立交桥、卢湾区政府大楼、杭州黄龙体育场、萧山国际机场候机楼、杭州大剧院等都是我县建筑企业的精品。建筑市场已拓展至全国20多个省市，并在国外承建项目，2003年实现对外承包和劳务营业额1.35亿美元，列全省第一。

全国生态县建设步伐加快。顺利通过国家级生态示范区验收，已建成4个县级自然保护区，韭山列岛列为省级海洋生态自然保护区。加大绿化力度，三年来，全县新增绿化面积250万平方米，中心城区人均公绿面积达到11.9平方米。全县森林覆盖率57.5%，空气质量优良率100%，85%以上达到国家一级标准，空气负氧离子每立方厘米达到14700个的全国最高标准，誉为天然氧吧。人均寿命80岁以上，高于全国平均寿命5—6岁。

城乡经济社会协调发展。积极实施梯度移民战略，大力推进渔民转产转业，鼓励山区、海岛居民“下山上岸”，实现异地致富。千方百计做好就业和再就业工作，建立镇乡、街道劳动和社会保障综合服务中心，实现就业信息互通网络。进一步完善社会保障制度，成立社会保障服务中心，加大对弱势群体的帮扶力度。坚持“抓两头，促中间”，促进现场化示范村创建和薄弱村转化工作。加大城市化步伐，在全省率先撤县城设街道，三年来，水、电、路等基础设施建设投入超过20亿元，城市面貌得到了改善。

今后一段时间，随着象山港大桥、浙江大唐乌沙山发电厂、宁波市环杭州湾产业带象山产业区、大目涂开发、半边山旅游区、城市新中心区等一批投资大、效益好、带动力强的重大项目的陆续建成，我县的现代化建设将步入快车道。我们要继续牢牢把握象山特色产业、山海资源、体制机制、生态环境四大优势，深入实施工业强县、旅游富民、海洋开发、生态立县四大战略，大力推进象山经济社会的跨越式发展，把象山建成宁波南部地区综合实力最强、产业最有特色、城市最有个性、生态环境最优的现代化生态型滨海旅游城市。

建设全国特色经济强县。进一步优化产业结构和培育经济特色，加快建设全国建筑经济强县、海洋经济强县和现代农业大县，建成全国针织服装、水产品加工出口基地和浙江省临港型先进特色制造业基地，县域综合实力和国际竞争力不断增强，在全国百强县的位次继续前移。

建设全国优秀滨海旅游城市。紧紧围绕滨海旅游城市的目标，以松兰山、红岩、石浦港、中国渔村、半边山、花岙岛、大塘港、海鲜城、海上游艇、度假别墅等十大项目、百亿投资的“十百工程”为抓手，推进滨海旅游城市建设，发展旅游要素，培育旅游文化，营造城市个性和特色，旅游经济支柱和带动作用明显，建成在长三角地区乃至全国独具魅力的花园式、生态型滨海旅游城市。

建设全国生态县。环境质量指标达到全国最高标准，形成山青、水秀、天蓝、地绿的良好环境，建成全国生态县。生态环境优势和效益得到充分发挥。可持续发展能力不断增强，整个社会走上生产发展、生活富裕、生态良好的文明发展道路。

建设全国最佳人居环境。坚持以人为本，促进人的全面发展，统筹人与自然的和谐发展，创造舒适、安全、方便的生活环境，强调物质享受和精神满足并重，提高人民群众的生活质量。

腾飞中的三河

中共三河市委　三河市人民政府

三河因泃河、洳河、鲍邱河三水流经县域而得名。春秋战国属燕，秦属渔阳郡，汉属幽州潞县，唐武德二年（627 年）置临泃县，唐开元四年（716 年）建三河县，建国后先后隶属河北省通县专区、唐山区、唐山市、天津市、天津专区、廊坊地区、廊坊市。1993 年 3 月，经国务院批准撤县设市。总面积 643 平方公里，地势北高南低，有山有水有平原。东北部为山地丘陵，面积 73.7 平方公里，中部和北部为平原区，面积 467.4 平方公里，南部和西南部为洼地，面积 101.9 平方公里。耕地总面积 53.9 万亩。三河属暖温带半湿润大陆性季风气候，四季分明，年平均气温 12.1 度，气候宜人，整体环境质量良好。矿产资源丰富，拥有开采潜力很大的白云石、石灰石、大理石、海泡石和硬铁矾土等 10 余种矿藏，其中白云石储量和品质位居全国之首。三河境内拥有灵山辽塔、皇叔院、唐代白果树、千年古槐、唐王点将台等多处古迹。清康熙年间，曾在燕郊建造行宫，为皇帝拜谒东陵往返歇息之所，素有“天子脚下、御驾行宫”之美称。潮白河左岸、灵山蒋福山风景区景观丰富，颇具开发价值。

1. 区位区域　三河地处京、津、唐“金三角”区域腹地，市区西距北京 58 公里、南距天津 125 公里、东到唐山 121 公里，可谓是“半小时能上天，一小时可入海”。现辖 10 镇 2 区（省级燕郊经济技术开发区、国家级农业高新技术园区）2 个街道办事处，395 个行政村街。总人口 47 万人，其中非农业人口 15.8 万人，占 33.5%。

2. 交通通讯　**102** 国道横贯东西，京沈高速路从市域南侧穿过，京秦、大秦两条电气化铁路穿腹而过。北京市 930 路公交车直通三河和燕郊，燕顺路直达首都机场。城乡公路总长 721 公里，1 至 9 路公共汽车通往各镇村，极大畅通了与域外的联系，方便了群众生产生活。邮电通讯基本实现了现代化，开通了有线通信、无线通信、光纤通信和数字微波等业务。局用交换机总容量已达到 13.2 万门，北京电信“6159”局延伸到三河，固定电话用户达到 11.6 万户，移动电话发展到 11.2 万部。省内首家县级 ADSL 宽带网投入使用，用户将近万户。

3. 发展环境　市区和燕郊开发区已全部实现了供水、排水、供电、通讯、通路、工业蒸汽、天然气、信息高速公路、土地平整“九通一平”。国家“八五”重点能源建设项目——投资 70 亿元、装机总容量 140 万千瓦的三河电厂一期机组已并网发电，二期工程正在抓紧筹建。全市备有河北、北京两套供电网，燕郊双回路供电线路保证了高新技术企业生产的需要。全市年工业用电量达 3.3 亿度。完成了燕郊镇土地利用总体规划修编试点工作，增加建设用地规模 1.5 万亩。全市生态环境进一步优化，人民公园、燕郊开发区垃圾处理厂和小型污水处理厂等相继建成，硬环境进一步提升。与此同时，加强和规范“三个中心”建设，推选服务承诺制，“十大软环境”建设效果明显，大力进行了标准化体系建设、信用体系建设、公开办事体系建设、创新体系建设、市场监管体系建设、公共财政体系建设、人才高地体系建设、中介服务体系建设、生产力促进中心建设、再就业服务体系建设，加快了与国际惯例接轨的步伐，形成了新的竞争优势，提高了对项目的吸引力。并顺利通过了ISO14001国际环境管理体系认证，45家单位达到ISO9001质量管理体系认证标准。

4. 人才结构　市内共有中央部委、省直属单位34家，专业科研机构26个，8所大专院校，4所中等专业学校，3所高中。拥有各类专业技术人员4.9万人，其中，具备中高级技术职称的1.96万人，科技人才十分密集，科技力量非常雄厚。成立了外国专家局，与国内几十所大专院校和科研单位建立了密切的合作关系，可及时为行业发展引进、培养所需人才。

5. 综合指标　2003年，地区生产总值跨上百亿元台阶，完成100.1亿元，同比增长13 %；财政收入完成8.35亿元，同比增长32.8%；城镇居民人均可支配收入和农民人均纯收入分别达到9244元和4673元，同比分别增长8.1%和6.0%。全市经济实力连续11年居廊坊市首位，连续六届进入“河北十强”，2003年位居“河北十强”第二位，1992年跻身“全国百强”，2000—2003年连续四年进入全国最发达县市。先后被国家和省命名为“全国科技百强县(市)”、“全国文化工作先进市”、“全国教育改革先进市”、“省级卫生城市”、“省级文明城市”。

6. 民营经济　民营经济进一步壮大，全年新增个体工商户1882个，私营企业300家，创造地区生产总值62亿元，占全市经济总量的62%，比上年同期提高3个百分点，已经形成交通运输、工艺美术、机械加工、建筑建材、食品加工、印刷装订、矿山配件、种植养殖、服装加工、餐饮服务十大主导行业，通过产业聚集，形成了杨庄印刷装订小区、燕郊马起乏钢板房等14个工业小区，驻区企业近400家。

7. 开放引进　注重招商引资队伍建设，培育高素质、复合型、专业化的招商人才；注重转变招商方式，充分利用中介组织、社会团体等形式开展招商，提高对外吸引力，到2003年，全市共有三资企业100家，累计实际利用外资达到5.4亿美元。2003年，全年共引进项目129个，省外到位资金17.2亿元，新注册三资企业11家，利用外资3371万美元。

8. 农业生产　设施、高效和生态农业建设稳步推进，无公害蔬菜面积达到12万亩，造林绿化3万亩。规模、特色养殖发展迅速，畜牧业占农业总产值比重达到54.7%。积极推进农业的产业化是农业发展的根本出路，总体上看，我市农业产业化才刚刚起步，一方面是纳入产业化系列的农户比重不高，另一方面是农民从产业化链条中获得的收益十分有限。推进农业产业化当前的重点仍然是大力发展联结千变万化大市场与千家万户小生产的龙头企业、运销组织和农民自己的合作经济组织，提高农民的市场组织化程度，促进一产向二三产业延伸。要引导和鼓励现有的龙头企业上规模、上档次，逐步完善与农民的合同契约关系，不断强化其带动作用，使龙头企业实力进一步壮大，福成集团母牛养殖、明慧集团百万头生猪屠宰、汇福公司280万吨大豆深加工、燕赵园林公司宿根花卉园等项目建设进展顺利，全市农业产业化经营率达到59.1%，比上年提高4个百分点。2003年实现农业总产值25.3亿元，增长2.6%，实现农业增加值13.1亿元，增长2.6%。

9. 工业　打造“科技”优势，坚持大力吸引高科技、高附加值、高效益、无污染工业项目来我市落户，努力构筑大北京经济圈的工业经济隆起带。2003年，国有及年销售收入500万元以上工业企业完成增加值19.5亿元，比上年同期增长11.9%，实现利润总额4.3亿元，上缴税金2.6亿元。形成了机械制造、建筑建材、食品加工、信息电子、生物制药、印刷装订、服装等七大支柱产业，“洁神”牌干洗机、“汇福”精炼植物油、“福成”分割肉、“长城”冶金链条、“汉王”非键盘录入软件、“龙鹰”牌橡胶制品等300多种产品获得国家、省部级优质产品称号。汇福粮油食品有限公司，在2003年全国1948家大型工业企业排名中位列535位，销售额达到21.1亿元，成为我市工业的中流砥柱。

10. 高新技术产业　发展高新技术产业是调整产业结构，实现县域经济跨越式发展的关键。我市的科技工作再攀高峰，科学技术在经济增长中的作用进一步增强。累计认定高新技术企业29家，高新技术产品40种，全年完成高新技术企业技工贸总收入23亿元，同比增长35.3%。其中，工业高新技术企业产值完成6.1亿元，同比增长40%，实现利税1.05亿元，同比增长13.4%。已初步构成特色鲜明的电子信息、生物制药、新型材料、现代高效农业四大高新技术产业。

11. 投资 2003年固定资产投资再创新高，完成投资40.6亿元，同比增长13.9%，地方完成投资36.5亿元，同比增长12.4%，国有及其他经济类型完成投资22.8亿元，同比增长27.9%。投资对经济增长的贡献率达到38.8%，比上年提高6.1个百分点，拉动经济增长5.04个百分点。引进项目力度进一步加大，共运作千万元以上项目200个，投资规模198亿元。其中，竣工项目55个，在建项目44个，完成投资33.7亿元。

12. 城市建设 市容市貌连续多年在省"新容杯"评比活动中名列前茅，燕郊镇被中宣部等五部委确定为"全国文明小城镇示范点"。初步实现了"六化"目标：一是城市道路网格化。东西市区建成了完整的环城公路和街区道路体系，全市道路通车里程达到721公里。二是居民住宅小区化。共建成阳光、安居、康居、燕宁、海洋等几十个住宅小区，总建筑面积225万平方米。三是公益设施现代化。中小学校建起高标准示范性实验室，校园网建设全面启动；医疗设施全面改善；市文化馆、图书馆、浩然文学馆、广电中心等一批文化设施已建成投入使用。四是服务设施高档化。建成了新世纪文化广场、福成名厨娱乐城、华堂国际高尔夫球场、燕龙大酒店、和安花园、圣德花园等一大批具有国际水准的旅游娱乐设施。五是镇区建设城市化。全面启动了"八个一"工程，镇区建设水平明显提高。六是市场建设规范化。已建成兴达超市、福成物流中心、农机大世界、高楼木材交易市场等各类综合、专业市场31个。

13. 社会各项事业 以"三大形象、两大建设"为主线，深入开展文明城镇、文明机关、文明行业、文明社区、文明家庭等各类文明创建活动，燕郊镇被评为省级卫生镇，通过"全国环境优美小城镇"专家组验收，全社会文明程度普遍提高。在全市农村深入开展了"两讲一建"教育活动，有力提高了农村干部群众的科学素质、法律素质，压缩了邪教、宗教地下势力非法活动的空间，倡导了文明健康的生活方式和良好的社会风尚。防治非典工作取得阶段性重大胜利，大力开展了"告别陋习、走向文明"主题教育活动和"整治环境、关注健康"爱国卫生运动，建立起了疫情防治的长效机制，全市医疗设施日益完善，医疗制度日益规范。举办了盛中国、濑田裕子名曲音乐会，组织多次文化下乡活动，坚持搞好"彩色周末"，丰富人民群众的业余生活，图书馆、文化馆功能不断完善，数来宝《天使之歌》在省群众文艺作品评选活动中获曲艺类二等奖。体育事业也取得了辉煌成绩，在廊坊市第四届运动会上获得成年组、青年组团体总分第一和金牌总数第三的好成绩，全市文化品位和体育水平显著提高。坚持深化教育改革，加强基础教育和职业教育，发展幼儿教育和高中教育，鼓励民办教育，教师素质、教学质量同步提高。高考成绩第八次摘取廊坊市桂冠，在全省率先基本普及学前三年幼儿教育。坚持开展计划生育集中宣传服务活动，强化综合治理，稳定低生育水平，提高人口出生质量，创建优质服务先进市，在上级三次考核中取得优异成绩。环保工作加强，绝大多数污染企业得到有效治理。坚持扩面提质，"三项保险"（养老、失业、医疗）、"两条保障线"（城市、农村最低生活保障线）建设质量稳步提高，新增三项保险1.2万人，城乡贫困人口得到了及时救助，基本实现了应保尽保。坚持落实优惠政策，加大就业服务力度，1180名下岗失业人员实现了再就业，安排劳务输出1.1万人，转移农村劳动力1.7万余人。

县域经济是国民经济中的关键环节，是联系宏观和微观、工业和农业、城市和乡村的桥梁和纽带，在国民经济中占有举足轻重的地位。在今后的发展中，首先必须牢固树立科学的发展观，坚持以人为本，更新观念，用符合市场经济发展规律的新思维、新方法和新手段去研究、谋划、领导一个县市的经济发展。其次，发展县域经济必须坚持一切从实际出发的原则，走特色发展之路。在县域经济发展过程中，将遇到很多新情况、新问题，对此没有现成的经验可供借鉴，不能照搬书本，必须按照"三个代表"的要求，不断研究新情况，解决新问题，开创县域经济发展的新局面。再次必须坚持可持续发展的原则，保持经济与社会协调发展，共同进步。在谋划经济发展时，必须从长远出发，通盘考虑自然资源的长期供给能力和生态环境的承受能力，不能为局部利益而损害全局利益，也不能为今天的发展而损害明天的发展。

江海明珠——通州市

中共通州市委　通州市人民政府

通州概况　通州市滨江临海，地处江苏省东南部长江三角洲北翼，与苏州隔江相望，与上海灯火相邀。南起北纬31°52′，北至北纬32°15′，南北间最大直线距离50公里；西起东经120°41′，东至东经121°25′，东西间最大直线距离85公里。海岸长16.27公里，江岸长15公里。全市面积1166平方公里，耕地面积80569公顷。户籍人口128.13万人。辖23个镇和1个省级经济开发区。

区位优势　通州市区位独特，交通便捷，是接受上海辐射，承接国际产业资本大转移、上海资本梯度转移、南方资本北拓长三角的前沿阵地。境内新长铁路和宁通、宁启、盐通高速公路穿境而过，通扬、通吕、通启运河和九圩港、遥望港、新江海河等大型骨干河道纵横交错。南端连接正在兴建的苏通长江公路大桥，预计2008年建成通车，届时通州至上海仅需90分钟。通州城区距中国十大港口之一的南通港30公里，直通集装箱班轮，海运与世界各地相通。城区西郊设有南通机场，班机直飞北京、广州等地。

发展特点　改革开放以来，通州注重发挥区位优势，积极抢抓机遇，加速结构调整，加快经济发展，特别是近几年进一步解放思想，乘势而进，以科学的发展观统领经济社会发展全局，经济和社会事业取得长足发展。连续三年列入"中国农村综合实力百强县(市)"，连续三届跻身"全国县域社会经济综合发展指数"百强。2003年，通州人民在市委市政府的领导下，坚持以"三个代表"重要思想为指导，全面贯彻党的十六大精神，紧紧围绕"两个率先"目标，努力拼博，奋勇争先，向着全面小康的目标阔步迈进。

2003年，是通州国民经济增长最快的一年。致力于增创新优势，增强竞争力，扎实开展"争当标兵、争扛红旗"和"接轨上海、策应广深、学赶浙江"等活动，国民经济呈现高开高走、高位运行的增长态势。全年实现地区生产总值165.39亿元，比上年增长(下同)13.8%，增幅为近年之最。实现财政收入13.14亿元，增长31.3%，位居全省江北各县(市)之首。工业经济快速发展，完成工业总产值441.88亿元，产品销售收入412.03亿元，利税总额25.89亿元，利润15.86亿元，分别增长42.3%、60.8%、31.3%和33.9%。作为**纺织之乡**，纺织工业占整个工业经济的38%，建成全国规模最大的家纺面料市场——江苏川港寝饰用品面料市场。作为**鱼米之乡**，农业生产条件优越，蔬菜园艺业发达，江、海、河产品丰富。项目农业、龙头企业建设强势推进，三资开发农业投入达5亿元。全年实现农业总产值30.71元，增长8.2%。作为**建筑之乡**，2000年以综合考评总分第一的成绩，被江苏省政府命名为"建筑之乡"，累计荣获25个"鲁班奖"，获奖数在全国县(市)中遥遥领先。全年实现施工产值108.38亿元，增长47.9%。作为**商贾之乡**，服务业稳步发展，实现增加值60.16亿元，全社会消费品零售总额45.06亿元，分别增长9.2%、12.7%。

2003年，是通州开发开放力度最强的一年。招商引资实现“撑杆跳”，全年新批外商投资项目181个，投资总额5.73亿美元，分别增长154.9%和241.6%；协议注册外资3.51亿美元，是上年的4倍多，位居南通六县（市）之首，列江苏第8位；注册外资实际到帐1.05亿美元，是上年的3倍，与苏南中等发达县（市）水平相当。对外贸易持续增长，完成外贸出口总额4.18亿美元，增长24.0%，连续8年位居南通六县（市）之首，列全省第8位。外经合作再创佳绩，完成外经合同额4419万美元，营业额4000万美元，分别增长89.3%、69.2%。大力度推进工业园区建设，26个工业园已初具规模。其中，建成1个国家级农业示范园区、3个省级示范园区、5个南通市级示范园区。全市形成了以市开发区、港区为龙头，金通、金江开发带为纽带，各镇工业集中区为基点的大开发格局。

2003年，是通州工业投入势头最猛的一年。紧紧抓住国际资本向长三角地区聚集和实施沿江开发战略的历史性机遇，不断加大工业投入力度，促进产业结构优化升级，在市场竞争中赢得新的发展。全年完成工业投入工作量47.65亿元，增长122.9%，增幅为历年之最，其中投资千万元以上项目189个，完成工作量30.4亿元，已竣工投产的千万元以上项目102个。市开发区和乡镇工业集中区的集聚能力和产出水平不断提高，工业产出份额占到全市的41.4%。

2003年，是通州改革领域涉及最广的一年。市属工业和商贸流通企业彻底进行了资产、人员身份“双置换”。全市99%的公有资产已从工业、流通、建筑等一般竞争性领域退出，盘活了2亿多元的低效资产。有序推进社会事业领域市场化改革，市属行政管理型事业单位、社会公益型事业单位的机构和人员编制数分别精简了42.8%和18.7%，36家技术中介型事业单位和生产经营型事业单位成功转企。教育、卫生等社会事业和基础设施领域建立起多元化投入机制，对1家国家级示范高中进行了股份制改革，对52家医疗卫生机构以及32所幼儿园和2所中学的股权结构和治理结构进行了完善。体制优势激发了民营经济的活力，各项主要经济指标快速跃升，民营经济工业产值、产品销售收入、利税、投入分别增长44.5%、63.9%、31.9%和138%，分别占全市总量的98.0%、98.0%、97.4%和90.7%。

2003年，是通州人民得到实惠最多的一年。高度重视增加城乡居民收入，人民生活水平有了新的提高。县城居民人均可支配收入9104元，增长19.8%；农民人均纯收入4835元，比上年增加288元，增长6.3%。年末城乡居民储蓄存款余额120.84亿元，比年初增加17.55亿元，增长17.0%，人均储蓄额达9431元。城镇人均住房面积34.5平方米，农村人均住房面积50.5平方米，居民文教娱乐服务支出占家庭消费支出的比重为16.8%，基本达到全面小康标准。社会保障覆盖面不断扩大，城镇居民最低生活保障实现应保尽保。全市新增就业岗位1.33万个，安置城镇失业职工5420人，安置率69%，城镇登记失业率为2.4%。农村新型合作医疗覆盖率达到87.4%，有效防止了农民因病致贫、因病返贫。连续3年实施农村草危房改造工程，2828户困难群众喜迁新居，在南通市率先完成农村草危房改造任务。

2003年，是通州发展环境改善最大的一年。大力推进城市美化亮化净化工程，建成国家卫生城市，并拥有全省江北首家国家卫生镇、2个省级新型示范小城镇、6个省级卫生镇。大力推进文明村镇创建活动，两度被命名为省文明城市。大力推进“平安创建”，跻身全省首批社会治安安全县（市）行列，再次荣获全省社会治安综合治理先进县（市）称号。大力推进群众性文化建设，连续8年组织开展“通州之夜”广场文娱晚会，演出100多场。先后有16个镇进入省级群众文化先进镇行列。继戏剧小品《买阴凉》、《罗密欧与朱丽叶》获得“中国曹禺戏剧奖”一等奖后，小品《捡来的手机》荣获2003年中央电视台首届全国戏剧小品大赛最佳作品奖、省“五星”工程金奖。基础教育硕果累累，本科上线率连年全省领先，先后被评为全省教育先进县（市）、全省基础教育先进县（市）、全省职教先进县（市）。高度重视软环境建设，把转变作风作为重点工作之一，全力建设“学习型、高效型、廉洁型”机关，政策、服务、法治、人文环境进一步优化，“亲商、安商、护商、富商”的氛围已经形成，市民文明素质得到显著提升。

未来取向　通州市将紧紧围绕中央、省委和南通市委关于有条件的地方率先实现全面小康和基本实现现代化的要求，牢固树立和全面落实科学发展观，坚持全面协调可持续发展，进一步理清思路、提升坐标，加快速度，力争2008年左右在全省江北率先全面建成小康社会，2016 年左右基本实现现代化。基本思路是：**深入实施“五大战略”，大力发展“五类经济”，着力打造“五张名片”。**

深入实施“五大战略”。一是实施市场化战略。在经济领域的各个方面以及社会生活的各个领域充分引入市场机制，让一切有效的生产要素加快集聚，让人们的创业积极性充分发挥，全面增强综合竞争能力和运用市场配置资源的能力，不断创新和拓展经济社会的发展空间。二是实施工业化战略。围绕“以工兴市”，加快建设上海北翼富有竞争力的加工制造业基地。坚持以信息化带动工业化，充分利用先进适用技术改造传统产业，增强产业集群发展能力，加快建成若干特色信息产业和高新技术产业板块。三是实施国际化战略。突出抓好招商引资，进一步扩大外贸优势，不断拓展外经合作，全面提高经济发展的外向度，跻身到苏南外向型经济的第一方阵。四是实施城镇化战略。用三年左右的时间，实现国家环境保护模范城市、全国生态示范区、全国文明城市、全国园林城市、国际健康城市“五城”同创目标。加快城区南延西扩进程，积极发展重点中心镇，合理发展一般建制镇，加快城区和重点中心镇规模扩张的步伐，不断提高城镇化水平。五是实施知识化战略。以人才开发为重点，突出科技人才、经营管理者、党政干部“三支队伍”建设。不断完善人才培养、引进的政策规定，健全人才柔性流动机制。加快发展职教集团，引进外来高等教育资源，把通州建成满足自我发展和周边需求的实用人才培养基地。

大力发展“五类经济”。一是发展老百姓经济。全面启动民资，大力发展非公有制经济，实现民有、民办、民营、民享，努力实现体制优势转化为发展优势。通过在全社会倡导创富主体的观念、民富国强的观念、投资为荣的观念和服务至上的观念，破除广大干部群众创业的思想束缚；通过积极鼓励机关事业单位工作人员创办帮办和参股私营个体企业，允许他们获得合法的资产性收入；通过降低创业门槛、加大财政金融扶持力度等措施，激发全民的创业热情，推动民营经济形成“铺天盖地”之势，力争到“十一五”期末，建成全省“民营经济第一大市”。二是发展增长点经济。依托重点园区、重点骨干企业和重点项目，加大招商引资和项目建设力度，努力实现投入优势转化为产出优势。积极推动企业家办园，大力培育规模企业、品牌企业和上市企业。三是发展特色化经济。打造具有鲜明特色和比较优势的产业群体，努力实现结构优势转化为竞争优势。加快发展无公害蔬菜、特种畜禽和特种水产三大特色农业，重点建设 28 个市级农业科技示范园区，建成一批专业户、专业村、专业镇；调整优化工业结构，做强家纺、电子元器件、电力设备等特色经济板块。四是发展劳动力经济。重点发展劳动密集型和劳务输出型经济，努力实现人力资源优势转化为经济优势。进一步加强劳动者技能培训，依托建筑业等优势产业，拓展就业空间，强化组织程度，提高劳动力水平。五是发展桥头堡经济。充分利用苏通大桥开工建设的先期效应，做足路桥经济文章，招商引资以桥为牌，园区经济沿路发展，努力实现区位优势转化为开发优势。

着力打造“五张名片”。一是打造诚信通州。以政府、企业、中介机构和社会成员为主体，建设信用道德、信用制度、信用平台三大支撑体系，着力打造长江三角洲最佳信用城市之一。全面推进诚信通州建设，突出企业信用重点，建立健全企业信用记录、评估、公示、奖惩制度，规范市场秩序和企业行为。二是打造法治通州。以推进机关依法行政和企业、公民依法办事为主要内容，全面提高法治化水平，力争通过三年左右的努力，把通州建成全省最佳法治城市之一。健全和完善行政执法责任制，切实加大行政执法监督力度，进一步完善政务公开制度。开展创建民主法治示范村活动，构建社会矛盾纠纷大调解机制。三是打造崇学通州。深入开展创建学习型城市活动，建立机关、系统、企业、社区、村镇和家庭等六类学习型组织。通过加强宣传教育，实行用人导向，强化激励约束，激发各类组织和个人学习的内在动力。组织开展通州读书节、机关学习日、公务员和经营管理人员业务技能培训活动，努力营造崇学重教的氛围。四是打造绿色通州。目标把通州建成上海都市圈的明珠，苏中地区最具现代气息的亮点，南通市最具特色和魅力的辅城，长三角北翼最适宜创业和居住的地方。按照“天蓝、地绿、水清、景美”的要求，开展现代化新型小城镇建设。加大环境保护和污染治理力度。大力发展绿色农业，推进标准化生产。深入开展绿色社区、绿色庭院、绿色单位创建活动。五是打造数字通州。坚持以政务信息化为龙头，企业信息化为重点，通州大众网为依托，启动农业、教育、医疗卫生、城建等六大信息应用系统工程，确保到“十五”期末，信息化综合指数进入全省先进县(市)行列。

长三角上“小浦东”——海门市

中共海门市委　海门市人民政府

海门市位于江苏省东南部，东濒黄海，南倚长江，素有“江海门户”之称。与国际大都市上海隔江相望，处在我国沿江经济带和沿海经济带的交汇点上，是国务院最早批准的对外开放县(市)之一，被誉为“长三角上小浦东”。全市总面积1149平方公里，人口103万，辖23个乡镇场、1个省级经济开发区，水草丰美，人杰地灵，有“科技之乡”、“教育之乡”、“纺织之乡”、“建筑之乡”和“长寿之乡”美称，曾涌现出清末状元、著名实业家张謇，现代著名诗人卞之琳，现代著名金石书画家王个移，著名民主人士季方等杰出人物。改革开放特别是近几年来，海门三个文明建设取得了丰硕成果，先后被评为“国家卫生城市”、“国家环境保护模范城市”、“全国生态示范市”、“中国农村综合实力百强县”、“中国明星县”、“全国科技百强县”、“江苏省文明城市”等，县域经济基本竞争力列全国第33位。

一、海门——魅力之城。海门，钟灵毓秀，物阜民丰，是江海平原上一颗璀璨的发展明珠，散发着独特的魅力。2003年全市基本竞争力在全国2000多个县(市)中由过去的第43位提升到第33位，是名副其实的“长三角上小浦东”。她的魅力突出表现在以下3个方面：

1. *区位得天独厚。*海门东揽黄海，南倚长江，位于中国沿海经济带和沿江经济带的交汇点上，处在“两港三机场”环抱之中，与国际大都市上海一衣带水，隔江相望，享有“江海门户”和“北上海”的美誉。

海门陆路交通发达，境内路网建设发展迅速，“四纵五横”主骨架公路网络已经形成，区内交通正与区外大交通高速化全面接轨。海门空港条件优越，通过被誉为“长江第一渡”的海太汽渡，海门到上海浦东国际机场和上海虹桥机场的车程均在2小时左右。目前正在实施“海太汽渡”上迁工程，可望年内竣工通航，届时渡船只需20分钟即可到岸，海门到上海的时间又将大大缩短。而从海门驱车到南通兴东机场仅需半小时。海门海运方便快捷，距南通港国际集装箱码头和上海港国际集装箱码头的车程分别为半小时和两小时，在海门投资的企业可以方便地把自己的产品推向世界。

2. *资源积蕴丰裕。*一是人力资源丰富。海门是全国“两基”工作先进地区和江苏省首批实验学校普及县，基础教育水平全国一流。海门的职业教育发达，现有高等职业院校一所。另外，西北大学海门国际学院正在紧锣密鼓筹办之中。发达的教育为海门提供了大量高素质的人力资源。同时，繁荣的海门也吸引了一大批外来高级人才，目前在海工作的研究生和博士达150多人。与上海及苏南等地区相比，海门的劳动力成本还具有比较优势，在海门投资创业可以节约劳动力支出。二是电水资源充沛。一方面，海门拥有2座22万伏输变电所，4座11万伏输变电所，电力资源充沛，能为投资企业提供24小时不间断的双回路供电。另一方面，海门滨江临海，淡水资源非常丰富，引江排海功能十分强大。已建成日供水量达20万吨的长江水厂。三是土地资源充足。海门是江苏省集体土地流转试点城市，多年来已经储备了相当一批存量土地。同时，包括海门港在内的沿江地区围垦土地属国家计划外非耕地，且都不存在拆迁和劳动力安置问题，开发成本低。四是文化底蕴深厚。海门古称东布洲，设县迄今已有1046年历史。这里不但曾经诞生了清末状元、著名民族实业家张謇，现代著名金石书画家王个簃，中国农工民主党前主席季方，现代著名诗人卞之琳等一批名人，而且还有"苏北的周庄"——千年古镇余东，有潮涨为礁、潮落为岛的世界唯一奇景蛎蚜山等一批历史文化遗产。

3. 发展前景诱人。一方面，随着浦东到崇明的越江通道和崇明到海门的崇海大桥实施进程的加快，海门与上海之间"天堑变通途"的美好蓝图即将成为现实。届时长江入海口将形成一条南北贯通的大通道，从海门出发不到一个小时就可以进入上海。海门将成为苏北地区与上海经济接轨的第一桥头堡，成为名副其实的上海北大门。如果说上海是长三角的"龙头"，那么海门则是这个"龙头"上一颗闪亮的"眼睛"。与此同时，在海门市区西侧，连接南通和苏州之间的苏通大桥也正在紧锣密鼓地建设中，一旦大桥通车，海门将全面融入苏南板块，成为新的发展亮点。另一方面，国家确定的"八纵八横"铁路网主通道之一的宁通铁路东延，已经破土动工，建成后将横贯海门全境，不仅能结束海门没有铁路的历史，而且将为海门经济的腾飞锦上添花。而作为江苏省重大工程之一的宁通高速公路东延段建设，已经进入最后的施工阶段，今年10月即将通车，海门将可依托高速公路网络，更快地实现在长三角上率先崛起的宏伟目标。

随着"两桥两路"建设与投入运营，海门对外交通将发生质的飞跃，成为运输大系统的前沿阵地和沟通长江南北两岸的交通枢纽，"江海之门"的区位优势将进一步凸现，成为沿江沿海全面开放的东大门。

二、海门——发展之城。海门是中国近代民族工业的发祥地之一，清末状元张謇先生在家乡兴办纺织工业，首开民族工业之先河。近二十年来，百万海门人民乘着改革开放的东风，团结拼搏，奋力开拓，海门经济社会面貌产生了翻天覆地的变化。经过多年的发展，海门已经具备了良好的产业基础，一流的城市环境，发达的社会事业。

海门产业发展蒸蒸日上。2003年海门国内生产总值达165.71亿元，增长13.9%，人均GDP超过2000美元，列江苏省第11位。目前，全市已初步形成轻纺服装、生物医药化工、特种材料、电子通信、机械冶金等五大特色产业齐头并进的发展格局。轻纺服装方面，既有张謇一手创办的华润大生纺织(原通棉三厂)等百年老厂，又有远大纺织、荣祥纺织等一批企业新秀。海门市叠石桥国际家纺城是全国规模最大的家纺专业市场，年成交额超100亿元。生物医药方面，拥有诸如国内最大的西药研发基地——江苏原创药物研发中心、慧聚药物有限公司等一批高科技药物研发机构和江苏晨牌集团等药物生产基地。特种材料方面，经过多年的培育与发展，已经形成了特种钢材、特种铜材、特种陶瓷、特种橡胶、特种纸品、特种纺织等系列产品。电子通信方面，拥有通光集团、东洲通信等一批骨干企业，年产值超过10亿元。机械冶金方面，近年来形成了电力机械、液压机械、印刷机械、矿山机械等产业群和有色金属冶轧系列特色产品。

海门城市环境清新宜人。市区空气清新，绿树成荫，沟河交错，整洁卫生。是城，却无拥挤之感；是市，却无喧嚣之声。2003年，海门市又在科学编制全新发展规划的基础上，不断加大了城市基础设施建设的投入力度，进一步拉大城市框架，完善城市功能。目前，我市正在积极争创国家园林城市。

海门社会事业硕果累累。海门的科技、教育、文化、卫生等事业均走在苏中苏北的前列。2003年，海门在全国科技进步考核中列苏中苏北第一；高考录取率达92.1%。另外，文化、广电和体育事业日益繁荣，应急救治体系和群防群控体系日臻完善。海门社会稳定，治安秩序良好，被评为"全国综合治理模范市"，也是江苏省首批治安安全市。在长期对外开放过程中，海门已形成了一批适宜外商生活、居住、休闲、餐饮、娱乐等设施。

三、海门——开放之城。通过引外促内，2003年海门经济综合实力进入全省十强，国内生产总值、地方财政一般预算收入、实际利用外资、社会消费品零售总额等多项指标跃居苏中苏北第一。在今后相当一段时间内，我市将坚持扩大开放不动摇，紧紧抓住国际资本潮涌长三角和发达地区产业转移的历史机遇，不断加强开放载体的建设，努力营造宽松的开放环境。

1. 配套齐全的投资载体

目前，全市已形成了气势恢宏的沿江沿海两大开放带和欣欣向荣的六大开放载体。

两大开放带

一是沿江开放带，指宁通高速公路东延以南的所有沿江地区，主要包括沿江经济区和沿江风情区、市区、经济开发区、绣品工业集中区、机针工业集中区等开发区域。

二是沿海开放带，指宁启高速公路以北沿海地区，拥有12公里优质沿海岸线，主要包括蛎蚜山风景区、东灶港海洋城、小五金工业集中区、红木加工集中区等区域，开发投资潜力相当巨大。

六大开放载体

一是海门经济开发区中心区。规划面积4.88平方公里，基础设施齐全，服务功能配套，已经有一批世界一流水平的具有孵化性、带动性、关联性的产业群项目相继进区落户。

二是海门港区。规划面积25平方公里。海门港是长江北岸距上海最近、出海最便捷的天然港口，水深条件好，主槽稳定，宽度达2.5公里，可规划建设多座大中型泊位。

三是青龙化工集中区。规划面积1.75平方公里，区内企业享受开发区企业同等待遇，区内高标准道路、污水处理中心、热电厂等基础配套设施一应俱全。

四是乡镇工业集中区。在原有乡镇企业集群基础上发展而成，分别规划1平方公里，形成了具有区域经济特色的块状经济。西部轻纺、服装，中部皮鞋、红木，北部不锈钢、小五金，东部缝纫机针，南部高科技产品均呈现规模发展的良好态势。

五是灵甸化工集中区。规划面积1.8平方公里，规划建成清洁、优美、高效、安全的化工工业集中区。

六是三星工业集中区。规划面积7平方公里，已经发展为具有相当规模的家纺绣品专业生产区域。

同时，与其他城市相比，海门有着更为宽松、实惠的投资政策。

2．热情周到的亲商服务

市审批服务中心对所有投资项目实行一站式审批、一条龙服务、一个门收费、一次性办结，不仅办事效率高，而且服务质量好。建立了与外商定期沟通联系制度，设立了外商投诉中心，定期举办外商沙龙活动，对外商投资企业反映的困难和矛盾，及时答复解决，主动跟踪办理。海门还建立了外商投资企业检查申报制度和挂牌保护制度，使外商投资企业能不受干扰，一心发展。

3．丰厚快捷的创业回报

对外商投资项目的申报、注册登记等手续，市有关部门将提供“保姆式”服务，在较短的时间内负责办结，不加收任何服务费用，让投资者腾出更多的精力发展生产。由于海门的各项费用和劳动力成本等均比较优惠，因此在海门投资的综合成本处于一个十分理想的水平。

四、海门——希望之城。面对全球经济一体化的大背景，面对国内新一轮你追我赶的竞争潮流，面对入世带来的冲击和挑战，我们进一步唱响加快发展的主旋律，努力构筑更具海门特色的经济新优势，加快实现向经济强市的迈进。我市将通过积极打造速度海门、精品海门、效率海门，不断改善发展环境，努力铸造海门辉煌的明天。

1．精心打造速度海门

通过大力发展外向经济、沿江经济、项目经济等五大经济，海门力争实现在经济实力上快速崛起、在发展速度上遥遥领先，把经济腾飞的基础进一步做实做强。重点是推进沿江经济区的开发建设，努力把沿江经济区建成高度聚合各种要素、区域竞争力优势明显的重点区域。沿江经济区是近几年海门市新兴工业经济发展的集中地，建造有万吨级杂货运码头，区内以高科技、高产出、高附加值企业为主体，总投资20亿美元的吉斯达、投资5亿元的海螺水泥和总投资150亿元的大型电厂项目即将在该区落户和开工建设。这些大项目的启动，必将带动整个沿江经济区的产业升级，增强园区的项目吸聚与承载能力，提升海门的区域竞争优势，加快海门经济发展的速度。

2．全心打造精品海门

将在继续加快以教育中心、休闲中心、居住中心为代表的主城新区扩容拓展基础上，进一步做大、做美海门城市品牌，做到建一楼、造一景，提升城市品位。与此同时，沿江副城区的开发也在加紧规划建设中，主、副城区和谐并进的格局正在形成。两三年以后，一个令人耳目一新的精品海门将会呈现在大家面前。在发展过程中，我市将始终坚持可持续战略，贯彻“绿色GDP”意识，大力推广循环经济，提高生产资料的再资源化率，使海门成为一个生态化的城市。将按照精品化的要求，积极启动国家园林城市创建工作，加快城区景观改造，加大市容、交通和治安管理力度，努力把海门规模做大、实力做强、功能做优、形象做美，使海门人气更足，商气更旺，名气更响。

3. 倾心打造效率海门

我们将通过与时俱进构建“开明政府”、依法行政构建“法治政府”、为民亲商构建“服务政府”、实干守信构建“责任政府”、公正廉明构建“阳光政府”等各种措施，进一步加快政府职能转变，切实提高政府工作效率，争创全省第一办事环境，把海门建成公务员服务最优、投资者获利最多、群众满意度最高的开放城市。

海纳百川凭鱼跃，门开万里敞胸怀。百万海门人民将与时俱进，奋发进取，用勤劳的双手铸造海门新的辉煌，迎接更加美好灿烂的明天。

积极探索 大胆实践 全力打造县域经济发展新优势

辽宁省海城市人民政府

海城位于辽宁省南部，辽河下游左岸，处于辽东半岛城市群之中，是鞍山市所辖的县级市。全境总面积2732平方公里，辖29个镇区，其中包括两个省级经济技术开发区，自然分布为“五山一水四分田”，总人口112万，是一座拥有两千多年历史的文明古城。1985年经国务院批准撤县建市。改革开放以来，在辽宁省委、省政府，鞍山市委、市政府的亲切关怀和正确领导下，经过全市人民的共同努力，经济和社会各项事业都有了长足发展。2003年，全市GDP实现213.5亿元；地方财政收入7.4亿元(新口径4.4亿元)；固定资产投资完成44.6亿元；实际利用外资7776万美元，出口创汇1.6亿美元。海城先后被辽宁省和国家确定为综合体制改革试点单位，被省委、省政府命名为“农村经济全面发展先进市”，被国家评为中国农村综合实力百强县、中国百名财神县。2000年被辽宁省政府确定为县域经济发展示范市。2002年，在全国财政收入超亿元县(市、区)排名中，名列第42位。2003年，在国家统计局公布的我国最发达100县(市、区)排名65位。海城被誉为“关东第一县”和“辽东半岛上的璀璨明珠”。

一、解放思想，创新思维，不断拓宽加速发展的新思路、新途径。改革开放以来，海城主要经历了三次重大的思想飞跃。改革开放之初，紧紧抓住综合体制改革试点这一重大机遇，提出“人不分南北、货不分东西、一起进入市场”，极大地激发了全市人民齐心协力谋发展的能量和热情，充分尊重、挖掘和发扬海城人敢闯敢试，敢为人先的精神，海城人第一个办个体、第一个办市场、第一个搞联合，出现了在全省乃至全国引起极大反响的“海城人现象”、“海城模式”。党的十四大确立了建立社会主义市场经济体制后，海城市委、市政府在认真总结十年改革经验的基础上，科学分析了制约海城经济发展的深层次矛盾和瓶颈性问题，对市场经济体制的理解进一步深化，对发展县域经济的认识更加全面，市场经济的观念逐步深入人心。随着市场经济体制改革的不断深入，民营经济迅速成为县域经济发展的主力军，从而确立了先发的体制优势和民营经济发展优势。我国入世以后，市委、市政府准确看待和把握国内外经济发展的新形势、新变化，积极吸取先进地区发展的成功经验，对海城发展进行了科学分析和重新定位，确定了利用五年左右的时间，把海城建设成为工业大市、农业强市、商贸名市、旅游新市和现代化开放型河滨城市的奋斗目标。特别是随着党的十六大召开，国家提出振兴东北老工业基地以及省委、省政府提出坚持“一主三化”发展县域经济，市委、市政府进一步开拓思路，深化认识，坚定了加快发展的信心，确立了坚持科学发展观，坚持“五个统筹”，民营为主、“三化”互动、整合要素、加快发展的工作思路，不断开拓思想的新境界，赋予思想解放以新的内涵。改革开放以来，海城经济社会发展成就的取得，最为关键的一条，就是海城人思想的解放和思路的创新。海城的发展历程，实质上也是思想不断解放的过程，每一次思想的大解放、大飞跃，都带来了海城经济的大发展、大跨越。

二、深化改革，锐意创新，不断完善市场经济体制。海城的发展启动于改革，得益于改革。自1984年海城被省和国家确定为综合体制改革试点单位以来，海城人正是凭借敢为天下先的胆识和气魄，率先承受各种风险和震荡，闯出了一条符合海城实际、推动经济发展的新路子。1984年的综合体制改革，出台了以"放权、让利、开发、搞活"为基本内容的20条决定，冲破了计划经济体制的束缚，极大地增强了区域经济发展的活力，以市场为导向，实行"国家、集体、私营、个体"四个层次一齐上，"工商建运服、农林牧副渔"十个轮子一齐转，农村经济全面发展，乡镇企业迅速崛起，城乡市场体系开始形成，创造了十年再造十个新海城的辉煌成就。1995年综合体制改革，按照市场经济的要求，针对企业产权不清，政企不分等矛盾和问题，在全省率先出台了以产权制度改革为核心的综合体制改革新二十条。在不到两年的时间里，全市98%以上的工业企业完成了转制，建立了全新的产权关系，使企业获得真正意义上的生产经营自主权，走出了向社会主义市场经济体制迈进的关键一步。在此基础上，积极稳妥推进了各项综合配套改革，经过近10年的不懈努力，市场在资源配置中的基础性作用日益明显；以民营经济为主体的区域经济格局已经形成；社会保障体系基本建立；政府机构改革、人事制度改革、财政体制改革、商贸流通等各项改革都取得突破性进展，社会主义市场经济体制框架已经基本建立，为区域经济和社会发展创造了极为有利的先决条件和体制基础。

三、放手发展，上档提速，千方百计壮大民营经济。海城改革开放20年最大的成就之一，就是民营经济得到长足发展。目前，民营企业和业户已经发展到4.1万户，从业人员达到25万人，经济总量、固定资产投入、税收、出口创汇和就业人数等五个事关社会发展和稳定的主要指标均占全市总量的90%以上，已经成为全市经济发展的主体。一是积极支持和鼓励民营经济采取兼并、重组、收购等多种形式，参与国有企业改组改造和转制，像西洋集团收购原八一钢厂，组建了西洋钢铁集团；后英集团收购原纺机厂，投资2亿元组建后英硅砖厂；东四型钢厂收购原市砖厂，建设H型钢项目。民营企业对国有企业的成功兼并、收购，对于国企改革的顺利推进，发挥了不可或缺的作用，特别是国企改革中"钱从哪里来"和"人往哪里去"的两大难题都得到了有效解决，不仅极大减轻了政府财政负担，盘活了国有资产，缓解了社会就业再就业矛盾，而且使这些企业重现了发展生机，民营企业也在这个过程中不断发展壮大。二是不断加大对民营企业现代企业制度建立的指导和服务力度，引导企业完善法人治理结构，优化生产要素配置，推进技术创新和管理创新，加速实现民营企业管理和运行机制与市场、与国际的接轨，逐步向规范化、集团化、国际化、现代化方向发展。三是围绕市场，提升民营经济发展优势。专业市场是海城人自己创造和培育发展起来的一大优势，也是一大特色。在发展过程中，注重充分利用专业市场功能，发挥民营经济优势，围绕市场办企业，发展企业促繁荣，使专业市场和民营经济实现了优势互补，良性互动。现在，全市围绕专业市场兴办的各类民营企业已发展到1000多家，受市场辐射的各类专业村241个，专业户达15万户，其中，仅西柳服装市场经营业户就达1万多户。正是由于民营企业的快速发展，才使几大市场得以长盛不衰，巩固发展。西柳服装市场地产品份额已由过去的20%左右上升为30%，南台箱包市场地产品占有份额达到75%以上。目前，全市拥有各类专业市场80多处，年交易额达到233亿元。四是千方百计放宽政策，拓宽领域，给民营经济更为广阔发展空间。目前，全市民营经济从农业到工业，从商贸流通到城市建设，从文化教育到体育卫生和社会公益事业，已基本涵盖了经济发展的各个领域。五是坚持升级促发展、科技促发展、品牌促发展的原则，鼓励支持民营经济走滚动发展和扩张升级之路，使民营经济发展步伐明显加快，整体经济实力和后劲显著增强。近年来，全市民营企业开发省部级以上名牌产品40多个，西洋、后英等一批大规模、高科技的企业集团正在逐步走向成熟。目前，全市总资产在1000万元以上的民营企业达到100多家，其中超亿元的30多家。全市民营企业固定资产总值250多亿元，占全市企业固定资产总值的90%以上。

四、盯住项目，壮大产业，不断增强经济发展后劲。坚持以项目建设为核心，把大投入、上大项目做为经济工作的生命线，从2001年起连续四年实施了项目建设"三百"工程，即每年投资超千万元以上项目确保开工建设100个，建设投产100个，筛选储备100个。在推进过程中，落实各级领导干部包项目责任制，实行月调度、季分析，加大项目的协调推进力度，使项目建设始终保持强劲的发展势头。到2003年，全市累计新上投资超千万元项目219个，其中超亿元大项目39个。特别是在推进过程中，坚持以项目促调整、促开放、促发展，突出产业特色和优势，紧紧围绕“世界镁都”、“滑石之乡”、“钢铁重镇”、“中国北方纺织城”和“北方农产品深加工基地”建设，在培育壮大主导产业上做文章。一是围绕矿产品精深加工上项目。合理开发和利用矿产品资源，以项目建设推进技术改造和产品创新，巩固壮大了西洋、后英、福海、广兴等一批骨干企业，使传统产业得到明显提升，镁砂、滑石精深加工率已达到40%左右。二是围绕钢铁产业上项目。充分发挥毗邻鞍钢的优势，承接鞍钢辐射和牵动，以钢铁制品的精深加工、延伸加工为重点，近年来，新上了西洋钢铁、东四型钢、后英海绵铁、峰驰冷轧板等一批重点钢铁项目，而且部分项目已经开工投产，使钢铁产业实现高起点起步、高质态发展，成为鞍山钢铁基地的重要组成部分。三是围绕纺织产业上项目。充分发挥西柳服装市场的辐射带动功能，全力推进纺织产业发展，并做为产业集群扩充战略加以推进和开发，重点推进了辽宁海城纺织工业园、感王高科技轻纺工业园、西柳服装加工园、南台箱包工业园等一批园区项目建设，使纺织产业规模迅速扩大。2003年，全市纺织工业企业已发展到3000多家，销售收入实现100亿元。四是围绕农产品深加工上项目。坚持以工业化的思维发展农业，以项目为牵动，建成了以优质米、南果梨、无公害蔬菜为代表的农产品生产基地；以接文王家堡、八里、东三道、腾鳌黄士为代表的现代农业园区；以后英生物、天天乳业、三和肉禽为代表的一批农事龙头企业，目前，全市大型农事龙头企业20余家，中小企业500余家，带动了全市50%以上的农户从事专业化生产和产业化经营，农业订单生产面积达到60万亩，农产品加工增值率达45%以上，成为农业增效、农民增收的主要途径。

五、扩大开放，内引外联，不断拓展经济发展空间。充分利用国内国际两个市场、两种资源，在更大范围和更高层次上参与国际经济合作和竞争，走对外开放之路。坚持内资外资并重、边贸外贸齐上、一二三产业并举、外经外贸并重的招商引资思路，以对台、对韩、对港、对欧招商为重点，紧密围绕主导产业、专业市场、农业产业化和城市基础设施建设，不断拓宽招商引资领域，强力推进了产业招商、行业招商、园区招商、技术招商和项目招商，辽宁海城纺织工业园、欧盟、中科院镁资源精深开发、污水处理厂等一批重点利用外资大项目不断取得新的进展，并落户海城。近5年来，全市开工建设的三资企业达150多家，实际利用外资累计达6亿美元，相当于海城20年改革开放利用外资的总和。特别是成功引进了全省迄今最大的外资项目——投资10—15亿美元的辽宁海城纺织工业园项目，目前，该项目已经正式开工建设，外资也已经陆续到位。同时，大力实施“走出去”战略，一方面放手让民营企业到外地投资，向外延发展，2001年以来，西洋集团先后在贵州、北宁等地建设复合肥厂、电厂，使企业在外延发展中资本迅速扩张，成为全国乡镇企业五百强之一，现在又转而回到海城发展新的项目。另一方面，不断扩大对外贸易和对外经济技术交流和合作，先后与美国、欧盟、日本、东南亚等30多个国家和地区建立了合资合作关系。根据海城的资源优势和产业特点，不断改善出口结构，积极创建出口创汇基地，传统矿产品出口逐步由资源型向精深加工型转变，以三鱼泵业为龙头的机电产品、以西柳服装集团为主的纺织服装产品及一批轻工产品的出口份额稳步上升，以水果、蔬菜、肉禽、花卉、粮食为主的农产品比重也在不断提高。全市已建立出口商品生产基地89家，商品自营权企业68家，出口产品达34类80多个品种，销往世界60多个国家和地区。累计投入基础设施建设资金20多亿元，建设腾鳌、铁西两个省级开发区，目前，规划区内全部实现“六通一平”，累计引进超千万元项目50多个，外资企业80余家，成为海城对外开放的重要窗口。全市经济外向度达到25%以上，外向型经济对国民经济的牵动效益越来越明显，全方位、多层次、宽领域的大开放格局已经初步形成。

六、以人为本，优化环境，促进经济社会协调可持续发展。企业竞争市场，政府竞争环境。投资环境建设，硬环境是基础，软环境是核心，两者相辅相承，缺一不可。在硬环境建设上，牢固树立经营城市的理念，不求最大、但求最佳，不断加大城市基础设施建设力度，先后完成了国省干线公路改造、环城公路和城市路网改造等一批重点工程，使海城成为东北地区唯一拥有环城公路的县级市和高速公路出口最多的城市。实施了城乡电网改造、海城河综合整治、绿色覆盖工程、污水处理厂等一批基础设施项目建设，从而使海城的城市环境发生了根本性的变化，现代中等城市的骨架已经形成。同时，遵循“产业支撑、市场运作、企业参与、政府引导”的原则，不断加大小城镇建设力度，构建了以西柳、南台为代表的特色小城镇体系，农村城镇化率达到46%，为农村人口向小城镇集中，农村二、三产业的发展创造了有利条件。经过20年的发展，海城优越的区位优势，发达的交通优势和日趋完善的城市功能，完全具备承载大规模、各产业项目的能力，日益成为广大投资者理想的创业发展之地。在此基础上，坚持“有所为，有所不为”，把转变政府职能做为软环境建设的关键，着力解决“缺位”、“错位”、“漏位”、“越位”等问题，实施了大项目跟踪督察制、服务承诺制、首办首问负责制、管理服务岗位责任制、行政过错责任追究制等措施，进一步规范和约束了政府部门和管理服务人员的行为。不断加大审批制度改革力度，共清理和取消审批事项173项，并投资1200万元建成了省内一流的公共行政服务中心，实现了一门式办公、一站式服务，提高了政府的办事效率和服务质量。加快完善促进县域经济发展的政策支持体系，在金融、税收、土地、人才等方面提供了宽松的政策支持，对全市纳税前50名的重点企业实行挂牌保护。通过打黑除恶、整顿市场经济秩序，治乱、治脏、治恶、治贪，为企业创造了公开、公平、公正的良好发展环境。经过多年的不懈努力，全市以高质量服务为核心，政策环境、审批环境、执法环境、市场环境、治安环境和人文环境都不断得到优化，投资环境的吸引力、综合竞争力和集聚效应正在逐步显现。经济社会的协调可持续发展，在广大人民群众生活中得到了深刻体现，人民群众生活实现了由温饱型向小康型的重大跨越。2003年，农民人均纯收入达到4535元；城市人均可支配收入达到5800元，城市居民年人均消费支出4279元，农民年人均消费支出3408元，城区和农村人均住房面积达16.14平方米和21.3平方米，全市每百人拥有固定电话26.3部，移动电话13.5部，有线电视覆盖率达到100%，互联网进入普通家庭。特别是改革开放以来，城镇居民家庭精神文化生活呈现出求知、求实、求美、求乐的发展趋势，精神文化教育消费成为居民家庭消费的重要组成部分，一个文明、健康、科学的生活方式正在日益形成。

雄关漫道真如铁，而今迈步从头越。面对新的形势，新的任务，海城市委、市政府将以饱满的工作热情，昂扬的奋斗精神，不懈的艰苦努力，去开辟发展的新思路，实现改革的新突破，创造开放的新局面，集中力量做强做大民营经济，不断提升农村工业化、农业产业化、乡村城镇化水平，千方百计加速县域经济发展，加快把海城建设成为工业大市、农业强市、商贸名市、旅游新市和现代化开放型河滨城市，开创海城更加美好的明天！

发展中的现代化海滨园林城市——莱州

中共莱州市委　莱州市人民政府

渤海之滨，云峰山下，一座发展中的现代化海滨园林城市正在崛起，这就是——中国莱州。

领导名片　莱州市现任市委书记刘延林，市长林建宁。

刘延林，男，1955年10月生人，毕业于山东大学科学社会主义专业。历任山东省黄县黄山馆乡团委干事、管委副主任，烟台团市委干事、副书记、书记，烟台市外经委副主任，中共长岛县委副书记、县长，烟台外事办主任、党组书记，烟台市外经贸委主任、党工委书记兼烟台投资促进局书记。2001年1月至今任中共莱州市委书记。

林建宁，男，1962年12月生人，毕业于天津大学技术经济专业，研究生学历。历任烟台市人事局干部，山东省海阳县凤城镇副镇长（挂职），中共威海市委副科级秘书、正科级秘书，中共烟台市委办公室正科级秘书，烟台市粮食局副局长、粮油集团副经理，山东省莱阳市政府副市长（挂职），烟台经济技术开发区管委副主任。2000年12月至今任莱州市市长。

城市标志　莱州"中国月季之乡"，月季花是莱州市花。最近，莱州被中国石材协会命名为"中国石都"。近几年来，莱州先后获得"全国卫生城市"、"全国环保模范城市"、"全国园林绿化先进城市"、"全国农业现代化建设试点县市"、"全国农业综合开发试点县市"、"全国两基教育工作先进市"、"全国文明村镇建设示范市"、"全国社会治安综合治理先进市"、"全国两基工作先进市"、"全国民营科技密集区"、"全国科技实力百强县（市）"、"全国科技工作先进县（市）"称号。

历史沿革　自古以来，莱州就是中国北方著名的商埠，胶东半岛地区重要的政治、经济、文化中心，被古人誉为"齐鲁之甲胜，天下之名疆"。早在6000年前新石器时期即有人类在此居住。夏代在此建过国（过西村东），商为莱候国，周、春秋为莱子国，战国时为齐国夜邑，西汉置掖县，隋唐改莱州，明清为莱州府，民国初裁府留掖县，1988年，撤县建市。

行政区划　莱州市总面积1878平方公里，辖11个镇、5个街道办事处，1018个行政村。

自然环境　莱州市位于山东半岛西北部，濒临渤海，是环渤海经济圈的重要组成部分，居烟台、青岛、潍坊三市交界，隔海与韩国、日本相望，扼守山东半岛要冲，区位优越，交通便利。莱州依山傍海，自然地理条件优越。东部丘陵连绵起伏，林木葱郁；中部平原广袤肥沃，五谷茂盛；西部海岸碧波荡漾，风光旖旎。莱州属暖温带大陆性季风气候，四季分明，气候宜人，全年平均气温12℃，平均降雨量800毫米。

自然资源　莱州拥有108公里海岸线，浅海面积150万亩，滩涂面积15万亩。莱州湾水域营养丰富，水温适宜，是中国最富有的海湾，盛产鱼、虾、贝、蟹等30多种海产品，其中梭子蟹、文蛤、竹蛏、对虾四大海鲜驰名中外。莱州境内有黄金、滑石、菱镁石、大理石、花岗石30多种矿藏。其中,黄金储量居全国第一,滑石、菱镁石储量居全国第二,卤水资源居山东省首位,大理石、花岗岩储量近3.8亿立方米。

人口状况 2003年底,全市总人口85.95万人,市区人口19.3万人。总人口中男性43.23万人,占50.3%,女性42.72万人,占49.7%。全市人口密度为每平方公里460人,市辖区人口密度为每平方公里6830人。全市人口中,接受大学教育的为17726人,占总人口的1.99%;接受高中(含中专)教育的99640人,占总人口11.2%;接受初中教育的369225人,占41.52%;文盲率为7.38%。

民风民俗 在民间相沿成习的民风民俗,是一种醇情浓浓的民间文化,随着时代的变迁而发展。自古至今,莱州在生育、婚嫁、丧葬等方面保持着中国北方的传统习俗。现在,又有许多传统节日得以恢复,如庆祝"石匠生日"、"财神生日"等求财祈福,举行"山会"、"庙会"等活动进行商品交易。每年5月25日,是莱州月季花节,现已举办14届。月季花节已成为莱州人招商引资、商品交易、休闲娱乐的重要节日。

城市建设 莱州市区集中供热面积达到110万平方米;园林绿化建成了6处开放式公园和30多块公共绿地,公共绿化面积102万平方米,人均公共绿地面积9平方米,绿化覆盖率28%。雕塑公园、龙凤园、月季园被评为山东省优秀绿地、文昌广场被评为山东省"十佳优秀绿地"、莱州广场绿化获得烟台市"优质工程奖"。全市2000多处庭院单位已有60个庭院被评为烟台市花园式单位,文化宫、公安局等7个庭院被评为山东省绿化先进单位,光州路小区被评为省级花园式小区。莱州市区主要道路全部实施了高标准亮化,安装了各式各样的霓虹灯饰,并在三山岛至夏邱50公里路段安装路灯2700多盏,形成了贯穿南北的百里灯光长龙。莱州广场,投资达1.8亿元,占地面积32公顷。莱州广场由一个中心广场、七个分广场和大面积的绿地组成,配以灯光和雕塑,空间开阔,布局精巧。大小广场以星网状辐射线联通,整体构成自由奔放,有张有弛。中心广场设大型灯光、自控音乐喷泉等现代化设施,四周布置了9根龙柱石雕,西侧则以12根罗马柱排成弧型,气势宏伟壮观,成为莱州城市风貌的标志。

环境保护 空气环境质量,市区二氧化硫年均值0.026毫克/立方米,符合国家二级标准;二氧化氮年均值0.021毫克/立方米,符合国家一级标准;可吸入颗粒物年均值0.08毫克/立方米,符合国家二级标准。降水PH年均值为6.95,饮用水源地水质符合饮用水源水质标准。市区道路效能噪声年均值为66.3分贝,区域环境噪声年均值为52.3分贝,区域环境噪声和道路效能噪声均民上年基本持平。建成烟尘控制区28平方公里,烟尘控制区覆盖率为100%,烟尘控制区内清洁能源使用率为8.64%。汽车尾气达标率为82.34%。工业固体废物处置利用率为100%,危险废物集中处置率为77.78%。工业废水、工业烟尘、工业粉尘排放达标率均为100%,工业二氧化硫排放达标率为79.93%。废水治理设施72台(套),废水治理设施处理能力为6.1075万吨/日。废气治理设施158套,废气治理设施处理能力为41.91万标立方米/时。

重点建设 基础建设方面总投资1亿元农网改造工程,总投资1.5亿元的高速路连接项目,总投资8000万的城市天然气工程,总投资6208万元的污水处理工程;工业方面总投资1.4亿元的新立矿区采矿工程,总投资1.5亿元的黄金珠宝城项目,投资10亿元的中国(莱州)石材工贸城建设;教育方面总投资1.5亿元的新莱州一中等重点项目已全部竣工。

经济概况 2003年,全市从业人员34万人,完成国内生产总值162.7亿元,增长16.0%;完成固定资产投资73.5亿元,增长110.5%;财政总收入8.7亿元,增长19.6%;地方财政收入4.9亿元,增长33.5%;全社会消费品零售总额42.6亿元,增长17.6%。全市经济实现了连续多年的快速增长,呈现出总量增加、速度加快、结构优化、质量提高、活力增强、位次前移的良好发展势头。

农业粮经比例达到30:70,形成了水产、畜牧、种苗、花卉、林果、蔬菜六大支柱产业,2003年完成农林渔业总产值42.9亿元;工业形成了采矿、冶金、石材、化工、电力、盐化、建材等28个门类、200多个行业的较为完整的体系,工业单位数达到6863个。全市工业完成总产值251亿元,其中规模以上工业总产值146亿元,规模以上工业实现工业增加值42.0亿元,完成产品销售收入150.9亿元,实现利税16.4亿元;外贸出口完成2.3亿美元,实际利用外资11376万美元。同时,交通运输、邮电通信、金融保险和旅游业快速发展，呈现出新的活力。

商业贸易 现代商贸是莱州的活市之源。莱州经过市场化运作，吸引青岛的“利群”、“国货”、济南的“三联”三大商业巨头落户莱州，形成以“百大、利群、国货、三联”四大超市为龙头，万通、文昌等六大批发市场为中心，30处卫星城镇为支撑的大市场、大流通商贸格局，城乡市场持续繁荣。正在规划建设的高速公路连接线物流园区、三山岛澳柯玛物流中心和海庙港粮食立筒转运库已初具规模。

人民生活 在岗职工平均工资13430元，增长7.5%；城市居民年人均可支配收入8918元，增长7.5%；人均消费性支出6435元，增长11.5%；农民人均纯收入4240元，增长7.4%；人均消费性支出2412元，增长1.0%；金融机构各项存款余额127.7亿元，增长8.8%，其中居民储蓄存款97.7亿元，增长8.8%。

交通运输 莱州现有各类等级公路854.5公里，206国道、206高速公路、文三公路、海莱公路、水夏公路横跨东西，三蓝公路、朱诸公路纵贯南北，构成了全市“二纵五横”的公路框架。一条长16.8公里的高速公路连接线将206高速公路、206国道等部分国省道主干路连成一体，成为莱州新城区的东外环和南外环。莱州还计划建设农村公路1900公里，到2005年基本实现村村通油路。

大莱龙铁路属国债项目、省重点工程。2002年12月26日全线贯通，2003年底通车运营。其中，莱州段67.8公里，设立沙河、莱州和朱桥三个火车站。大莱龙铁路的全线开通，结束了莱州无铁路的历史，同时也将成为环渤海的一条黄金通道。

莱州现有莱州港、海庙港、虎头崖三个港口。莱州港，属国家一类开放口岸，有万吨级泊位1个，3000吨级泊位3个，年吞吐能力240万吨，成为莱州走向世界的海上通道。莱州港长远总体发展规划，已通过专家评审和山东省政府的批准。

邮电通讯 通信方面，交换机总容量达到266500门，固定电话用户26.3万户，其中小灵通用户3万户，家庭电话普及率87%；年末移动电话用户15.9万户，每5.4人中拥有一部移动电话。传输网络方面，共建有5个2.5G的SDH环，6个622M的SDH环，本地建成六个传输复用段保护环，为莱州本地通信网提供了稳定、高效的传输平台。数据通信方面，DDN业务已经覆盖全市，市区共有290栋居民楼开通IP宽带，开通ADSL业务的营业部达到24处和6个村庄，ADSL用户达到614户，FTTX+LAN用户达到554户，ISDN用户达到478户，PC机上网用户达到11904户。莱州信息港于1998年4月正式开通，共有30家企业在信息港设立了主页。邮政方面，现有服务网点37处，投递段道83条，自办汽车邮路3条，邮政业务收入3613万元，固定资产3085万元。

开发园区 以“一带三区六园”为重点区域，全力招商，全面开放，精心打造带状组团式经济隆起带，建设经济繁荣、社会文明、环境优美、中等规模的现代化海滨城市。“一带”就是以三城线为纵轴，从三山岛到夏邱，纵贯南北50公里，形成一条园区连片开发、辐射带动力强的经济隆起带。“三区”就是重点抓好经济开发区、三山岛特别工业区、石材工贸区三个经济区域。“六园”就是沿“一带”向东扩展，抓好程郭、驿道、朱桥3个经济园区，主要发展非金属和机械加工业；向西扩展，抓好虎头崖、沙河、土山3个经济园区，主要发展机电、建材机械、盐化工业。

旅游资源 莱州被史学家司马迁誉为“海黛之间一都会”。文峰山气势雄伟，景色秀丽，深受中外书法家推崇，现存有50多处摩崖石刻，其中以北魏光州刺史郑道昭的魏碑书法“荥阳郑文公之碑”最为著名，被誉为“隶楷之极”。大基山道塔、寒同山石窟是著名的道家圣地，是金元时代全真道教著名道士丘处机、刘长生等的修炼场所，具有很高的文学价值和道教研究价值。临海矗立的三山岛自古便有东海“三神山”之称，史载秦皇、汉武都曾为求仙觅药来此揽胜，至今山上还有秦始皇设坛、注酒、祭祀阴主的遗迹。莱州拥有108公里海岸线，一流的天然海水浴场，金沙碧波，绿树环绕，是名副其实的黄金海岸。莱州还有毛纪墓、千佛阁、芙蓉岛等十多处景观遥相辉映，让人流连忘返。

特色宾馆 莱州有三处星级宾馆。莱州宾馆是烟台市优秀旅游涉外宾馆，按国际标准设计建造的银座保龄是山东省保龄球比赛专用场。云峰山宾馆是一座集住宿、餐饮、娱乐、购物于一体的旅游涉外二星级宾馆，环境优雅，格调独特。新世纪大酒店是三星级涉外宾馆，饮食独特，以莱州湾盛产的梭子蟹、对虾、文蛤、竹蛏“四大名鲜”为主，并设有正宗韩国料理。

名优特产 海鲜、月季、黄金、石材、玉雕和草艺品誉满海内外。莱州湾盛产的梭子蟹、对虾、文蛤、竹蛏被誉为“四大名鲜”，海湾扇贝获99中国国际农业博览会金奖。莱州月季在99昆明世界园艺博览会获27枚奖牌，列各参展单位之首，远销20多个省、市，以及日本、新加坡和港澳地区。莱州境内石材生产企业1000多家，年开采石料20万立方米，年出口量达到100万平方米。石雕技艺世代相传，莱州石雕遍布国内外。玉雕是莱州民间艺术的一朵奇葩，天然美与工艺美巧妙结合，大放异彩。莱州草制工艺品工艺精美，风格独特，深得海内外客商的青睐。莱州"金宝"牌果品通过国家"绿色食品"认证；小草沟园艺场被确定为全国无毒苗木繁育基地；红富士苹果、玫瑰香葡萄和莱选1号仙桃在第三届中国农业博览会上荣获金奖。

文教科研 全市拥有各类学校204处，民办教育机构20处，在校生总数14.3万人，全市九年义务教育普及率100%；高中教育普及率72%；2003年升入大学的人数4962人，本专科录取率达84%。

莱州有各类科研机构280处，2003年申报国家、山东省科技计划项目26项，承担国家"863"计划中试5个，鉴定科技成果21项，获省级以上科技进步奖5项，申请专利64件，实施专利42项。目前，莱州已建立省级技术中心3家，拥有高新技术企业35家，民营科技企业达260家，被授予"全国十佳民营科技园区"。

莱州设有市文化馆、图书馆、博物馆三个公益性文化事业单位，市电影院、莱州剧院二个演出场所，市老干部活动中心、工人文化宫、市儿童活动中心、市广播电视中心满足了不同层次人们的精神文化需求；莱州广场、云峰山旅游区、福禄山公园、月季园等10余个市区文化广场建设，提高了城市文化品位，增加了文化含量。

医疗卫生 莱州现有各类卫生机构36所，开放床位2078张，卫生技术人员2928人，全市甲级村卫生室640个，乡村医生965名。

体育事业 莱州全民健身活动丰富多彩，形式多样，生动活泼，是"全国体育先进县"、"全国田径之乡"和"全国武术之乡"。

海纳百川，有容乃大。友好、守信、实干、文明的莱州人民愿与四海宾朋真诚合作，共创美好未来。

长三角的后花园 浙东南的黄金线

新昌县人民政府办公室

概况 新昌县总面积1213平方公里，其中耕地1.58万公顷，辖9镇7乡、711个行政村，总人口43.38万。2003年，全县实现国内生产总值90.20亿元，比上年增长14.4%，人均超过2500美元；财政总收入8.80亿元，增长22.2%，其中地方财政收入3.48亿元，增长28.7%；全社会固定资产投资41.48亿元，增长35.2%；金融系统年末存款余额71.92亿元，增长10.6%，贷款余额55.41亿元，增长14.8%。列全国综合实力百强县第90位，比上一年前进10位。

*工业经济增势强劲。*全年实现工业增加值49.05亿元，增长15.4%；工业用电量5.56亿度，增长24.7%。规模以上工业企业实现总产值124.77亿元，增长27.6%，产品销售收入119.9亿元，增长30.6%；销售收入超亿元企业18家，其中超20亿元1家；纳税超百万元企业134家，其中超千万元15家，超亿元2家；十一项工业经济效益指标综合考核得分263.85分，继续位居绍兴市第一。技术改造步伐加快，完成工业性投入29.5亿元，增长52.0%，技改项目档次提高，单体规模扩大，有12个项目列入省级以上重点技改项目。科技进步优势明显，成为全国优秀特色产业基地和国家863成果转化基地，省级以上高新技术企业达16家，省级技术开发中心达9家。园区建设步伐加快，投入建设资金22.3亿元，新增入园企业93家，工业园区正日益成长为产业集聚的平台。

*农业产业化扎实推进。*全年实现农业增加值8.25亿元，增长4.8%，农林牧渔业总产值11.32亿元，增长3.8%。茶叶产业继续做强，实现产值2.18亿元，增长11.7%，新发展无性系茶园10060亩，茶园总面积达8.6万亩。特色种养规模扩大，高山蔬菜面积达2.5万亩，荣获"中国高山茭白之乡"称号，花卉苗木面积3万多亩，名优水果面积3.2万亩，宝石鱼等特种水产推广试养获得成功。绿色农业迅速推进，新增14个省级以上绿色农产品基地和19只省级以上绿色农产品，7只农产品获省农博会金奖。龙头企业快速发展，农产品加工园区被列为省级农产品重点加工园区，丰岛食品加工园、浙东现代设施渔业示范园等初具规模。

*第三产业持续繁荣。*全年实现第三产业增加值26.40亿元，增长15.1%，社会消费品零售总额26.28亿元，增长13.2%。旅游业稳中有进，游客达145.5万人次，旅游总收入10.07亿元。穿岩十九峰景区土地征用如期完成，规划方案通过评审；沃洲湖景区全面开放，并荣获"国家水利风景区"称号；国家地质公园申报圆满成功。要素配套更趋完善，星级宾馆达15家，其中三星级5家，中高档床位数2100多个。影视文化渐成气候，共有14部影视剧来新昌拍摄，"中央电视台外景拍摄基地"正式授牌。成功举办了第五届旅游节，承办了上海国际茶文化节闭幕式，新昌知名度进一步提高。商贸流通、金融保险、房地产业等都得到快速发展。

改革开放纵深推进。制订出台20多个扶持经济发展、促进社会进步、深化各项改革的政策文件,政策环境明显改善。顺利实施第二轮行政审批制度改革,大幅度削减审批事项,行政效率大为提高。成立经济发展环境投诉中心和招投标中心,制订实施部门服务园区等考核办法,服务环境不断优化。成立投资发展有限公司和担保公司,投融资体制改革力度加大。积极开展胶囊行业、土地市场等经济秩序规范整顿,市场环境得到优化。经营性事业单位改制基本完成。现代企业制度加快建立,新和成已过会正等待上市,三花股份、万丰奥特、京新药业等已提交上市申请。开放型经济取得新的成绩,全年完成外贸出口交货值41.50亿元,增长18.4%,自营进出口3.4亿美元,增长55.7%,新办境外企业2家,外派劳务101人,合同利用外资8695万美元,增长177.4%,实到外资3566万美元,增长36.3%,引进外资再创新高。

城乡面貌显著变化。组织实施城市建设大会战,梳理了近期、中期的160多个规划建设项目。旧城改造步伐加快,南明路二期、环城南路、江滨南路、里江北段等拆迁改造顺利实施,共拆迁房屋25.72万平方米,城防二期五马园建成开放。七星新区建设顺利推进,全面完成土地征用和控制性详细规划编制工作,新区路网工程全面铺开,国税大楼、检察大楼等行政副中心项目破土动工,七星花园、和成花苑等开工兴建,七星环岛建成使用。城乡基础设施建设力度加大,104国道拔茅段、新大线、龙山水厂、220KV礼泉变等相继建成,人民医院门诊大楼基本完工,甬金高速新昌段、104国道南复线分别完成工程量的30%、39%。生态环境建设有了新的进展,全年清理河道18.1公里,建造生态公益林8108亩,建设绿色林带56公里。新嵊污水处理厂建设已经启动,污水管网工程和县城截污工程继续推进,垃圾无害化处理工程投产运行。土地整理和优质园地改造扎实开展,建成标准农田5037亩。全面小康新农村建设进展较快,首批中心村已完成规划并组织实施,3个乡完成行政村撤并工作。

社会事业全面进步。各类教育协调发展,社会办学有新的突破,南瑞、青英等民办学校进展顺利;澄潭中学顺利搬迁,儒岙中学、大市聚初中等学校改扩建工程按计划实施,办学条件明显改善;教育质量稳步提高,高考上重点线率和本科线率继续保持绍兴市第一,顺利通过省“教育强县”验收。文化下乡、社区广场文艺演出等群众文化活动广泛开展,群众体育活动更加普及。公共卫生体系建设得到加强,社区卫生计生服务网络进一步完善,非典防治取得阶段性胜利。人口与计划生育工作进一步加强,优质服务深入开展,人口自然增长率为1.69‰。广播电视、新闻档案等其他社会事业都取得了新的成绩。

人民生活稳步提高。城镇居民人均可支配收入13355元,增长14.3%,人均消费支出8630元,增长4.9%;农民人均纯收入5287元,增长7.2%。全年新增就业岗位7311个,实现再就业2420人,城镇登记失业率为3.8%;培训农村富余劳动力5059人,新增转移10792人。全县职工养老保险覆盖面85.5%,基本医疗保险参保人数6.3万人;新型农村合作医疗、被征地农民养老保障、残疾人按比例就业、农村计生养老保险等工作相继开展,城乡最低生活保障和义务优待标准得到提高。食品、药品卫生质量安全工作进一步加强。全年汽车保有量增加3156辆,平均每天增加9辆。商品房销售面积11.79万平方米,县城居民人均使用面积已达32.4平方米。

民主法制建设不断加强。进一步完善村民自治制度,规范议事程序,积极推进政务、居务、村务、厂务公开,切实维护和保障人民群众的合法权益。建立完善重大事项公示制度和听证制度,多形式扩大公民有序的政治参与。抓好国防动员工作,国防后备力量建设取得新进展。深入开展普法教育,广大干部群众的法制观念和法律意识得到提高。严格信访工作责任制,组织领导干部下访,及时处理一批重大信访案件,解决大量社会难点热点问题,妥善化解了社会矛盾。继续加大对法轮功等邪教组织的打击力度,严厉打击刑事犯罪和经济犯罪,及时有效处置各种突发事件,强化安全生产,优化社会治安,有效维护了社会稳定。

“三年”建设硕果累累　2003年,新昌以“三年”建设(招商引资年、技术改造年、园区建设年)为工作的总抓手和总载体,有力推进了经济社会的持续快速发展。全年新批外资企业36家,增资企业7家,总投资1.89亿美元;完成工业技改投资29.5亿元,增长52%,投资亿元以上的项目达11项;投入园区建设资金22.3亿元,新增入园企业93家,累计达261家,建成投产134家。“三年”建设的成功开展,为新昌经济持续快速健康发展注入了强劲动力。

第五届新昌旅游节成功举办 第五届新昌旅游节于10月24日隆重开幕，11月1日圆满结束。节会期间，组织了中国十大名模颁奖暨第五届新昌旅游节开幕式大型文艺晚会、“瑞和杯”首届奇石展、浙沪苏农科院联合成果展示、温州“万人千车游新昌”、“三花之夜”烟花晚会等16项活动，参与人数超15万。共达成招商引资项目11项，投资总额1.2亿元，落实科技合作项目32项，达到了“促销旅游，宣传新昌；招商引资，发展经济；扩大影响力，提高知名度”的办节目的。

新昌企业家连获殊荣 2003年，万丰奥特控股集团董事长陈爱莲、三花控股集团董事长张道才喜获“中国经营大师”称号，全省获此殊荣的仅有10人。浙江医药股份有限公司新昌制药厂董事长李春波荣获“全国创业企业家”称号。浙江新和成股份有限公司董事长胡柏藩荣获“首届中国石油和化学工业风云人物”称号，名列20名“风云人物”第6位。

正式列入国家农业综合开发区 经国家农业综合开发办公室批准，从2003年起，新昌县正式列入国家农业综合开发区，这标志着新昌取得了向国家争取大额农业综合开发资金用于土地治理项目、多种经营项目和农业高新科技示范项目的资格。新昌以此为契机，编制完成了《新昌县国家农业综合开发项目可行性报告》，加快农业综合开发进程。

成功承办第十届上海国际茶文化节闭幕式 4月18、19日，新昌成功承办第十届上海国际茶文化节闭幕式暨新昌大佛龙井之春茶文化活动，上海市人大常委会副主任胡炜、浙江省副省长钟山、中国茶科所所长杨亚军等到会参加活动。这是上海国际茶文化节第一次走出上海本土办节，也是新昌融入长三角、接轨大上海的重大举措。

浙东名茶市场交易创历史新高 新昌坚持“诚信立市、品牌拓市、管理兴市”的市场经营管理方针，进一步优化交易环境，强化品牌管理，使名茶交易量和交易额大幅提升，全年进入该市场的名茶交易量超4000吨，交易额达4.2亿元，分别比上年增加500吨和400万元，创历史新高，极大地巩固了“全国最大龙井茶交易市场”地位。

“新浪新昌”城市门户网站开通 为加快政府信息化建设，“新浪新昌”城市门户网站于9月18日正式开通。该网站以频道为主线，专题为亮点，着重对新昌旅游观光、人文景观、城市写真、现代农业、新兴工业、企业贸易、招商引资、政府在线、市民广场等九个方面进行刻画，集中展示新昌的实力、魅力和活力。

建设生态市
构筑“强市、名城、胜地”

中共临安市委　临安市人民政府

千年古邑临安地处浙西北，东邻杭州、西接黄山，是距离上海、杭州最近的山区市。全市总面积3126.8平方公里，辖4个街道22个乡镇662个行政村，人口51万。市区建成区面积20平方公里，人口15万。

临安生态优良，山川秀丽。全市森林覆盖率74.9%，拥有天目山、清凉峰两个国家级自然保护区和青山湖国家级森林公园，有省级风景名胜区大明山，生态环境得天独厚，生态资源非常丰富。

临安历史悠久，文化灿烂。县治史可上溯到二千多年前，1996年撤县设市。革命历史文化、宗教文化渊源流长，民间文化丰富多彩。

临安钟灵毓秀，人杰地灵。是五代十国时期吴越国创始人、“上有天堂，下有苏杭”奠基人吴越国王钱镠的出生地和归息地，钱王后裔遍布国内外。

临安物华天宝，物产丰富。以绿色有机食品为主的特产享誉内外，茶叶、笋干、山核桃是临安传统的“老三宝”，银杏、萸肉、鸡血石被誉为“新三宝”。其中冶印珍品昌化鸡血石，是“印石三宝”之一，被定为国石候选石。

临安地处太湖和钱塘江水系源头，肩负着发展经济与保护环境的重要使命。建国以来，特别是改革开放以来，临安坚持走城乡统筹、区域统筹、经济与社会统筹、人与自然和谐发展的可持续发展道路，沐改革之雨露，乘开放之长风，全面启动“生态市”建设，加速推进经济生态化、生态经济化，取得了国民经济和社会各项事业的全面发展，获得了全国综合实力百强县(市)、县域基本竞争力百强县(市)、中国书画艺术之乡、中国竹子之乡、中国山核桃之乡、全国生态示范市和中国优秀旅游城市等一系列殊荣。

建设生态经济强市

建设生态经济强市，是融入大都市、实现错位发展的关键举措，临安市按照先进生产力的发展要求，抓住“扩量、提质、增速”三大环节，以广泛应用科学技术为动力，以发展绿色产业为重点，加速推进经济生态化、生态经济化，切实提高经济增长质量和效益，实现了生态经济发展的重大跨越。2003年，全市上下坚持科学的发展观，进一步解放思想、抢抓机遇、克难攻坚、狠抓落实，战高温、抗SARS，有效化解了伊拉克战争、水电紧缺等众多不利因素的影响，经济总量快速攀升，实现生产总值112.73亿元，按可比价计算，同比增长14.8%，人均生产总值达到2641美元，增长16.9%。

一、做强生态工业，走新型工业化之路。长期以来，临安变环境压力为发展动力，正确处理好生态工业与传统工业、工业经济新增长点的关系，突出工业经济“第一经济”“龙头经济”的地位，大力开展清洁生产，发展循环经济，坚定不移地走生态工业的路子，在跨越式发展中赢得了生态工业的先发优势。2003年，全市实现工业总产值277.05亿元，同比增长 27.1%，实现工业销售产值 270.03 亿元，增长 27.6%。

加大招商引资力度，不断扩大工业经济总量。大力实施“一号工程”，抓住工业项目的重点，高标准、严考核、重奖励，建立重大项目跟踪落实制度。完善招商引资专门机构职能，探索委托中介机构招商引资的新途径，重点引进了一批技术含量高、环境污染少的大项目。出台优惠政策，引导和鼓励民间资本投向工业。积极支持公司上市，实行定人、定时和定责服务，不断增强企业通过资本市场融资的能力。

开发优势产品，大力调整工业经济结构。以开发优势产品为起点，培育大企业、大行业、大乡镇。狠抓工业强队建设，促进企业上规模、上档次，充分发挥大企业对生态工业发展的示范作用，2003 年全市规模企业达到 349 家，比上年增加 103 家，实现规模工业总产值 115.9 亿元，同比增长 34.1%。继续做强主导行业，积极发展绿色行业，不断提高优势行业在工业经济中的比重，主导行业快速增长，同轴电缆产销两旺，高虹节能灯快速增长，五金工具、装饰纸等行业增势强劲，其中电气机械及器材制造业达到 31.71 亿元，增长 36.7%，纺织业达到 25.49 亿元，增长 38.5%。深入开展工业强乡(镇)创建活动，实现工业经济量的迅速扩张和质的显著提高，强乡强镇强势地位更趋突出，2003 年 7 个强乡强镇平均发展速度在 30% 以上，实现工业总产值 194.83 亿元，占全部工业的 70.3%。

强化开发区和工业积聚点建设，切实加快工业经济的快速集聚。以特色求发展，快速做大特色块状经济，加快推进了临安经济开发区和玲珑等工业集聚点的建设，不断增强集中治污、设施共享等综合功能，初步构筑了一道全市技术进步、行业示范和总量增长的主平台，形成了核心工业区。

提高管理水平，努力增强企业核心竞争力。大力引导企业不断提高驾驭市场、科学管理和培育企业文化的能力，造就一支与发展生态工业相适应的高素质企业家队伍。不断健全职工培训体系，加强技能培训，切实提高职工素质。积极推行绿色管理，培育了一批绿色管理示范企业。鼓励企业与科研院所广泛合作，加快技术应用与创新，努力提高产品质量，争创名牌产品。

完善扶持政策，继续营造合力兴工氛围。转变工业经济领导方式，把工作重点转移到优化环境、引导发展和提供服务上来。增强针对性和有效性，进一步完善工业经济发展政策，在扶优扶强的同时，重视和促进中小企业发展。健全激励机制，提高企业家的社会地位，激发企业家的创业激情和社会责任感。以改革的思路加强工业管理队伍建设，大胆使用懂工业、会抓工业的干部，多渠道培养和引进工业人才。

二、做大城郊型生态农业，走产业化经营之路。临安抓住杭州等大都市农业产业结构调整的重大机遇，积极调整发展思路，按照“立足生态、主攻流通、提升加工、壮大基地、协调发展”的要求，加快发展城郊型生态农业，努力把全市建设成为大都市的绿色农产品生产和供应基地。2003 年是自 96 年以来我市农村经济发展最快的一年，围绕发展“三农”，全面启动农业八大产业，培育和壮大农业龙头企业，加快农业产业化、规模化、专业化、集约化经营，提高农业组织化程度。全年实现农业总产值 18.6 亿元，同比增长 11.8%，实现农业增加值 13.39 亿元，增长 9.0%。

培育龙头企业，促进城郊型农业的贸工农一体化。用抓工业的思路抓农业，从政策、资金上扶持面向大都市的农业龙头企业，大力增强连接市场和带动农户的能力。加大招商引资力度，鼓励工商资本和外资投向农业，重点做大山核桃、竹笋等主导农产品的加工业，积极发展中药材种植和加工等新兴产业。坚持以贸促农、以贸兴农，鼓励和帮助经销大户到沪杭宁等大都市建立营销网点，努力解决农产品的销售问题。加强新型专业经济合作组织和行业协会建设，不断提高农民进入市场的组织化程度。

打响绿色品牌，提高农产品的都市市场占有率。顺应大都市的绿色消费潮流，充分发挥生态优势，大力发展无公害、绿色和有机农产品。坚持高起点，积极采用国际标准组织生产、加工和包装。鼓励企业和农户申领“绿色食品”和“有机食品”标志，努力增强农产品的竞争力。坚持政府引导、协会组织、标准统一，扩大“天目”等品牌的知名度，打造一批享誉大都市的名品和精品。2003 年临安山核桃、天目笋干通过国家级原产地保护标志认证，9 个林产品获得省绿色农产品认证，6 个农产品通过“浙江绿色农产品”认定，新建成省级无公害农产品基地 3 个。

加快基地建设，培育和壮大城郊型农业产业带。进一步优化种养结构，大力推进蔬菜、花卉苗木和畜牧业等基地建设，积极发展高山蔬菜、香榧等农林特产品，培育特色水产养殖业。重点扶持一批上规模、上档次的种养基地,加快“百公里绿色经济长廊”建设,初步形成了一条以02省道为轴线的城郊型生态农业产业带。

*三、做活商贸服务业,走三次产业协调发展之路。*大力发展以旅游为先导的服务业,不断提高第三产业在国民经济中的比重。2003年全市实现社会消费品零售额24.85亿元,同比增长14.7%,其中餐饮业2.91亿元,同比增长37.5%。

中心城区以高起点、高标准培育特色街区,着力打造锦城新天地等精品亮点。以临安商城、浙西农贸城建设为龙头,带动城西、城北两大市场区块开发。於潜、昌化增强商贸业的集聚功能,加强对周边地区的辐射。重视社区便民网点建设,大力拓展农村市场。积极发展连锁经营、物流配送和电子商务等现代流通业态。鼓励餐饮业多层次、跨地区发展。培育信息传播、社区和中介服务,广开就业门路。重视从业人员教育,规范市场流通秩序。实施“放心工程”,切实维护好群众利益。

大力推进经济和社会信息化。立足现有基础,坚持以应用为主导,在全社会广泛应用信息技术,提高计算机和网络的普及程度,加强信息资源的开发利用。政府行政管理、社会公共服务和企业生产经营积极运用数字化、网络化技术。加强信息基础设施和用户接入网建设,促进电信、电视和计算机三网发展。

创建吴越文化名城

吴越文化是历史文化中的瑰宝,先进文化是人类文明的结晶。作为五代十国吴越国王、“天堂”苏杭奠基人钱镠的出生地和归息地,临安文化璀璨,具有丰富的历史和人文底蕴。长期以来,临安切实加强社会主义精神文明建设,弘扬吴越文化精华,大力发展先进文化,不断提高人的思想道德素质、科学文化素质和健康素质。

*一、把握先进文化前进方向,大力培育和弘扬临安精神。*先进文化是推动先进生产力发展和社会前进的强大动力。坚持马列主义、毛泽东思想、邓小平理论和“三个代表”重要思想在意识形态领域的指导地位,不断发展面向现代化、面向世界、面向未来的,民族的科学大众的社会主义文化,使全市人民始终保持昂扬向上、奋发有为的精神状态。

文化是社会的根系。吴越文化世代传承,崇尚发展、重学明礼、开放大气的核心思想,闪烁着历史文化的光芒。改革开放以来,临安人民合心合力、顽强拼搏、加快发展,实现了从农业大县向综合实力强市的历史性跨越。伟大的时代,需要伟大的精神。在加快现代化建设的进程中,临安人民继承和发扬吴越文化精华,把吴越文化与时代精神很好地结合起来,培育和弘扬“开放大气敢创新、团结拼搏勇创业”的临安精神,让“开放大气敢创新、团结拼搏勇创业”的临安精神始终成为推动全市经济和社会发展的强大精神动力。

*二、多渠道增加投入,大力发展文化事业和文化产业。*加快发展科教文卫事业。突出教育的优先发展地位,继续高标准、高质量普及九年义务教育。深化教育改革,优化教育资源配置,积极创办以电大等学校为基础的社区学院。大力支持浙江林学院发展,加强与林学院的全面合作,2003年林学院万人大学教育再上新台阶,教职工达918人,在校学生10110人。制定科技发展规划,鼓励科技应用和创新。繁荣文艺创作,实施“东海文化明珠”工程,深入开展“文化下乡”活动。建立以大病保险为重点的新型农村合作医疗制度,加强城乡公共卫生工作,深入开展全民健身运动。稳定低生育水平,推进计划生育事业发展。

积极推进文化产业发展。以产业化的思路,经营好吴越文化品牌。优先发展文化旅游、文体娱乐和教育培训等文化产业。完善产业政策,鼓励社会力量兴办文化产业。加强文化市场管理,培育和繁荣城乡文化市场。

*三、提高市民素质,大力促进人的全面发展。*坚定不移地用马列主义、毛泽东思想、邓小平理论和“三个代表”重要思想教育人民群众。加强理论武装和新闻宣传工作,始终掌握意识形态的领导权和主导权。广泛开展面向全社会的道德建设。建设与社会主义市场经济相适应、与社会主义法律规范相协调、与中华民族传统美德相承接的思想道德体系。深入开展面向全社会的文明创建活动。以创建园林城市、国家环保模范城市、国家卫生城市等为载体,深化创建文明村、文明社区和文明单位等活动,建设全民学习、终身学习的学习型社会,切实增强精神文明创建活动的吸引力、感召力和渗透力。

构筑休闲度假胜地

临安拥有天目山、清凉峰两个国家级自然保护区和青山湖国家森林公园，有省级风景名胜区大明山和国家级文物保护单位钱王陵、功臣塔等，是“长三角”地区大中城市短线旅游的首选地。临安以做优生态旅游为着力点，充分发挥比较优势，积极发展休闲度假产业，加快经济、社会、文化和城市的全面发展。

一、扎实推进旅游二次创业。旅游业是构筑休闲度假胜地的产业基础。继续推进旅游二次创业，为构筑休闲度假胜地吸引更多的客流，创造更大的消费空间，满足更多的消费需求。2003 年全市旅游接待总人次 243 万，全市 20 余个旅游景点共接待游客 143 万人次，旅游景点门票收入 3756 万元。形成了天目山、大明山、神龙川等知名景点，上海、江苏等外地游客纷至沓来。

突出生态主题，继续发展生态观光旅游，不断提高生态旅游的知名度。扩大天目山景区范围，整合景点资源，加快开展天目山名胜古迹、自然风光和森林旅游资源，打响“天目”品牌。依托吴越文化名城建设，深化以吴越文化为主题的旅游开发，丰富生态旅游的文化内涵，打响“吴越”品牌。加快旅游资源整合，初步形成浙西大峡谷生态旅游区、大明山风景名胜区、天目山大树王国宗教文化旅游区、太湖源生态旅游区、青山湖观光度假旅游区等五大旅游区，形成特色各异、功能齐全的旅游度假区块，实现从粗放型向集约型的转变。主动适应多层次的消费需求，开发新景点，改造老景点，推出休闲游、文化游、会议会展游等旅游新产品，实现从单一型向综合型的转变。

二、大力发展休闲度假产业。加快发展载体建设，连续两届举办森博会，《同一首歌》倾情演出，鼓舞了人心，激发了全市人民的满腔热情，取得了极大的经济、品牌和后续效应。完成“十月的阳光——创建生态省，打造绿色浙江”大型广场电视直播活动。积极培育和发展以娱乐业为重点的休闲产业，通过市场运作，加快体育场馆、高档娱乐中心等设施建设，组织演艺活动和体育赛事，增强游客的参与性。充分利用中国民间书画艺术之乡的品牌，努力提高根雕、鸡血石雕刻等工艺品档次，推动农民画和民间艺术走向市场，增强各类旅游休闲商品的地方特色。加快建设高档宾馆，整合宾馆业资源，提高宾馆业整体水平。

三、不断优化休闲度假环境。坚持开发与保护并举，永续利用生态旅游资源。建设旅游集散中心，完善旅游集散地的公共设施。突出显山、露水、见绿的格调，打造城市的生态特色。增强城市公共设施的休闲度假功能，塑造城市人文个性。加快交通建设，提高景区道路等级，完善旅游交通网络。放宽休闲度假产业的市场准入条件，规范市场秩序。善待外地客，增强亲和力，在中外宾馆面前树立起临安人民开放、大气、文明的良好形象。

“天目千重秀，林木十里深”，得天独厚的生态资源，造就了临安生态旅游的辉煌；吴越文化的深厚底蕴，赋予了临安翱翔的坚实翅膀；生态经济的美好前景，描绘了临安发展的宏伟蓝图。临安人民一定能够抢抓机遇，克难攻坚，乘势而上，实现从生态观光旅游向休闲度假旅游的跨越，实现从传统的吴越文化向先进文化的跨越，实现从农业大县向生态经济强市的跨越，构筑一个誉满神州的“生态经济强市，吴越文化名城，休闲度假胜地”。

天成秀丽富春 人建潇洒桐庐

中共桐庐县委　桐庐县人民政府

桐庐县位于浙江西北部，地处钱塘江中游，隶属于杭州市，属长江三角洲经济区域，是国务院批准的第一批沿海地区对外开放县。

桐庐自公元225年置县，至今已有1770余年历史。境内总面积1825平方公里，辖7个镇、4个乡，2个街道，人口39.37万人。

潇洒桐庐。“钱塘江尽到桐庐，水碧山青画不如”(唐·韦庄诗)。桐庐依山傍水，绿色环抱，亚热带季风气候，冬暖夏凉，四季分明，年平均降雨量1450毫米，平均气温16℃，是上海和杭州的后花园。

桐庐山水有着迷人的魅力，历代有许多文人墨客来此寻幽访古，游赏揽胜。自南北朝至清朝，一千余位诗人留下吟咏桐庐山水、人文古迹的诗词二千余首，成为当今文化遗产之珍宝。大文学家巴金在《我爱富春江》中赞绝美丽的富春江。宋代大文豪苏轼咏叹：“三吴行尽千山水，犹道桐庐更清美。”

装点此江山，今朝更好看。桐庐这方佳丽之地，在改革开放的春风沐浴下，经济建设和社会事业都取得巨大成就，尤其是近年来，桐庐县坚持“主攻工业，综合开发农业和旅游业，加快城市化进程”的发展战略，不断深化改革，扩大开放，经济社会发展突飞猛进。

综合实力。桐庐自1998年跨入浙江省小康县行列后，即向“基本实现现代化”大步迈进，总体目标是：第一步，2005年前全县50%的乡镇率先基本实现现代化；第二步，到2010年，全县80%以上的乡镇基本实现现代化。根据十六大精神，桐庐县又确定了“全面建设小康县，提前基本实现现代化”的目标。

桐庐县紧紧围绕这一目标，推进改革创新，统筹城乡发展，统筹区域发展，统筹经济社会发展，统筹人与自然和谐发展，经济建设走上了快车道。经济的快速发展，加快了城市化、工业化、市场化建设进程，城市化、工业化、市场化步伐的加快，又进一步促进了经济的健康快速发展。

2003年，全县生产总值达78.88亿元，县属工业总产值209.36亿元，工业增加值44.95亿元，工业增加值占GDP的份额达57.0%，农村经济总收入250.87亿元，社会消费品零售总额209.35亿元，财政总收入达7.38亿元，其中地方财政收入3.61亿元，年末城乡居民储蓄存款余额36.60亿元，人均储蓄9296元，城镇居民年人均可支配收入11685元，农村居民年人均纯收入5480元。

工业立县。桐庐县积极实施“工业立县”战略，走可持续发展道路，认真落实“接轨大上海，融入长三角”的工作举措，开创工业投入和招商引资工作新局面。2003年，工业生产性投入22.66亿元，比上年增加6.58亿元，增长40.9%；全县共引进县外投资项目414个，其中总投资额亿元以上工业项目12个，大项目引进明显增多。实际利用县外资金18.08亿元，比上年增长54.9%，其中境外资金

3131万美元，增长73.8%。规模工业企业新增62家达到267家，亿元工业企业新增3家达到12家，5亿元工业企业实现零的突破，规模工业产值68.98亿元，比上年增长39.6%，是历年来增长最快的一年。年末，县属工业企业达7197家，职工人数达14.03万人。经济开发区和五个重点工业功能区建设步伐加快，工业经济主战场地位更加突出。

桐庐经济开发区，1994年8月经浙江省人民政府批准为省级经济开发区，地处桐庐县城富春江南岸，开发区控制区域21.50平方公里，自建区至今已开发面积16.64平方公里，累计投入基础设施建设资金6.63亿元，共有300余家中外企业在区内落户，其中已建成投产的290家，在区内落户的企业中外商投资企业63家。2003年又启动了工业园二期"东进南扩"工程，并继续加大基础设施投入，建设和完善配套功能。桐庐经济开发区，坚持以吸引外资、扩大外贸为主攻方向，鼓励外商投资者兴建生产性企业，特别是高新技术企业。

桐庐工业的龙头行业——服装纺织行业涵盖了针织服装、皮革服装、梭织服装和服饰及纺织企业共2000余家。2003年全行业销售产值达140.83亿元，外贸出口交货值41.44亿元，占全县工业销售产值、外贸出口交货值的比重都达50%以上。

中国制笔之乡——分水镇是全国最大的制笔基地。2003年产销各类笔40亿支，实现销售产值24.02亿元。该镇还组织了二个松散型企业集团，进一步增强了市场竞争能力。企业申请各类设计专利165项，有12家企业通过了ISO9001质量管理体系论证。

桐庐块状工业经济更趋成熟，产业结构更为合理，外向型经济更富活力。桐庐的特色块状工业经济遍布各镇乡、街道，服装纺织、制笔、机械制造、建材、玩具、箱包、化工、食品、医疗器械等行业蓬勃发展，并形成了分水镇的制笔生产基地、桐君街道的服装生产基地、横村镇的针纺织产品生产基地和富春江镇的机械产品基地等四大工业制造基地。工业产业结构调整成效显现，针纺织、皮革服装、箱包玩具、制笔产业块状特色更加明显，建材、机械、化工等产业快速发展壮大。中国加入世界贸易组织后，桐庐具有一定规模的企业更加注重充分利用国际国内两种资源、两个市场，通过实施市场多元化战略，积极开展经济技术合作，扩大产品出口，强化外向"引擎"推动作用。随着对外经济合作交流进一步扩大，经济外向依存度不断提高，2003年工业外贸依存度为34.3%，外贸出口交货值达70.05亿元，比上年增长39.0%。

特色农业。以发展效益农业为主线，积极推进农业产业化，并主动接轨大都市，大力发展都市农业。全县农业产业结构不断优化，主要农产品逐步向优势区域集聚，农产品优质化水平逐渐提高。生态农业、绿色农业、旅游农业初具雏形，主导产业凸现，形成了茶叶、花卉苗木、蔬菜、竹笋、畜禽、水产等六大优势产业和蜂产品、蚕茧、梨头、板栗等四大特色农产品。

2003年，实现农林牧渔业总产值13.25亿元，其中：茶叶、花卉苗木、蔬菜、竹笋、畜禽、水产等六大优势产业和蜂产品、蚕茧、梨头、板栗等四大特色农产品的产值达9.73亿元，占农林牧渔业总产值的73.4%。全县创建"都市农业"示范园区5个，培育市级以上农业龙头企业4家，组建专业合作社10个，农业组织化程度进一步提高。推行农业标准化生产，建立省级无公害农产品基地6个。"雪水云绿"茶叶获2003年中国精品名茶博览会金奖，"蜂之语"蜂产品通过省绿色产品认证，"桐江"蜜梨被评为"浙江省十大名梨"。

旅游休闲。桐庐是"西湖—富春江—新安江—千岛湖—黄山"国家级黄金旅游线上的一颗璀璨明珠。富春江以水色佳丽著称于世，如同一条翡翠玉带流贯全境，形成了素有"奇山异水，天下独绝"美称的富春江山水风光，与长江三峡、桂林山水齐名，并称为中国三大山水风光带。桐庐境内山水秀美，旅游资源得天独厚，桐庐县1982年纳入国家重点风景名胜区，平均每年接待中外游客100多万人次，1999年以来每年接待中外游客都达200万人次以上，雄居中国县(市)级旅游之冠。

经过多年开发，桐庐已成为探胜访古，登山戏水、纵情野趣、寻觅绿色生态、领略民俗风情的旅游休闲度假胜地，令人神往。秀丽清绝的富春江、"全国诸洞冠"瑶琳仙境、华夏中药鼻祖圣地桐君山、东汉古迹严子陵钓台、"江南九寨沟"白云源风景区、佛教圣地独山慈化寺等，历来是人们向往的旅游胜地。大奇山国家森林公园、富春江小三峡、芦茨湾钓鱼岛、天目溪竹筏漂流、红灯笼乡村家园、垂云通天河、浪石金滩、琴溪香谷等旅游景点的相继开发，因其"野"趣横生而成为新的旅游热点。

2003年成功举办"首届中国'珍爱生命·关注健康'爱心大使颁证暨潇洒桐庐·富春江山水节"，

是年8月在上海举办了“接轨大上海”旅游促销活动。通过旅游宣传促销，进一步挖掘、拓展和巩固了客源市场，实现了“旅游西进”与接轨上海的良性互动。

城市建设。桐庐确立了县城“以山水风光为特色的风景旅游城市”的主题目标，形成了较完善的城市规划体系，城市建设品位较高。按照“经营城市”的理念，通过走市场化多元筹资的路子，加大基础设施投入和建设力度，先后建成中心广场等一批大型公建设施以及新区“三横三纵”主干道路框架，给排水管网等一批城市基础设施项目的建设和改造，发展环境得到改善。富春江大桥、富春江二桥，沟通县城南北交通，城市空间布局明显拓宽。积极实施城区“三线入地”和“美化亮化”工程。县城先后被命名为省级绿化先进城镇、省级卫生城市和省级文明县城。

桐庐城市化进程不断加快，城市建设日新月异、城区框架日益拉大。交通、桥梁、道路、公园、广场、民居、商务等基础设施建设已向现代化风景旅游城市阔步迈进。桐庐县城环山襟水，山水辉映，景观成天，绿地、花坛、树木、雕塑相映成趣，碧绿的江水，静静的青山，环境优美的住宅小区，别具风格的中心广场组合和谐，美丽无比。呈现出“城在景中，人在画中”之美好景象，是名符其实的山水福地、人居佳境。

社会事业。桐庐县坚持把教育放在优先发展地位，投入巨大资金新建扩建各类校舍，桐庐中学从老城区迁到桐庐经济开发区。目前，已有11个镇乡、街道成为教育强镇，占镇乡、街道总数的84.6%，其中省级教育强镇6个，市级教育强镇5个，分别占镇乡、街道总数的46.1%和38.5%。桐庐中学、桐江职业技术学校分别通过了浙江省一级重点普通高中和国家级重点中等职业学校评估认定；桐庐第四中学创省三级重点综合高中通过预查；另有4所小学、1所初中分别通过了省级示范学校和市级示范学校的评估验收。教育创强、学校创示范工作取得重大进展，办学行为进一步规范，教育质量不断提高。

卫生事业取得了长足的进步。建立了覆盖全县城乡的县、乡(镇、街道)、村三级医疗卫生服务网，为人民群众的身体健康作出了较大贡献。目前，全县有医疗卫生机构82家，卫生技术人员1408人，床位926张。其中县级医院3家，中心卫生院7家，乡级卫生院18家。

广播电视网络改造升级，大众传媒事业日益发展。有线电视网上联杭州市，下通各镇乡、街道及376个行政村，有线电视终端6.99万个，接收频道达20余个，并已开通数字电视。

文化事业进一步繁荣。桐庐民情淳朴，文化源远流长，越剧、社戏、故事、小品、书画、剪纸等民间艺术几经提炼升华，自成特色，声誉神州。当代大画家叶浅予、国家一级演员(越剧)单仰萍、谢群英和国家二级演员(越剧)陈晓红都是桐庐人。桐庐的民间剪纸艺术有着浓郁的江南风韵，别具一格，被命名为“中国民间艺术(剪纸)之乡”，并荣获“浙江省先进文化县”。

投资佳境。桐庐环境优越，交通便捷。双向四车道的一级公路320国道横贯境内，四条省道干线穿境而过，乡村公路四通八达，境内公路总里程达881公里，公路密度达每百平方公里48.3公里，正在建设中的双向六车道的杭州至千岛湖高速公路横跨桐庐。

电力设施日臻完善。经过近几年大规模的电网建设和改造，桐庐的网架结构更趋合理，供电能力显著提高，电能质量明显改善。到2003年末，全县变电总容量达到了69.2万KVA。

桐庐县城用水条件十分优越。水源来自富春江，水质优良，供应充沛，管网线路交叉连接每个企业，确保企业用水的需求。富春江水质达到地面水II级水质标准，适应发展高水质要求的电子、精细加工等工业。

信息传递渐趋现代化。2003年末固定电话用户达14.55万户。每百户城乡居民拥有103.6部固定电话；移动电话14.75万部，城乡居民平均每百人拥有移动电话37.5部；电脑宽带用户1.63万户。

具有现代化标准的经济开发区和五个重点工业功能区又似一幅幅美丽的画卷，展现在桐庐的大地上。各个区内水通、电通、宽广的大道纵横交错，有线电视与杭州联网，数字电视也已开通，邮电通讯和电脑宽带连接全球。宾馆、商务齐全，其优越的地理位置、便利的交通条件、完善的基础设施，良好的生活环境，配套的便民服务机构，优惠的投资政策和优势的理念吸引中外投资者。

开放大气的桐庐正以诚挚的微笑，坦荡的胸怀，张开热情的双臂，欢迎四方宾朋前来旅游观光，休闲度假，洽淡贸易，投资兴业，共同走向灿烂的明天。

(执笔：姚洪竹、申屠水荣、姚健云)

构筑现代化中等城市 建设生态型经济强县

中共宁海县委　宁海县人民政府

宁海县位于浙江沿海中部，象山港和三门湾之间，地处杭州湾“V”型城市连绵带和甬台温沿海“T”型城市连绵带的黄金节点上，同三线高速公路贯穿全境，区位优越、交通便捷，杭州湾跨海大桥和甬台温铁路建成后，即可融入上海2小时经济辐射圈。全县区域面积1880平方公里，人口58.23万，现设16个镇乡、4个街道、832个行政村。宁海依山傍海，山海资源丰富，整个区域呈“七山一水二分田”分布；山地面积177万亩，森林覆盖率达到60%，海岸线长176公里，滩涂浅海面积42万亩，是国家级生态示范区。宁海历史悠久，人文荟萃，西晋太康元年（公元280年）建县，距今已有1724年，历史上曾涌现胡三省、方孝孺、柔石、潘天寿等一大批志士名人。

改革开放以来，特别是近年来，宁海坚持城乡统筹发展、坚持人与自然和谐发展、坚持经济和社会协调发展，走出了一条可持续发展的新路，经济建设和社会各项事业取得了快速发展。2003年实现生产总值100.2亿元，完成财政总收入13.01亿元，其中地方财政收入5.56亿元，城镇居民人均可支配收入达到12561元，农民人均纯收入5446元。

一、咬定工业不放松，走新型工业化道路。工业经济是宁海的主体经济、强县经济，走新型工业化道路是宁海加速推进工业化的必由之路。长期以来，宁海县委、县政府坚持以经济建设为中心，聚精会神搞建设，一心一意谋发展，始终把发展工业经济作为发展县域经济的重中之重，提出了“横下一条心，咬定工业不放松”的口号，营造了“一切为了工业，一切服从工业，一切服务工业”的浓厚发展氛围，不断做大做强工业经济。

（一）突出园区建设，走服务促工之路

宁海县委、县政府按照“做优基础、完善功能、形成特色、提高容量”的总体要求，高强度投入、高品位开发、高密度产出，坚持外延扩张和内涵提升并举、环境建设和项目开发并重，坚持企业园区化、园区特色化发展，逐步形成了以省级经济开发区为龙头、区域性工业区块和特色工业区块为支撑的发展格局，推进了传统产业向高新技术产业转移、城区企业向城外转移、同类企业向特色园区转移、家庭作坊向规模化经营转移。2003年共投入园区基础设施建设资金2.9亿元，比上年增长一倍，入园企业共达695家，实现工业产值50.1亿元，占全县工业总产值24.3%。园区的形成和发展，不仅拓展了企业发展空间，而且加速了产业集聚，带动了三产发展，推动了宁海城市化进程。

（二）立足借力发展，走招商扩工之路

近年来，宁海县委、县政府始终把招商引资工作作为经济建设的头等大事来抓，按照“资源招商、政策请商、服务亲商、环境留商”的招商思路，运用“蹲点招商、产业招商、专业招商，以外引外、以贸引外、以民引外”等招商措施，坚持“外引内靠、内外资并举”的招商原则，依托特色产业优势和生态优势，明确招商主题，完善招商机制，提高招商水平；集全民之智、举全县之力，万众一心思招商、促招商、抓招商，营造了亲商、安商、富商的良好氛围，招商引资工作取得了突破性进展，借助外力实现了宁海经济跨越式发展。2003年，全县合同利用外资1.4亿美元，实际利用外资4496万美元，分别比上年增长139.6%和75.8%。在深化内资引进上，华联纺织、大梁山、豹王、好孩子等实力型企业通过与国内大企业的成功联合、嫁接，由弱变强，迅速发展壮大。

（三）培育特色行业，走优势兴工之路

宁海凭借开放早、转制早而形成的机制优势，立足本地实际，积极实施“以特取胜”战略，着力培育特色产业，经过近几年的滚动发展，形成了纺织服装、食品饮料、机械设备、金属制品、橡塑制品、模具制造、文教用品、家用电器、医药化工、汽车配件等十大主导块状经济，其中“四具一配件”（模具、文具、灯具、五金工具、汽车配件）传统特色产业发展优势明显，发展势头强劲。设施完备、功能齐全的特色园区——宁海模具城，是国家“十五”规划重点项目，省级特色工业园区。宁海现已成为全国最大的文教用品、模具制造等生产和出口基地，享有“中国模具之乡”、“世界文具生产基地”称号。目前，全县共有文具生产企业近300家，模具生产企业1700余家；全县400余家规模企业中“四具一配件”企业占据“半壁江山”，达到216家。2003年“四具一配件”企业实现产值90亿元，占全县工业总产值的43.7%。

（四）深化企业改革，走体制活工之路

“产权改则全局活”，宁海经济取得快速发展主要得益于体制改革的先发优势。早在20世纪90年代初，宁海借助邓小平同志南巡讲话的历史性机遇，开始了以明晰产权为核心的企业转制工作（主要是乡镇企业改革），使民营经济获得了突破性进展。1998年，宁海全面推进经济体制改革，仅用一年多时间就在省内率先完成了国有和县属集体企业改革工作，全县236家企业通过多种形式成功转制，1.5万名改制企业职工得到妥善安置，盘活存量资产12亿元。企业改革的完成，解决了产权不清、政企不分的问题，从根本上理顺了政府和企业的关系，大大增强了企业发展的活力，为工业经济快速发展扫清了体制障碍。

（五）注重技术创新，走科技强工之路

科技是第一生产力，技术创新是企业发展的灵魂。为此，宁海县大力加强对新技术的引进、推广和应用，建设技术创新体系，实施技术创新工程。一是加快科技创新服务体系建设，相继建成县生产力促进中心、模具生产力促进中心、县文具检测中心等科技创新服务机构。二是努力提高企业技术开发和自主创新能力，加强对特色产业关键技术和共性技术的科研攻关，加强产学研结合。全县已建成6家市级以上企业技术开发中心、22家县级工程技术中心，并有37家企业与20余所国内著名高等院校和科研院所建立了科技合作关系。三是不断加大企业技改力度，加快经济结构调整，2000年以来全县共实施技改项目1043个，累计实际投入技改资金53.35亿元。四是大力推进高新技术产业发展，积极运用高新技术改造传统产业，目前全县拥有省级高新技术企业9家，国家级高新技术企业4家，2003年高新技术企业产值达到32.2亿元，比上年增长36.0%，被评为全国科技进步先进县。

二、按照工业思路抓农业，大力推进农业产业化。根据宁海农业产业结构现状和实现“农业增效、农民增收”的目标，县委、县政府立足发挥资源的比较优势，创新发展思路，跳出农业抓农业，提出了“按照工业思路抓农业，围绕主导产品抓落实”的工作思路，大力推进农业产业化。

（一）积极扶持农业龙头企业

农业产业化的核心是加快推进农业工业化，农业工业化的重点是加快培育农业龙头企业。我们按照“扶优、扶强、扶大”的原则，选择一批有优势、有特色、有前景的加工型、流通型、基地型龙头企业进行重点扶持；做大做强一批现有农业龙头企业，引进一批县外农业龙头企业，鼓励工商企业投资兴办一批农业龙头企业；实行“一厂一策”，加大对农业龙头企业的技改贴息力度，提高农产品加工的科技含量；成立县农信担保中心，着力缓解农业企业融资难问题；建成农产品加工区，引导农产品龙头加工企业向区内集聚，实现资源共享、优势互补。2003年全县27家农业龙头企业（其中产值超亿元2家）完成销售3.4亿元，比上年增长81.4%。

（二）切实加强农业基地建设

一是按照“龙头企业+基地+农户”的发展模式，积极引导农产品加工企业建立原料基地，形成企业建基地、联市场、带农户的良性机制。二是鼓励工商企业和农户参与农业基地建设，逐步形成

"政府引导、企业投资、公司运作"的基地建设管理体制，提高基地建设的市场化程度。三是加快农业示范园区和特色基地建设。立足建设现代农业，重点规划建设三门湾百里20万亩生态型海水养殖带、浙江东海岸10万亩无公害农业示范园区、西部山区半山区万亩高山蔬菜基地等三大区域性特色农业基地，培育形成"蓝色东部"和"绿色西部"的特色农业发展格局。全县已建成茶叶、家禽等20多个农副业生产基地，包括浙江省无公害农产品基地3个、宁波市绿色农产品基地5个。其中大佳何海水养殖示范区和一市"白荔枝"枇杷分别被命名为省级示范园区和省级特色农业基地。

（三）着力培育农业主导产业和产品

按照"围绕主导产品抓落实"的方针，大力发展海水养殖、林特、畜禽三大农业优势产业，重点培育茶叶、青蟹、土鸡等十大农业主导产品。积极出台产业政策，制定主导农产品地方标准，建立农产品质量监测体系，推进主导产品标准化生产，提高农业产业化经营水平。大力实施品牌战略，打响生态、无公害品牌，重点抓好"望海茶"、"宁海土鸡"等省级以上名牌产品的培育工作，以品牌优势增强企业的竞争力和影响力。大力实施科技兴农战略，促进农业产业化升级，我们精心开发的"有机茶生产技术研究及产业化"、"采用生物技术综合开发中低档茶叶"、"宁海土鸡产业化开发"等农业项目被列入国家级星火计划项目；积极推广的海水封闭式内循环养殖模式，亩产达到传统养殖模式的12倍，处于国内领先水平。经过几年的发展，宁海已建成为浙江省海水养殖面积第一大县，浙江省主要茶叶出口基地。

三、统筹城乡发展，构筑现代化中等城市。近年来，宁海县委、县政府按照"拉开框架、突破重点、完善功能、改善环境，建设宁波南部中等城市"的总体思路，坚持高档次规划、高标准建设、高效能管理，坚持城乡统筹发展。

（一）大力推进城市化建设步伐

经过几年来的大力建设，宁海县城市功能不断完善，品位不断提升，一个组团型、开放式、生态化的城市框架逐步凸现，城市化水平从1998年的26.8%提高到目前的43.0%。

一是实施"撤镇建街"，拉大城市建设框架。2003年成功实施城关镇"撤镇建街"工作，逐步理顺城市管理体制；按照"街道工作社区化，社区工作社会化"的工作思路，理顺社区管理体制和保障机制，促进农村社区向城市社区、农民向市民转变。与此同时，城市建设框架进一步拉大，建成区面积扩大到21.56平方公里，比二十世纪九十年代初扩大了五倍多，为建设现代化中等城市打下了坚实的基础。

二是实施"三改一推进"工程，提升城市建设水平。按照"统一规划、成片改造、有序推进、综合开发"的原则，坚持"政府主导、市场运作"，完善拆迁安置方式，深化农村社区股份制改革，在试点的基础上，积极稳妥地实施"三改一推进"（即旧城改造、旧村改造、村改居，推进中等城市建设）工作。同时，按照"南改北建中起步"的建设思路，坚持老区改造和新区建设相结合，注重城区一体化建设，促进城区各街道协调发展。

三是加强城市规划建设，完善城市配套功能。理顺规划管理体制，加强县域规划工作；加大城市道路、防洪、污水处理、公园等基础设施建设力度，基本形成县内"半小时交通圈"、城市供水联网运行等。2000年以来，城市基础设施建设共投入12.6亿元，超过了1998年前20年的投入总和。

（二）协调城乡一体化发展

推进城乡一体化，是经济社会发展的必然趋势，也是统筹城乡发展的必然要求。宁海县委、县政府坚持全面推行以城带乡、以工促农、城乡互动，促进城乡协调发展。

一是加快农村城镇化发展。坚持发挥规划的龙头作用，统筹城乡规划建设，实现供水、供电、垃圾处理等基础设施共建共享；统筹城乡产业布局，加快中心镇产业集聚，增强集聚和辐射功能；以"千村示范、万村整治"工程为载体，广泛开展新农村建设，增强示范和带动作用。

二是加快农村人口转移。坚持把减少农民作为促进农民增收和城乡协调发展的重要途径，采取"多渠道分流、多形式转移"的办法，促进农村富裕劳动力向城镇和二三产业转移。按照"统一规划、分步实施，政府引导、群众自愿"的原则，实施下山脱贫工程，重点推进贫困村、深山村、高山村人口转移，完成地质灾害隐患点移民搬迁；同时，重视移民安置工作，做到移得下、住得安、富得起。

三是构筑"五大网络"，推进城乡统筹。第一，构筑城乡一体的"路网"，完善农村道路交通建设规划，加快乡村康庄工程建设，逐步实现城乡对接成网的交通圈。第二，构筑城乡一体的"水网"，创新水资源开发机制，全面实施水资源可持续开发利用规划，加快推进城乡水库、水厂、供水管网和排污管网等水源和供水工程建设。第三，构筑城乡一体的“垃圾处理网”，实现城乡垃圾集中填埋处理，即实行村负责垃圾集中收集、镇乡(街道)负责垃圾集中清运、县负责垃圾集中填埋处理的三级联动机制。第四，构筑城乡一体的“就业网”，建立健全城乡一体的劳动力市场网络、就业培训网络和信息服务网络，大力实施农村劳动力素质工程。第五，构筑城乡一体的“保障网”，完善农民养老保障制度，加快推进被征地人员养老保障工作，深入实施新型农村合作医疗制度，建立健全社会救助制度。

四、坚持可持续发展，打造生态型经济强县。生态是宁海最具特色、最具发展潜力的资源优势。近年来，宁海县委、县政府充分挖掘生态优势，坚定不移地实施“生态立县”发展战略，认真贯彻可持续发展战略，统筹人与自然和谐发展，努力打造生态环境优美、生态经济发达、生态文化繁荣的生态型经济强县。

(一)狠抓环境治理，改善人居环境

宁海县自1999年12月被列为为创建国家级生态示范区建设试点县以来，按照创建要求，先后投入70多亿元资金，扎实推进生态基础设施、人居环境、生态产业、生态文化四大工程建设，县域生态环境得到明显改观。

一是把生态环境建设纳入精神文明建设发展规划，连续三年开展农村环境综合整治，大大改善农村环境面貌。同时加强城市管理，组织开展“形象创建月”活动，开展城区环境集中与专项治理，营造优美整洁的人居环境。

二是大力开展坟墓专项整治。在全县“三沿五区”(沿高速公路、铁路规划线、省道县道公路和耕种区、风景区、开发区、住宅区、森林水源保护区)范围集中开展坟墓专项整治工作，平迁坟墓16万穴，建成生态墓区309个，基本实现“三沿五区”无坟化、公益墓区生态化，彻底整治了“青山白化”现象。

(二)打响生态品牌，建设生态城市

绿色是城市生命的象征，近年来，宁海县委、县政府紧紧围绕城镇绿化、山体绿化和通道绿化，按照“显山、露水、见秀”的思路，开展大规模城市绿化、亮化、美化工程，推进城区周边山体公园建设，改善城市生态环境质量，塑造“城中有园、园中有城、满城皆绿、举目有青”的城市生态特色。五年来累计绿化造林12万亩，目前城区绿化覆盖率达到34%，城市人均公绿面积达到12.4平方米。

实施“蓝天、碧水、绿色、洁净”工程，采取源头控制与末端治理相结合的办法，加强对重点流域、重点行业的污染整治，开展百里清水河道综合治理；实施城区污水截流工程，建设城北12万吨级污水处理厂和城区排污管网系统。

(三)依托生态优势，发展生态经济

立足资源优势，发展生态农业。丰富的生态资源是宁海发展特色农业经济的基础。近年来，我们立足资源优势，以绿色为主题，把开发无公害、绿色和有机农产品作为农业的发展方向，推行可持续农业生产模式；推广先进适用技术，推行生态养殖模式，推进万亩有机茶、万亩高山蔬菜等绿色农产品基地建设，逐步实现生态优势向经济优势的转变。“这里的山，既长绿叶子，又生银票子。”这是宁海茶农对生态经济化的形象说法，发展生态农业已经成为宁海农业“双增”的有效途径。

倡导绿色生产，发展生态工业。以“一控双达标”为重点，对工业污染进行全面整治，坚决取缔、关闭不符合国家产业政策、规模小、效益低、污染重的企业；加大技改力度，淘汰落后的生产设备和工艺；制定扶持政策，加快工业结构调整，发展高新技术企业，推广清洁生产。仅2003一年，我们就拒绝了与生态环境保护原则相悖的63个投资大项目。

打响生态品牌，发展生态旅游。全面启动生态县建设，把生态环境作为最大的旅游资源来经营，积极开发以“山、海、水、岛、泉”为特色、“生态、休闲”为主题的生态旅游，全力打造“长三角”地区重要的生态休闲旅游基地。全国优质温泉天明温泉景区、国家级水利风景区天河景区、“世外桃源”野鹤湫景区相继建成并对外开放。2003年，宁海共接待海内外游客100万人次，旅游总收入4.5亿元，分别比上年增长36.4%和18.5%。

(四)挖掘文化内涵，创建生态文明

宁海是明代大旅行家徐霞客的《徐霞客游记》开篇地，近年来，我们牢牢把握这一独特的人文优势，先后成功举办了首届和第二届中国(宁海)徐霞客开游节，开展了百集大型电视风光纪录片《徐霞客游记》开机仪式、《徐霞客游记》开篇纪念暨“5·19中国旅游日”倡议活动，打响了“天下旅游，宁海开游”的旅游品牌，充实生态旅游的文化内涵。依托民间力量，建成“十里红妆”江南民俗艺术馆；挖掘地方历史人文资源，修建一批以名人命名的公园和古建筑，丰富城市文化内涵。加强生态宣传，提高公众生态意识；倡导生态价值观，引导绿色消费和绿色生活，使珍惜自然、保护环境在全社会蔚然成风，实现人与自然的和谐。

宁海在努力实现经济跨越式发展的同时，积极推进教育、卫生、文化、体育等各项社会事业的全面进步，先后被授予"全国体育先进县"、"浙江省教育强县"、"浙江省文明县城"等荣誉称号。

党的十六大和十六届三中全会为加快现代化建设、全面建设小康社会明确了目标，指明了方向。按照"三个代表"重要思想的要求，围绕县十一次党代会提出的"构筑现代化中等城市、建设生态型经济强县"的奋斗目标，宁海县委、县政府牢固树立科学发展观，按照中央提出的"五个统筹"的要求，制定了今后五年的发展战略部署：实施五大战略，打造五大中心，实现五大跨越。实施五大战略，即实施工业强县、科教兴县、生态立县、山海富县、文化靓县战略；打造五大中心，即全力打造新的工业中心、特色制造业中心、农产品加工中心、生态休闲旅游中心、宁波南部中心；实现五大跨越，即实现招商引资、城市化建设、旅游业发展、生态建设、农业龙头企业发展新跨越。

推进超常规跳跃式大发展 建设小而特富而美新乳山

中共乳山市委　乳山市政府

乳山市位于山东半岛东南端，因境内“大乳山”而得名，总面积1668平方公里，人口59万，辖2个省级开发区、14个镇和1个街道办事处。乳山设县只有50多年的历史，是一座年轻的城市；乳山1993年撤县设市，10年来取得了长足发展，是一座充满活力的城市；乳山依山傍海，环境幽雅，是一座美丽的新兴滨海小城。

乳山虽小，但“小而特”。特在区位优越，与日、韩隔海相望，青威高速公路、309国道、济威铁路横贯全境，市区至青、烟、威三市路程均在1个半小时以内。特在受辐射力强，是中、日、韩黄海经济圈“大金三角”和青、烟、威环渤海经济圈“小金三角”的重要节点，位于山东半岛城市群、日韩加工制造业基地的中心地带，承接着国内外大小城市的多重辐射。特在外向度高，是国内开放较早的沿海城市，已与30多个国家和地区建立了经贸合作关系，兴办外贸生产企业370余家，合同利用外资、实际利用外资连续两年实现“双翻番”。特在设施完善，近几年累计投入10多亿元资金用于城市基础设施配套建设，先后投资和争取上级支持对境内100多公里公路进行建设和拓宽改造，形成了“三横四纵一环”的区域公路框架，与青威高速公路、309国道实现了贯通连接，特别是规划建设的11.8平方公里的省级经济开发区和起步区控制面积10平方公里的省级银滩旅游度假区及其内设的六个功能性园区和三个特色园区，设施配套，服务到位，为承载大项、吸引市外企业介入乳山创造了良好载体。

乳山虽小，但“富而美”。乳山物产丰富，海岸线长达185公里，年产海产品20多万吨，是以生产贝类、名贵鱼种著称的沿海城市；乳山丘陵地多，盛产水果，年产水果及干杂果20万吨，是胶东水果大市；乳山产金出银，年产黄金10万两以上，花岗石储量70多亿立方米，素有“金岭银滩”之美誉，是全国第5大黄金市；乳山经济发展速度较快，后劲充足，保持着健康上扬的强劲势头，是全国综合实力百强县(市)、全省综合经济实力30强县(市)和全国县域经济基本竞争力百强县(市)。乳山环境优美，拥有山巨山禺山国家森林公园、被誉为“天下第一滩”的国家“AAAA”级银滩旅游度假区、汤上温泉“一山一滩一泉”及大乳山、道教圣地圣水宫等众多景观，是国家环境保护模范城市、中国优秀旅游城市和省级园林城市，是最适合人类居住的城市之一；乳山人与自然、经济与社会协调发展，市民勤劳朴实、诚实守信，社会安定祥和、秩序井然，先后荣获全国投资环境百强市、全国首届安全诚信城市50佳、全国科技工作先进市、全国科技实力百强县(市)、全省精神文明建设工作先进市、全省社会治安综合治理先进市、全省双拥模范市等荣誉称号。

近几年来，乳山市唱响解放思想、干事创业主旋律，以建设“生态型花园式滨海旅游城市”为目标，狠抓投入这一主线，强化开放、民营两大动力，实施借韩国、借青岛、借旅游“三借”战略，着力构筑优化“三区兴城、四带兴经”带形块状经济布局，推动全市经济呈现出稳中趋快、活力趋强、后劲趋大的良好态势，步入超常规跳跃式发展的新阶段。2003年完成国内生产总值127.6亿元，同比增长20.5%，比97年翻了一番多；地方财政收入4.72亿元，增长29%，是97年的3.2倍；全社会固定资产投资60.88亿元，增长152.7%，是97年的4倍；合同利用外资2.56亿美元，实际利用外资1.51亿美元，分别增长122%和113%；实际到位内资19.1亿元，增长101.5%；农民人均纯收入4178元，增长8.9%；城乡居民储蓄存款余额51.2亿元，增长13%。

一、提升园区载体支撑力。一是突出功能特色。按照“经济发展园区化、园区发展集约化、招商引资聚集化”的思路，以省级经济开发区和银滩旅游度假区为龙头，通过统一规划、统筹布局，形成了功能齐全、设施完善的园区优势，对外吸引力大为增强。特别是为促进项目聚集、打造区域特色优势，在经济开发区内规划建设了机械加工、食品加工、纺织染整三个特色工业区，目前已完成基础设施投入1.5亿元，引进项目23个，总投资1.6亿美元。二是突出设施先行。采取市里搞框架、镇级搞配套的模式，投资8.2亿元对“两区”进行“七通一平”改造和基础设施建设，增强了园区承载大项的能力。特别是投资2.5亿元完成了经济开发区内道路改造，打通了总长10多公里的“两纵两横”主干道，开通了市区直达银滩、连接“三区”的银金大道。三是突出政策优化。出台了《乳山市园区建设的政策规定》等文件，设立了园区建设奖，赋予开发区更多的自主权限和优惠政策，降低了招商“门槛”，增强了园区吸引力。四是突出集中办园。为防止一哄而起劳民伤财、低水平重复建设，坚持集约用地、集中配套、集中办园，出台了税收分成、利益共享政策，鼓励各级向园区招商引项。2003年“两区”开工项目240多个，总投资96亿元，相当于以往的总和。

二、提升对外开放外助力。抢抓山东省建设半岛日韩加工基地和胶东半岛城市群的机遇，进一步升华“配角”理念，坚持眼睛向外、借外活内，甘当配角，甘心打工，在配角中争当名角。成功举行了首季百项工程开工、银滩8大过亿元项目奠基等仪式，使全市以项目开工为标志的招商引资日趋红火，全年开工投资1000万元以上项目192个，总投资92.6亿元，其中开工了大庆工业园、韩美电子等过亿元项目26个，总投资48.4亿元。在开放方向上，主攻韩国、青岛、国内大企业三个重点。对韩国，主要是抢抓韩国加工制造业大规模转移的机遇，面向韩国中小城市、中小企业，采取缔结友好城市、赴韩跟踪招商、请韩商来乳考察、设立驻韩办事处等措施，推动与韩合作不断升温，新引进韩资项目59个，合同利用韩资和实际利用韩资分别占全市总额的64%和65%。对青岛，主要是树立“乳山是威海的乳山，也是烟台的乳山，更是青岛的乳山”的区域协作经济观，以建设青岛配套的加工地、旅游的补充区和城市的后花园为目标，抢抓乳即路封闭、青威路拓宽改造及青岛成为北京奥运伙伴城市带来的机遇，多次赴青岛举办投资环境推介会、招商宣传等活动，提高乳山知名度。目前，青岛在乳投资企业达到58家，仅2003年就新增33家，总投资10.5亿元。对国内大企，主要是抢抓国内大企业产业转移、低成本扩张带来的机遇，狠抓国内招商，新引进国内合作项目350个，总投资78亿元，特别是随着大庆油田、长庆公司、太原石化、胜利油田、齐鲁石化等石油企业的介入，乳山逐步成为以大庆油田为龙头的“不出石油的石油城”。

三、提升三次产业竞争力。把结构调整、产业升级与加大投入紧密结合，做到了以项目膨胀产业规模、以投入提升产业层次、以产业带动项目落实，为构筑布局合理、结构优化、活力强劲的经济框架积蓄了能量。工业，出台了以鼓励扶持工业企业退城进园、技术改造、资本运作为主要内容，以先征后返财税扶持、土地优惠资金补偿、降低标准收费减免为主要办法的促上工业政策，激励企业技改扩张、资本运作的积极性，以中鲁、金洲、金华三大支柱和笙歌、富豪、双连等40家骨干企业为重点，全年累计完成技改财务支出18.9亿元，同比增长104%，汽车配件、资源加工、轻纺加工、船舶制造四大产业链竞争力明显提高，至2003年全市共有规模以上工业企业218家，年销售收入195亿元，利税13.5亿元，国投中鲁公司成功实现了上市，华隆公司新加坡上市和金洲集团挂靠上市工作正在运作中。特别是针对近年来依托银滩旅游度假区、以旅游度假为重点的三产项目开发红火的实际，牢固树立“三产是途径、二产是目的，建房是手段、办厂是目的，安居是前提、创业是目的”的观念，大做“房后”文章，引导企业边建房边引项，边建生活区边建工业园，以三带二、二三并进，全市由三产带二产项目的企业达到29家，引进二产项目53个，总投资

30多亿元。农业，狠抓了农业龙头企业的引进和培育，在扶持巩固中鲁果汁、华隆食品、华美淀粉、华冠丝绸等一批农业龙头企业的同时，成功引进了通化东宝集团、菲律宾龙港公司、大连新世纪果品公司等一批市外龙头企业，走出了市场牵龙头、龙头带基地、基地连农户的产业化发展路子。依托龙头企业的带动，全市建成苹果、萝卜、花生等各类农产品生产出口基地20多万亩，形成了以崖子镇4万亩苹果、白沙滩镇1万亩大姜、下初镇1万亩葡萄、海阳所镇1万亩牡蛎和7000亩海参、徐家和南黄镇10万平方米工厂化名优鱼养殖等为代表的10大农业特色镇，涉及10万农户，拉动农民年均增收1.59亿元，每年农副产品出口创汇近亿美元，"农"字号企业提供税收占地方财政收入的比重已由1998年的9%上升到15%。第三产业，立足于"一滩一山一泉"的资源优势，把旅游业作为未来最具潜力的优势产业，坚持"市场运作、大项带动、打造特色、借力发展"，狠抓了以银滩旅游度假区为龙头的旅游开发，投资20亿元的蓝湖国际游艇度假中心、投资5.8亿元的大乳山福地养生风景区、投资2亿元的黄金主题公园、投资5.6亿元的宫家岛开发、投资5亿元的南黄岛开发等一批旅游大项已经启动或正在完善规划，为融入胶东半岛旅游圈奠定了基础。大力发展商贸流通业，在成功引进华联集团、三联家电、威海糖酒超市的基础上，又开工了总投资近4亿元的青岛利群集团建设大型购物广场和银滩培训中心项目。

四、提升民营经济新活力。始终把民营经济作为最有后劲、最具活力的经济板块来培育，面上抓启动，点上快扩张，深入实施了连续3年每年新增个体工商户5000户以上、力争到"十五"末达到4万户的"三个五"工程，实施了集中壮大10家龙头民企、加快培育100家民企中坚、力争到"十五"末有较大规模和较强竞争力的民营企业达到1000家的"十百千"工程，全年新增个体业户5500户，总量达到3.8万户，新增民营企业230家，总数突破千家，民营经济对地方财政贡献率达到38%。一是全面提升民营经济地位。坚持重要会议、重大活动都邀请民营企业参加，重要决策都征求民营企业意见，充分发挥民营经济局的协调服务作用，为民营经济发展营造了宽松环境。二是充分发挥干部示范带头作用。通过出台鼓励机关事业单位工作人员从事民营经济的优惠政策，使76名机关干部离职从事民营经济，使20多名老干部投身民营经济。三是加大资金扶持力度。在积极开展"银企联手"、"黄金客户"活动的同时，不断探索相互担保、联户担保、成立担保公司等新型增贷方式，全市已有30多家民营企业建立起相互担保关系，共协调金融机构新增民营企业贷款3亿多元。四是促上民营技改投入。通过对民营技改项目实行财政贴息贷款，激发了民营企业技改上新的积极性，全年在建投资过百万元的民营技改项目417个，完成投资16亿元。五是引导民企借力发展。引导民营企业主动出击，靠大企、攀高亲，共有30家民营企业与国外客商进行了合资经营，实际利用外资1800多万美元。

五、提升环境建设吸引力。牢固树立"环境立市"理念，坚持硬体、软体、活体"三位一体"，整体推进，全力打造"生活乐园、创业乐园"的环境品牌。硬体环境突出城市建设。按照"生态型花园式滨海旅游城市"的定位，重点实施了以道路改造、园区配套为主要内容的三区对接工程，以美化环境、改善生态为主要内容的绿化新城工程，以亮化美化、展示活力为主要内容的亮城工程，以配套完善、提升质量为主要内容的旧城改造工程，城区绿化覆盖率达到34.9%。特别是着眼于城市长远发展，从完善设施、打造发展平台入手，实施了以309国道拓宽、城区西出口改造为重点的路网建设工程，优化"三横四纵一环"公路框架；实施了总投资1.1亿元的龙角山水库增量扩容工程，增加淡水储量4000万立方米以上；实施了投资1600万元的城市废水处理厂建设工程，与污水处理厂一起实现了城市用水循环利用。同时，经国家立项、由山东鲁能集团投资248亿元的核电站项目，现已完成选址论证工作进入测试阶段。软体环境突出优化服务。以开展"机关创新年"活动为抓手，以转变政府职能、推进政府提速为目标，全力打造效率政府、法制政府和诚信政府的新形象。加大了行政审批制度改革和部门优政服务力度，共砍掉审批事项268项，建立了投资审批一条龙、企业建设全方位服务、开工投产后经常性服务三大服务体系；成立了行政服务中心，实行一个窗口对外、一条龙服务，目前已有25个部门、221个审批事项进驻中心；推行了政务公开、承诺服务和听证公示制度，实行了市级领导干部定期走访外资企业、召开外商投资企业例会制度，及时帮助外商解决生产中遇到的困难，在行政执法部门实行了"首问负责制"和"末位淘汰制"，每半年开展一次"最不受欢迎的单位和个人"评选活动，扩大了社会监督，使服务更加透明、公正；以执纪执法部门为重点，对部门中层干部进行了轮岗交流，并将71个具有执法收费职能的部门，由差额拨款或自收自支变为市财政全额拨款，有效消除了服务中的梗阻，改善了投资环境。活体环境突出亲情建设。从提高市民道德水平入手，广泛开展了“诚信在我身边”系列活动，围绕“恪守诚信、优化环境、加快发展”等内容开展大讨论活动，评选出“十佳道德标兵”，引导上下以诚做人，以信立市，以信招商，打造以个人诚信为基础、以企业诚信为主体、以政府诚信为保障的诚信乳山新形象，进入了“全国首届安全诚信城市50佳”；从具体事情抓起，深入实施了借韩兴乳“八个一”工程，就是建中国第一个韩人商工会馆，建一处韩国工业园地，建一处韩国村，设驻韩国办事处，开办一个韩语培训班、一套韩语电视节目，建立一个交通绿色通道，实行韩商就医、子女入学一卡通，为韩商提供了安居乐业的仿真式人文环境。为注册资金达到一定规模的60家外商发放了“绿卡”，17个部门配合联动，制定了61条优惠措施，持有“绿卡”的客商不仅在项目审批、建设等方面享受优惠，而且对外商生产生活等多个环节给予特殊待遇，使“绿卡”成为外来投资者的“解忧卡”，成为政府的“信誉卡”。

六、提升干事创业凝聚力。始终把加强党的建设特别是干部队伍建设放在工作首位，把干部作为落实科学发展的根本，以加强监督为抓手，以扩大民主为目标，坚持由少到多、由内到外、由暗到明，扩大群众对干部的选择权、知情权和参与权，使干部工作由神秘走向公开，由党内扩大到党外，由少数人说了算变为多数人议着办，有效倡树了健康向上的用人导向，激发了各级干事创业的热情。市里坚持“公开民主、定位直推”领导干部，在3年先后7次对123个职位的干部进行公推的基础上，进一步创新干部选拔任用机制，常委会票推、全委会票决选拔了7名镇党政正职，并将扩大民主、强化监督的做法逐步向镇、村延伸，形成了市镇村“三级相联”的监督体系。按照党代会常任制试点要求，对镇党委委员打破市委提名候选人的模式，面向社会公开选拔，对镇党委主要领导实行差额选举；以农村“两委”换届为契机，探索实行了以“试行直选、承诺兑现、启用双强、联建双赢”为主要内容的农村选举试点，实行村级干部试用期制和考核制，大力选拔使用“双强”型农村带头人，探索实施了村级组织联建工作，为新形势下的农村组织建设探索出了新路子。同时，着眼于建立科学公正的评价体系，强化督查考核工作，把监督与工作落实、考核、奖惩结合起来，建立健全了季度通报、定期报告、情况披露等制度，设立了镇级进位奖、招商引资奖和园区建设奖，敢于拉开档次、重奖重罚；出台了引咎辞职、责令辞职等制度，年度岗位目标责任制列后3位的单位主要负责人，第一年给予诫勉并由组织进行谈话，连续两年位居后3位的，单位主要负责人责令辞职，克服了“人来选事业、事业迁就人”的现象，形成了“让想干事、肯干事的人能干成事，让能干事、干成事的人有地位”的良好导向。

2004年，乳山市确定深入贯彻和落实科学发展观要求，以“全国百强位次前移、全省强县跻身前十”为目标，坚持既定思路，着眼提速求质，引导全市上下抓住思想解放这一关键，突出对外开放和工业立市两大重点，构筑软硬环境、体制机制、社会文明三大保障，干事创业，务实推进，奋力实现更高水平的超常规跳跃式发展。

燕山明珠 铸造辉煌

中共迁安市委　迁安市人民政府

一、基本情况。迁安市位于河北省东北部，属半山区县级市。地处东经118度26分至118度55分，北纬39度51分至40度15分之间。东西跨度39公里，南北纵距45公里。属暖温带、半湿润季风性气候。年平均气温11.5度，降水量711.9毫米，日照2292.5小时，无霜期198天。总面积1208平方公里，总人口67.3万，辖19个镇乡、1个城区街道办事处，有534个村、10个居委会。1996年10月撤县设市。

*区位优势明显，交通四通八达。*迁安市地处环渤海、环京津一级经济开发区内，京沈高速公路迁安出口距市中心12公里，西距北京市195公里，天津市160公里，东至秦皇岛市75公里，北至承德市272公里，南距京唐港90公里，与唐山市相距90公里。境内现有京秦、大秦、通坨、卑水四条铁路。公路四通八达，京沈高速、102国道纵横东西，另有三抚、平青大、长城旅游路三条省道。

*综合实力雄厚，市域经济发达。*1990年以来，迁安综合经济实力一直位列河北省前十名，1995年跃居全省20强之首，2002年、2003年连续两年居全省县级30强之首。2003年实现生产总值142.3亿元，同比增长20.8%；全市一、二、三产业的比例为9.8:56.3:33.9；完成全社会固定资产投资38.1亿元，同比增长46.2%；全部财政收入达到12.5亿元，同比增长92.5%；地方财政收入达到7.2亿元，同比增长118 %；城镇居民人均可支配收入达到7533元，同比增长13.0%；农民人均纯收入达到3740元，同比增长7.0%；金融系统年末各项存款余额达到76.7亿元，比年初增加20.5亿元，其中城乡居民储蓄存款达到57.4亿元，比年初增加11.3亿元。

*矿产资源丰富，物产种类齐全。*现已探明的矿藏达20多种，其中，金属矿藏主要是铁，储量达27.2亿吨，矿石品位在30%左右，铁精粉年产量连续14年居全国县级地方铁矿首位，素有“铁迁安”之称。非金属矿藏主要是石灰石、白云石、花岗岩等。石灰石储量达4亿多吨，主要作为水泥、石灰等产品的原材料，年开采量达100多万吨；白云石、花岗岩、大理石储量分别达到1.5亿吨以上。现已发现的动植物资源400多种。其中，“京东板栗”产于此地，驰名中外；花生、甘薯常年产量居河北省第二位，是河北省甘薯发展重点县；书画宣纸全国闻名，有“南宣北迁”美誉；地毯业已形成万人产业大军，在全国同行业名列第二，产品畅销世界。

*历史源远流长，旅游业前景广阔。*早在旧石器时代晚期（4.2—5万年前），迁安境内滦河沿岸爪村一带就有人类居住。古代为幽州地，商朝时为孤竹国，春秋时为山戎令支国，秦朝时为离支县，西汉时改为令支县，辽时又定名安喜县，金大定七年（公元1167年）更名为迁安县。历史上有名的伯夷叔齐让国、老马识途等典故即发生在迁安。迁安是河北省26个发展旅游重点县（市）之一。境内具有较

大开发价值的旅游资源多达20余处，其中，世界文化遗产1处（长城），省级文物重点保护单位4处（长城、爪村旧石器时代遗址、安新庄新石器时代遗址、建昌营封山寺商周时代遗址。）现建有4个旅游风景区，白羊峪、龙山两个旅游区被列为省级旅游区，红峪山庄长城溶洞景区正在建设之中，此处发现了北方最大的溶洞群，有钟乳石、石笋、地下暗河等多种景观。拥有河北省第一家县级综合性博物馆，馆内收藏文物5000余件，其中古菱齿象骨化石（高3.85米、长7.5米，距今约1.2万年），其高大和完整程度，目前在国内同一种类象骨化石中首屈一指。有万里长城中唯一的1.5公里大理石长城，堪称长城绝景。另外，任重远先生通过多年研究破译《山海经》，提出了轩辕黄帝的都城在迁安（即安新庄遗址）、大禹治水在迁安市擂鼓台龟口的重要观点。《迁安—黄帝古都》研究专著已经出版，原民盟中央主席、全国人大副委员长费孝通为该书题词“黄帝胜迹，光耀千秋”。

工业门类齐全，支柱产业鲜明。2003年完成工业增加值74.2亿元，占地区生产总值的52.1%，现已形成了冶金铸造、水泥建材、地毯服装、造纸包装、医药食品、电线电缆、化工等七大支柱工业，2003年七大支柱产业增加值占地区生产总值的39.4%。全市工业产值超千万元企业达到100家，超亿元的18家；利润超百万元企业达到77家。到2003年底，全市已形成铁精粉1860万吨、铁580万吨、钢420万吨、水泥240万吨、地毯68万平方米、机制纸及纸板13万吨的生产能力。“冀东”牌彩色胶印书刊纸、“兆康”牌抗脑衰胶囊、“唐生”牌胃优乐、“QA”牌地毯、“滦河”牌尿素、“冀东”牌电线电缆等40多种产品分别被评为国家、省、唐山市名优产品。

农业基础稳固，农村经济健康发展。全市共有耕地67万亩，其中水浇地面积54万亩，喷灌面积30万亩，是全国农业喷灌示范县（市）。2003年完成农业总产值12.2亿元，同比增长3.3%。围绕建成首钢和大中城市的农副产品供应基地的目标，大力实施“菜篮子、花卉、苗木、绿色食品”农业四大工程，不断深化与河北省农林科学院共建“农业经济结构战略性调整示范县”项目，扎实推进农业结构战略性调整，已建成10万亩菜篮子基地、10.5万亩绿色食品基地、5万亩无公害果品基地、5000亩无公害蔬菜基地，发展优质苗木1.5万亩、花卉5000亩，龙头企业达到39家。2003年，全市粮食总产达到17.9万吨，油料总产3.2万吨，干鲜果品产量12万吨；出栏生猪75.5万头，肉牛7.5万头，肉鸡950万只，奶牛存栏1.2万头。“金鑫”牌甘薯系列产品、“民雁”牌红富士苹果、天王桃、“田原”牌种猪、“建亚”牌粉丝等5种农产品被评为省级名牌产品，并实现了无公害农产品标识上市。

第三产业发达，服务体系健全。2003年，全市第三产业完成增加值48.2亿元，增长21.5%，已初步形成了餐饮服务、交通运输、金融保险三大支柱产业。全市拥有各类市场40个（其中综合市场32个，农副产品市场4个，工业生产资料市场2个，农业生产资料市场2个）。全年转移农村富余劳动力13800人，全市从事非农产业的劳动力已占全部农村劳动力的36.4%，来自非农产业的收入已占农民人均纯收入的72%。

企业改革全面完成，民营经济蓬勃发展。全市564家乡村集体企业和105家市属企业已全部完成产权制度改革，所有制结构得到有效调整和优化。2003年全市民营经济注册户数42923户，占全社会注册总户数的99.5%；从业人员145700人，占全社会从业人员总数的82.1%；注册资金379796万元，占全社会注册资金总额的68.6%；上缴税金70770万元，占全部税收的75.8%；实现增加值120.7亿元，占全市国内生产总值的85%；完成固定资产投资31.6亿元，占全社会固定资产投资总额的83%；实现消费品零售总额24.6亿元，占全社会消费品零售总额的84.5%。

双向开放日趋活跃，经济外向度不断提高。坚持“域外就是外”的开放理念，大力发展开放型经济。全市放权企业达到24家，出口商品涉及地毯、服装、铸件、包装、医药等10多个品种。合资合作伙伴遍及世界18个国家、地区和国内30多个大中城市。2003年，全市实际利用外资847万美元，实现出口创汇2799万美元，合同利用内资60多亿元，到位内资15.1亿元。

科技教育发达，社会事业全面进步。教育投入不断加大，2003年投资5000多万元改扩建市区中小学，普、职、成、幼、特各类教育事业全面发展，均进入全省乃至全国先进行列，高考已连续9年位居唐山市各县（市）榜首。大力推行了新型农村合作医疗制度，全市首批参加合作医疗农民542313人，占农村人口的95%；加强了市、乡、村三级医疗体系建设。现拥有乡以上卫生医疗机构27个，医院病床2287张，卫生专业技术人员2312名。1993

年被国家科委授予“全国科技工作先进县(市)”，1997年被省教委确定为全省唯一的“产学研基地县(市)”，市以上科技成果转化率达85%。

*基础设施日趋完善，城市建设日新月异。*市区面积达到21.4平方公里，全市公路通车里程达到1490公里，通油路村达到486个，占全部行政村的91%，形成了连接城区、建制镇、旅游区和村的四级快速路网；全社会用电总量达到22亿千瓦时，日供水能力1.3万吨，日处理污水能力8万吨，集中供热面积达到108万平方米；全市固定电话使用量达到14.8万部，移动电话使用量达到7.9万部，固定电话普及率达到22.1部/百人，移动电话普及率达到11.7部/百人，全市有线电视入网户5.5万户，电视覆盖人口率达到100%，形成了覆盖全市的有线电视网、光纤宽带通讯网；2002年以来，累计完成各种造林面积20.7万亩，全市林木覆盖率达到35%，形成了以退耕还林为主的城乡生态网络，是“全国县(市)域村镇城市化试点市”和河北省唯一的“全国乡村城市化试点市”；连续六年被省政府命名为“省级卫生城”、连续3年荣获省政府城市容貌治理竞赛“新貌杯”；有4个小城镇被列为全省“百镇工程”试点镇，有两个镇被确定为“河北省小城镇建设重点镇”，城市发展体系日益完善。

二、经济发展历程和今后发展思路。迁安曾经是河北省有名的贫困县。1980年，全县工农业总产值只有7.67亿元，农民人均纯收入不足百元。“七五”期间，通过大办“三个工厂”(以铁矿资源开发为重点的“黑色工厂”、以山滩资源开发为重点的“绿色工厂”和以劳动力资源开发为重点的“家庭工厂”)，全县经济实现了超常规跳跃式发展。到1990年，全县综合经济实力由全省第126位跻身“十强”县行列。“八五”期间，通过大力实施“农业稳县、工业富县、开发兴县、科教立县”四大战略，全市综合经济实力又上了一个大台阶。1995年，全县综合经济实力跃居全省20强之首，并成为全省首批建成的小康县(市)之一。“九五”期间，通过大力实施“外向带动、科教推动、城建启动”三大主体战略，全县经济继续保持了持续快速健康发展的良好态势。2000年列全省综合经济十强县(市)第七位。

进入新世纪后，面对北京承办奥运、首钢把原料基地建在迁安等千载难逢的历史性机遇，迁安市委、市政府认真分析市情市力：全面加强与首钢合作是全市经济发展最大的机遇，发展钢铁产业是全市经济发展最大的优势，机制灵活是全市经济发展最大的动力，滦河穿城而过是全市城市建设最大的自然特色。在深入把握市情市力的基础上，市委、市政府提出了建设“钢铁迁安、中等城市”、实现经济社会跨越式发展的奋斗目标。“钢铁迁安”就是依托首钢，强化钢铁产业支柱地位，做大做强钢铁产业，带动全市第一、二、三产业全面发展。“中等城市”就是按照“中等城市——小城市——建制镇——社会主义文明生态村”的发展层次，努力构筑起布局合理、功能完善、特色鲜明的现代城镇发展体系。市区按照园林城市、旅游城市定位和“一河两区”的发展格局，以滦河为界，滦河以东现有市区为河东区，以西首钢迁钢基地为河西区，滦河作为城市的重要组成部分，两区之间用高等级的城市道路相连，建成区面积达到40平方公里、人口30万以上的中等城市。5个有一定基础的建制镇建成小城市，其他乡镇建成建制镇，各村建成社会主义文明生态村，形成以市区为中心、5个精品小城市为纽带，辐射城乡、布局合理、各具特色、良性互促的现代城镇发展格局。

党的十六大之后，迁安确定了到2020年“三步走”发展战略：第一步，到2007年，建成“钢铁迁安、中等城市”，县(市)域经济基本竞争力跨入全国百强县(市)前50位。第二步，到2010年，国内生产总值比2000年翻两番以上，提前建成全面小康社会，主要经济指标达到沿海发达地区水平。第三步，到2020年，率先实现工业化，进入推进现代化建设新阶段。

苏中明珠——仪征

中共仪征市委　仪征市人民政府

一、市情概况

仪征市位于江苏省中部，南濒长江，北倚淮水，是南京和扬州之间的唯一节点城市，是生态型现代滨江工业城市。仪征市辖 11 个乡镇，总面积 901 平方公里，总人口 59 万。仪征是一座有着 2500 多年历史的文化古城，隋唐起即成为漕盐纲运中转之处，唐宋时已成为著名的工商城市和园林城市，清朝初期为两淮一带有名的繁华富庶之地，素有“风物淮南第一州”的美誉。仪征文教昌明，有近代民主革命名将盛白沙；有以《我的母亲》享誉法国文坛，为中法文化交流作出杰出贡献，获得法国总统勋章的著名文学家盛成；有我国无机化学和盐化工开拓者、著名化学家柳大纲；还有一批名人目前活跃在我国政治、经济、文化等领域，如天津市市长戴相龙，全国政协常委、著名经济学家厉以宁教授，人民大学校长、著名教育家纪宝成教授等。1986 年撤县建市后，仪征经济建设和各项社会事业迅猛发展，1992 年、1995 年先后两次获得全国卫生城市荣誉称号，1996 年分别获得全国城市环境综合整治优秀城市、全国平原绿化百佳县(市)、全国科技先进县(市)荣誉称号，2002 年分别获得国家级生态示范区和江苏省文明城市荣誉称号，2003 年被评为全国质量兴市先进市。2004 年被评为中国百强县(市)。

仪征具有得天独厚的区位优势，是水路、公路、铁路、输油管路、输气管路五路通衢的交通枢纽城市。宁通高速公路、宁启铁路横贯东西，泗大线省道纵穿南北，鲁宁输油管道、甬沪宁输油管道直达仪征江岸，国家西气东输工程主干管道从仪征过江。仪征还是一个港口城市，全市有 27.6 公里长江岸线，地质和水深条件优越，建有 6 个万吨级码头、13 个千吨级码头，最大可停靠 7 万吨级船，年原油吞吐量 2000 万吨、液体化学品吞吐量 500 万吨、散货和集装箱吞吐量 200 万吨。随着沿江高等级公路和润扬长江大桥陆续建成通车，仪征的区位优势将进一步凸现。

仪征具有丰富的矿产资源。主要有玄武岩石料、型砂、砾石(球石、花彩石、雨花石)、泥炭、天然矿泉水、石油和地热。其中，雨花石产品远销美国、日本、欧洲及东南亚地区。农业主副产品有大米、小麦、油菜籽和菜鹅、茶叶、水果、席草、长江特种水产。

二、快速发展的经济和社会事业

国民经济快速发展，综合实力明显增强。“十五”以来，仪征市经济和社会事业发展迅速，国民经济综合实力大为增强。2003 年，仪征市克服了非典疫情和洪涝灾害等各种不利因素的影响，经济指标再创新高，达到“九五”以来的最佳水平。全市实现生产总值 72.4 亿元，增长 11.2%，人均生产总值达到 12198 元；全市财政收入 11.3 亿元，一般预算收入 4.1 亿元，分别增长 20.4%和 16.8%；完成全市固定资产投资 34.6 亿元，增长 18.3%；实际利用外资 8045 万美元、民资 21.4 亿元，分别增长

1.5倍和1.2倍;自营出口总额5503万美元,增长33.8%。**农业稳步发展**。实现农业总产值11.34亿元、增加值6.4亿元,分别增长8.8%和6.4%。农业结构进一步优化,产业化进程不断加快。扩林5.2万亩,其中成片造林4.1万亩。20家重点龙头企业实现销售收入3.5亿元、利税2450万元,分别增长25%和38.4%。8个无公害农产品基地通过省级认定,面积达8.5万亩。席草生产基地被认定为省级农业标准化示范区。26个重点农业项目顺利实施,农业利用三资2.5亿元。累计转移农村劳动力13.5万人,占农村总劳动力77%。新增农村劳动力输出7000人。**工业高速增长**。全市工业实现总产值181.43亿元,增长24.8 %,规模以上工业实现总产值146.1亿元,增长25.8%。工业产业集中度进一步提高,化纤、汽车、化工三大主导产业规模进一步扩张,重点骨干企业的支撑作用明显。全市净增规模以上工业企业47家。工业完成技改投入25.6亿元,增长11.5%。上汽股份公司仪征汽车厂总装线改造、上海汇众公司仪征轻型客车厂伊斯坦纳轻型客车、台湾大连化工(江苏)有限公司BDO、EVA和PTG、江苏优士化学有限公司拟除虫菊酯、化纤纺织公司喷气织机等55个投资1000万元以上的重点技改项目进展顺利,累计投入7.5亿元。建筑业发展加快,完成施工总产值31亿元,增长1.3倍。**服务业快发展**。实现全社会消费品零售总额28.6亿元,增长12.6%。住宅旅游、信息、物流和社区服务业有了新的发展。商品房市场交易活跃,开工建设商品房43万平方米,竣工31.6万平方米,销售31.5万平方米。信息服务业加快发展,新增电话用户5万户、互联网用户4000户、有线电视用户5000户,开通"新浪仪征"网站。传统服务业稳步发展,国庆路商业步行街、石桥市场群等商业设施建成并投入使用,苏果、家得利、时代、五星电器等大型连锁超市和银河电脑广场入驻市区。

沿江开发步伐加快,项目建设取得突破。编制了《仪征市沿江开发规划纲要》,明确了产业开发、城镇建设和生态环境保护规划,并付储实施。加快沿江高等级公路建设,完善沿江交通、供电、通讯等基础设施。加大招商引资力度,强力推进经济项目建设,一批亿元以上大项目纷纷落户。2001年以来累计实际利用外资1.3亿美元、民资32亿元,完成地方固定资产投资49亿元。省级仪征经济开发区建设强力推进。2003年基础设施建设投入2亿多元,新批进区项目40个,其中外资项目13个,总投资1.2亿美元;民资项目27个,总投资22亿元;在建项目28个。总投资9400万美元的台湾大连化工(江苏)有限公司和投资3.5亿元的江苏优士化学有限公司建成投产。上汽股份公司仪征汽车厂6万辆轿车总装线和上海汇众公司仪征轻型客车厂2万辆伊斯坦纳轻型客车生产线建成投产。

城市建设力度加大,城乡面貌显著变化。以增强经济承载能力为重点,强力推进城市建设。每年都实施十大城建重点工程,2001年以来已累计投入13亿元,城市建成区面积达到25平方公里,新增4平方公里。城市面貌焕然一新,城市功能日益完善,投资环境和人居环境不断优化。城市规划得到加强。修编了城市总体规划,完成了城市防洪、消防、环保等13个专业规划。新建和拓宽城市骨干道路21条,新建和改造城市绿化景观区、小游园11个,改造和完善城区街巷110条、新建了博物馆、图书馆、仪征中学,改造了市人民医院,新建垃圾卫生填埋场和污水处理厂。村镇建设有序推进,新建和改造农村通村道路600公里,新增小城镇建设面积41万平方米。扎实开展了创建国家卫生城市、环保模范城市活动,水体、大气、噪声、白色污染得到有效治理,城市绿化覆盖率达38.3%,人均公共绿地面积达7.6平方米。

社会事业全面推进,发展环境不断优化。社会保障体系逐步健全,城镇职工医保受益人数达9.5万人,参保率达95%。对困难群众援助力度加大,3514户9693人纳入城乡低保,实现应保尽保。妥善安置好拆迁户和住房特困户,首批35户城区住房特困户和350户农村危房户全部迁入新居。大力发展科教文化事业。实施省级高新技术产业化重点项目13项,建成江苏仪征激光加工工程技术研究中心;全面实施中小学新课程改革,启动教育信息化工程;成功举办"腾飞的仪征"大型歌舞晚会,并在中央电视台三套进行了转播;切实加强公民道德教育,积极打造"诚信仪征"。加强社会治安综合治理,深入开展了"安全仪征"创建活动。以建设服务型政府为方向,以提高服务水平为核心,强力推进机关作风建设。深化行政审批制度改革,累计取消140多项行政审批事项和收费项目,降低20多项收费标准;建立和完善了挂牌上岗、首问负责、服务承诺、政务公开、监督投诉五项制度和一次投诉查实待岗规定;加强政务督查,规范行政行为,政府机关服务效能有了较大提高。

三、充满活力的明星企业

仪征是江苏境内重要的化纤、汽车、化工工业基地。仪征化纤股份有限公司是亚洲最大的化纤原料生产基地，上汽股份公司仪征汽车厂是上汽集团三大整车生产基地之一，台湾大连化工（江苏）有限公司和江苏优仕化学有限公司是精细化工生产基地，中美合资仪征双环活塞环有限公司是国内最大的活塞环生产基地，飞新照明有限公司是国内最大的直管型荧光灯生产基地，史福特电器、华奥涂料、韩海汽配、金陵船舶，以及一批纺织机械、非织造布企业发展势头强劲，产品在国际、国内市场颇具影响。此外，中核华兴公司是我国最大的核电站土建工程施工企业，南京港股份公司仪征港区是全国最大的内河原油、成品油和液体化工专业港口。

仪化股份公司是中国特大型化纤骨干企业，始建于1982年，总投资65.4亿元，1995年9月全部建成投产。目前，全公司拥有130万吨聚酯聚合生产能力，其中：精对苯二甲酸80万吨、聚酯切片86.85万吨、涤纶长丝12.76万吨、涤纶短纤维29.95万吨，三维卷曲中空纤维3万吨，是中国最大的化纤原料生产基地和最大的聚酯供应商，是世界五大聚酯生产和供应商之一。

上汽股份公司仪征汽车厂成立于1999年4月1日，是上汽集团的全资整车企业，公司占地面积40.6万平方米，现有员工2350人。主产品为为“赛宝”多用途乘用车，产能2.8万辆。

上海汇众公司仪征轻型客车厂成立于2003年，已投资5.6亿元，2004年初，伊斯坦纳轻型客车生产线建成投产，年生产规模2万辆。

台湾大连化工（江苏）有限公司，总投资9400万美元，于2004年3月建成投产。主要产品有BDO、EVA和PTG，目前EVA产品市场供不应求。

江苏优士化学有限公司，一期工程投入3.5亿元，已于2004年初建成投产。主产品为高效、低毒、低残留的拟除虫菊酯系列，目前该产品市场前景十分广阔。

仪征双环活塞环有限公司是国内最大活塞环生产基地。公司拥有职工2600多人，资产总额6亿多元。公司引进德国格茨铸造技术，日本活塞环株式会社钢带环技术，拥有处于国际领先水平的生产设施。目前已形成年产柴油机环系列、汽油机环系列等各类活塞环1.5亿片的生产能力，品种2000多种。

飞新照明有限公司是全国最大的直管荧光灯生产企业，拥有10条直管荧光灯生产线、1条全自动环形灯生产线、3条国内先进的玻璃拉管线，主要生产“PHILIPS”牌和“新光”牌荧光灯，具有年产各类管型荧光灯8000万支的生产能力。

四、丰富独特的旅游资源

仪征境内旅游资源丰富，枕岗峦、依淮水、临长江。山川辉映，古迹相间，神话与传说散落民间，更有八景名胜，似明珠镶嵌其中，一年四季风景如画，既有北国的浑厚，又有江南的纤柔，素有“风物淮南第一州”的美誉。

鼓楼，位于市区城河景观带，建于明代成化23年，是仪征较为完整的古城遗址。楼体建在有拱门通道的高台基上，面阔三间、两层，为带回廊的重檐九脊歇山项式结构建筑。登楼而望，城市风貌尽收眼底。

天宁塔与鼓楼对峙，座落在城河南岸，始建于唐代景龙年间，历代屡建屡毁，现存为明代初年建筑。塔身外部为正八面形仿楼阁形状，塔体内部为正方形，层层收缩，交错上升，气势十分壮观。塔高47.2米，为江苏省境内最高之塔。

登月湖风景区，位于仪征市西北部，湖区面积6000余亩，水质清冽，生态环境优良，水产品丰富，野生鸟类众多。游客可观水色湖光、赏雨花奇石、饮登月名茶、品农家菜肴，水上乐园集垂钓中心、沙滩浴场、特色鱼馆、音乐茶坊于一体，盛产的雨花石具有“质、形、纹、色、呈象、意境”美的六大特色。

扬州西郊森林公园，位于仪征市东北部，离扬州15公里，森林面积7000余亩，为省级森林公园。景区内有高尔夫练习场、网球场、游客健身场等有氧运动场所，植物园景色迷人，白羊山、白龙潭的传说让游人流连忘返。

石柱山地质游乐园，位于仪征市中部，是500万年前的新生代火山口，火山活动和冷凝过程的地质构造内涵丰富，不仅有壮观的石柱林，还有由爆发相、溢流相、次火山岩组成的完整火山地质结构，是华东沿海地区科学品位较高、景色壮观的地质遗迹。

仪征出土的文物很多，最早的有商周时期的四凤铜盘、天文仪器铜圭表等。目前馆藏汉代文物就有1000多件。

五、闻名遐迩的名优特产

朴席，素与“苏（州）席”、“宁（波）席”并称为我国三大名席。朴席以其“站立不倒、盛水不漏、轻柔舒适、色泽翠绿”闻名。朴席席草生产和加工已有1000多年历史，唐朝元和年间就已作为“贡品”享誉全国。目前，年产润扬牌草席300余万条，产品达20余类，100多个品种，畅销日、韩、法、美、港、澳等10多个国家和地区，年销售额近亿元。

茶叶，仪征市属亚热带季风气候，四季分明，雨水充沛，生态环境良好，为江苏茶叶北缘产区，茶园封园早、开园迟，干物质积累时间长，因此茶叶具有色绿形优，香高味浓的特点。现有茶园3万亩，其中绿色、有机茶叶基地2万亩，年产高中档干茶260余吨，拳头产品绿扬春、皓茗、昌皓、登月、秀峰等多次在国家、省茶叶质量评比中获奖，2001年选送的茶样在全国名茶评比中位居207种茶样之首。

风鹅，仪征为江苏省菜鹅重点产区，养鹅是本地农民的传统，常年饲养量达450万只。仪征的风鹅有近百年生产历史，以其特有的鲜、香、酥、嫩而闻名，产品畅销京、津、沪、粤等近百座大中型城市，并远销东南亚及港澳台地区。扬州馋神食品有限公司的馋神牌风鹅年产销量达250万只，曾荣获中国国际食品博览会“中国名优”奖。

以农养牧 依牧兴市 推进县域经济跨越式发展

黑龙江省双城市人民政府

双城市位于松嫩平原中部，清朝嘉庆19年(1814年)建城设治，因境内有金代达禾、布达二古城而得名。1988年经国务院批准撤县设市，自1997年松哈合并后，划归哈尔滨市管辖。全市幅员面积3112平方公里，耕地面积284万亩，辖9镇15乡246个行政村，总人口80万，其中城镇人口20万，农村人口60万。

双城是黑龙江省的南大门，京哈、拉滨两条铁路和同三、京哈、哈前、哈大四条公路穿境而过，距哈尔滨国际机场仅30公里，松花江主航道通过我市永胜、临江、杏山、万龙四个乡镇，并且在临江乡的三家村设有船站，区位优越，水、陆、空交通便捷。

改革开放以来，双城在省和哈市的正确领导下，坚持以邓小平理论和“三个代表”重要思想为指导，带领全市广大干部群众，不断解放思想，抢抓机遇，实现了全市经济的持续快速发展和各项社会事业的全面进步。2003年双城市完成生产总值1064581万元，增长16.1%。其中，第一产业完成337908万元，第二产业完成311854万元，第三产业完成414819万元，分别比上年增长11.7%、21.7%、15.5%。全口径财政收入54168万元，增长39.6%。工业增加值实现267137万元，增长21.8%。农业总产值实现591408万元，增长12.2%。农民人均收入达到3276元，增长16.7%。城镇居民可支配收入达到5366元，增长7.6%。固定资产投资240468万元，增长19.1%。社会消费品零售总额279691万元，增长9.5%。我们的主要做法是：

一、从县域经济发展实际出发，确立了依托畜牧业振兴市域经济的发展战略。双城是典型的农业大县，农村经济比重大，在县域经济中的地位和作用十分突出。2003年粮豆薯总产26.4亿斤，连续10年位居全省前位，连续6年列全国百个产粮大县前10名(2003年排名第8位)。

回顾多年来我市农业发展的历程，我们走过了一条极不平坦的道路，既有成功的经验，也有失败的教训，饱尝过单纯就农业抓农业，就生产抓生产的苦果。比如在生猪生产上，80年代中期我市生猪饲养量达到过80万头，基本实现了人均一头猪，后来由于价格严重下跌，养一头猪亏损七八十元钱，全市农民损失达七千万元，导致大量宰杀母猪，生猪生产直线下降。粮食生产也同样遇到过类似的情况，1996年双城粮豆薯总产创造了33.06亿斤的高产记录，但由于粮价下跌，销售不畅，谷贱伤农，带来了严重的后果。这些沉痛的教训让我们深刻领悟到就生产抓生产，就农业抓农业往往是抓的越好，成果越大，损失越多。雀巢公司生产规模的不断扩大，牵动奶牛业不断发展的成功经验，使我们看到了解决农业问题，发展农村经济的希望。通过不断总结正反两方面的经验教训，我们深刻认识到解决农业问题的根本在于为农村经济发展提供强力支撑和巨大牵动力。经过认真的反思，全市上下在围绕畜牧业上工业，围绕畜牧业建市场，依托龙头抓畜牧业上形成了高度共识。坚持反弹琵琶，倒过来抓，抓生产，先抓市场；上产业，先上加工。构建市场牵龙头，龙头带基地，基地联农户，农户进市场的良性循环的产业化经营格局。培育了以雀巢公司、娃哈哈、旺旺、新胜蛋禽批发大市场为代表的一批牵动力强的龙头企业和市场。2003 年，雀巢公司上缴税金 3.07 亿元，给农民发放奶资 7 亿元。目前双城奶牛存栏达到 17.4 万头，奶产量在百强县中排名第一。新胜蛋禽批发市场日销鲜蛋 800 吨，产品已打入香港、澳门和俄罗斯等地，已成为牵动全省、辐射全国，东北最大、全国居第二位的蛋禽批发市场，拉动了周边五个县(市)40 多个乡(镇)养鸡业的发展。双城在大玉米一大奶牛一大乳品产业化模式基础上，正在向大农业一大畜牧业一大加工业一大市场层次提升。

二、增强畜牧业的牵动力，大上龙头企业。工农结为一体，城乡互联互动是我们发展市场经济的成功经验，其中最为关键的是发展连接生产与市场、城市与乡村的龙头企业。奶牛业发展、农民增收、财政壮大都得益于雀巢公司的引进和发展。为此，我们始终把培育建设具有高技术含量、高附加值、强大牵动力的龙头企业作为市域经济发展的战略重点，加大力度，常抓不懈。

*1. 扩大招商引资，加快农产品加工龙头企业建设。*我们紧紧围绕建设北方食品加工基地、全国乳业名城这一目标，大上农产品加工龙头企业。一是招商引资建龙头。近年来，我们在招商引资中实施了大项目战略，瞄准国内外知名的大企业、大集团，重点引进大龙强龙。并实行重大项目市级领导负责制，对市委、市政府专题推进的大项目市级领导负总责，部门负专责，集中攻坚，全程跟踪服务，确保项目的顺利引进。2002 年，市级领导负责引进的九项大项目中，农副产品加工企业占八个。由浙江娃哈哈集团投资 1.5 亿元的保鲜奶、酸奶及系列产品项目，由浙江协力集团投资 3000 万元建设的年屠宰加工 50 万头生猪及皮革项目已建成投产。二是全民创业建龙头。我们坚持全民招商与全民创业相结合，在引进大龙头的同时，不断拓宽投资渠道，发动全民创业，加快中小型龙头企业建设。几年来，全市通过全民创业建设畜禽加工、羽绒加工企业 8 家。三是协调扶持扩龙头。对现有市场前景好、牵动力强的龙头企业，我们千方百计促使其扩大规模，提高加工能力。经过与雀巢公司多次协调，促使其先后进行了三期改扩建，总投资由建厂初期的 2.6 亿元增加到 7 亿元；主要产品种类由原来的 10 个增加到 22 个；日加工能力由原来的 150 吨增至 1500 吨。

*2. 多渠道增加投入，加快市场建设。*近年来，市乡两级共投入资金 1500 多万元，引资融资 6000 多万元，建成各类农产品市场 50 多处，其中规模较大的专业批发市场 8 个，市场年成交额 18 亿元。2000 年，在省和哈尔滨市的大力支持下、按照“牵动全省、辐射全国、东北最大”的总体构想，对新胜蛋禽批发市场进行了重新规划建设。目前，市场二期工程已经结束，投入资金 4880 万元，其中省和哈市投资 1100 万元，招商引资 3530 万元，市、乡、村自筹 250 万元。已有广州、厦门、福建的 27 家客商进入市场经营，居全国同类市场第二位，被农业部批准为农业部定点市场。鲜蛋远销广州、福州、上海、北京等国内大城市和港澳地区，并打入了俄罗斯、新加坡、马来西亚等国外市场，实现了出口创汇。市场的辐射半径已扩大到 240 公里，带动了周边 24 个(市)县 59 个乡镇养鸡业的发展，已成为东北地区最大的蛋禽专业批发市场。在市场拉动下，全市蛋鸡饲养量达到 1150 万只，仅新兴乡蛋鸡饲养量就达 240 万只。兰棱镇引进大庆石油管理局房产开发公司投资 500 万元，对原有的肉牛交易市场进行改造，建成了占地 1.9 万平方米的兰棱大牲畜交易市场，年交易肉牛达到 3 万头。

*3. 强化引导扶持、大力发展农产品流通经济组织。*我们本着先发展后规范的原则，鼓励引导农民涉足流通领域，积极培育农产品营销大军，并重点发动农村的优秀人才和各业能人组建各类专业生产者协会、研究会等农民自我服务组织，使其成为市场经济条件下新型社会化服务体系的主体，发挥其在农民小生产与大市场之间的桥梁和纽带作用。希勤乡蛋鸡协会由闫善刚等 20 个鲜蛋经销大户组成，负责向养鸡户提供市场信息、协调蛋价、包销鲜蛋、赊销饲料等服务，还定期组织会员进行培训，聘请畜牧专家讲授先进饲养技术，提高养殖户的专业技术水平，有力地促进了本乡及周边乡(镇)蛋鸡业的大发展。目前，该协会覆盖农户 800 户，饲养蛋鸡 160 万只，年经销鲜蛋 1.2 万吨，实现产值 4800 万元，养鸡户纯收入 920 万元。

三、围绕龙头企业和市场，建设大规模专业化的畜产品生产基地。大规模高水平的畜产品生产基地是保证龙头企业健康发展的关键。为此，我们紧紧围绕加工流通的龙头企业，采取积极措施，不断扩大畜产品基地的生产水平和畜产品质量，通过规模化发展夯实产业化的基础，打牢农村乃至市域经济发展的根基。

1. 通过典型引带，推动基地发展。我们把培育过硬的典型作为加快主导产业规模发展的重要环节，努力培养、总结、宣传各类典型，通过经验的扩散和效益的吸引，产生了联动效应，推进规模化经营和专业化生产。团结乡育仁村几年前还是奶牛生产空白村，1999年村干部率先养牛，获得较大收益，在他们的引导和带动下，全村很快掀起了养牛的热潮。现在，这个村奶牛已发展到1517头，户均5.7头，农民仅养奶牛一项年收入400余万元，由过去的贫困村一跃成为小康村。我们及时总结育仁村的经验，在全市范围内大力宣传和推广，取得了显著的效果。全市畜牧业专业户发展到4万户，占农户总数的33%。并涌现出一批奶牛生产万头乡镇、千头村、百头大户，蛋鸡生产的百万只乡镇、几十万只村、万只大户。

2. 建设牧业园区，实施专业化生产。为了适应现代化农业发展的需要，进一步提高养殖基地的规模化经营和专业化水平，我们从去年开始分市、乡、村三个层次，按照基础设施城市化，环境建设园林化，生产经营集约化，生产生活区域化，服务体系系列化的标准，在全市辟建各类专业化牧业园区，全市计划利用5年时间建设300个牧业园区，牧业园区规模经营的数量要达到总量的三分之一。目前全市已有双城镇长勇村、幸福乡庆城村、朝阳乡胜德村等20个标准化畜牧小区建成使用，进区奶牛量达到1.1万头。小区内装备先进设备、应用先进技术、实行繁育改良、饲料加工、防疫灭病系列服务，成为具有强烈辐射带动效应的相对集中、集约经营、环境优美、文明的科技示范园区。

3. 依靠科技进步，实现畜牧业质量和效益的提高。我们在扩大基地生产规模的同时，紧紧依靠科技进步，通过大力推广先进实用技术和综合配套的科技饲养模式，不断提高畜牧业的科技含量。一是以实施奶牛良种工程为重点，改进牛群质量。自去年开始，全市普遍改用特优级冻精配种，并引进部分高档次特优冻精在规模示范场应用。二是加强疫病防治。为搞好奶牛重点疫病的防治，我市从今年开始实施了“一免两补”政策，即免费开展奶牛口蹄疫免疫注射；奶牛布病、结核病检疫，每头牛补贴8元；对在免疫或检疫过程中造成的意外死亡，以及检出的双阳性病牛的扑杀，其经济损失全由政府补偿。三是大力普及青贮利用技术。我们把饲草饲料作为提高畜牧业科技含量的中心环节和基础工作来抓，结合产业结构调整，做大做强饲料文章。为扶持和鼓励青贮种植，我们统一供种，种子款由市财政补贴50%，半价卖给农民。去年全市种植青贮饲料5万亩，今年种了13万亩，实现了青贮饲料种植业的跨越式发展。免费提供苜蓿种子，扶持苜蓿种植，全市现已种植1.1万亩。

4. 搭建服务平台，不断提高社会化服务水平。一是完善市乡村三级畜牧服务网络，增强服务功能。在品种改良上，全市实行统一供精，送精下乡，合理布局奶牛、黄牛配种网点。全市配种站点已发展到170个，方便养牛户。在防疫灭病上，形成了防检监服务管理体系，提高了服务水平。农村乡镇形成了以畜牧发展中心为主体的防疫体系，吸纳了个体兽医兼任防疫员，提高了防疫队伍素质。目前，多数村已做到配种、防疫、治疗、饲料供应“四不出村”。为强化奶牛主导产业的服务体系建设，近日我市成立了双城市奶业发展服务中心，下设七个分技机构。其中奶牛疾病诊疗中心聘请7名兽医专家组成专家组，设奶牛健康热线电话，配备专车，帮助养牛场（户）解决奶牛疑难疾病的诊治。二是鼓励和支持社会力量参与社会化服务，形成多元服务格局。雀巢公司原有59个收奶站，今年又建成4个，配备了60多台鲜奶运输槽车，使全市奶户都实现了就近送奶。公司每月及时把奶资划拨到城乡的28个邮政储蓄所，实行电脑联网，奶户持卡随时领取奶资，养牛户高兴地说：“咱们农民也和城里人一样了，拿卡到储蓄所里领工资”。泰达、荣耀、蒿楠等几家民营企业，依托提供优质服务，壮大企业实力，积极开展饲料、兽药售后服务，跟踪服务，创造了有效的服务方式，活化了服务机制，深受农户欢迎。

四、创造优良环境，保证畜牧业健康发展。从某种意义上说，环境也是生产力。为了在激烈的市场竞争，尤其是招商竞争中争取主动，赢得先机，我们采取了一系列措施，努力为龙头企业和主导产业的发展创造宽松优良的经济发展环境，形成人流、物流的聚集效应。

1. 实施经营城市战略，加快城市化进程。当前，企业家的投资取向是到生产成本最低的地方去投资，到生活环境最好的地方去居住。于是我们以城市化建设等硬环境建设为突破重点，实现这两者的最佳结合，坚持高起点规划，高标准设计，高质量建设，高效能管理和城市资产市场化经营，提高城市品位，增强载体功能。按照建设现代化中等规模城市的要求，加快城市基础设施建设步伐，实施经营城市战略，拓宽城市建设投融资渠道，广泛筹集城市建设资金。以经济技术开发区为重点，加快道路、给排水、电、气等基础设施改造和建设，增强城市的载体功能；以标志性工程建设为重点，加快了体育，文化场馆等设施的规划，建设了一批具有现代化品位的城市景观；以经济适用住房建设为重点，加快了新城区的开发建设，进一步改善了城市居民的居住环境。自1998年以来，全市铺筑白色路面190条113.5万平方米，新建楼房110万平方米。辟建了新城区，使城区面积增加到16.9平方公里，扩大了1.7倍。在新城区建成了职教、客运、医疗、商贸、农贸、党政办公、广场文化、商饮服务八大中心。全市通过实施经营城市战略，增加城市基础设施融资2.3亿元，拉动工商企业建设市场投资14.9亿元；安置就业2.8万人，吸纳农民进城4830户、1.9万人，拉动国民经济增长4.7个百分点。

2. *制定优惠政策，调动各方积极性*。为了更多的吸引外资开发我市农副产品资源，1998年，我们出台了招商引资优惠政策和奖励规定。对外商投资企业在各个方面都给予最优惠的条件。对投资数额大、经济效益好、牵动力强的龙头企业，财政给予积极扶持，主动帮助企业解决生产经营中的困难。几年来，共为龙头企业解决资金1.2亿元。在全市范围内实行优势和资源共享，乡镇引进企业可以异地兴办，企业实现的产值计入引进单位，实现的税金由财政返还给引进单位。对招商引资有功人员，建立功勋碑，建立功臣奖，实行政治、经济双重激励。几年来，共奖励资金174.8万元，评选功臣21名，极大地调动了全民招商的积极性。为了鼓励乡镇发展奶牛业，2000年，市里出台了奶牛分税制，从2000年7月1日起，各乡镇新增奶源所创税收地方留成部分的50%返还乡镇财政，两年来，乡镇共分得税金1000多万元。近期，我市又出台了村级干部建设专业生产基地的奖励办法和鼓励党政机关和事业单位人员离岗发展奶牛业的政策。对建成牧业专业村的村党支部书记和村民委员会主任，由市财政负责为其购买养老保险，享受退休待遇；党政机关和事业单位干部离岗从事养牛业享受在岗时的一切待遇，对连续两年成母牛存栏超百头的给予提级。

3. *加强治理整顿，改善经济环境*。一是成立专门机构，加强监督，市里成立了改善经济环境办公室，对执法、执罚、收费部门进行严格监督，发现违反市里有关规定，干扰企业正常生产经营的行为，给予严肃处理，决不姑息。二是清理收费项目，实行收费卡制度。对企业收费项目和标准，编制收费项目册，降低收费标准，每个企业都发放收费明白卡，卡上没有的，企业有权拒交；对各部门、各单位涉农收费实行统一时间、统一标准、统一收费主体和收费程序。每年各涉农收费部门只允许在规定的两个月内到农村收费。三是严打整治、净化发展环境，从2001年开始，我们在全市范围内开始了打击偷盗毒害奶牛犯罪和治理鲜奶收购秩序为重点的专项严打整治工作。共破获偷盗、毒害奶牛案件80多起，惩治犯罪分子100余人，对10个克扣、勒卡奶户的鲜奶收购站进行了整顿，对相关责任人进行严肃处理，从而有力地打击了犯罪，维护了正常生产经营秩序，净化了经济发展环境。

全力打造山区经济强县和文化大县

中共新兴县委　新兴县人民政府

新兴县地处广东省中部偏西，距离省会广州130多公里，全县面积1520平方公里，人口44.9万人。我县毗邻珠江三角洲，东南面与佛山市、江门市相邻，西南连接阳江市，东北与肇庆市接壤。我县历史悠久，自汉元鼎六年（公元前111年）设临允县至今，已经有2100多年历史。我县属亚热带季风气候区，气候温和，光照充足，物产丰富，历来是广东西江流域著名的“鱼米之乡”、“水果之乡”。

近年来，我县坚持以邓小平理论和“三个代表”重要思想为指导，以打造山区经济强县、文化大县，全面建设小康社会为目标，认真实施“三化一游”（农业产业化、新型工业化、城镇化、发展旅游业）战略，全县呈现经济持续、快速、健康发展，社会各项事业欣欣向荣的新景象。

一、综合经济实力大大增强。改革开放以来，全县人民解放思想，团结奋斗，努力探索，开拓创新，走出了一条具有自己特色的发展县域经济的路子，全县综合经济实力进一步增强。2003年，实现生产总值412506万元，比上年增长13.7%。其中：第一产业增加值136372万元，比上年增加8.1%；第二产业增加值165428万元，比上年增加17.7%；第三产业增加值110706万元，比上年增加15.3%。按常住人口计算，人均生产总值10645元，比上年增长13.4%。一些主要经济指标处于全省山区县的前列。被国家发改委确定为全国县域经济发展联络县。

二、农业农村经济持续发展。我县认真贯彻农业农村的各项方针政策，坚持以市场为导向，切实抓好农业产业、产品结构调整，精心培育农业龙头企业，积极发展农业商品基地，大力推进农业产业化经营，促进了农业农村经济的发展。去年，全县农林牧渔业总产值244414万元，比上年增加8.01%。农林牧渔业增加值136372万元，比上年增长8.1%。其中畜牧业产值156911.7万元，比上年增加11.7%，畜牧业产值占农林牧渔业总产值的64.2%。全县生猪年末存栏量307729头，比上年增长1.12%，全年生猪出栏量561569头，比上年增长8.61%。全年家禽饲养量92462292只，比上年增长10.95%，其中鸡90992067只，比上年增长11.65%；年内出售和自宰家禽量70635321只，比上年增长10.47%。肉类产量112914吨，比上年增长7.77%，其中猪肉产量41988吨，比上年增长10.73%，水产品产量18230吨，比上年增加4.90%。

我县精心扶持、培育农业龙头企业，以龙头企业带动农业农村经济的发展。全县催生、培育了230多家以产业、产品或加工、销售为龙头的各种形式的农业龙头企业。其中：产值超亿元的有5家，广东温氏食品集团、东宝食品工业有限公司、马林食品有限公司、多威实业有限公司先后被省政府确定为“广东省农业龙头企业”。广东温氏食品集团还被国家确定为“全国农业产业化经营重点龙头企业”，该集团采取“公司＋农户”的形式，发展养鸡、养猪业，集团做好产前、产中、产后服务，为农户提供技术、种苗、饲料、药物、包购销产品等一条龙服务，带动近2万农户养鸡、养猪。去年，集团上市肉鸡2.92亿只(含县外部分)，肉猪60多万只(含县外部分)，销售总收入38亿多元(含县外部分)，成为广东省最大的农业龙头企业。与集团合作经营的农户也取得较好的经济效益，户均获利达1.8万元。

我县在发展农业农村经济中，还积极发展农业商品基地，大力推进农业产业化经营。全县基本建起了优质商品粮、优质肉鸡、瘦肉型猪、优质水产、优质水果、蔬菜与花卉七大农业商品基地，办起了4个现代农业示范区、11个现代农业标志性项目、3个无公害蔬菜生产示范片。我县被确定为全国持续高效农业示范区，担负着21世纪华南丘陵山区农业、农村持续高效发展的样板和示范重任，成为广东省最大的肉鸡生产基地和胡子鲶孵化育苗基地。

三、工业经济发展步伐加快。我县坚持走珠江三角洲经济区延伸发展的路子，大力推进新型工业化，办好工业园区，培育工业支柱行业和骨干企业，抓好工业科技创新，积极发展特色工业。全县已形成了不锈钢制品、饲料、果品加工、针织服装、雨具、皮具、林产化工等七大工业支柱行业。其中：不锈钢制品业快速发展，已成为全国最大的不锈钢餐厨具生产和出口基地之一，被国家有关部门命名为“中国不锈钢餐厨具之乡”，全县拥有不锈钢餐厨具生产企业28家，年产值达27亿元，产品畅销国内和世界各地。由于禽畜业的迅速发展，带动了饲料工业的崛起，去年生产配混合饲料621691吨，比上年增长7%，产值103130万元，比上年增长7.83%。新兴县的果品加工业历史悠久，颇具规模。该县利用丰富的山地资源，大力发展青梅、荔枝、龙眼等优质水果生产，再进行深加工增值。全县年加工果品5万多吨，总产值8亿多元，成为全省重要的农副产品加工基地和销售集散地，荣获“中国果品加工之乡”称号。2003年，全县工业总产值815245万元，比上年增加12.89%，工业增加值151492万元，比上年增加17.7%。

四、第三产业有了较大发展。近年来，我县第三产业保持持续、快速的增长。随着工业的发展，城镇人口增加，带动了消费的增长。我县是禅宗六祖惠能的故乡，旅游资源非常丰富，有名人(六祖惠能)、名山(龙山)、名寺(国恩寺)、名泉(龙山温泉)。我们充分发挥这些优势，整合旅游资源，大力发展旅游产业。去年，接待中外游客83万多人次，比上年增长13.7%。全县社会消费品零售总额达到15.08亿元，比上年增长14%，城乡集市贸易总额2.94亿元，比上年增长4.%。其他社会服务业也有了较大的发展。

五、外贸出口、利用外资增加。我县紧紧抓住我国加入WTO的机遇，努力开拓国际市场，积极扩大外贸出口。去年，全县实现外贸出口总额1.6亿美元，比上年增长29.46%。其中一般贸易出口1360万美元，比上年增长67.28%；进料加工贸易出口14644万美元，比上年增长26.8%。我县不断加大招商引资工作的力度，取得显著成效。去年，新签利用外资合同15宗，比上年增长87.58%；合同利用外资2271万美元，比上年增长7倍多；实际利用外资784万美元，比上年增长34.25%。

六、投资软硬环境日臻完善。我县着力抓好投资软环境的建设，切实转变机关作风，提高办事效率，努力营造高效，优质、廉洁的政务环境，为经济建设服务。县设立了行政服务中心，实行“一站式”办公、“一条龙”服务，大大方便了投资者和群众办事。同时，努力营造文明、健康、向上的人文环境，诚实、诚信、规范的信用环境，绿色、优美、和谐的生态环境，安全、有序、稳定的社会环境，形成了良好的经济发展氛围。

我县不断加大基础设施建设的力度，投资硬环境进一步改善。去年，全县完成固定资产投资67238万元，比上年增长20.1%，其中基本建设投资23504万元，比上年增长56.1%，房地产开发投资10849万元，比上年增长44.7%。我县特别注重加强交通、电力、水利、供水、环保、通讯等基础设施建设，大力推进城镇化进程，进一步完善了投资硬环境。全县公路、铁路交通方便，通讯发达，能源电力充足，为经济持续发展打下了坚实的基础。

七、文化工作取得显著成绩。我县认真贯彻“三个代表”重要思想，以建设山区文化大县为目标，大力加强文化建设。我们经常举办阳春白雪式的文艺演出和下里巴人般的大众文化娱乐活动，积极开展文化艺术“三下乡”活动和企业文化、校园文化、社区文化活动。去年共组织大型文艺演出16场，送戏下乡190多场，送图书下乡10000多册。我县十分注意抓好文化队伍建设，培养了一批文化工作者和业余文艺工作者，在文化活动中发挥了积极作用。同时，切实搞好文化设施建设，在全面完成“三馆两院一广场”建设的基础上着力抓好县图书馆的配套设施建设，开办了省立中山图书馆新兴流动分馆，使图书事业有了长足的发展。此外，进一步完善了各镇文化中心的配套设施，为群众文化娱乐活动的开展创造了良好的条件。

我县不断挖掘禅宗六祖等历史文化，为现代经济文化建设服务。县成立了六祖惠能思想文化研究会，对禅宗文化进行探索研究，积极弘扬禅宗文化，建设禅文化产业，成功地举办了云浮新兴首届六祖文化节和六祖惠能思想文化研讨会，带动了旅游经济的发展。

由于我县的文化建设成绩突出，被评为全国文化先进县，受到上级的奖励。

八、社会各项事业全面进步。我县坚持统筹并进，大力推进社会各项事业的协调发展和全面进步。

我县积极实施科技兴县战略，切实做好科学技术的普及、应用和推广工作，不断推动科技创新和进步，促进了经济的发展，被评为全省科技进步先进县。广东温氏食品集团的“优质肉鸡产业化研究”项目和“黄肉鸡良种繁殖配套工程技术”项目分别获国家科学技术进步二等奖和省科学技术进步二等奖。凌丰集团被省知识产权局认定为“广东省知识产权试点企业”，其“凌铭”牌不锈钢指纹锁被美国空军司令部选用，同时作为高科技产品出现在好莱坞的科幻大片中；其彩色不锈钢产品工艺技术，在国内外同行中处于遥遥领先的地位。

我县把教育放在优先发展的地位，围绕建设山区教育强县的目标，以改革为动力，以师资队伍建设为重点，以全面提高教育质量和办学效益为中心，大力推进普及高中阶段教育，扩大职业教育和成人教育，使教育规模、结构、质量和效益协调发展，被评为全国“两基”教育先进县。

我县的卫生工作坚持预防为主的方针，将卫生工作的重点放到农村，不断完善卫生监督和疾病控制体制，广泛开展爱国卫生运动，积极控制各种疾病的发生和流行，努力创建全国中医先进县，取得了较好的成绩。

我县全面贯彻落实体育的“一法二纲”，积极开展全民性体育运动，发展竞技体育和群众性体育健身活动，被评为全国体育先进县。

我县积极做好救灾、社会救助、社会福利、优抚安置等工作，困难群众的基本生活得到保障，维护了社会稳定，荣获“全国民政工作先进县”光荣称号。

我县大力抓好妇女儿童工作，被评为“全国儿童工作先进县”。

新兴县委、县政府真诚承诺，将以优良的投资环境，优惠的政策，优质的服务，热诚欢迎国内外朋友前来旅游观光，经商办厂，投资置业，共创美好未来。

（执笔：梁道生）

立足当地优势 突出特色产业 发展粮肉生产 增加农民收入

中共郾城县委 郾城县人民政府

一、郾城概况。郾城县位于河南省中南部，是内陆特区漯河市最大的县份，辖11镇7乡452个行政村，总面积943平方公里，耕地面积112万亩，人口91.9万。

郾城县位于中州之中，是联系中国东西南北的交通咽喉，交通便利，四通八达，京广铁路、京珠高速公路、107国道纵贯南北，沪渝铁路、洛界公路横贯东西，是河南省第二个公路、铁路双十字架交汇城市。国道、省道干线公路连续14年获省公路金杯县称号，公路密度是河南省平均水平的2.8倍，与城区紧紧相连的漯河火车站是全国一等编组站，县城北部的孟庙火车站是漯河火车站的货运站，与欧亚大陆桥相通，尤其是京珠高速公路的开通，40分钟即可到新郑国际机场

郾城历史悠久，物华人杰，是“五经无双、文字鼻祖”许慎的故里，许慎阁祠、许慎陵墓是海外学者的向往之地；境内的小商桥比隋朝的赵州桥还早40余年，堪称“天下第一桥”；北宋彼岸寺经幢、抗金名将杨再兴墓、道光年间的八角琉璃井、镇河铁牛、化身台寺等文化名胜古迹繁多。

二、发展成就。郾城县经过几十年的建设和发展，经济和各项社会事业取得了长足进步，特别是2001年以来，郾城县委、县政府准确把握县情，创新治县理念，以加快发展为主题，以结构调整为主线，与时俱进，开拓创新，以建设经济强县率先步入小康社会为目标，全面实施“工业强县、农业富县、三产活县、科教兴县、环境立县、形象树县”战略，使郾城经济和各项社会事业一年一大步，一步一台阶，发生了翻天覆地的变化，实现了超常规、跨越式发展。2003年全县实现国内生产总值75.6亿元，实现财政收入1.3亿元，农民人均纯收入和城镇居民可支配收入分别达到3100元和4916元，分别比2001年增加309元和852元。综合经济实力由2001年的全省第32位上升到2003年的第25位，在全国县市综合竞争力排序中，由第236位上升到230位，上升了6个位次。

农业调整快速推进。以高效种植园区为突破口，按照“因地制宜、突出特色、市场驱动、注重效益”的思路，大力发展订单农业、绿色农业和特色农业，目前，全县共发展高效种植园区32个，建成了14万亩的棉花生产基地，5万亩的烟叶生产基地，25万亩的瓜菜生产基地，40万亩的优质小麦生产基地，粮经比例达到60:40，复种指数达260%，间作套种和“四熟五熟”生产模式极大的提高了土地产出率，实现了大面积土地增效、大部分农民依靠土地增收。按照“政府培育企业，企业创办园区，园区带动基地、基地连接农户”的思路，走出了一条“园区、基地、市场、科技”四位一体的高效农业发展新路子。目前，全县共发展农业产业化龙头企业30多家，组建成立了1408个农业经济合作组织，有8000多农民经纪人活跃在县内外市场上，年外销农副产品16亿元。生态林业按照“全民造林、科

技兴林、改革活林、依法管林”的工作思路，三年新植幼树2000多万株，成片造林13万亩，成保率达95%以上，实现非公有制造林21.3万亩，林业产权到位率达97%，荣获全省平原生态林业第一县的美誉，林业生产已由资源储备型向资源开发型转变，木材加工由初级加工向精深加工转变。培育扶持出了国内最大的林果苗木育种基地之一、全国最大的以生物组培种苗为主的现代化农业企业——天翼生物工程公司；先后被确定为全国三元结构试点县、河南省商品粮基地县和优质烤烟基地县。

*绿色养殖异军突起。*按照“靠绿色闯品牌、靠规模增效益”的工作思路，通过政策扶持、财政贴息、无偿服务等激励措施，推动了畜牧业向绿色环保型、产业高效益型转变，建成了1个无公害畜产品示范基地，11个规模养殖小区，36个年出栏5000头以上的养猪场，12家企业通过省无公害畜产品产地认证，2003年全县生猪饲养量达254.8万头，出栏154.4万头，位居全省第一位，家禽饲养量达1821万只，牛、羊、鹿、狐等特种养殖强势发展，畜牧业产值在农业产值中的比重达50.5%，畜牧业已成为农业经济的活力点、广大农民的致富点和县域经济的增长点。培育扶持出黄河以南最大的种蛋鸡基地——阳光禽业公司、黄河以南最大的肉种鸡基地——日日红公司、河南最大的特种养殖基地——冠力鹿业养殖公司，被河南省确定为生猪出口基地县，荣获全省畜牧工业先进县、全省畜牧强县、河南省优质畜产品生产和加工基地建设先进单位等荣誉称号。

*民营经济独树一帜。*以“建设全省经济强县”为目标，积极优化环境、扶持骨干、培育名牌，发展壮大民营经济，民营经济从无到有，从小到大，从弱到强，发生了脱胎换骨的变化，已形成了饮料食品、新型材料、档发制品、电料金具、面粉机械制造等八大产业群体，民营经济综合实力位居全省第三，豫南第一，个体私营业户已达27000多家，从业人员24万人，其中年产值超500万元以上企业189家，超千万元以上企业46家，超亿元企业3家，超8亿元企业一家，食品工业总产值与农业总产值之比为2.6:1，是全国平均水平的6.5倍，被中国食品工业协会命名为“全国食品工业强县”。民营经济对财政的贡献份额达54%，对工业经济的贡献率达98%。2003年全县民营经济实现工业总产值140亿元。郾城县已经成为全国最大的葡萄糖饮料生产基地，全国最大的膨化饼、饼干生产基地，全国最大的羽毛制品与集散生产基地。

*园区经济发展迅猛。*以“全国食品工业强县”金字招牌为平台，大力发展园区经济、特色经济、块状经济。按照“专业立园、规模立园、特色立园”的思路，邀请国内外知名规划设计专家按照生态、可持续发展战略，高起点、高标准、大手笔规划并与中国食品工业协会共建了中国（漯河）食品工业园，各类园区从无到有，从弱到强，快速发展，初步建成了中国（漯河）食品工业园、省级三环食品特色产业园和市级电料金具特色产业园区，累计完成基础设施投入6.3亿元，建成区面积18平方公里，入园企业351家，项目总投资40多亿元，2003年完成销售收入35亿元。园区经济已经成为郾城经济发展的半壁河山，并以每年40%以上的增速快速发展。

*城乡建设日新月异。*以创建“生态、宜居园林城市”为目标，按照“三十年不落后，五十年不遗憾”的城镇化建设思路，引入了经营城市的全新理念，通过以路养路、土地置换、产权拍卖、以区增效等形式先后融资16亿元对城区进行了高规格、高标准规划建设，完成100多项重点工程，城区面积拓展到24平方公里，绿化率达40%以上，绿化覆盖率达50%，人均公共绿地8.1平方米，建成了一大批专业批发市场和生态、宜居、园林式住宅小区，完善了城市道路、供排水、燃气、文化娱乐等设施，先后被授予“全国城市环境综合整治优秀县城”、“省级卫生县城”等荣誉称号。全县18个乡镇已有16个乡镇初步成型，开发镇区面积60平方公里，摆进各类大小项目7800多个，召陵镇荣获“全国优美小城镇”荣誉称号。2001年以来，累计投入资金4亿元，新修地方道路300多公里，基本实现了村村通，公路密度是全省平均水平的2.86倍，解决了制约农村经济发展的瓶颈。

*发展环境优越宽松。*坚持“靠硬环境筑巢引凤，靠软环境暖巢发展”，坚持硬件不足软件补、政策不足服务补，积极倡导“投资者的困难就是方向，投资者的需要就是工作目标”，成立了行政服务中心、企业服务中心、投资服务投诉中心。制定了一个窗口对外、一条龙服务、一元钱办证、一站式办理、一周办完的“五个一”服务制度，县领导代理服务制度、检查收费许可证制度、外来企业挂牌保护制度、投资环境评价制度、外来投资者工作协调联系制度等优化环境的十多项制度。对外来重大项目，大力实施投资“无门槛”准入，对亿元以上重点项目，更是“政策跟着项目走”，营造了“创业最宽

松、社会最文明、人居最安全、生活最方便、效益最可观”和“低交易成本、低生产成本、低行政成本、低社会成本”的“五最四低”投资环境，先后被省委、省政府授予“全省整治企业经营环境先进县”、“河南省首批对外开放重点县”等荣誉称号。2001年以来，先后引进了四川希望集团、大连实德集团、香港瑞欧集团、漯河双汇集团、韩国九鑫牧业公司、香港新信昌印务公司、台湾天泰集团等投资500万元以上的外来企业和项目138个，引进市外资金10亿元，实际利用外资3000多万美元，共设立外资企业16家，31家企业取得自营出口权。

三、具体做法。2003年郾城县粮食产量50.5万吨，居全省10位，全国第84位；肉类产量12872吨，全省第4位，全国第38位。从历史年份看，1999年全县粮食产量60.2万吨，居全县第15位，2000年52.3万吨，居全省19位，2001年达到61.8万吨，居第12位，2002年60.5万吨，居第17位。除2000年、2003年两个年份因大的自然灾害影响减产外，全县粮食产量几年来基本上稳定在60万吨左右。2004年上半年全县夏粮产量36.2万吨，比历史最好年份2001年增长1.5%。1999年全县肉类产量9.4万吨，居全省第2位，2000年10.6万吨，全省第2位，2001年11.1万吨，全省第3位，2002年11.8万吨，居第3位。1999年——2003年4年间全县肉类产量增加了3.5万吨，年均增加8711吨，年均增长8.2%。2004年上半年，全县肉类总产量6.7万吨，增长7.1%。从近几年的粮食、肉类的产量和在全省109个县(市)中的位次可以看出，郾城县粮食大县、肉类大县在全省的地位已得到确立和巩固。

郾城县粮食生产、肉类生产取得骄人的成绩主要得益于以下因素：

一、宽松的政策环境为全县的粮食和畜牧业的发展创造了条件

历届郾城县委、县政府站在全局的高度，认真贯彻中央和上级发展农业的精神，并落到实处，以促进农民增收、农业增效、农村稳定为出发点和归宿，因地制宜，因势利导，先后出台了《郾城县大力发展畜牧业的意见》、保护耕地办法、鼓励发展粮食生产等规定，引导和保护农业生产，为全县农业高起点、快发展创造了宽松环境。“七五”、“八五”、“九五”、2001年——2003年全县农林牧渔业增加值年均分别增长3.1%、15.4%、8.0%、2.3%，呈现出“七五”时期起步、“八五”时期加速、“九五”时期巩固、近几年平稳步的发展特点。

二、科学地选择主导产业，为粮食、肉类生产提供了前提

近年来，郾城县委、县政府立足郾城实际，本着服从大局、充分发挥县域优势、努力争取主导产业带动县域利益最大化的原则，确立了以食品加工、食品制造、食品、粮食机械制造等为主的主导工业产业。通过几年的实践证明，这些主导产业的确立符合全县的经济发展实际。同时这些产业的发展有力地拉动了全县粮食、肉类生产的快速发展，相关产业间互补性增强，促进了地区利益最大化目标的实现。2003年，全县规模以上食品制造业企业19家，实现产值77414万元，增长28.2%，农副产品加工业企业25家，实现产值62456万元，增长16.8%，食品、粮食加工机械制造业企业20家，实现产值58486万元，增长20.4%。食品加工制造业的快速发展，对原料的需求量相应增加，巨大的原料需求稳定并加速了粮食的生产。2003年全县规模以上企业转化小麦15万吨，占全县小麦产量(34.6万吨)的43.5%。

另外，通过优质的服务、优惠的政策等加大招商引资力度，使四川希望集团投资落户郾城，年产饲料5万多吨，为全县畜牧业的发展节约了中间成本，提高了效益，促进其快速增长。

可以看出，正是通过科学地选择主导产业，拉长产业链条，促进了产业间关联度的提高，产业间的互补作用增强，节约了成本，提高了效益，进而稳固并加速了优势产业，突出了地方特色。

三、优良品种的大面积推广，为粮食、肉类生产奠定了基础

近年来，全县粮食、畜牧业生产紧紧围绕“品种调优、效益调高”做文章，大力推广优质、优良品种的面积，在市场机制作用下，通过优质、优良品种的示范带动作用和比较效益，促进良种的拓展。几年内，相继引进了温麦、百农、漯抗2000、郑州9023.新麦11.叶单2.3.郑单958正交、反交等小麦、玉米和其他杂粮优质、优良品种。这些品种以抗病、耐旱、抗倒伏、优质、高产等特性很快被广大农民接受，并逐步受到青睐，得以大面积推广。另外，通过发展种子基地等方式，不断扩大优良品种的覆盖面积，在推广良种的同时，缩短种子更新周期，一改以往五年或以上更新一代缩短为二至三年更新一代，即稳定了优质品种的性状，又保证了产品的市场应变能力。从而实现了在播种面积变化不大的情况

下，单产得到提高，保持了全县粮食生产稳中有升的态势。2003年，全县粮食播种的优良品种率达到100%，优质小麦面积40万亩，订单小麦20万亩，优质高蛋白玉米20万亩。先后被确定为全国商品粮生产基地县、优质专用小麦生产示范基地县和河南省农业结构调整先进县。

在肉类生产方面，全县突出生猪生产的龙头和支柱作用，辅之以禽、羊、牛及其他特色养殖。在品种引进上，坚持繁育与推广并重的原则，提高良种的市场占有率。在市场需求和经济效益的驱动下，全县畜牧业生产在短时间内经历了从散养到规模养殖，从土杂猪到二元、多元杂猪再到长白、大约克、杜洛克等优良品种的转变过程，优质肉牛、波尔山羊、小尾寒羊、三黄鸡、肉兔等也成为畜牧业生产的新亮点。目前，全县建成以九鑫牧业为龙头的良种猪繁育基地4个，以阳光禽业为代表的良种禽繁育基地2个，全县生猪良种占有率达94.6%，肉蛋鸡良种率达到95.8%。

四、加大资金投入、扶持力度，为粮食、肉类生产提供支持

为了改善农业生产基本条件，提高农业生产抵御自然灾害的能力，全县从1999年到2003年累计投入财政资金3334万元，用于农田水利基本建设。几年内共打机井1788眼，开挖、整修沟渠280千米，配套机井2426眼，达到了每140亩地有机井一眼。同时县、乡两级积极争取上级下拨的黄淮海开发资金、省国土资源厅下拨的土地开发整理项目，并通过审计、监察等部门严格监督资金使用去向，确保了专款专用，推进并完善全县的农田水利基本建设，使全县的农业生产基本条件得到了有效改善，为农业特别是粮食的丰产丰收提供了支持。农田水利的高标准建设使郾城连续3年获全省红旗渠精神杯，2003年和1999年相比，全县新增的效灌溉面积1430公顷，旱涝保收田2724公顷。旱涝保收田占全县耕地面积的74.7%。

在加大政府资金投入的同时，县、乡两级还积极筹措协调小额支农贷款，用于改善农业生产条件，发展扩大规模种植和养殖专业户。2003年通过财政贴息贷款(贴息500万元)、小额无息贷款的方式，鼓励农户筹资购买大型联合收割机、秸秆还田机、麦草打捆机，当年全县新增大型联合收割机484台(达到786台)，秸秆还田机22台，麦草打捆机20台。这不仅改善了农业生产基本条件，增加了农民收入，提高了农业生产效率，还有效地防治了因焚烧秸秆造成的污染和有机肥料的流失。针对想发展、扩大规模种植、养殖户资金紧缺的问题，通过打造“诚信村庄”“诚信农户”来争取银行资金支持。根据人行统计资料显示，2003年全县共发放小额支农贷款8000多万元，4年间累计发放小额贷款4.1亿元。为全县的粮食生产和畜牧业发展提供了有力的资金支持。目前，全县规模养殖户达到5000家，出栏万头以上的猪场12座，出栏5000头以上的猪场24座，出栏千头以上的猪场146座，出栏千只以上的禽场1000个，规模养殖占全县养殖总规模的比重达82%。

五、注重科学种、养，为粮食和肉类生产提供科技保障

“科学技术是第一生产力”。在生产中，县、乡两级积极指导、引导农民走科学化种、养之路，为粮食、肉类生产提供科技保障。

首先，组织多种形式的培训和送科技下乡活动，培养一批“土专家”。县、乡两级通过各地的文明学校，邀请省、市、县农技、畜牧、兽医专家、技术人员举办种植、养殖讲座；组织县农技、畜牧、科技等单位利用宣传车到农村庚会等人员比较集中的地方宣传科技知识，普及科学种、养；组织“土专家”以实际操作，现场讲解为主要内容的观摩、交流活动。通过一系列的宣传和普及科学种养活动，使广大农民提高了自身素质，在思想上树立了科学种田、科学养殖、科学管理的意识，走科学化生产之路的自觉性增强，更多的“土专家”也应运而生。

其次，加大科研成果向现实生产力的转化力度，提高种、养的科技含量。近些年来，全县相继通过人工增雨多次有效地解决了春旱、秋播旱等灾情；通过土壤分析，配置了符合多多种作物使用的多元复合肥，提高了土地的投入产出比；通过发展种子粮基地稳定了作物的性状及品质；通过人工授精技术提高了优质仔畜的产量；通过电孵化提高了禽苗的出苗率；通过尸体解剖化验并加强针对性防治避免了畜、禽较大规模病死……通过许多科研成果的转化实施，有效地提高了农业、畜牧业的生产效率。

另外，通过发展绿色、无公害养殖，健全畜产品质量监测体系，确保畜产品品质与国际接轨。依据《动物防疫法》、《河南省畜牧业条例》，引导畜牧养殖场按照标准组织生产，并进行全程验收、监测、检查。先后有13家龙头养殖企业顺利通过省无公害畜产品产地论证，创出了“阳光”、“三岗”、“丰田”等

一批绿色畜产品品牌，为畜产品打入国际市场争创了一批准入证。认真组织工商、质检、畜牧等职能部门对全县范内饲料生产和销售网点进行了严格检验排查，重拳打击“瘦肉精”，有效地防止了“瘦肉精”流入市场，向生猪绿色养殖大县迈出了坚实的一步。还通过绿色养殖基地的良好效应带动全县的绿色养殖向品牌化、规模化发展。我县的“漯河市张三岗村生猪绿色养殖基地”的揭牌仪式由市长亲自参加，这不仅仅是因为一个绿色养殖基地而引来主要领导，更因为其良好的生猪品质扩大了其市场占有率，“抢购”多次发生，不仅提高了这个基地的知名度，还带富了一邦乡邻。

六、依托两个“基地”，加速粮食和肉类生产的发展

2003年，由中国食品工业协会主办、郾城县人民政府承办的中国（漯河）食品工业园这一国家级园区在郾城县孟南开发区落户。正是由于全县食品工业的快速发展、膨胀并且知名度不断提高，才促成了这一园区的建立。从源头分析，食品工业的快速发展主要得益于全县粮食生产的高产、稳产、优质。“双汇”这一叫响全国、走向世界的知名品牌快速发展的原因是什么呢？——严格的质量意识。根据资料显示“双汇”每年需要优质生猪1500万头，牛50万头，羊1000万只，肉鸡2万吨。郾城县作为三面环抱市面市区、“双汇”的肉类生产大县，和“双汇”的原料需求相比，还有相当缺口。我们有理由相信，在各级的正确领导下，通过全县上下的共同努力充分发挥原料供应地的优势，郾城县的粮食生产、肉类生产将依托两个基地加快步伐，奔向更加辉煌的明天。

（执笔：左云峰 王建华 周志军 王胜利）

繁荣的肇东 发展的肇东

肇东市人民政府

概况 肇东市位于黑龙江省西南部,南距省会哈尔滨53公里,北距油城大庆74公里,是哈尔滨-大庆-齐齐哈尔黄金经济带上的一个重要城市,滨洲铁路、哈大公路纵穿南北,绥肇公路横贯东西,松花江流经南部5个乡镇,水陆交通发达,地理位置优越。全市幅员3,905平方公里,其中耕地305万亩,草原150万亩,林地100万亩,水面20万亩,素有"半林半水六分田三分大草原"之称;地下储藏石油1亿吨,天然气2亿立方米,具有得天独厚的农牧资源和自然资源优势,开发潜力巨大。全市现辖城内4个社区办事处,农村22个乡镇(含1个办事处),186个行政村,1,228个自然屯。全市人口93万,其中农村人口69万。

改革开放以来,肇东市紧紧围绕富民强市主题,抢抓机遇,奋发有为,实现了经济与社会协调健康快速发展。先后被确定为国家综合改革试点市、国家可持续发展实验区、国家商品粮基地县,科技、教育、文化、体育、卫生、计生工作先进市,综合实力位居黑龙江省十强县(市)前列。

近几年,肇东市全面确立并深入实施"三新一强"发展战略,即**加速构筑以工业为主导的市域经济新体系、构筑以民营经济为主力的市场经济新格局、构筑以牧业为主体的农村经济新框架、建设经济强市**,全市经济与社会实现了突飞猛进的发展。特别是进入2003年,全市上下团结一心、努力拼搏,有效克服了"非典"、旱灾等不利因素影响,开展会战攻坚,强力推动各项工作扎实开展,全市实现地区生产总值92.8亿元(不变价),同比增长10.1%,其中,一、二、三产业增加值23.6亿元、37.6亿元和31.6亿元,同比分别增长5.8%、11.9%和11.3%;财政收入实现5.35亿元,同比增长23.6%,在黑龙江省县(市)排序第一名;城镇居民人均可支配收入达到5,280元,增长9.1%,农民人均纯收入实现2,882元,增长6.0%。

农业 肇东市坚持走农区牧业化发展之路,积极调整农业和农村经济结构,加速推进主副换位。**着力发展壮大牧业经济**。引进了全国乳业龙头伊利集团,为满足企业加工需要,肇东市把发展以奶牛为代表的畜牧业作为农村经济"一号工程",大打奶牛攻坚会战,通过建小区、上科技、强服务、提单产等多种有效举措,促进了奶牛业的加速发展,全年新建高标准奶牛小区48处、机械榨奶站29处,新增成母奶牛2.8万头,奶牛存栏达9.3万头,商品奶供给总量达到10万吨。与此同时,积极发展特色养殖,肉牛、生猪、山绵羊、家禽饲养总量分别增长13.8%、12.8%、22.2%和17.7%。全市养殖业产值实现19.6亿元,占农业总产值的54.1%。**大力发展以粮食生产为主的种植业**。立足粮食主产区这一优势,进一步调整优化种植业结构,粮经饲比例达到6:3:1,种植结构更趋合理,粮食总产实现20.1亿斤,位居全国第十二位。全市安排绿特色种植56万亩,其中绿色食品45万亩、饲草饲料 6.5 万亩。全面加快生态经济林建设，完成造林 4.2 万亩，其中退耕还林 2.5 万亩，退耕还林工作顺利通过了国家的检查验收，肇东市被推荐为“全国绿化模范城市”四个候选城市之一。**大搞富余劳动力输出。**着眼农民增收，充分发挥各级组织的中介作用，积极发展劳务经济，全年共输出富余劳动力 5.2 万人，增收 2.65 亿元。

工业 肇东市坚持走城市工业化发展之路，深入实施联大靠强，着力推进项目建设，强化企业管理，推动工业经济运行速度和质效同步提高。**积极实施联大靠强。**在原有与华润集团、伊利集团、大庆油田联靠的基础上，采取定向联靠的办法，瞄准国内外知名的大企业、大财团、大科研院所，主动出击，密切关系，赖氨酸、L－乳酸、啤酒厂、酶制剂厂、庆东集团、钢圈厂与大连金玉、济南卢堡、黑龙江电力、黑龙江十成年肥业联靠成功，使原有市办企业焕发了生机，并与清华、北大、中科院、哈工大等国内知名大专院校、科研院所建立起密切的产学研联靠，引进了一批高科技项目 。**加速推进项目建设。**大打攻坚会战，全年完成项目总投资 6.4 亿元，谷氨酸钠、锅炉燃料油、稀土助剂一期工程等一批项目建成投产。同时，综合运用改革、改组、改造和加强管理等措施，全市国有、集体企业改制 42 户，改制面达到 87.5%，盘活存量资产 1.5 亿元，化解债务 8 亿元，改制企业焕发出勃勃生机。**大力扶持骨干企业。**通过给政策、强服务，使骨干企业的支撑作用更加明显，华润酒精、伊利乳品、伊利乳业、成福食品等骨干企业共实现产值 16.95 亿元，拉动全市工业经济快速增长，全市规模以上工业企业实现产值 26.29 亿元，增加值 9.4 亿元，销售收入 24 亿元，利税 1.7 亿元，分别比上年增长 14.0%、10.0%、18.0%和 24.0%。

民营经济 肇东市坚持走经济民营化发展之路，全市上下大力开展“民营经济发展年”活动，制定鼓励发展民营经济的宽松政策，开展了民营经济发展会战。会战中，**围绕浓化氛围，**开展“学浙闽、找差距、促发展”全市性大讨论，组成市、乡、部门领导和民营企业家参加的百人学习考察团，赴温州等经济发达地区学习民营经济发展的先进经验，为加速民营经济发展奠定了思想基础。**围绕壮大规模，**紧紧盯住私企大户，加大服务扶持力度，使庆东集团、福和集团、兄弟家电、里木店绢花等一批私企大户规模进一步壮大；瞄准中小规模企业，通过招商引资、联大靠强、滚动发展，推动昌五银鹅、五站榨油、尚家葵花、黎明木材等一批中小企业实力大增。**围绕发展私营工业，**积极争取科技含量高、市场前景好的加工型项目，发展和壮大了成福集团、汇中锅炉燃料油、长海润滑油和华星制药等为代表的私营工业阵容，带动了民营经济整体升级。全市私营企业和个体工商户分别发展到 1,331 户和 40,926 户，私营企业注册资金达 8.5 亿元，实现产值 23.8 亿元。

财贸 肇东市坚持走财政富市发展之路，积极涵养财源、扩大征收。**在财源建设上，**牢牢把握财源建设项目，不断加大工作力度，加快财源项目建设步伐，有效增加了财政发展后劲。在财税征收上，一财两税充分发挥职能作用，坚持“加强征管、堵塞漏洞、清缴欠税、惩治腐败”的方针，健全和完善税收征管体系，实施依法征收，有效减少了税源流失，实现了足额征收、应收尽收、均衡入库，财政收入创历史最好水平，首次突破 5 亿元大关。**在财政管理上，**实行严格的预算管理，规范资金拨付程序，优化支出结构，严格控制弹性支出和不合理支出，保证了工资的足额及时发放，并有效加强了城乡部门的审计监督，从根本上杜绝了财务方面违规违纪现象发生。**在繁荣商贸流通上，**坚持内外贸并举，全面规范本地市场，搞活地方经济，满足消费需求，全市社会消费品零售总额实现 16.7 亿元，同比增长 5.6%；城乡居民储蓄存款余额实现 30.1 亿元，同比增长 14.3%；积极开拓埠外市场，努力扩大产品销售，组织酒精、绢花、葵花仁、甘草、筷子等十大地工、农副产品出口日本、韩国、德国、美国等十几个国家和地区，全市外贸出口供货额实现 3.6 亿元，同比增长 11.9%，外贸出口创汇 2,360 万美元；粮食部门接收入库新粮 39 万吨，销售粮食 41.3 万吨。

招商引资 肇东市坚持走外向型经济发展之路，把招商引资作为拉动市域经济发展的强大动力，针对不同阶段采取切实可行的招商策略和手段，开展一系列有声势、有影响、有成效的招商引资活动。**创新招商引资工作方式方法。**上半年，针对“非典”疫情，根据客观实际，把眼光投放在省内，并充分利用网络信息平台，积极参加第十四届哈洽会网上招商洽谈活动，进入网上项目库的项目达到 87 个，网上洽谈项目达到 65 项，达成意向性协议 25 项，协议引资 1.2 亿元。**实施广泛出击策略。**“非典”过后，为了弥补疫情给招商引资造成的损失，各级领导把眼光、精力投向域外，实施重点突破、四面出击，市委、市政府主要领导亲自带队，先后赴温州等地开展招商，到大连、青岛、大石桥等地对接项目，使大连金玉粮油有限公司、大连金信集团、济南卢堡啤酒有限公司、黑龙江中盟热电公司等一批大集团、大公司纷纷入驻肇东。**坚持引资引智并举**。市里出台了吸引人才的优惠政策，努力营造人才“洼地”效应，全市引进各级各类人才105人，并与清华、北大等国内名牌大学和科研机构建立紧密型经济技术合作关系。全年开展大型招商引资活动达20余次，取得了实实在在的效果，引进合同项目149项，实际到位资金7.35亿元。

城乡建设　肇东市坚持建设哈尔滨卫星城，按照“引入竞争、放活市场，创新机制、多元投入，维护规划、管建同步”的原则，加大建设与管理力度，推动城市建设实现大发展。**大打城市建设与管理会战**。制定出台了《肇东市城市管理暂行办法》，新成立朝阳、正阳、西园、东升四个社区办事处，公安、工商、交警和社区等单位密切配合，集中人力、物力，开展大规模的环境卫生、交通秩序、市场秩序综合整治活动，市容市貌大为改观。**着力推进城市基础设施重点工程建设**。文化休闲广场全面开工，市内主要街道铺装彩色人行步道板10万平方米，完成排水管线13.3公里，市区植树58万株，栽花17万株，铺种草坪3万平方米，城市绿化覆盖率达到31.3%，人均公用绿地面积达到7.31平方米，建设灯光隧道2条，新建路灯150座，开发商品房和经济适用住房6.1万平方米。**积极推进小城镇建设**。投资290万元改造8个村，乡镇新建住宅1,200栋、11.2万平方米，涌现出昌五、宋站、四站、五站及昌五金安、涝洲安业、里木店长江等一批镇村建设典型；新建乡村砂石路158公里，投资2,000万元建设的全长28.8公里标准三级油面肇宋公路胜利通车。

社会事业　肇东市坚持统筹协调发展，全面实施科教兴市和可持续发展战略，各项社会事业长足进步。**科技工作**通过国家可持续发展实验区验收，向上级申报具有较高科技含量的项目15项目，如期开通肇东“数码城”门户网站，加快了政务办公自动化进程；**教育工作**加大投入力度，通过多元化融资，全年为教育发展投入资金2,800万元，维修、改造城乡中小学校58所8.6万平方米，高中扩招新生3,212人，329名学生升入国家重点院校，高考升学率达84.6%；**文化工作**立足丰富群众业余文化生活，成功举办了第六届广场消夏晚会，组织送文化下乡150多次，文化市场标准化工作步入黑龙江省先进市行列；**卫生工作**健全和完善医疗救治和疾病防控体系，应对突发公共卫生事件能力明显增强，取得了抗击“非典”的决定性胜利，同时，城乡医疗卫生建设得到进一步加强；**计生工作**认真贯彻国家有关政策，健全市、乡、村三级计生服务网络，有效增强服务功能，稳定了低生育水平，计划生育率达到95%，人口自然增长率控制在7.44‰；**广电工作**在城乡铺设光缆26公里，采编播设备全部实现数字化，新增有线电视用户2,500户；**体育工作**大力开展全民健身活动，建设5处标准健身小区，竞技体育水平不断提高，在各级各类体育比赛中，都取得了骄人的成绩；**民政、土地、环保等其它各项事业**也得到较快发展。

2004年上半年工作　年初以来，肇东市瞄准“建小康、进百强”的宏伟目标，立足本市实际，突出**“一个重心（大项目建设）和五大重点（牧业经济、民营经济、劳务经济、第三产业、城乡建设）”**，创新工作手段，采取超常举措，以点带面、抓纲带目，强力推动市域经济发展步入快车道，全市经济运行质效显著提高，主要指标完成良好，实现了时间过半、任务超额。全市上半年实现地区生产总值51.5亿元，同比增长13.4%，其中一、二、三产业增加值分别实现11.3亿元、22.5亿元和17.7亿元，同比分别增长6.6%、18.4%和12%；全口径财政收入实现2.905亿元，同比增长19.4%；完成固定资产投资2.57亿元，同比增长24.8%。

具体工作中，**牢牢把握项目建设这一重心，强力推进“项目年”建设**，开展了第一个项目建设“百日会战”。4月18日首批大项目奠基，有16个投资超2,000万元的大项目破土动工，总投资达18.5亿元。第二个项目建设“百日会战”正在深入开展。成福集团玉米深加工、温州一品彩印包装、青岛汇丰兽药、汇中100万吨延迟焦化、哈中盟热电联产等一批项目建设进展较快。福和制药二期扩产项目、华富二期改造项目通过了GMP认证。为提高引资上项的层次和质量，大胆走出国门，在韩国汉城成功地举办了对外招商项目推介会。截止6月末，共协议引进投资500万元以上的大项目112个，其中投资超亿元的15个、千万元以上的45个。对于“五大重点”，一是做大做强以奶牛为主导的牧业经济，奶牛饲养总量继续扩张，截止6月末，新增成母奶牛9,483头。二是大力发展以私营工业为代表的民营经济，成福集团、顺达葵花、汇中锅炉燃料油、长海润滑油、石化包装、希望饲料、华龙机械等一批民营工业企业运营良好,利税同步增长。三是积极发展劳务经济,农村劳动力转移进一步加快,截止6月末,全市农村共转移劳动力11.8万人,实现劳务总收入2.36亿元,人均劳务收入2,000元。四是进一步加快第三产业发展步伐,通过加强服务型社区建设、市场体系建设、交通道路建设以及通讯电力、旅游信息等项事业的发展,第三产业对经济发展服务的功能得到进一步增强。五是大力推进城市基础设施建设,城市基础设施建设项目全面启动,新开工地下供水管线39.256公里,排水管线40.6公里,城区道路28条17.55公里,北环路9.612公里,总投资达8,600万元。

(执笔:张景春 郝文阁 任建华 王国栋 邵志海)

着力发展优势产业 全面提高经济效益

中共京山县委　京山县人民政府

京山县地处湖北中部，辖14个乡镇、410个村、2700个村民小组，15.8万户，63.46万人，全县山林231万亩、耕地80万亩、水面28.4万亩、国土面积3520平方公里，京山丘陵、平原、山区均有，128个大中小型水库，50万亩草场。京山县是全国生态农业示范县，全国商品粮基地县，全国优质棉基地县，全国农村劳力开发就业试点县。近几年来京山县狠抓产业结构调整，大力培植优势产业，成就十分明显，2000年——2001年被省委、省委、省政府命名为全省经济效益目标考核十佳市县，2002年进入全省十强县市行列，也是全省最佳金融信用县市。

2002年以来京山县委、县政府领导全县人民战胜各种自然灾害和有效需求不足、市场疲软、主要工农产品下跌等多重困难，各项工作取得新进展的一年。在这一年里，京山县认真贯彻中央、省、市经济工作会议精神，进一步拓宽思路，调整经济结构，加快发展五大经济，着力提高经济运行质量和效益，紧中求活，难中求进，赢得了全县经济的平稳运行和持续增长。2003年全县国内生产总值达52.53亿元，同比增长10.1%。实现财政收入26830万元，比上年增长5.7%，人均财政收入420元，财政收入占GDP比重为5.4%，税收占财政收入的比重为40%；工业综合经济效益指数为144%，比全市平均水平提高40个百分点；高新技术产业增加值比重为41%；国有企业控亏额为2200万元，外贸出口4.5亿元，占GDP比重为10.3%；农民人均纯收入3035元，其中现金比重为70%，在以上8个经济效益目标考核指标中，京山县完成或超额完成的目标有7个。经荆门市经济效益目标考核办年度考核，京山县经济效益目标考核总分138分，比市目标考核平均得分高26分，居全市第一，成为荆门近几年经济效益提高最快的县市。我们的主要措施是：

一、以“三增”为主线，突破性发展农业经济。2001年以来，我县农业经济的发展突出生态农业这个主题，围绕农民增收、村增积累、乡增实力的“三增”目标，重点抓好调整结构、科技兴农、市场流通、龙头企业等四大工作。*一是调整结构，壮大优势产业。*全县按照“结构调优、效益调高、市场调活、农民调富”的指导思想，围绕优质稻、蔬菜、中华鳖、干果、鲜果、食用菌等六大产业进行调整，2003年这六大产业分别发展到50万元、10万亩、1万亩、16.7万亩、16.7万亩、800万袋，形成了优质稻生产区、商品蔬菜区、中华鳖养殖区、鲜果经济区、干果食用菌经济区等五大各具特色的经济区。*二是推广“三新”，发展高效农业。*通过开展技术培训、技术承包、技术服务，在全县大力推广新品种、新技术、新模式。2001年以来推广新品种60多个，良种普及率达90%以上；推广实用新技术20多项；推广“油瓜菜”、“麦瓜菜”等高效模式面积80万亩。*三是健全网络，搞活市场流通。*按照“一个小组一个运销大户、一个村一支运销队伍、一个镇一个运销公司、一个产业一个专业市场”的要求,全县组建营销组织1625个,网络流通人员18300多人;投资5000万余元,配套完善了县内六大专业批发市场,2年销售各种农产品2457万吨(粮棉除外),保证了农产品产得出、销得快。*四是围绕特色经济,培植龙头企业*。围绕六大主导产业,壮大六个县市级龙头企业,新建一批乡镇和部门龙头。按照“定领导、定专班、定责任、定目标、定时限”的要求落实责任,采取引、集、股、借等办法加大筹资力度,全县共落实龙头企业建设投入4830万元,壮大了六个县级龙头,办起了14个乡镇龙头企业。

二、以“三上”为中心,突破性发展工业经济。围绕工业经济“上规模、上质量、上水平”,从四个方面进行突破。*一是抓住关键少数,壮大骨干企业*。着力培值轻机公司这个首强,利用其股票上市后强大的经济实力、发展潜力和筹资能力,兼并、收购中小企业,让戴蒙德公司、华贝公司、华尔靓公司等实行跨行业租赁经营,让结晶硅厂、钡盐公司、水泥公司、一棉厂等骨干企业进一步发展壮大,2003年这8家企业的产、销、利税、利润分别占全县71家新口径工业企业比重的66%、62.3%、85.7%和98.2%,直接支撑着我县工业经济的发展。*二是采取多种途径,搞活中小企业*。进一步深化改革,采取租赁一批、拍卖一批、破产一批等办法,全县共出售企业66家、租赁13家、破产9家,盘活资产8.35亿元,引进流动资金8440万元,国有(集体)股本退公进私1800万元。*三是依靠科技进步,抢占市场制高点*。2003年全年完成技改投入3亿元,占年计划用款数的121.3%,同比增长62%,10个重点技改项目已竣工4项,完成投资19531万元;开发成功了新产品20个,其中已通过省级鉴定的有15个。四是强化企业管理,提高整体素质。全面实施“管理示范工程”活动,认真开展学“两海”,抓管理、降成本、练内功、增效益活动,降低了各类成本,提高了企业市场竞争力。同时,对24家亏困大户,由县“四大家”领导、工业主管部门、主户银行与企业一起实行“捆绑式”扭亏,严格考核结帐,2003年亏损额1000万元,比上年减亏400.6万元,下降了28.4%。

三、以“三外”为重点,突破性发展外向型经济。坚持“以外促内、内外联动”的方针,形成外资、外贸、外经“三外”组合发展、联动发展、互补发展的格局。*一是拓开思路,扩大招商引资*。继续坚持政策引资与项目上引资并举、争取国家资金与吸纳社会资金并举、专班招商与社会招商并举,进一步加大招商引资力度。2003年全年发布招商项目255个,洽谈引资项目201个,协议引进资金15.5亿元,到位资金6.52亿元;向上申报项目125个,争取上级投资19025万元。*二是拓展市场,扩大外贸出口*。加大出口基地建设,大力发展加工贸易,充分发挥8家自营出口企业和“三资”企业出口主力军的作用,努力巩固东南亚市场,积极拓展欧美、非洲和中西亚市场。全年完成出口交货值4.5亿元,比上年增长1.8%;出口创汇3341万美元,比上年增长1.8%。其中工业产品出口交货值3.02亿元,创汇2334万美元,在荆门市各县市区中名列第一,在全省各县市中1—3名。*三是拓宽领域,扩大对外经济合作*。继续扩大与日本二本松市的经济技术合作,与美国坎普顿市建立友好关系,进一步扩大京山对外联系与交流。

四、以“三优”为手段,突破性发展民营经济。进一步优化政策环境、优化经营环境和优化治安环境,促进民营经济更快更好地发展。*一是优化政策环境,促进发展*。对个体私营业主做到“三个一样”、“三个更加”。“三个一样”是:在土地使用、贷款支持、税费负担等方面与国有、集体企业一样;在投资购买工业、兴办农业龙头企业时的优惠条件与县外投资者一样;对进城从事生产经营的业主在户口申报、子女入托入学等方面的待遇与市民一样。“三个更加”是:在经营领域上放得更宽,在经营机制上放得更活,在经营者政治、社会地位上提得更高。*三是优化经营环境,放开发展*。县“四大家”领导和有关部门对全县年产值营业额过100万元的私营企业中建立工作联系点;继续实行收费明白卡和收费登记卡制度制定《行为准则》,规范收费行为。严肃查处“三乱”,减轻个体私营业主负担。切实抓好民营经济六大(新市农产品商贸城,宋河富水民营城,杨丰西南贸易城,新市大道建筑装饰装璜材料一条街,东门路电子音像制品一条街,交通路汽车、摩托车配件一条街)园区建设,三个特色一条街(新市大道建筑装饰装璜材料一条街,东门路电子音像制品一条街,交通路汽车、摩托车配件一条街)基本形成,三大商贸城(新市农产品商贸城,宋河富水民营城,杨丰西南贸易城)初具规模。*三是优化治安环境,保护发展*。严厉打击侵犯个体私营业主人身、财产安全的不法行为,对个体私营业主的投诉及时进行查处,确保了他们依法经营不受干扰，合法权益不受侵犯。2003年，全县民营经济总产值达到80亿元，上交税金9600万元，占全县税收的三分之一以上。

五、以“三化”为目标，突破性发展旅游经济。抓住“99生态旅游年”的机遇，充分挖掘我县生态农业及旅游资源潜力，努力推进我县旅游经济产业化、特色化、一体化。一是加大投入开发力度，促进旅游产业化。县里成立了“京山县旅游经济协调领导小组”，负责旅游开发的统一规划和组织。坚持国家、集体、个人、合股、外资一起上，实行多元化开发。全县投资2600万元，重点开发了大洪山风景旅游区、惠亭湖——空山洞旅游区和虎爪山森林公园旅游区；全年接待游客1280万人次，创直接经济收入13800万元，创社会效益18900万元。二是加大资源开发力度，促进旅游特色化。先后投入8700万元，开发了绿林镇自然风景旅游，开发了钱场吴岭生态观光农业，建成了温泉山庄国家级标准游泳池等旅游精品景点。三是加大配套开发力度，形成旅游、购物、娱乐、休闲一体化。同时，加大旅游宣传力度，2002年5月在武汉成功地举办了旅游新闻发布会；实施了“四个一”工程，即编一本册子（京山旅游手册），拍一部片子（“京山风光”专题电视片）、印一本挂历（“京山画廊”）、竖一块牌子（在武汉各大型旅行社前树立京山旅游牌），真正地使京山走向世界，让世界了解京山。

（执笔：侯韬）

4

第四部分　强者风采

霞光万丈映鹿城——昆山经济技术开发区鸟瞰图

书记 曹新平

市长 张国华

昆山市

kunshanshi

华灯初上——绚丽迷人的昆山夜景

关心下一代——曹新平等领导走访人才市场

幸福晚年——曹新平书记向农民发放医疗保险证

绿色家园——21 世纪小城镇建设昆山市淀山湖生态示范区

腾飞的“昆山之

kunshanshi

效率昆山——昆山市行政审批中心

民营一隅——昆山民营企业蓬勃发展

和国第一个封关运作的出口加工区：昆山之路

繁忙的生产线——LCD液晶显示器生产流水线

休闲好去处——柏庐路街心公园

人间仙境 月色双桥——中国第一水乡
周庄夜景

蟹王——驰名中外的阳澄湖大闸蟹

百戏之祖——昆曲在2001年被联合国科教文组织列为“人类口头和非物质遗产代表作”

江阴市

jiangyinshi

中共江阴市委书记 王伟成

江阴市人民政府市长 王锡南(左二)

江阴长江大桥

文明之光

Jiangyinshi

行街

西村

江阴鸟瞰

江阴市政府大楼

市一角

江阴人民路学院场夜色

江阴港夜景

Jiangyinshi

曹福龙书记(左一)会见上海考察团

张家港市

zhangjiagangshi

王翔市长(左一)会见外商

张家港人民路远眺

体育馆

港城大道

张家港港

浦项不锈钢生产线

世纪广场全貌

沙钢全景

保税区内景

保税区外景

国泰集团

城市一角

步行街夜景

张家港公园

常熟市

Changshushi

中共常熟市委书记　杨升华

常熟市人民政府市长　王健康

常熟新城

常熟古城风貌

生态常熟

四通八达的公路网络

国家级常熟经济开发区高新技术产业园

休闲购物第一街——方塔东街

新世纪大道

居民居住区——明日星城

农村动迁居民安置房

全国十大内河港之一——常熟港

世界500强企业（日资）——住友橡胶（常熟）有限公司

常熟市行政审批服务中心

民营企业——江苏通润集团有限公司

changshushi

常熟山水文化园

石梅广场

常熟图书馆

常熟城夜景

萧山区

xiaoshanqu

中共杭州市委副书记、萧山区委书记　王建满

杭州市萧山区区长　陈如昉

萧山新城

萧山全景

萧山区委、区政府办公大楼

新区夜曲

新区道路

杭州萧山国际机场

人民广场夜景

万象集团技术中心

一站式服务的办事服务中心

萧山现代农业开发区

萧山经济技术开发区

南江公园

xiaoshanqu

杭州乐园

钱江潮

东方文化园

武进区

wujinqu

中共常州市武进区委书记　杨建

常州市武进区区长　李小平

武进中心区湖塘镇

古淹城遗址

武进横林大桥

武进中心区夜景

武进中心区全景

江苏新科集团厂房

江苏中天钢铁集团热电厂

盆景生产基地

江苏亚邦集团

苗木生产基地

长江引水工程

花卉生产基地

夹山污水处理中心

武进曲棍球训练基地

武进广电中心

武进中医院综合大楼

武进常州大学城

阳湖世纪苑游泳池

太湖湾旅游度假区

“夕阳红”老年中心

wujinqu

书记　朱建胜

市长　马明龙

吴江市

wujiangshi

吴江经济开发区一隅

市区商业街

吴江中国东方丝绸市场

同里退思园

上有天堂 下有苏杭
苏杭中间就是吴江

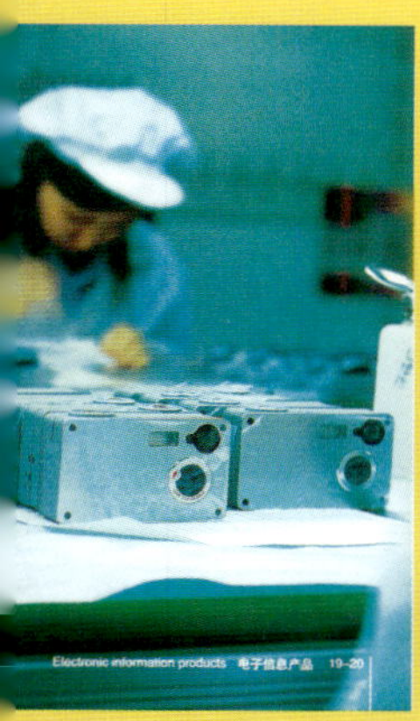

电子信息产品

电缆光缆生产基地

开放的吴江

江南的撩人风情

wujiangshi

鲈乡文化

厚重的历史积淀

SHAOXINGXIAN

绍兴县

书记　徐纪平

县长　冯建荣

shaoxingxian

县城一角

瓜渚湖畔

现代化纺布车间

第三届纺博会

中国轻纺城市场

印染车间

县行政中心

便民服务一角

五星级咸亨大酒店

纺织博物馆

柯岩风景区

新未庄

柯桥的早晨

百年一遇的标准海塘

宜兴市

yixingshi

城区一角

市政府大院

市中心一角

解放广场一角

城南绿地

世界大桥

望湖花园

风光带

锡宜高速公路

氿滨广场一角

竹海

森林公园

竹海晴湖

善卷洞

宜园

余杭区

yuhangqu

中共杭州市余杭区委书记　何关新

杭州市余杭区区长　刘庆龙

余杭区人民广场

南大门夜景

径山茶样品

余杭经济开发区一隅

良渚文化博物馆

余杭城区

2004 余杭人才招聘会

协和陶瓷的诺贝尔瓷砖产品陈列室

和陶瓷总部

众望布艺产品

华立集团杭州总部

老板集团工业园

华鼎集团

广厦天都城欢乐四季公园

双溪竹海漂流全景

余杭滚灯参加法国尼斯狂欢节

江南五山十刹之首——径山万
禅寺

广济桥节日

WENDENGSHI

文登市

wendengshi

书记　姜岱敏

市长　于时文

充满诗情画意的市中广场

市区鸟瞰

文登市行政审批中心大厅

文登金洋乳品有限公司生产车间

大型国际商贸城——文登义乌小商品批发市场

与美国美林集团合资的中国规模
的曲轴专业生产厂——文登天润
有限公司生产线

家火炬计划重点高新技术企业——宏安集团有限公司光缆生产线

山东黑豹股份有限公司产品遍布全国，并出口到海外

威海亚太药业有限公司生产车间

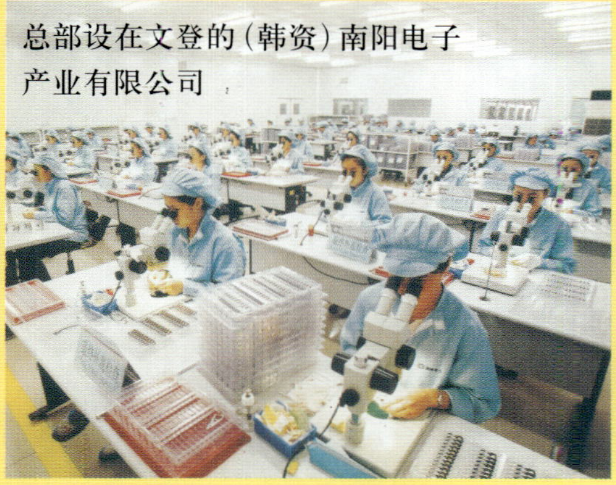

总部设在文登的（韩资）南阳电子产业有限公司

中国制革行业排头兵——文登森鹿制革有限公司

优质的海水资源引来海参、大鲮鲆等海珍品落户

气度恢宏的召文台

三清殿

天梯

圣经山索道

东华洞

温泉游泳馆

《太上老子道德经》石刻

海宁市

haininshi

中共海宁市委书记、市人大常委主任　冯水华

海宁市人民政府代市长　张金根

海宁城市新貌

建设新海宁、万众盼奥运

拥抱新世纪

海宁市区一景

新落成的海宁市体育中心

中国经编针织科技工业园

中国家纺装饰城

海宁中国皮革城

皮革出口加工区

摄影：王超英

落户海宁经济开发区的台资企业

蒙努集团

海宁市与浙江大学全面开展科技合作

海宁钱江一线潮

龙口市

longkoushi

中共龙口市委书记　于爱军

龙口市人民政府市长　董希彬

龙口港鸟瞰

南山高尔夫球场

牟黄公路黄城段

繁忙的集装箱码头

安全舒适的民航客运

城市街景

方便快捷的公路客运

海滨浴场

龙口广场

中、日、韩三国交往的先驱——徐福塑像

从林集团总部办公大楼夜景

总装机容量100万千瓦的百年电力龙口发电厂主控室

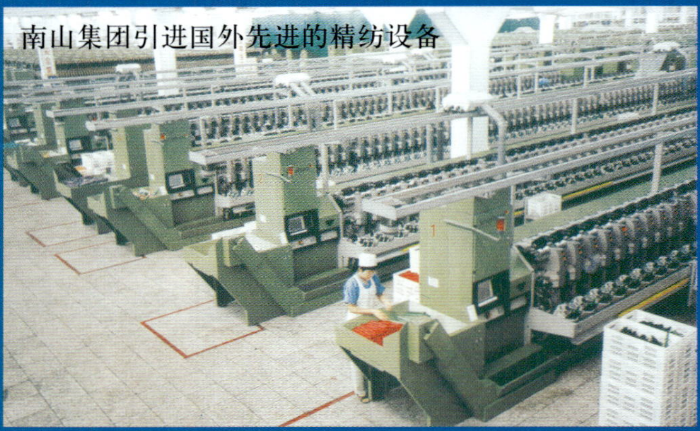
南山集团引进国外先进的精纺设备

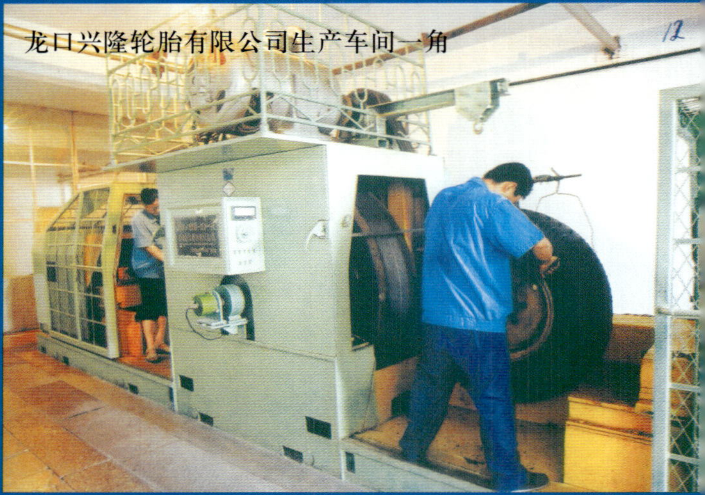
龙口兴隆轮胎有限公司生产车间一角

龙口威龙酒厂产品

LONGKOUSH

农民新居

FUYANGSHI

富阳市

fuyangshi

中共富阳市委书记　佟桂莉

富阳市人民政府市长　戚哮虎

美丽的富阳市景（摄影 [illegible]）

城市房景——春江花园

五星级的南国宾馆

支柱产业——通讯器材

支柱产业——中国白板纸基地

新型农村居民住宅区

国道穿越境内

富春江畔的鹳山古韵

富阳特产——白果

江南地区明清古建筑群——龙门古镇（摄影：杨之花）

文中未署名的图片均由吴昱摄影

三国东吴孙权故里碑亭

第三届元宵灯会

野生动物世界（摄影：骆晓飞）

国际高尔夫球场

亚太第一大洞厅——碧云洞

书记　万亚伟

市长　马邦伟

平湖市

pinghushi

具有浓厚江南水乡特色的解放路一条街

平湖市东湖旅游景区全貌

东湖旅游景区已成为市民休闲的一个好去处

高新技术产品之一——微型电机

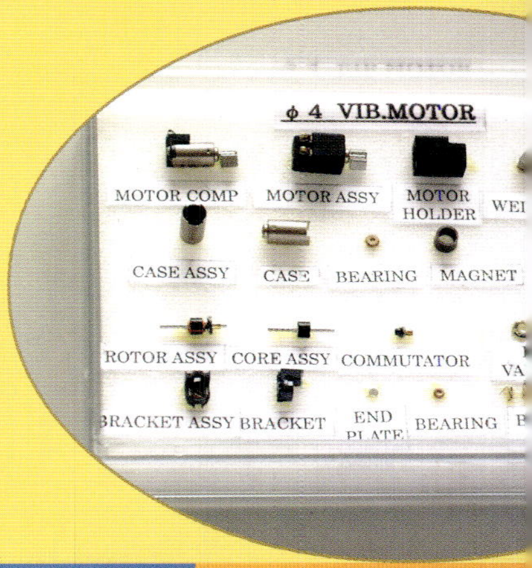

东方大港——乍浦港

“江南第一瓜”——平湖西瓜

高新技术产品就是从这里生产出来的

以光机电为特色的平湖市省级经济技术开发区

各国的高新技术企业纷纷落户

在省级经济技术开发区内的浙江清华长三角研究院

中国服装企业首强——浙江茉织华实业集团

“南方北戴河”——九龙山海滨浴场

每年夏季上海、杭州等地的游客纷至沓来

抵御外来入侵的见证——乍浦南湾古炮台

晚清封闭式仿古宅第——莫氏庄园

市委书记陈长兴（右），市长张仲灿（左）

诸暨市

zhujishi

工业开发区

诸暨城市全景

西施故里——诸暨市

诸暨位于浙江省中部，自秦置县，历代未废，是越国古都、西施故里，东邻绍兴，北接杭州，区域面积2311平方公里，人口105.5万，现设28个镇乡、街道，有1301个行政村和40个社区。诸暨交通便利，浙赣铁路、杭金衢高速公路、金杭公路贯穿全境，距上海2小时车程，距杭州萧山国际机场和宁波北仑港分别为30分钟和一个半小时车程。

改革开放以来，诸暨市民营经济和块状经济（区域特色经济）快速发展，经济建设和各项社会事业取得了长足进步。在历次全国综合实力百强县（市）评选中，诸暨一直榜上有名，综合位次在2003年中国最发达100县（市）排位中居第32位，是亚洲最大的"袜业生产销售基地"，全国最大的"珍珠养殖、加工和销售基地"，"名品衬衫之乡"；2003年全市实现生产总值232.78亿元，财政收入18.2亿元，农民人均纯收入6462元，城镇居民人均可支配收入13288元，经济总量居浙江省第五位。

诸暨物产丰富，人才辈出，山河秀美。诸暨名茶、枫桥香榧、山下湖珍珠……名闻遐迩；古有绝代佳人西施、梅竹宗师王冕、文坛奇才杨维桢、画苑巨擘陈洪绶，今有俞秀松、张秋人、宣侠义、赵忠尧、金善宝、斯行健等一批仁人志士和科技英才。诸暨是古越文化发祥地，是"中国优秀旅游城市"，拥有国家重点风景名胜区浣江·五泄风景名胜区，五泄胜景、西施故里、斗岩大佛、斯氏古建筑群等自然和人文景观，让人留恋往返。

西施像

大唐轻纺袜业城

斯宅千柱屋

滨江路

西施故里景区

五泄湖冬景

五泄湖

五泄美景

香榧

珍珠养殖

农民生活

海盐县

haiyanxian

中共海盐县委书记　武亮靓

海盐县人民政府县长　黄卫书

县城新貌

海盐是全国首个进行审批制度改革的县，县经济社会发展服务中心的成立方便了广大群众，改善了投资环境

国之光荣的秦山核电基地目前拥有300万千瓦核电机组

海盐飞龙丝绸制品有限公司董事长总经理陈水明（左）深入车间检查指导

生产绸丝、服装的海盐飞龙丝绸制品有限公司是海盐县重点企业

杭州湾跨海大桥北桥头堡的海盐大桥新区正在热建中

古色古香的天宁寺商游区商贾云集

兴中达集团有限责任公司董事长金惠明等正在研究新产品

海盐重点企业嘉兴中达集团有限责任公司主要生产不锈钢产品，在欧洲市场很受欢迎

内首条变频器生产流水线在浙江海利科技股份公司投产

浙江海利科技股分公司董事长总经理方光明（左）陪同市、县领导视察公司车间

在海盐，大到六十多岁的老人、小到十几岁的孩子都是舞滚灯的好手

南戏四大声腔之一的海盐腔在家乡再度兴起

海边采茶，别有一番风景

投资一亿多元的海盐高级中学校景

书记　杨建新

县长　涂国平

德清县

deqingxian

莫干湖晚霞

武康镇千秋广场风景

浙北第一湿地、浙江五大内陆湖中唯一保持原始风貌的景区——下渚湖

deqingxian

整洁繁荣的街道

武康夜景

余英溪畔

武康春晖公园一角

家级风景区——莫干山云雾

白鹭群飞

牙儿”早园笋

国家级风景区——莫干山别墅一景

斤技术企业——华莹
车间

唐代诗人——孟郊像

莫干山经济开发区

莫干山登山节

群龙飞舞

德清新市蚕花庙会

群众文艺活动

群众文化活动

金坛市

jintanshi

书记　徐惠中

市长　吴晓东

市区东门大街一景

江苏金坛经济开发区工业园区一景

装机总容量3.6万千瓦的加忄

大型水泥生产企业——盘固水泥集团有限公司水泥生产线

金坛至宜兴一级公路

中盐金坛公司年产60万吨真空制盐项目

金沙广场夜景

晨曦中的 220KV 农村输变电网

国家大型企业——晨风集团股份有限公司制衣流水线

江苏金昇实业股份有限公司纺织机械生产车间一角

广播电视加快了文化载体信息现代化的步伐，已全面实现有线电视光缆村村通。图为电视信号转播室

万亩无公害优质稻米生产基地

荣获“中国名茶”（绿茶）之乡的茶园采茶景

数学泰斗华罗庚故乡的城中公园——华罗庚公园

被列为“国家AAAA级旅游区”的茅山风景区

位于城南风景区即将竣工的市体育馆

大型儿童剧《少年华罗庚》获国家文化新剧目奖

国家级示范高中——江苏省华罗庚中学

花园式住宅小区——景潭花园

jintanshi

中共济宁市委常委、邹城市委书记　梁之安

邹城市

zohchengshi

中共邹城市委副书记、市长　朱庆安

邹城经济开发区

孟子文化广场

齐鲁名校邹城一中

高科技企业电子级细纱和电子布生产基地——邹城泰山玻纤公司

邹城市貌

东省重点培植的大型煤电联营企业——里能集团

邹西采煤塌陷地治理后实施高效水产品小网箱套养

万亩石榴园（香橙）

设计装机容量454万千瓦、全国最大的坑口电厂——邹县发电厂

邹城万亩优质小麦生产基地一角

现代农业生产基地

孟庙·亚圣殿

孟府内宅

邹城市博物馆

天下第一奇山——峄山

书记　刘为群　　　　　　市长　周波

招远市

zhaoyuanshi

天地金魂

zhaoyuanshi

城东雕塑——太阳升起的地方

中国金都授牌仪

行政审批中心

体育场

亚洲第一矿

zhaoyuanshi

罗山国家森林公园

金海渡假

zhaoyuanshi

金城温泉大酒店一瞥

中国金都——金城温泉

PENGLAISHI

书记　刘树琪　　　　市长　宋军继

蓬莱市

penglaishi

蓬莱水城

蓬莱开发区一角

蓬莱阁

penglaishi

山东圣豪家纺有限公司

山东蓬莱栾家口油港有限公司

北大高科华泰制有限公司

山东蓬莱140万吨薄板基地

文化广场

八仙塑像

戚继光故里

蓬莱市兴华汽车改装有限公司

GONGYISHI

巩义市

gongyishi

书记 穆为民

市长 乔建宏

市委市政府综合办公大楼

行政审批服务中心

连霍高速巩义段

住宅小区

巩义市电信大楼

中外合资企业现代化的生产线

新品种石榴荣获昆明世博会银奖

美合资贝克大酒店

河南省重点中学 —— 巩义二中

河洛风光

河洛汇流处

清代四大庄园之一——康百万庄园

北魏石窟帝后礼佛图

浮戏山雪花洞风景区

北宋永昭陵

长兴县

书记　邵毅　　　　县长　刘国富

changxingxian

长兴人民广场

甘家港

新世纪花园小区

新长中

太湖晨曦

国际大酒店

高速公路

农批市场

航运

开发区——威达

开发区——畅通

开发区——金三发

长兴四宝——板栗

长兴四宝——青梅

长兴四宝——白果

长兴四宝——吊瓜

山鹰水泥厂

太湖四珍——银鱼

太湖四珍——鲚鱼

太湖四珍——大闸蟹

太湖四珍——白壳虾

长兴三古——杨子鳄

长兴三古——金钉子

长兴三古——银杏

品茗三绝——茶壶

品茗三绝——茶场

品茗三绝——金

溧阳市

liyangshi

中共溧阳市委书记　丁国良

溧阳市人民政府市长　高清

溧阳市人民广场一瞥

江苏省溧阳经济开发区一角

泰国德盛集团是溧阳市一家专营旅游食品出口的外资独资企业（图为手工车间一角）

造型别致，现代化的溧阳客运中心

溧阳市属丘陵山区，茶树面积6万亩，年产名茶2000余吨，溧阳名茶荣获国家级金奖16余只，茶叶注册商标16余只（图为无公害有机茶园）

溧阳市人民十分重视环境卫生，不惜巨资建设现代化的城市垃圾处理焚烧场和污水处理厂（图为污水处理厂一角）

溧阳万亩原始竹海风景区（图为万亩竹海一角）

溧阳有丰富的自然湿地，著名的长荡湖毛蟹基地国内闻名

国家4A级旅游度假区——天目湖

国家4A级天目湖旅游度假区是山水景区，山水游吸引众多的国内外游客

书记　肖培生

县长　周江勇

象山县

xianshanxian

石浦渔港

海湾风

宁波华翔集团股份有限公司

起捕

宁波天安集团股份有限公司

象山红村

中国渔村

象山竹根雕

石浦老街

网箱养殖

网箱养殖

水产品交易市场

中国开渔节祭海仪式

跨海大桥

对外经贸合作

宏润集团承建的上海鲁班路立交桥（鲁班奖）

跨海大桥

xianshanxian

高教园区

县医疗中心

三河市

sanheshi

中共三河市委书记　吴立方

三河市人民政府市长　李刚

三河北城新貌

sanheshi

省委书记白克明（左
考察汉王制造有限公

汉王制造有限公司全景

日本富士胶片株式会社社长大西实（左）与中国印刷科学技术研究所所长沈海祥共同植树

绿洁亮美三河城

富士星光有限公司大楼全景

河北省三河市汇福粮油食品制作有限公司办公大楼

河北省三河市汇福粮油食品制作有限公司现代化浸油车间

中国电子科技集团公司第四十五研究所综合科研楼

中国电子科技集团公司第四十五研究所电子专用设备规模生产现场

河北明慧天泽食品有限公司全貌外景

河北明慧天泽食品有限公司屠宰车间一景

沟河日出

sanheshi

中海实业燕郊基地公司，主承担着中海油田服务公司及研究心驻燕郊基地的办公区及生活区水、电、暖的供应；信息网络、视通讯、安全与治安保障、医疗健、退休人员管理、子女入托入学文化体育设施、环境绿化美化、区保洁、设备维修保养等物业管与服务工作。公司独立运作六来，连续保持了生产与治安安全个为零的目标，确保了一方平安并以良好的业绩和优质的服务管获得许多光荣称号："2000年度国部门造林绿化400佳单位"2000、2002年度全市物业管理进企业"、"2000年、2001年度燕开发区最佳贡献"奖、河北省20年物业管理优秀大厦等。

Sanhesh

TONGZHOUSHI

通州市

书记　陈照煌

市长　葛亮

tongzhoushi

江海明珠

TONGZHOUSHI

朋来门

广场

欢乐农家

江海之光市民广场

通州新城

江苏大富豪啤酒有限公司

江苏东源电气集团股份有限公司

顾秀莲（左二）听取十六大党代表、江苏综艺股份有限公司董事长昝圣达汇报公司发展远景（左一为南通市委书记罗一民）

通州城区

儿童乐园

通州体育馆

江苏省通州高级中学全景

海门经济技术开发区

海门市

haimenshi

南通市人大副主任
中共海门市委书记 徐永兵

海门市人民政府市长 汤仲飞

人民大剧院

滨河广场夜景

解放东路商业街

城区夜景

城区全貌

长江水厂

HAIMENSHI

新型住宅小区

污水处理中心

鑫源热电厂

三星国际家纺城

长江口海太汽渡

江海平原大粮仓

江海风情园

市区住宅一角

haimenshi

清末状元张謇故居

国家级重点中学——海门中学

海门高等专科学校

HAICHENGSHI

海城市

haichengshi

中共海城市委书记　张殿纯

海城市人民政府市长　冯晓光

全国三大布衣市场之一——西柳服装市场

西柳服装市场

四通八达的交通体系和通讯体系

滑石储量达5亿吨，储量及品位均为世界之首，产品远销世界50余个国家和地区。海城素有“滑石之乡”之美誉

方兴未艾的钢铁工业

城市夜景

haichengshi

蓬勃发展的纺织产业

蛋鸡饲养基地

南台箱包市场商品琳琅满目

养鹿基地

海城特产——南果梨

享誉世界的海城高跷

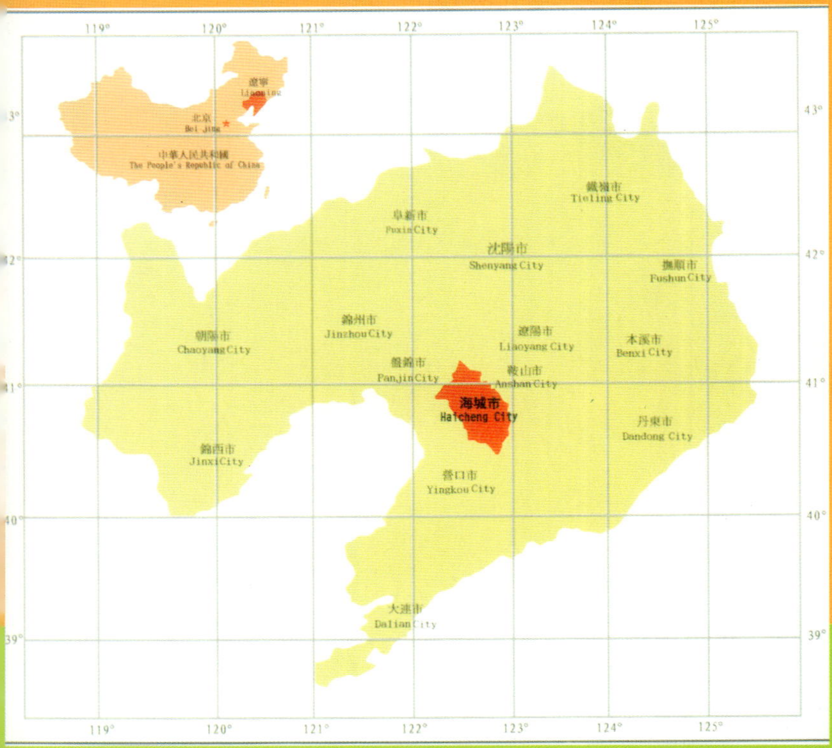

海城市地理位置图

文明古迹——魁星楼

河滨公园

中共莱州市委书记　刘延林

莱州市人民政府市长　林建宁

莱州市

laizhoushi

莱州港一角

22 万伏变电站

发达的城市交通

林建宁市长到市统计局看望统计工作人员

贯通莱州的
206 高速公路

广场

LAIZHOUSHI

莱州“四大海鲜”——梭子蟹

莱州“四大海鲜”——竹蛏

莱州“四大海鲜”——文蛤

莱州“四大海鲜”——对虾

莱州大光明铅笔芯有限公司产品

莱州草艺品

莱州黄金

laizhoushi

莱州石雕

公园

莱州苹果

莱州月季

万丰全景

新昌县

xinchangxian

书记　周克文

县长　夏久全

新昌全景

三花全景

天姥云烟

TT96剑杆织机

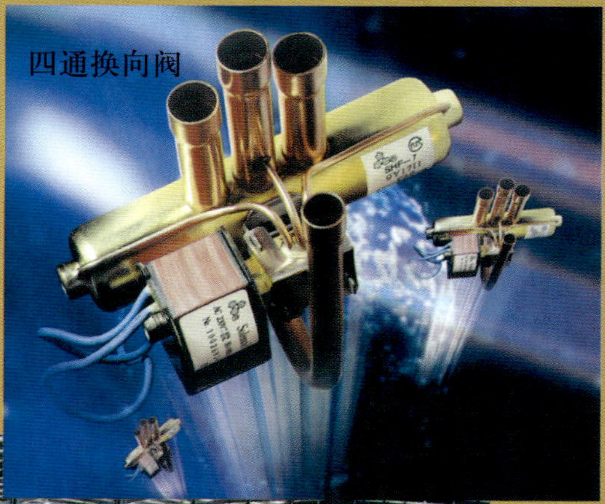

四通换向阀

大车间

蟠龙岭隧道

万丰汽车群

三花集团产品

新春轴承

新和成厂房

XIN
CHANG XIAN

保健品生产车间

茶场

烟叶基地

专机排

长毛兔

新昌中学升旗

大书法室

大佛菩萨

穿岩十九峰全景

天龙八部在拍摄

临安市

linanshi

中共临安市委书记、市人大常委会主任王坚（右）
临安市人民政府市长方建生（左）正在视察工作

国家级森林公园——青山湖

临安生态风光

大树王国——天目山国家级自然保护区

临安生态风光

冶印珍品——昌化鸡血石

穿境而过的杭昱线一级公路

临安特产

临安人民广场

仔细工作中的纺织女工

浙江林学院外景

吴越双狮应邀参加法国威尼斯狂欢节活动

第二届中国天目山森林旅游资源博览会开幕式同一首歌“绿色的梦”文艺晚会

国家级文物保护单位——钱武肃王陵

桐庐县

tongluxian

中共桐庐县委书记　邵胜

桐庐县人民政府县长　陈祥荣

桐庐县全景

特色农业——茶园

大奇山国家森林公园

华夏中药鼻祖胜地——桐君山

全国朱洞冠——瑶林仙境

开发区一角——文化教育区

重点工业企业——杭州立山皮件有限公司

重点工业企业——汽车配件厂

中心广场全景

320国道

桐庐县地理位置

东汉古迹——严子陵钓台

TONGLUXIAN

重点工业企业

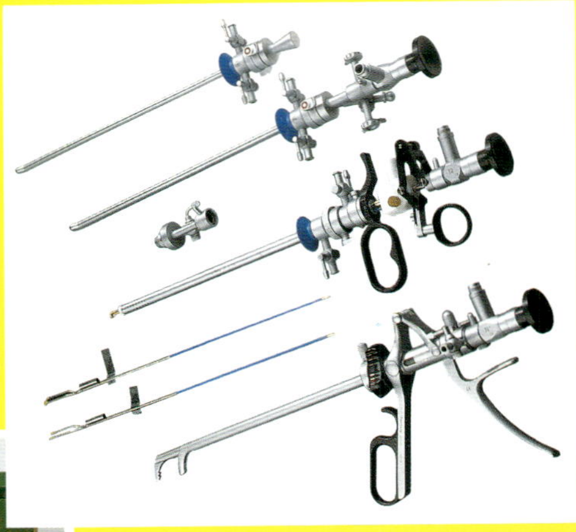

工业特色产品——医疗器械

农业名牌产品——蜂产品

工业特色产品——玩具

工业特色产品——箱包

工业特色产品——针织服装

农业名牌产品——“雪水云绿”茶

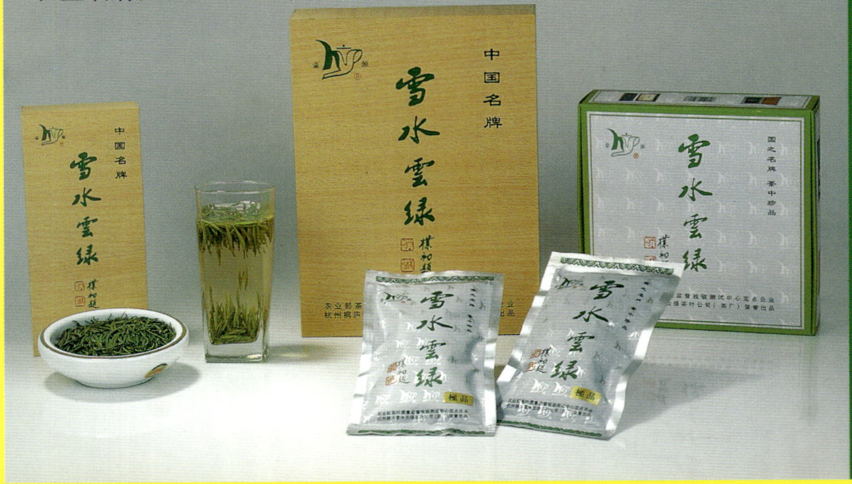

宁海县

ninghaixian

书记　林静国

代县长　马晓晖

广场一角

人民大道

温泉山庄

同三线高速公路

住宅小区

电信大楼

NINGHAISH

公园一

浙江国华宁海电厂

有机茶基地

白溪水库

徐霞客大道

双盘涂生态养殖基地

晚霞

大峡谷

宁海平调“耍牙”

体操

RUSHANSHI

中共威海市委常委、乳山市委书记　赵熙殿

乳山市人民政府市长　李洪义

乳山市

rushanshi

生态型花园式滨海旅游城市

“国家环境保护模范市”授牌仪式

市政府办公楼

市区夜景

世界三大果汁生产企业之一——中鲁公司车间一角

年产黄金10万两

生态型城市污水处理厂

乳山市经济开发区一角

RU SHAN SHI

岠嵎山国家森林公园石景——千年古猿

国家AAAA级银滩旅游度假区

乳山市地理位置图

迁安市

qiananshi

中共唐山市委常委、迁安市委书记　姚自敏

迁安市人民政府市长　刘桂东

市区一角

市标广场夜景

市标广场一角

QIANANSHI

人民广场

冀东线缆公司

迁安市行政办公中心大楼

住宅小区

首钢迁安钢铁公司

铁矿采面

弘业地毯公司机织地毯车间

农业苗木、花卉、水果、蔬菜四大工程

迁化公司

白羊峪长城

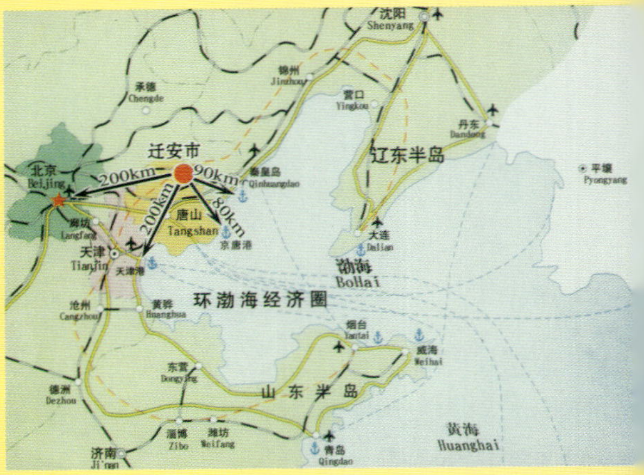

迁安市位置图

灵山旅游区一角

黄台湖

钢城公路大桥

迁安一中

仪征市

yizhengshi

书记　卜宇

市长　陈扬

仪征市区

仪征市行政服务大厅

仪征市步行街

仪征化纤生活区

仪征大连化工有限公司

仪化体育馆

仪征红叶小区

仪征双环公司行政楼

仪征鼓楼新貌

仪征少年棒球队

仪征白沙公园

仪征真州夜景

仪征鼓楼

仪征市登月湖

双城市

shuangchengshi

中共双城市委书记　李学良

双城市人民政府市长　裴君

双城市街景
Street scene of Shuangcheng City

天边的牧场，肥美的牛群

养牛业

鱼业生产

双凤养鸡集团的鸡舍

生猪饲养

中瑞合资双城雀巢有限公司

碧海金浪

西瓜丰收

哈尔滨双城娃哈哈饮料有限责任公司

棚菜生产

双城市名胜——魁星楼

新兴县

xinxingxian

广东省委书记张德江（前右二）在新兴县考察工作，左为云浮市副市长招炳德、右为新兴县委书记黄伙有

县城堤路接合的沿江路

XINXINGXIAN

摄影：黄中宏

广东省委副书记、省长黄华华（前右二）在新兴县考察

县城文化广场

三茂铁路和省道 S113 线、S276 线贯穿境内

稀有的硫氢化物温泉——龙山露天温泉

启动民资经营城市见成效

中国禅宗生源地——新兴龙山国恩寺

广东温氏集团现代化的种猪场

新兴优质肉鸡

XINXINGXIAN

群众文化蓬勃发展

畅销欧美市场的新兴不锈钢餐厨具

品种繁多的
新兴果品

中共郾城县委书记　贾全明

郾城县

yanchengxian

郾城县人民政府县长　秦建忠

希望集团投资孟南工业区的万千饲料公司

孟南工业区管委会

宋朝龙塔古篆

省委副书记只支树平、陈全国在市、县领导陪同下视察天翼公司

万亩优质大豆产区

万亩优质麦田

县领导视察夏收

生态规律养殖

许慎阁祠

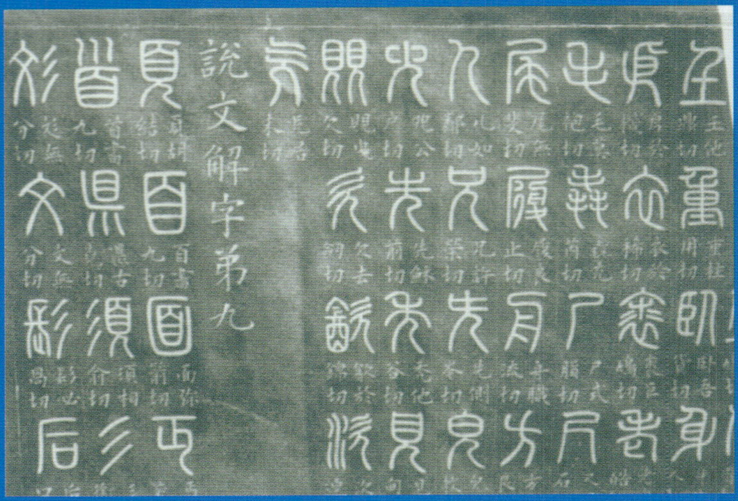
說文解字弟九

《说文解字》石碑

古郾城八景之舟坡晓市

古郾城八景之邓湖莲歌

古郾城八景之崇岗饮社

古郾城八景之龙塔古篆

古郾城八景之裴城夜雨

古郾城八景之濦水风帆

古郾城八景之召陵雪霁

古郾城八景之老槐烟笼

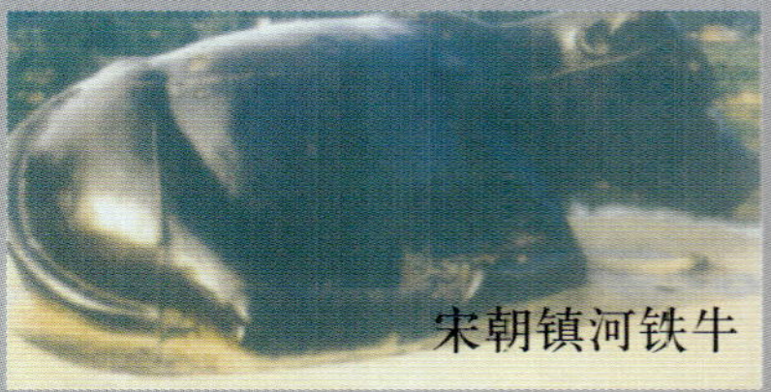

宋朝镇河铁牛

许慎墓

肇东市

zhaodongshi

中共肇东市委书记　朱胤

肇东市人民政府市长　张锡才

肇东市标

省级经济技术开发区

具有亚洲第一称号的华润酒精有限公司

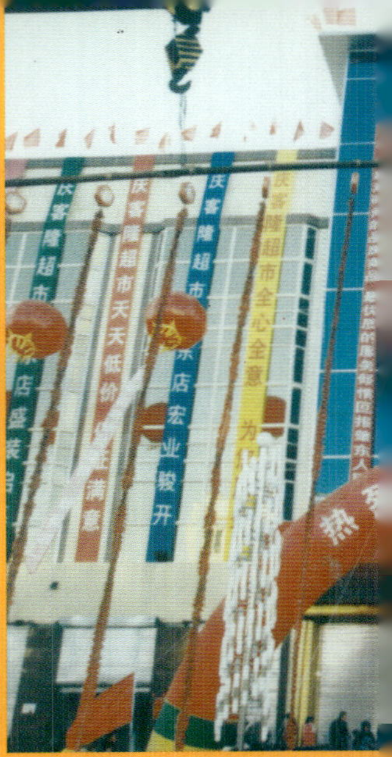

国家二级甲等医疗机构肇东市人民医院

肇东电业大厦

具有三星级标准豪华的福和酒店

华润酒精有限公司

环境优美的西园居民新区

历史悠久的肇东第一百货商场

中国工商银行肇东支行

黑龙江省通讯公司肇东分公司

集商贸服务多功能于一身的肇东新纪元商城

商品丰富的肇东商业大厦

黑龙江省成福集团生产的冰花味精畅销国内外

ZHAODONGSHI

国家商品粮基地，盛产优质玉米、大豆，绿色无公害小米享誉国内外

广袤大草原优质的牧草

高产优质的奶牛

肉质鲜美的绿色禽类饲养

JINGSHANXIAN

京山县

jingshanxian

中共京山县委书记　曹立明（中）

京山县人民政府县长　赵志诚（左一）

湖北省委书记贾志杰（右）在林场场长严明学的陪同下视察森林公园

京山县县长赵志诚（前排中）与日本商界广泛交流洽谈

温泉山庄

丽人湖

森林公园楠竹园

空山洞风景区——瑶池瀑布

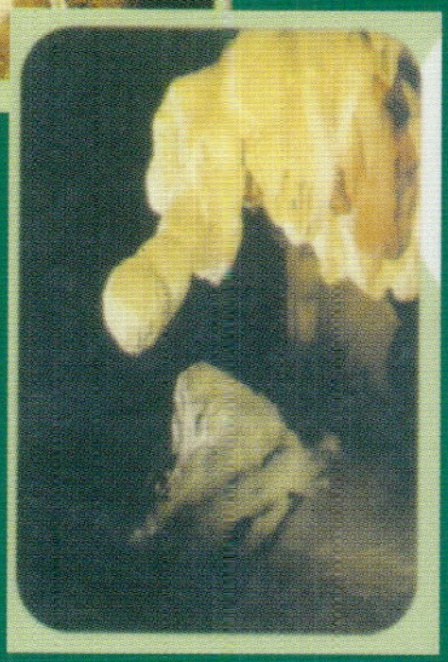

空山洞风景区——金龟恋蟾

鸳鸯溪漂流

森林公园柳门口瀑布

湖北京山高新技术产业园区 ★优惠政策★

YOUHUIZHENGCE

地 价

对外来投资企业尤其是生产性项目用地实行优惠，投资工业项目，以出让方式获得土地使用权其土地出让价（含“七通一平”工程费用）每亩不超过5万元。

税 收

对外来客商投资兴办实业，视其投资规模和经济效益状况，分别给予企业所得税和增值税地方分成部分的奖励。

1、对固定资产投资在300－500万元的工业企业，从投产之日起，按国家规定缴纳的企业所得税地方财政分成部分，3年内全额奖励给企业。对固定资产在500万元以上的工业企业，从投产之日起5年内企业所得税地方财政分成部分全额奖励给企业。对固定资产投资在500万元以上兴办第三产业的企业，从投产之日起，按国家规定缴纳的企业所得税地方分成部分，2年内全额奖励给企业。

2、对高新技术企业或投资在2000万元以上的企业，除享受企业所得税奖励政策外，还在3年内按其所缴纳增值税地方财政分成部分的50%给予奖励。

3、港、澳、台商及外国投资者来京山投资，享受国家规定的全部优惠政策，并享受地方财政的扶持政策。

收 费

对外来投资企业本县各种行政性收费、中介费、服务性收费按物价部门核定的收费标准的30%以下收取，新开工业项目各种行政性收费实行零收费，中介费、服务性收费按物价部门核定的收费标准的20%以下收取。

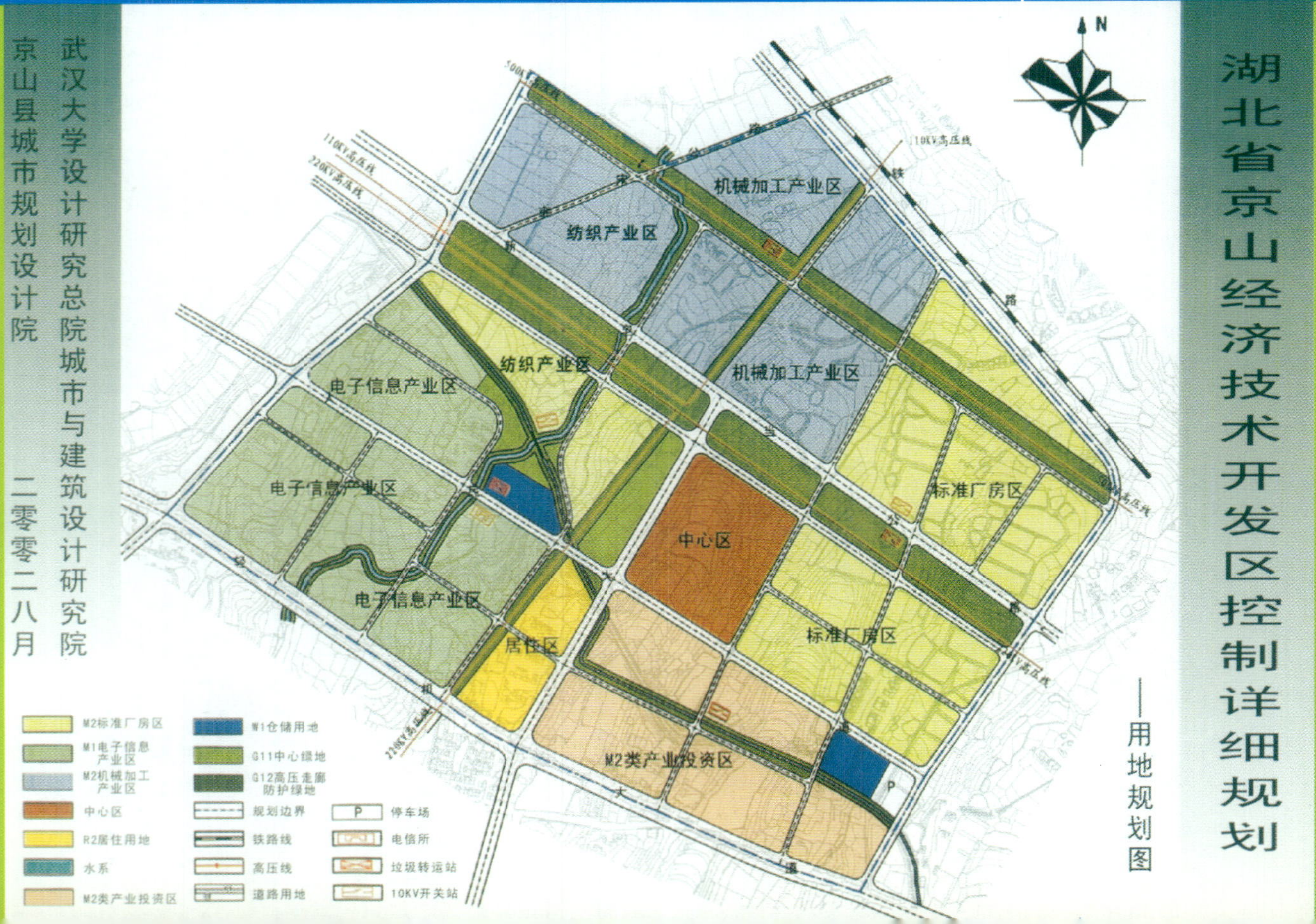

5

第五部分　年度发展之星

Kunshanshi 昆山市

2003年，昆山市出口总额达721535万美元，位列全国第一；昆山市实际使用外资金额达120076万美元，位列全国第一；昆山市人均生产总值达69470元，位列全国第一；昆山市生产总值增加额达1160262万元，位列全国第一。

江阴市

Jiangyinshi

工业增加值全国第一

规模以上工业总产值全国第一

第二产业增加值全国第一

2003年，江阴市工业增加值达2921000万元，位列全国第一；江阴市规模以上工业总产值（现价）达10661117万元，位列全国第一；江阴市第二产业增加值达3096000万元，位列全国第一。

Jiangyinshi

Changshushi

常熟市

地方财政预算内收入全国第一

财政支农支出全国第一

2003年，常熟市地方财政预算内收入达409749万元，位列全国第一；常熟市财政支农支出达24600万元，位列全国第一。

Zhujishi

诸暨市

2003年，诸暨市规模以下非国有工业企业个数达50957个，位列全国第一。

规模以下 非国有工业企业个数全国第一

海城市

Haichengshi

规模以下非国有工业总产值（现价）全国第一

2003 年，海城市规模以下非国有工业总产值（现价）达 5679888 万元，位列全国第一。

Haichengshi

Shuangchrngshi

双城市

奶类产量全国第一

2003 年，双城市奶类产量达 444437 吨，位列全国第一。

6

第六部分 榜上有名

2003年度全国百强县(市)社会经济综合发展指数测评结果

县名	综合位次	综合指数	发展水平		发展活力		发展潜力	
			位次	指数	位次	指数	位次	指数
顺德区	1	99.8396	1	105.93	4	95.4539	11	75.1309
昆山市	2	96.6764	3	103.134	1	99.6185	102	66.4584
江阴市	3	95.8117	5	102.645	21	87.0904	42	70.8294
张家港市	4	95.4984	2	103.383	14	89.6807	155	64.77
常熟市	5	95.286	4	103.047	9	92.5926	216	63.2849
南海区	6	93.0737	6	98.825	42	80.9398	13	74.6881
萧山区	7	85.6316	7	91.068	24	85.861	315	61.2852
武进区	8	84.7029	8	89.213	32	83.6037	149	64.8805
吴江市	9	82.0975	10	84.614	3	98.2887	335	60.9906
绍兴县	10	81.9976	9	84.668	11	92.1021	209	63.5296
南汇区	11	80.1389	11	83.151	35	82.8231	164	64.4737
奉贤区	12	79.9384	12	83.106	23	86.3771	306	61.4612
鄞州区	13	79.4815	13	81.358	6	94.1376	271	61.956
太仓市	14	78.3482	14	80.394	2	99.2923	630	56.8561
宜兴市	15	76.3911	15	78.829	56	78.3203	199	63.7205
慈溪市	16	75.4369	16	76.63	16	88.8014	292	61.6733
义乌市	17	74.7649	17	76.273	29	84.2637	283	61.7845
晋江市	18	73.5512	18	75.436	55	78.3329	294	61.6529
余姚市	19	72.5799	21	72.09	5	94.5497	281	61.7953
余杭区	20	72.4079	19	74.005	40	81.4351	440	59.3313
荣成市	21	72.2244	20	73.871	43	80.7468	448	59.2216
文登市	22	70.6044	22	71.624	33	83.4345	527	57.975
海宁市	23	69.4082	23	70.295	41	81.407	537	57.8505
三水区	24	68.834	25	68.111	25	85.2753	261	62.2602
龙口市	25	68.8086	24	69.069	36	82.6214	457	59.0927
石狮市	26	68.2428	31	66.764	19	87.799	207	63.5973
增城市	27	67.2157	35	65.182	27	84.7241	101	66.5707
玉环县	28	66.9226	27	67.956	52	78.7401	832	54.8416
嘉善县	29	66.6624	36	65.068	12	92.0739	435	59.3784
富阳市	30	66.6324	29	67.034	72	74.6409	418	59.6382
平湖市	31	66.2418	40	64.141	7	93.9505	377	60.2279
诸暨市	32	65.789	30	66.868	108	68.8864	488	58.6118

续表

县名	综合位次	综合指数	发展水平		发展活力		发展潜力	
			位次	指数	位次	指数	位次	指数
温岭市	33	65.6849	28	67.364	103	69.489	775	55.3536
桐乡市	34	65.5115	26	68.107	67	75.0204	1506	48.0511
海盐县	35	65.2323	32	65.627	66	75.1628	602	57.1471
福清市	36	65.1465	38	64.641	127	66.5833	93	66.7445
二连浩特市	37	64.7887	47	60.334	54	78.4074	1	80.1823
扬中市	38	64.691	39	64.437	73	74.6401	414	59.6712
丹阳市	39	64.4874	34	65.277	120	67.2241	469	58.8886
乐清市	40	64.4465	33	65.338	148	63.5746	352	60.6645
惠阳区	41	63.9168	49	59.87	26	85.1838	25	72.0155
高明区	42	63.9166	46	60.465	10	92.3813	160	64.5086
大兴区	43	63.7175	42	62.338	48	79.6513	350	60.7087
瑞安市	44	63.6206	37	64.9	128	66.5761	751	55.6204
德清县	45	62.8064	45	61.238	47	79.8908	391	60.0918
上虞市	46	62.2671	41	62.591	95	70.0894	734	55.7696
永康市	47	61.8937	48	60.226	51	79.4328	434	59.4271
胶南市	48	61.7371	44	61.465	89	71.6023	628	56.8664
新会区	49	61.5073	53	58.439	34	83.3889	194	63.8551
金坛市	50	61.2892	51	59.516	75	74.3107	267	62.0487
邹城市	51	61.0791	43	62.279	186	60.5064	746	55.654
怀柔区	52	60.7264	64	57.165	17	88.3654	251	62.4828
寿光市	53	60.1228	65	57.062	44	80.3199	212	63.4531
招远市	54	60.05	56	58.32	50	79.5803	636	56.7885
密云县	55	59.9716	70	56.415	30	84.0338	197	63.7679
章丘市	56	59.9352	59	58.081	76	74.1363	369	60.4116
蓬莱市	57	59.6263	55	58.343	46	80.0614	946	53.6582
胶州市	58	59.6184	61	57.477	28	84.2754	755	55.6056
巩义市	59	59.2572	66	57.052	104	69.428	180	64.1144
崇明县	60	59.2368	62	57.279	91	71.1408	291	61.6734
兖州市	61	59.1164	58	58.141	170	61.9307	262	62.2275
奉化市	62	58.975	52	58.865	124	66.7696	856	54.5737
长兴县	63	58.6275	63	57.278	90	71.1441	563	57.5315
即墨市	64	58.5013	74	55.907	15	89.5227	963	53.4465
东阳市	65	58.1767	60	57.546	98	69.951	922	53.9418
长岛县	66	58.1043	82	54.072	13	89.9607	378	60.2217

续表

县名	综合位次	综合指数	发展水平		发展活力		发展潜力	
			位次	指数	位次	指数	位次	指数
溧阳市	67	58.0081	71	56.293	112	68.4547	392	60.0751
象山县	68	57.8782	69	56.432	57	78.1698	1023	52.8175
宁河县	69	57.7758	86	53.763	37	82.0803	184	64.08
东胜区	70	57.7505	77	54.628	64	75.5561	237	62.9131
三河市	71	57.7206	79	54.476	78	73.5774	154	64.7734
库尔勒市	72	57.6736	68	56.859	136	65.0412	615	57.02
通州市	73	57.6035	67	56.913	125	66.6408	779	55.2968
嵊泗县	74	57.5561	57	58.277	231	56.9643	871	54.417
海门市	75	57.5122	54	58.355	155	62.7901	1302	50.1455
海城市	76	57.466	50	59.774	328	51.99	1296	50.1763
长海县	77	57.3681	83	54.03	143	64.0326	40	71.0659
鹤山市	78	57.2194	88	52.993	22	86.818	287	61.7221
平谷区	79	56.9822	106	50.915	18	88.1533	33	71.6984
莱州市	80	56.9454	73	55.944	71	74.6479	1198	51.1567
靖江市	81	56.8199	75	55.315	172	61.8902	317	61.2353
新昌县	82	56.6093	72	55.963	117	68.0267	1036	52.671
开平市	83	56.1893	109	50.76	8	93.2183	204	63.6436
绥芬河市	84	55.9647	116	49.909	45	80.241	12	74.9934
长乐市	85	55.9424	80	54.161	242	56.4224	143	65.04
临安市	86	55.9369	85	53.833	70	74.7223	802	55.0799
惠安县	87	55.8428	78	54.534	224	57.3043	293	61.6553
石河子市	88	55.6447	95	52.282	102	69.5854	158	64.5434
温江县	89	55.5044	76	54.868	96	70.061	1342	49.7262
斗门区	90	55.4036	105	50.96	20	87.1576	394	60.0433
桓台县	91	55.1778	81	54.121	177	61.55	678	56.3967
桐庐县	92	54.994	99	51.335	38	81.945	533	57.8943
双流县	93	54.9487	84	53.898	97	70.001	1215	50.9102
宁海县	94	54.8935	91	52.544	63	76.6521	947	53.6519
河津市	95	54.7227	96	52.183	193	60.1067	157	64.6877
乳山市	96	54.6265	93	52.367	87	71.7342	759	55.5791
迁安市	97	54.3934	87	53.338	315	52.6712	329	61.0827
仪征市	98	53.9208	108	50.79	106	69.1699	347	60.8049
鹿泉市	99	53.6146	104	51.068	171	61.8927	290	61.6751
集宁区	100	53.6089	131	48.487	114	68.2564	21	73.0966

2003年度全国粮食生产百强名单

位次	县名	粮食产量(吨)	位次	县名	粮食产量(吨)	位次	县名	粮食产量(吨)
1	农安县	2142500	35	监利县	651042	69	太和县	532089
2	榆树市	2000066	36	三台县	650455	70	濮阳县	530285
3	公主岭市	1853355	37	法库县	647757	71	宾　县	529638
4	梨树县	1703580	38	丰城市	645556	72	祁阳县	527178
5	扶余县	1450018	39	宁晋县	633366	73	宝应县	527098
6	五常市	1390804	40	濉溪县	624238	74	章丘市	522189
7	德惠市	1325686	41	太康县	620128	75	泰兴市	522043
8	双城市	1322213	42	东台市	617338	76	宣汉县	521252
9	前郭尔罗斯县	1302286	43	永城市	612554	77	舒兰市	520733
10	长岭县	1300391	44	如皋市	611564	78	利辛县	519152
11	昌图县	1293616	45	枣阳市	609304	79	上蔡县	515850
12	肇东市	1009708	46	九台市	603559	80	阜宁县	513763
13	滑　县	977383	47	遵义县	603448	81	庐江县	508467
14	兴化市	925238	48	洮南市	600000	82	大竹县	506595
15	平度市	896354	49	固始县	599222	83	长沙县	506272
16	富锦市	850125	50	达　县	594310	84	郾城县	505211
17	巴彦县	835376	51	开　县	592248	85	浚　县	503824
18	东海县	796358	52	双辽市	590488	86	泗洪县	501619
19	呼兰县	754950	53	武威市	589565	87	桃源县	500550
20	涡阳县	737660	54	沭阳县	586412	88	肇州县	500311
21	如东县	718917	55	怀远县	585818	89	岳池县	499183
22	唐河县	717990	56	开鲁县	585002	90	荣　县	498662
23	宁乡县	716690	57	邓州市	578651	91	封丘县	498291
24	乾安县	715800	58	简阳市	576724	92	灌云县	497598
25	仁寿县	714116	59	南昌县	569506	93	高安市	496173
26	安岳县	713723	60	襄阳区	559547	94	郸城县	495714
27	科尔沁左中旗	707651	61	钟祥市	559295	95	浏阳市	494013
28	阜新自治县	700049	62	仙桃市	555116	96	海安县	488487
29	合川市	694026	63	海伦市	554496	97	诸城市	487309
30	新民市	691665	64	衡阳县	553999	98	东丰县	485400
31	中江县	681840	65	渠　县	553282	99	高邮市	485145
32	伊通自治县	678340	66	许昌县	550153	100	通榆县	484590
33	射阳县	655413	67	衡南县	549170			
34	江津市	654648	68	蒙城县	548954			

2003年度全国棉花生产百强名单

位次	县名	棉花产量(吨)	位次	县名	棉花产量(吨)	位次	县名	棉花产量(吨)
1	巨野县	56380	35	临猗县	27638	69	嘉祥县	18548
2	沙雅县	53607	36	武城县	27532	70	东光县	18447
3	巴楚县	50000	37	宁津县	27500	71	梁山县	18170
4	射阳县	49884	38	石河子市	27314	72	成安县	17282
5	夏津县	47840	39	无棣县	26990	73	商河县	17175
6	沙湾县	45365	40	安乡县	26409	74	鹿邑县	16941
7	莎车县	45000	41	公安县	26109	75	齐河县	16690
8	阿克苏市	44745	42	丘县	25682	76	彭泽县	16638
9	库车县	44200	43	疏勒县	25000	77	枣强县	16550
10	玛纳斯县	43848	44	大荔县	24981	78	博兴县	16119
11	乌苏市	42449	45	利津县	24913	79	安西县	16083
12	威县	41172	46	邹平县	24467	80	文安县	16067
13	阿瓦提县	41077	47	金塔县	24433	81	监利县	16043
14	温宿县	40080	48	成武县	24221	82	平原县	15973
15	天门市	39375	49	新和县	24187	83	广饶县	15962
16	尉犁县	39153	50	唐河县	23941	84	宝坻区	15897
17	大丰市	38604	51	宿松县	23518	85	故城县	15723
18	无为县	38138	52	博乐市	23133	86	高青县	15690
19	潜江市	37922	53	望江县	21508	87	泽普县	15500
20	郓城县	34914	54	南县	21355	88	汉川市	15324
21	单 县	34315	55	东台市	21072	89	太康县	15217
22	曹 县	33493	56	敦煌市	20329	90	昌吉市	14775
23	宁河县	33040	57	永济市	20219	91	东明县	14725
24	华容县	32400	58	仙桃市	19964	92	滑 县	14699
25	金乡县	32363	59	轮台县	19714	93	丰 县	14530
26	陵县	32130	60	灌云县	19682	94	濉溪县	13770
27	库尔勒市	31705	61	新野县	19586	95	兴化市	13716
28	麦盖提县	30000	62	澧 县	19583	96	松滋市	13587
29	南宫市	29362	63	冀州市	19368	97	深州市	13558
30	呼图壁县	29331	64	伽师县	19000	98	如东县	13474
31	惠民县	28579	65	临清市	18930	99	垦利县	13440
32	邓州市	28147	66	沾化县	18720	100	叶城县	13250
33	精河县	28114	67	吴桥县	18622			
34	乐陵市	27759	68	鱼台县	18620			

2003年度全国油料生产百强名单

位次	县名	油料产量(吨)	位次	县名	油料产量(吨)	位次	县名	油料产量(吨)
1	平度市	196596	35	盱眙县	87844	69	中江县	65155
2	滑 县	164355	36	阜新自治县	86366	70	海阳市	64703
3	襄阳区	161470	37	中牟县	85640	71	邹城市	64001
4	邓州市	154748	38	沂水县	84384	72	镇平县	62818
5	固始县	133399	39	郓城县	84310	73	京山县	62274
6	莒南县	128662	40	临沭县	83251	74	鄄城县	62007
7	钟祥市	123502	41	公安县	81516	75	定州市	61670
8	固镇县	121898	42	莱阳市	79777	76	黑山县	61524
9	即墨市	119315	43	潜江市	79691	77	诸城市	60302
10	方城县	116581	44	高密市	78231	78	和 县	59087
11	大名县	116032	45	通州市	77532	79	长丰县	58055
12	额尔古纳市	111172	46	寿 县	77122	80	开封县	57795
13	东台市	107558	47	荣成市	77100	81	大丰市	57172
14	天门市	106252	48	监利县	77097	82	滦南县	56819
15	五原县	105205	49	肥西县	76934	83	浠水县	56639
16	莱西市	104200	50	宁阳县	74821	84	定远县	56484
17	乌拉特前旗	102609	51	无为县	74574	85	衡阳县	56137
18	胶南市	99758	52	遵义县	73113	86	淅川县	55710
19	肥东县	99117	53	乳山市	72841	87	通榆县	55490
20	扶余县	97678	54	全椒县	72507	88	民权县	55414
21	海门市	96731	55	澧 县	71394	89	松滋市	55099
22	昌图县	96619	56	南部县	71335	90	沂南县	55033
23	正阳县	96311	57	文登市	70747	91	东海县	54128
24	启东市	95072	58	临河市	70532	92	滕州市	53414
25	宜城市	93868	59	清丰县	70499	93	当涂县	53117
26	灵璧县	93070	60	桃源县	70178	94	安岳县	52948
27	沙洋县	92750	61	宣汉县	69734	95	双辽市	52905
28	红安县	92743	62	单 县	68775	96	麻城市	52643
29	滨海县	91714	63	当阳市	68741	97	莱州市	52529
30	唐河县	91312	64	冠 县	68160	98	延津县	52177
31	仙桃市	90611	65	莒县	68037	99	如东县	51240
32	费县	89943	66	剑阁县	67528	100	彰武县	51232
33	三台县	89658	67	招远市	65939			
34	枣阳市	89264	68	内黄县	65923			

2003年度全国肉类生产百强名单

位次	县名	肉类产量(吨)	位次	县名	肉类产量(吨)	位次	县名	肉类产量(吨)
1	农安县	451245	35	唐河县	130742	69	襄阳区	110010
2	德惠市	438268	36	渠 县	130139	70	台安县	109457
3	公主岭市	331238	37	洞口县	129348	71	富顺县	109401
4	榆树市	291664	38	鄄城县	128828	72	南海区	108992
5	诸城市	283515	39	衡南县	128574	73	辽中县	108681
6	平度市	271733	40	昌邑市	127992	74	武冈市	108468
7	梨树县	223516	41	莱西市	126140	75	宝坻区	107919
8	霍邱县	198656	42	海城市	126138	76	廉江市	107406
9	信宜市	182041	43	利辛县	125535	77	涡阳县	107017
10	昌图县	180641	44	九台市	124557	78	太康县	105966
11	高州市	170014	45	宣汉县	124530	79	伊通自治县	105427
12	安岳县	166093	46	蒙城县	123458	80	即墨市	105333
13	中江县	161587	47	舒兰市	122985	81	射洪县	104612
14	博白县	161025	48	南部县	122096	82	荣 县	103936
15	仁寿县	159776	49	临泉县	122022	83	资中县	103902
16	北宁市	158994	50	藁城市	121990	84	巴彦县	103299
17	安丘市	157813	51	大兴区	121892	85	双峰县	102312
18	梅河口市	156753	52	东台市	119915	86	杞 县	102199
19	蓟 县	154397	53	正阳县	117423	87	乐至县	102044
20	宁乡县	153422	54	湘乡市	117313	88	江津市	102036
21	呼兰县	142690	55	定州市	116656	89	合川市	101992
22	汨罗市	141036	56	大竹县	116587	90	讷河市	101219
23	黑山县	138453	57	浏阳市	116487	91	普兰店市	101120
24	简阳市	138420	58	三台县	115044	92	宜宾县	101051
25	达 县	138144	59	西平县	114137	93	胶南市	99781
26	衡阳县	137831	60	化州市	113791	94	武胜县	99398
27	长沙县	136275	61	开原市	113300	95	福清市	99221
28	宣威市	135628	62	灵璧县	113294	96	磐石市	98762
29	邓州市	135039	63	新兴县	112914	97	耒阳市	98452
30	前郭尔罗斯县	134743	64	阜新自治县	112207	98	岳阳县	98396
31	固始县	134303	65	高密市	111933	99	南汇区	97782
32	桃源县	133330	66	潢川县	110755	100	肇东市	97752
33	兴宾区	133222	67	定远县	110158			
34	阜宁县	132633	68	庄河市	110045			

附录

县(市)社会经济综合发展指数测评方法

在我国,县(市)是社会经济功能比较完善的基本单元,县域经济既是城市经济与乡村经济的结合,又是宏观经济与微观经济的结合,综合性职能很强,是实现国家对整个经济活动进行控制的重要环节。一个县有没有明确而切实可行的发展战略,对其社会经济发展关系很大,而确定一个明确的可持续发展战略,首先需要对自己的发展状况有一个准确的把握和了解。因此,准确评价一个县的社会经济发展状况,全面了解和比较县(市)之间的差异,对促进县(市)健康、全面、可持续发展具有重要意义。为此,我们运用最新的县(市)社会经济统计资料,采用定量与定性相结合的分析方法,对全部县及县级市的社会经济综合发展水平和可持续发展潜力进行综合测评和比较,以期为各县(市)了解自我、发挥优势找出差距,制定出适合自身特点的区域发展战略提供参考依据,进而促进县域经济的可持续发展。

一、县(市)社会经济综合发展的涵义与特征

发展应该是一个很广泛的概念,它不仅表现在经济的增长,国民生产总值的提高,人民生活水平的改善;它还表现在文学、艺术、科学的昌盛,道德水平的提高,社会秩序的和谐,国民素质的改进等。简言之,既要"经济繁荣",也要"社会进步"。发展除了生产数量上的增加,还包括社会状况的改善和政治行政体制的进步;不仅有量的增长,还有质的提高。发展不应当狭义地被理解为经济增长。经济增长一般定义为人均国民生产总值的提高,有时也看作是人均实际消费水平的提高。经济增长是发展的必要条件,但并不是充分条件。一种经济增长如果随时间推移不断地使人均实际收入提高却没有使得它的社会和经济结构得到改善,就不能认为它是发展。发展的目的是要改善人们的生活质量。发展指人们福利和生活质量的提高,因此不仅仅是经济的增长(或实际收入的增长)。经济增长只是发展的一部分。低收入国家急需经济增长来促进改善生活质量,但这不是全部目的,也不可能无限地继续下去。发展只有在使人们生活的所有方面都得到改善才能承认是真正的发展。

在现实经济生活中,各种经济因素之间不是一种简单的因果关系,而是多边的双向关系,它们相互作用,相互制约,促进或阻碍着经济发展和社会进步。经济发展和社会的进步是在各种因素的交互作用中实现的,过分强调某个或某几个因素的作用,否定其他因素的作用,会导致理论和实践中的片面性。从另一方面来说,在经济发展的不同阶段,某种或某几种经济因素在各种影响因素的交互作用中处于支配地位,而随着经济发展的阶段性进展,处于支配地位的因素也会更替。因此,只有基于历史和实际社会经济发展的不同阶段,从总体上把握影响社会经济发展的各种要素,才能对社会经济综合发展有一个准确的认识。

因此,县(市)社会经济综合发展应具有如下几个特征:

一是综合性。县(市)社会经济的综合发展是指县(市)的全面发展,它包括经济的发展、社会的进步、环境的改善、医疗卫生水平的提高、科教水平的提高等,也就是社会各个方面的全面进步。同时,县(市)的综合发展不仅体现在县(市)的发展水平上,而且还包括县(市)的发展活力和发展潜力。

二是可持续性。是指当地的社会经济发展不能靠掠夺其它地区的资源去维系,当年的发展不能靠损害以后的发展来维持,县(市)社会经济的综合发展不仅要考虑当前的发展水平高低,而且要考虑今后的发展潜力,是一种可持续的发展。

三是动态性。县(市)社会经济的综合发展是一个动态的交互的过程,而不是静态的一成不变的概念。今天的高速发展,不代表明天的发展水平,今天是促进发展的因素,在明天随着社会的进步就会变成阻碍发展的绊脚石。所以要实现社会的全面的可持续发展,就必须要保证县市在发展过程中

的与时俱进。

二、县(市)社会经济综合发展指数测评的指导思想

1. 综合测评

县(市)社会经济综合发展指数测评的关键在于“综合”二字,也就是有那些因素在测评中必须考虑?用什么指标来反映这些因素?根据可持续发展的定义我们知道,可持续发展就是要当代的发展以不损害后代发展为前提,发展不仅是经济的增长,而是社会的全面进步,是整个县(市)在社会、经济、文化、教育、医疗、卫生、环境等各个方面的综合提高。因此,对县(市)社会经济综合发展的测评,首先要建立在县(市)的可持续发展的基础上,只有这样才能对县(市)进行客观、公正、全面、动态的评价,才能为县(市)制定长远发展目标提供切实可行的依据。

县(市)社会经济综合发展指数,就是在对县(市)进行综合测评的基础上,选择反映县(市)发展各个方面的适当指标,运用数学模型计算出一个综合分值,并以此来测定各县(市)的发展水平。从系统论而言,县(市)作为整个国民经济这个大系统中的基础系统,具有完善的社会经济的系统功能,从县(市)这个层面的系统分析来看,它也是一个非常复杂的系统,有多个子系统构成,各个子系统之间相互联系、相互影响、相互促进,进而促进整个县域系统的发展。所以就某一个县(市)而言,任何一个子系统的一支独秀都不能形成整个县(市)的综合的可持续发展,只有整个系统的各个子系统协调发展、齐头并进,才能形成该县(市)的综合发展优势。

2. 指导思想

我们在借鉴国内外有关评价体系的基础上,根据以下的几条基本原则建立对县(市)的社会经济发展水平的测评体系。

一是以正确反映县(市)的综合实力和可持续发展潜力为目标;

二是从系统论的角度出发,建立测评指标体系;

三是分层次、多侧面的综合测评;

四是突出县域的特征。

三、建立指标体系的原则和内容

1. 基本原则

发展指数测评实际上是对社会经济的一种综合测评和分析,其指标体系应是由反映一个复杂系统的多个指标所组成的相互联系、相互依从的统计指标群。构建综合测评指标体系至少应遵循以下几个原则:

第一,完备性原则。完备性意味着综合测评指标体系的信息量既必要又充分,由若干指标构成一个指标的完备群,从理论上讲,对一个统计指标的完备群来说,多一个指标就会造成信息的重叠和浪费,少一个指标就会造成信息不充分。最好一个指标反映县域经济发展的某一个层面,各个指标相互对立,构成一个 n 维空间,空间中的每一个代表着县域经济发展的一个状态。从而使综合测评指标体系能够客观反映县(市)社会经济运行的特点,充分揭示各地区社会经济发展内在规律。

第二、可比性原则。在测评指标体系中应尽量采用可比性较强的相对量指标和区间具有共性特征的可比指标。同时,必须明确测评指标体系中每个指标的涵义、统计口径和范围,以确保时空上的可比。

第三、代表性原则。测评指标要具有较强的鉴别力。所谓指标的鉴别力是指指标用来区分不同地区社会经济发展水平高低的能力,在测评时,鉴别力的大小具体表现为地区间指标值的差异大小。

第四、弱相关性原则。我们进行测评时所选取的指标与指标之间在理论上应该是完全不相关的,这样才能使每一项指标的作用得以充分发挥。实事上社会经济发展中所有指标都是相关的,但应避免选择高度相关指标。

第五、可行性原则。可行性包括可计量性和可操作性,所谓可计量性就是指这些指标所包括的内涵可以进行定量描述,通过对各个地区的社会经济发展状况做定量分析,从而反应不同地区间发展的不平衡性;可操作性就是指在选择指标时既要考虑到指标体系完整、科学,又要从实际出发,尽可能选择现行统计报表中可以取得资料的指标,也就是说这些指标必须具有可操作性。同时,所选取的指标不宜过多、过细,否则非常庞杂,给资料的收集、整理和计算带来很大困难,使分析无从下手。

第六、结构层次性原则。一般来说,综合反映一个系统的指标很多,少则几个,多则上百,对那些指标比较多的测评体系,各指标所反映的社会经济现象不尽相同,但各有侧重,如果不加以归类整理,则整个体系就会庞杂无序,仅是一堆资料的堆砌。通过分层建立指标体系,既可显示出整个体系的条理性,又可以从几个大的方面反映综合社会经济现象的全貌,使整个指标体系既系统而完整,又不因为指标多而零乱。

2. 综合发展指数指标体系的基本内容

根据以上的构建原则，我们从发展水平、发展活力、发展潜力三个方面建立起县(市)社会经济综合发展指数的测评指标体系。

中国县(市)社会经济综合发展指数指标体系

发展水平

(1)经济规模

国内生产总值

地方财政收入

(2)产业结构

非农产业比重

(3)经济发展水平

经济密度

人均国内生产总值

人均地方财政收入

农民人均纯收入

城镇职工平均工资水平

(4)社会发展水平

每万人拥有社会福利院床位数

每万人中的医院、卫生院床位数

每万人拥有医院、卫生院技术人员数

发展活力

(1)发展速度

国内生产总值指数

工业企业发展速度

(2)贸易与外资

实际利用外资额与 GDP 之比

出口总额与 GDP 之比

外资企业比重

(3)投资

每百户居民民用汽车拥有量

每百户的电话拥有量

人均各项贷款

人均基本建设投资完成额

投资变动率

发展潜力

(1)财政

地方财政收入占国内生产总值比重

人均科教文卫事业费支出

(2)生产效率

农业劳动生产率

工业劳动生产率

耕地产出率

(3)资源环境与基础设施

人均耕地面积

公路密度

有效灌溉面积占耕地面积的比重

(4)文化教育

每万人中的中学生人数

每万人中的小学生人数

小学密度

每个教师负担学生数

发展水平主要反映县(市)的发展程度，它包括经济发展规模、产业结构、经济发展水平和社会发展水平四个方面。发展活力主要是反映县(市)社会经济发展的活跃程度，包括了经济发展速度、贸易、外资、投资等。发展潜力主要反映县(市)的发展后劲，它包括资金、生产效率、基础设施、自然环境、文化教育。在三个因素中，发展水平是基础，发展活力与发展潜力在很大程度上依赖于发展水平，一个县如果没有一定程度的发展水平，那么它的发展活力的优势就不能有效地发挥出来。同理，一个县如果没有一定程度的发展水平，那么它的潜力优势就很难转化为现实优势，或者说它的潜力优势就要花更多的时间来转化为实际优势。因此，在后面的综合指数的计算中，我们要充分考虑发展水平的这种强势作用。

四、指数的计算

1. 指数所反映的经济意义

每个指数值的范围是介于 0 到 100 之间，在单项指数中，每一个指数值代表一个县在该方面的水平高低，指数为 100 代表基期年度的最好水平。在综合发展指数值中，每个指数值代表一个县在该年度综合发展的水平和程度，指数的高低反映的是一个县(市)发展的综合水平的高低，在年度和年度之间，该指数既可以进行横向比较，又可以进行纵向比较，既可以反映它的相对变化程度，又可以反映它的绝对变化程度。

2. 指数的计算过程

在确定测评指标体系以后，我们将根据主成分分析和定性分析相结合的方法，对每一个县(市)的综合发展指数进行测评，计算过程如下：

首先，对原始数据进行标准化处理。将原始数据同趋化和无量纲化；

其次，计算相关系数。对标准化后的每两个指标变量间计算相关系数，这样就可以得到一个相关系数矩阵。

第三，计算其相关系数矩阵的特征值和特征向量；

第四，选择综合反映该经济现象的主分量；

第五，确定该主分量对应的特征向量的元素值为各变量的权数；

第六，计算指数值。以以上确定的权数对经过标准化后的数据进行加权合成，从而得到反映各因素发展水平的综合指数；

最后，以各因素的指数值进行加权合成，计算出县(市)社会经济发展的综合指数。

$$
\begin{aligned}
\text{综合指数} &= 0.5 * \text{发展水平指数} \\
&+ 0.2 * \sqrt{\text{发展水平指数} * \text{发展活力指数}} \\
&+ 0.3 * \sqrt{\text{发展水平指数} * \text{发展潜力指数}}
\end{aligned}
$$

主要指标解释

区内生产总值:是按市场价格计算的区内生产总值的简称。指县、市范围内所有常住单位在一定时期内生产活动的最终成果。

地方财政收入:属于地方财政收入的包括营业税,地方企业所得税,个人所得税,城市土地使用税,固定资产投资方向调解税,城镇维护建设税,房产税,车船使用税,印花税,屠宰税,农牧业税,农业特产税,耕地占用税,契税增值税的25%部分和证券(印花)税50%部分,除海洋石油资源税以外的其他资源税。

非农产业比重=(第二产业增加值+第三产业增加值)/区内生产总值

经济密度=区内生产总值/行政区域土地面积

人均区内生产总值=区内生产总值/年末总人口

人均地方财政收入=地方预算内财政收入/年末总人口

农民人均纯收入:是总收入扣除相应的各项费用支出后,归农民所有的收入。它既可以用于生产、非生产投资,改善物质和文化生产,以及用于再分配的支出和节余的收入。这个指标用来观察农民实际收入水平,以及农民扩大再生产和改善生活的能力。

城镇职工平均工资水平=城镇在岗职工工资总额/城镇在岗职工年平均人数

每万人拥有社会福利院数床位数=社会福利院数床位数/年末总人口

每万人中的医院、卫生院床位数=医院、卫生院床位数/年末总人口

每万人拥有医院、卫生院技术人员数=医院、卫生院技术人员数/年末总人口

区内生产总值发展指数=当年区内生产总值/上年区内生产总值

工业企业发展速度=当年规模以上工业企业总产值/上年规模以上工业企业总产值

实际利用外资额与GDP之比=当年实际使用外资额/区内生产总值

出口总额与GDP之比=出口总额/区内生产总值

外资企业比重=规模以上外资及港澳台商投资企业产值/规模以上工业总产值

每百户居民民用汽车拥有量=民用汽车拥有量/年末总户数

每百户的电话拥有量=本地电话用户/年末总户数

人均各项贷款=年末金融机构各项贷款余额/年末总人口

人均基本建设投资完成额=基本建设投资完成额/年末总人口

投资变动率=当年基本建设投资完成额/上年基本建设投资完成额

地方财政收入占区内生产总值比重=地方财政预算内收入/区内生产总值

人均科教文卫事业费支出=(科学事业费支出+教育事业费支出)/财政支出

农业劳动生产率=第一产业增加值/农林牧渔业劳动力

工业劳动生产率=规模以上工业总产值/规模以上企业从业人员年平均人数

耕地产出率=种植业增加值/年末实有耕地面积

人均耕地面积=年末实有耕地面积/年末总人口

公路密度=境内公路里程/行政区域土地面积

有效灌溉面积占耕地面积的比重=有效灌溉面积/年末实有耕地面积

每万人中的中学生人数=普通中学在校学生数/年末总人口

每万人中的小学生人数 = 普通小学在校学生数/年末总人口

小学密度 = 小学数/村民委员会个数

每个教师负担学生数 = (普通中学在校学生数 + 普通小学在校学生数)/(普通中学专任教师数 + 普通小学专任教师数)(逆指标)

注:以上计算指标都未考虑各指标单位。